일본사회와 문화의 집중이해

일본문화백과

일본센슈우대학·문학박사
홍윤기 지음

서문당

▼ '사랑점' 치는 청소년들의 모습. 신사에 새해 첫참배(はづもうて)하면서 점괘를 본다.

▲ 신사에서 판매하는 부적이며 부적활 등을 사느라고 판매구 앞에 모인 사람들.
(원 안은 부적주머니)

◀신사의 둘레막데에는 '오 미쿠지'(おみくじ), 점친 종 이 쪽지들을 묶어 놓았다.

◀수많은 오 미쿠지 쪽지 들이 새하얗 게 묶여 있다. 신사에 소망 을 빌며 헌금 한 등들이 처 마 밑에 줄지 어 있다.

▲신사 경내에 게시하고 있는 '액년표'. 액년에 해당하는 나이의 사람들은 신사에서 부적 등을 사서 액땜을 한다. 술통이 진열된 것처럼 신전에 술을 바치고 소망을 빈다.

◀신전에는 천황가의 '가문'이 그려진 등을 달고 휘장도 치고 있다. 즉 신사 신궁은 천황가의 사당을 뜻한다.

▲신도들이 헌금해서 바친 찰떡(かがみもち)을 새해에 신전에 진설했다.

◀교우토 '헤이안신궁'의 유명한 '사콘노 사쿠라'(さこんのさくら)이다. 가지가 수양버들처럼 늘어지는 '시다레자쿠라'(しだれざくら)이다.

左近の桜

平安時代より、紫宸殿の南階下の東方に桜が植えられ、儀式のときには左近衛府の官人らが、その側に列したことから「左近の桜」と名付けられた。

桜は、清らかさを大事にする日本人の心を表すものとして「日本の国花」にもなっている。

敷島の大和心を人とはば
朝日ににほふ山ざくらばな

本居宣長

◀'시신덴'(ししんでん) 전각 남쪽 층계 앞에 있는 '사콘노 사쿠라' 설명판. 좌근위부 관원들이 이 벚꽃나무 앞에 줄지어 선데서 생긴 이름.

▶'시신덴' 앞의 '시다레자쿠라' 나무가 봄을 기다리고 있다.

▲해마다 1월 15일에는 일본 각지에서 20세가 된 청소년들의 '성년식'을 갖는다.

▼카나가와현 카이세이쵸우(かいせいちょう)의 성년식 광경.

▶일본 전통
가옥의 거실.

▲치바(ちば)에 있는 가인(かじん) 이토우
사치오(1864~1913)의 생가인 농촌 모옥
으로 유명하다.

▶임진왜란
때 끌려간 조
선 도공의 국
보급 다완.

▲미야쓰에 있는 일본식 여관 '챠토
쿠'의 앞 정원.

▶'호우쿄우
지'(ほうきょ
うじ) 사찰의
다실, '산퍄
쿠샤'(さんぴ
ゃくしゃ).

▲다도로 유명한 다이토쿠지(だいと
じ)의 '쥬코우인'(じゅこういん) 다실
다인 센노리큐우가 자주 왔다고 한다

▲바다를 바라보는 노천욕탕.

▲화산 연기가 오르는 온천지로 유명한 사쿠라지마(さくらじま).

▲화산의 나라를 상징하는 아소화산. 덕분에 온천이 발달했다.

▲우타가와 히로시게의 「고에몽후로」.

▲노천욕탕은 일본 도처에 있는 명물.

▼에도시대의 대중 목욕탕인 센토우(せんとう)의 여탕의 우키요그림(うきよえ). 우타가와 요시이쿠(うたがわよしいく) 그림.

▲정월 초하루에 먹는 '카이세키 오세치'(かいせきおせち) 요리.

▲여름철의 '카이세키' 요리.

▲토우쿄우 신바시의 유명한 '사누키 우동' 집 앞의 백파 홍성유(『888점』등 의 저자)씨와 필자(1992.2).

▲7월 7석에 먹는 '타나바타히메'(たなばたひめ) 요리. 즉 '직녀' 요리이다.

▲ '오니기리' (おにぎり)라는 주먹밥.

▲일본 쇠고기의 명품이라는 오우미규우(おうみぎゅう)의 꽃등심.

▲간소한 주효.

▶게요리 정식.

◀ '와테이쇼쿠' (わていしょく)라고 부르는 요리점의 일본식 정식.

▼토우쿄우 아사쿠사의 '가쿠온지'의 불단(부쓰단, ぶつ だん)으로 유명한 문화재.

▼토우쿄우 아사쿠사의 '센소우지' 와 아사쿠사의 '산쟈마쓰리'.

▼신전 결혼식을 거행하고 있는 광경.

▲일본의 대표적인 미인도이다.
(좌) 우에무라 쇼우몬 그림 『죠노마이』.
(우) 히시카와 모로노후 그림 『뒤돌아보는 미인』.

일본 신사에는 어디에 가거나 금줄과 금줄에 흰 종이 또는 흰 무명천을 꽂고 있다. 이 흰 것을 '시데'(しで)라고 부른다. 우리나라의 서낭당과 같은 무속의 하나이다.

▲쿄우토 · 헤이안신궁.

▼쿄우토 · 야사카신사.

▲나라 아스카의 아스카니이마스신사.

▲오오사카 · 백제왕신사.

◀토우쿄우의 '긴자'에 있는 '카부키좌'(かぶきざ). 이 건물은 1951년에 지은 것이다.

▼최강급 '요코쓰나'인 '타카하나'가 '데지마'와 겨루고 있다.

▲ '카부키'의 '우키요그림'. 세이코우가 그렸다.

▲ '쿄우노아사이치' (きょうのあさいち) 아침 장터(헤이안신궁 경내).

▲ '시치고산' (753)으로 때때옷을 입은 아이들. 절이나 신사에 복을 빌러 간다.

◀쿄우트 기온(ぎおん)의 기모노 차림의 '게이샤' (げいしゃ)라는 기생들.

▼손님을 맞이하려는 '게이샤' 들.

◀춤추는 '마이기' (まいぎ)라는 '게이샤'가 술손님 앞에서 춤춘다. '오샤쿠' (おしゃく)라고도 부른다.

◀아기엄마의 자전거. 앞에 둘, 보이지 않으나 뒤에 하나를 더 태웠다.

▶교외 전철역의 대형 자전거장.

◀시골의 한적한 무인 전철역에도 자전거는 서있다.

▶변두리 전철역의 자전거들.

일본 문화 백과

— 일본 사회와 문화의 집중 이해 —

머리말

일본 사회와 문화의 길잡이

누구나 이 책을 통해서 쉽게 일본인들의 생생한 삶의 모습과 일본 문화를 파악하게 될 것이다. 필자는 일본에서 오랜 세월을 살면서 일본 대학에서 교육을 받았고 학위도 취득했다. 또한 일본 대학에서 일본인 대학생들을 직접 가르치다가 근년에 귀국했다. 오랜 기간 동안 일본 사회를 자연스럽게 체험하면서 파악한 일본 문화의 모든 내용을 철저히 이 책속에 집약 시켰다.

바야흐로 '일본 문화 개방 시대'가 왔다. 우리가 원하던 원치 않던 간에 일본 문화와 접촉하게 된 것이 오늘의 현실이다. 그렇기 때문에 일본인과 일본 문화에 관한 지식을 갖출 필요성도 발생하게 되지 않았는가 한다

이 책은 일본이 어떤 문화를 가진 나라인지, 일본인과 일본을 알고 싶어하는 독자들을 위해서 열심히 썼다. 일본에 건너 가서 공부하거나, 일하게 될 사람들이 꼭 터득해야 할 핵심적인 사항들도 빠뜨리지 않고 구체적으로 엮어 보았다.

누구이거나 일본에 건너가서 일본 음식을 먹으며 일본집 타타미방에서 잠을 청해 자면서 학교와 직장등에서 일본사람과 만나야할 사람이라면 이 책에 담긴 내용을 알지 못하고는 일본인들의 존재를 이해할 수 없다고 감히 단언한다. 그와 동시에 여기 엮어 놓은 각 항목들은 보다 실제적으로 일본 문화와 접촉하는 기본 자료가 될 것이다.

　독자들에게 좀 더 자세하게 일본인과 일본 문화의 다양한 사항들을
이해시키기 위해서, 필자가 일본인 지기들과 교류한 내용도 이모 저
모 담아 보았다. 일본인들과의 공동 생활 속에서 '이것이 일본인의 특
성이구나', '저런 것이 일본의 독특한 문화구나' 하는 것을 하루 하루
깨닫는 동안에 나는 일본 문화의 실체를 스스로가 터득할 수 있었다.

　이 책은 필자가 한국인이기 때문에 어쩌면 일본인 보다 더 상세하
게 일본 문화를 다각적으로 서술할 수 있었다고 말하고 싶다. 왜냐하
면, 필자는 한국과 일본의 역사 문화의 내용과 그 발자취들을 오랜동
안 비교 연구하며 분석해 왔기 때문이다.

　독자 여러분들 중에는 그동안 필자가 쓴 책들과 직접 접한 분들도
계실줄 안다. 필자는 일본 문학과 일본 역사를 공부하면서 한국과 일
본의 문학과 역사를 비교 연구했고, 근년에 귀국한 뒤에 몇 권의 책
을 세상에 내놓았다.

　필자가 일본 대학에서 교편을 잡고 있던 시기에 저술한 책은『한국
인이 만든 일본국보』(문학세계사, 1996)였다. 이 책에는 일본의 국
보 문화재들이 우리나라 삼국(신라·백제·고구려) 시대에 일본에 건
너 간 내용들을 중심으로 쓴 것이다.

　일본에서 귀국하기 전후에 저술한 책은『행기 큰스님』(자유문학사,
1997)과『일본문화사』(서문당, 1999) 등을 들 수 있다.

　『행기 큰스님』은 일본 나라시에 있는 큰 가람인 「토우다이지」 사찰을 세우는데 앞장섰던 불교 성인 행기(668~749) 큰스님의 업적을 엮은 것이다. 행기 큰스님은 백제인이며, 이분은 일본 최초의 '대승정'이 된 고승이다. 그 분이 아니었으면 오늘의 토우다이지의 '비로자나대불'(높이 약16미터의 세계 최대의 금동불상)을 주조할 수 없었던 것이다. 필자가 귀국해 보니 행기 큰스님이 우리나라에 전혀 알려져 있지 않았다. 그 때문에 그동안 자료를 수집하며 연구했던 『행기 큰스님』을 책으로 써서 밝히게 되었다.

　『일본문화사』는 나의 일본 문학과 일본 역사 연구를 집약시킨 저술이다. 일본 역사와 문화의 발자취를 이 책에 체계적으로 정리해서 써 보았다. 고대의 미개했던 일본이 어떻게 문화가 발생하게 되었는지부터 시작해서, 고대 삼국시대에 선진국이었던 신라·백제·고구려가 일본에 건너가서 문화를 새로히 심어주며 일본땅 지배의 터전을 닦은 과정들을 체계적으로 상세하게 엮었다.

　또한 중세 일본에서 무사정권이 생기면서 일본화가 이루어지던 그 과정속의 일본 문화 변천의 발자취를 썼다. 이어서 일본 무사정권의 패퇴와 '메이지 유신(1868년)'으로 일본이 서구 문화를 수용해서 근대화되던 과정도 아울러 담았다. 그 뿐 아니라 지금의 일본, 즉 현대 일본 문화의 내용들도 각 분야별로 확실하게 엮어 보았다.

필자의 본격적인 일본 역사 연구의 저술은 최근에 낸 『일본천황은 한국인이다』(효형출판, 2000)라는 것은 많은 독자들이 잘 알고 계실 줄 안다. 일본의 역대 천황에게 한국인의 피가 흐르고 있다는 것을 고고학·문헌학적으로 고증해 본 것이다.

필자의 저서에 독자들께서 보내주시는 독후감 등 펜레터에 늘 감사 드리고 있다. 여러분의 서신을 기다리련다.(〈우〉135- 778 서울 강 남구 대치동 6-1404).

이번에는 마침내 본격적인 의미에서 광범위한 일본 문화를 정리하 여 이 책 『일본문화백과』를 독자 여러분에게 보여드리게 되었다. 부 족한 점이 있다면 필자에게 꼭 지적해 주시기 바라련다. 늘 애독해 주시는 저의 독자 여러분께 이 자리를 빌어 거듭 감사드린다.

2000. 9

홍 윤 기

제3장 음식 문화

해 설(일본어 표기)

이 책에서는 일본 문화를 바로 알자는 뜻에서, 지금까지 우리가 잘 못 표기해 온 일본의 지명(地名) 표현을 먼저 다음과 같이 일본 카나 글자에 맞춰서 바로 잡았다. 예를 들어 본다.

도쿄→토우쿄우(東京 とうきょう) (읽을 때는) 토오쿄오

교토→쿄우토(京都 きょうと) (읽을 때는) 쿄오토

오사카→오오사카(大阪 おおさか)

즉 일본 카나(假名) 글자의 음가(音價)에 가능한한 똑같게 접근시 키기 위한 것이다. 남의 나라 말을 우리 나라 말에 맞춰서 읽거나 표 기하려는 것은 잘못된 방법이다. 더구나 그 나라 말을 바르게 학습하 기 위해서도 올바른 외국어 표기법이 절실히 요망된다.

일본어에는 탁음(濁音, だくおん)이 있다. 일본어 카나(かな) 글자 에서 탁음이 붙는 것은 '50음도(五十音圖)'에서, 20개 글자이다. 즉 か、さ、た、は 줄의 문자에 탁음이 붙는다. が、ざ、だ、ば가 그것 이다.

이 경우 か와 が를 어떻게 표기해야 가장 일본어 음에 가깝게 발음 이 될 수 있을까. 우리 한글에서는 가장 근접된 표기가 다음과 같을 수밖에 없다.

か→카、さ→사、た→타、は→하

が→가、ざ→자、だ→다、ば→바

이 경우 한국어의 음과 일본어의 음이 완전하게 일치하는 것은 다

음과 같다.

さ→사, は→하, ば→바

나머지 글자들은 근사한 발음이 성립되기는 하지만, 다음 문자들은 다소간에 무리가 있다.

か→카, た→타, が→가, ざ→자, だ→다

위와 같은 표기에는 여러모로 발음상 무리가 있는 것이 분명하다. 그러나 한글 글자로서 일본 글자의 탁음 유무(有無)의 표기를 구별하기 위해서는 부득이한 노릇이다. 만약에 위와 같은 표기를 따르지 않는다면, 한글식 표기에 더 큰 혼란이 생길 수 밖에 없다.

특히 인명(人名)과 지명(地名) 등에 있어서 구분이 매우 어려워지게 된다. 사람의 이름이나 땅의 명칭은 비록 외국인이라도 최대한으로 원음(原音)에 가깝게 써 주고 읽어 주어야 한다고 본다.

어떤 혼란이 오는지 다음에 간단하게 예를 들어보자.

도우쿄우(同郷, どうきょう)

토우쿄우(東京, とうきょう)

즉 'ど'와 'と'를 '도'와 '토'로 구별해서 쓰지 않을 경우 '동향(同郷)'인지 수도인 '동경(東京)'인지, 한국 표기만 보는 경우 구별이 불가능해진다.

이번에는 다시 '토우쿄우(東京)'라는 지명에 대해서 다른 예도 살펴 본다. 현재 일반적으로 통용되고 있는게 '도쿄'이다. 그러나 지금처럼 '도쿄'나 '토쿄' 등으로 쓰는 경우 등등, 다음과 같은 낱말들과 맞닥뜨려서 혼란이 생기고 있다. 몇 가지 예를 들어 본다.

도쿄→ときよ(時世, 시대, 시세)

도쿄→ときょう(斗栱, 짝을 진 것)

도쿄→どきょう(讀經, 불경을 읽는 일)

도쿄→どきょう(度胸, 매사에 겁없는 기력)

토교→とぎよ(渡御, 가마를 옮기는 일)

이상에서 살펴 본 것처럼 '토우쿄우(東京)'는 말할 나위도 없거니와 일본어 표기에는 장음(長音)이 꼭 필요하다. 다음 처럼 일본 성씨에 많이 쓰이는 것에서 그 실예를 살펴 본다.

大野(おおの)→오오노

小野(おの)→오노

만약에 '오노'라고 쓴다면 '오오노(大野) 씨는 제 성이 '오노(小野)' 씨가 되어버리고 말 것이니 큰 실례(失禮)이다. 그와 같은 성씨의 실례(實例)는 허다하므로 한 가지 특수한 예만 더 들어 보자.

毛利(もうり)→모우리

森(もり)→모리

'모우리(毛利,もうり) 씨에게, 장음 '우'를 빼고 '모리'라고 표현했다면 역시 '모우리(毛利)'씨가 아닌 '모리(森)'씨로 뒤바뀌지 않는다는 보장이 없다.

일본의 고대(古代) 또는 중세(中世)의 귀족들은 성씨와 이름 사이에 'の(노)'라는 글자를 넣고 있는 것을, 독자 여러분은 대하게될 것이다. 이를테면 소가노 우마코(蘇我馬子,そがのうまこ)의 'の(노)'가 그것이다. 일본어의 격조사(格助詞)인 'の'의 용법은 매우 다양하다. 'の'는 비교적으로 흔히 쓰이는 것이 소유와 소속 등을 나타내는 '⋯⋯의' '⋯⋯에 있는' 등의 용법이다.

성씨에 붙이는 'の'는 '관계'를 표현하는 것으로서 "⋯⋯이라고 하는' 뜻을 갖는다. 그러므로 소가노 우마코(蘇我の馬子)의 'の'는 '소가라고 하는 우마코'가 된다. 더 구체적으로 풀어 보면 '소가라고 하는 가문(家門)의 우마코'라는 강조된 표현이다. 즉 소가 가문의 '권위'를 나타내고 있는 것이다.

고대 일본의 소가(蘇我) 가문과 후지와라(藤原) 가문 등등, 조정의 역대 지배자 가문의 성씨 밑에는 'の(노)'가 관용적으로 붙었다. 물론 이와 같은 'の(노)'는 당초 일본 역사의 신화(神話) 최초의 신(神)들의 이름부터 표현되었고, 천황과 왕족 귀족에게 붙었다. 또한 관직명 (官職名)과 함께 고관의 이름 위에도 붙었음을 참고하기 바라련다.

특수한 표현으로는 일본 최고봉인 후지산을 '후지노 야마(富士の 山)'라고도 불러 온다. 즉 '후지라고 하는 산'이다. 가장 높고 아름답다는 격조를 표시하는 셈이다.

고대 일본 역사에서는 고구려(高句麗, BC37~668)를 '코마(高麗)' 로 '구(句)'자(字)를 빼고 써왔다는 것을 독자들은 알아두기 바란다. 이를테면 일본 고대 건축에 사용했던 훌륭한 '고구려자'도 '코마샤쿠 (高麗尺, こましゃく)'로 표기해왔다. '고려(高麗, 918~1392)'의 경우는 그냥 '코우라이(高麗, こうらい)'로 쓰고 있다.

일본의 메이지 유신(明治維新, 서기 1868년) 이전의 연대(年代)에 있어서의 월일(月日)은 모두 음력 날짜이다. 일본에서는 메이지 유신 때 음력을 철폐시키고, 서양을 좇아 모든 날짜는 양력 만을 고수해 나가게 되었다. 따라서 저자가 '음력'이라고 표시한 것이 아니더라도 1868년 이전의 월일 표기는 음력이라는 것도 아울러 밝혀 둔다.

제1장 마쓰리 문화

일본은 '마쓰리'의 나라이다

일본의 '마쓰리'(まつり)를 모르고 일본인의 생활과 문화를 논할 수 없다고 본다.

마쓰리란 무엇인가. 마쓰리를 한 마디로 말한다면 하늘의 조상신에게 제사를 지내는 일이다. 국가의 번영과 농사며 장사가 잘되고 고장마다 마을마다 모두들 건강하고 탈없이 잘 살게 해달라고 신에게 빌고 제사지낸 다음의 축제가 마쓰리의 근본 목적이다.

고쿠가쿠인대학 교수 카나자와 쇼우사브로우 박사는 그의 명저인 『코우지린』(1925)에서 다음과 같이 마쓰리를 설명하고 있다.

「마쓰리는 신을 받들어 봉사하면서 신의 영혼을 위안하고 기도하며 제사 지내는 여러 가지 의식을 통털어 말한다.」

신사(사당)에서 신에게 제사지내고 나서, 신을 더욱 기쁘게 하기 위해 길거리로 나가서 많은 구경꾼들 앞으로 신명나게 행진하는 따위, 여러 가지 축제 행렬 등을 뒤풀이 행사로 거행하는 것이다. 마쓰리의 축제 행렬에 반드시 등장하는 것이, '미코시'(みこし)라고 부르는 대형의 가마이다. 고장에 따라서 가마를 가리켜 '야마(やま)' 또는 '다시(だし)'라고 부르기도 한다.

이 가마는 신의 위패등 신의 혼령을 모신 것이다. 미코시는 수십명

의 가마꾼들이 어깨에 메거나 큰 수레바퀴가 달린 미코시를 앞에서
끌고 뒤에서 떠밀면서, 큰 거리로 행진할 때 구경꾼들의 열광적인 환
호를 받는다.

'왔쇼이, 왔쇼이'는 조선어 '오셨다, 오셨다'

이 미코시의 행진 때 가마꾼들은 "왔쇼이, 왔쇼이!"하고 구령을 드
높이 외치면서 행진한다.

일본의 마쓰리 가마꾼들이 소리지르는 "왔쇼이"(ワッショイ)는 한
국어인 것이다.

그것에 대해서 시게카네 히로유키 씨는 다음과 같이 그의 저서
(『풍습사전』케이묘우서방,1978)에서 지적하고 있다.

「마쓰리에서는 의례히 가마꾼들이 '왔쇼이, 왔쇼이'(ワッショイ,
ワッショイ) 하는 구령을 지르기 마련이다. 오늘날 이것이 전국적인
구령이 되었다. 이것은 고대의 조선어로서, '오셨다'(おでになった)는
의미라고 한다.」

고대 신라어(경상도 말)의 '왔서예'가 '왔쇼이'가 된 것 같다. 물론
여러분도 연구해 보시길.

마쓰리가 최초로 시작된 시기는 서기 749년이다. 그 당시 백제신
인 하치만신의 미코시(가마)가 나라땅의 '토우다이지'(とうだいじ) 사
찰에 행차한 일이 있다. 토우다이지 절은 백제인 행기 큰스님을 비롯
해서 신라인 학승인 심상대덕, 백제인 양변승정, 이 세 큰 스님에 의
해서, 서기 749년에 창건되었다. 상세한 것은 필자의 『일본문화사』
(서문당, 1999)를 참조하시기 바라련다.

토우쿄우 하치만궁의 '왔쇼이'·기타

「현재 토우쿄우 후카가와(ふかがわ)의 '토미오카 하치만궁'(とみお
かはちまんぐう)에서 외치는 소리는 옛날부터의 전통적인 'ワッショ
イ, ワッショイ'로 통일되어 있다. 소화 40년(1965년)까지는 여러
가지 외치는 소리가 뒤섞여서 혼동이 왔으나, 이래서는 어처구니 없
다는 데서 소화 49년(1974년)부터 'ワッショイ'로 통일했다」(『오모
시로백과』⑥카도가와서점, 1983).

토우쿄우의 여름 마쓰리에서는 이와 같이 '왔쇼이'와 그밖에 '세이
야'(セイヤ) 또는 '오랴'(オリャ)로 외치기도 한다. 그런데 토우쿄우의
'칸다묘우진'(かんだみょうじん) 즉 '칸다신사'에서는 또 어떤가.

「칸다묘우진도 옛날에는 'ワッショイ'로 정해져 왔었는데, 요즘은
'세이야'에 압도되고 있다」(앞의 책).

여기에는 아무래도 한국신이 '오셨다'는 신라어(경상도 말) '왔서
예'(ワッショイ)라는 것을 일본 학자들이 규명해낸데 대해서, 일부 일
본인의 저항이 들어난 것이 아니기를 바라고 싶다. 본래 일본의 신도
는 고대 신라가 그 원류인 것이다(홍윤기『일본문화사』서문당,1999).

여기 한가지 더 첨가 해둔다면, 일본의 줄다리기 '쓰나히키'(つなひ
き)에서도 '왔쇼이, 왔쇼이'(ワッショイ, ワッショイ)를 구령으로 삼
고 있는 지역이 많다.

「줄다리기 때에 외침에는 '요이쇼, 요이쇼'(ヨイショ, ヨイショ)가
49%, '왔쇼이, 왔쇼이'(ワッショイ, ワッショイ)가 22%, '오―에스,
오―에스'(オーエス, オーエス)가 14% 등이다. 요컨대 '오―에스'형
은 토우쿄우·오오사카 등 '도시형'이다」(앞의 책).

'도시형'이란 요즘 젊은이들이 영어로 'Oh yes'라고 외친다는 뜻이

다. 신라신 대신에 이제 서서히 서양 귀신이라도 끼어들기 시작했다
는 것인지.

일본 마쓰리의 으뜸은 '기온 마쓰리'

일본의 마쓰리는 전국 각지의 신사와 사찰에서 거행이 되어 오고
있다. 이 마쓰리는 그 지역의 주민들이 자발적으로 모두 함께 참가하
는 가운데 고장마다 성대하게 진행이 되고 있다.

일본에는 가장 주목받는 세 고장의 3대 마쓰리가 있다. 그 첫째는
쿄우토의 '기온 마쓰리'(ぎおんまつり)이다. 기온 마쓰리는 실제로 일
본의 최대 마쓰리로서 다른 어떤 마쓰리와 비교될 수 없는 독보적인
최대 축제이다.

오오사카의 '텐만 마쓰리'와 토우쿄우의 '산쟈 마쓰리'(さんじゃまつ
り)까지를 합쳐서 이른바 '3대 마쓰리'라 부르고 있기도 하다.

기온 마쓰리는 해마다 7월 17일부터 24일까지, 장장 8일동안 거
행하고 있다. 이 마쓰리의 주체는 쿄우토시의 '야사카신사'(やさかじ
んじゃ)이다. 이 야사카신사에 모시고 있는 신은 '스사노오노미코토'
(すさのおのみこと)이다. 그리고 이 신사 경내에는 그의 아들신인 '대
국주신'도 제신으로 모시고 있다.

두말할 나위 없이, 스사노오노미코토는 신라신이다. 이 사실은 일
본관찬 역사책인 『일본서기』(720년 편찬)에 그 발자취가 실려 있다.
토우쿄우 대학의 쿠메 쿠니다케(くめ くにたけ, 1839-1931) 교수가
「스사노오노미코토는 신라신이다」(『일본고대사』1907)라고 밝힌 상
세한 저술과 논문 등도 있다. 상세한 것은 뒤에 나오는 항목('야사카

신사'와 '헤이안신궁')에서 밝히
고 있다.

기온 마쓰리에는 쿄우토 시내
의 각 지역 상가와 주민들이,
각기 호화롭고 웅장하게 만든
미코시(みこし, 큰수레 바퀴 4
개씩이 달린 것)들을 몰고 나와
행렬에 참가한다. 미코시는 모
두 20대가 참여하기 때문에, 행
진이 거행되는 첫날인 17일과
마지막날인 24일은 쿄우토의
거리는 수백만의 인파로 인산인
해가 된다.

기온마쓰리에 나오는 미코시
는 그 명칭이 '야마'(やま) 하고
'호코'(ほこ)로 구별이 되고 있

'기온 마쓰리'의 '야마'(신령을 모신 큰 수
레)가 '시죠우'거리 번화가를 행진한다. 이
런 '야마'등 모두 20대가 줄을 잇는다.

다. 야마는 모두 14대이고, 호
코가 6대이다. 이 미코시의 순행은 그야말로 장관이다. 쿄오토에서
본격적으로 이 구경을 하기 위해서는 '시죠우 도우리'며 '테라마치'와
'마쓰바라쵸우' 등의 큰거리로 나가면 된다.

'텐만 마쓰리' 와 '산쟈 마쓰리'

오오사카의 '텐만 마쓰리'(てんまんまつり)의 정식 명칭은 '텐만 테

진마쓰리'이다. 이 오오사카땅의 축제는 7월 25일에 거행된다. 이것은 오오사카시의 텐만궁(다이쿠쵸 소재)의 여름 마쓰리이다.

미코시 등의 행렬이 거리 순행에 뒤이어서, 미코시를 각기 배에다 옮겨서 이번에는 배편으로 '미코시부네'가 강물을 따라 순행한다. 미코시부네들은 강을 순행하면서, '오오에바시' 다리를 지나서 '와타나베바시' 다리로 이어가게 되고, 다시 '다사이바시' 다리를 이어서 가게 되는 광경이 강물에서 장관을 보이게 되는 것이다.

토우쿄우에서는 5월 16일부터 18일까지 3일간의 '산쟈마쓰리'가 거행된다. 토우쿄우의 '아사쿠사'(あさくさ)에 있는 아사쿠사신사에서 주최하는데, 그 옛날 에도시대 이전인 1316년부터 서민들을 즐겁게 했던 축제이다.

이 산쟈마쓰리에는 3대의 미코시를 가마꾼들이 메고 인파가 북적대는 거리에서 축제 행렬을 이룬다. 이 마쓰리의 특징은 사자춤(しし まい,시시마이)이 등장해서 관중들의 흥을 한껏 돋군다.

일본 국학자 야나기다 쿠니오(やなぎた くにお, 1875~1962)는 「마쓰리에 관한 일본의 학문은 장래에 다시금 크게 발전해 나가지 않으면 안된다」(『일본의 마쓰리』1942)고 제안한 바 있다. 그는 '왔쇼이'처럼 '마쓰리'라는 용어도 고대 조선어의 신을 '맞으리'에서 생겼다는 사실을 잘 알고 있었던 것같다.

'마쓰리'로 시작하는 일본 생활

1년 새해를 '마쓰리'로 시작해서 '마쓰리'로 한해를 끝내는 것이 일본의 연중 행사이다. 그러므로 '마쓰리'를 모르고는 일본을 이해할 수 없을 것이다.

마쓰리는 무엇인가. 그것은 '신'(카미사마, かみさま)을 맞이해서, 신에게 봉사하고, 신과 인간과의 연관 관계를 보다 더 깊고 친숙하게 단단하게 맺어 장사도 잘 되고 저마다 번창하고 잘 살자고 하는 마을 이며 지역 사회의 종교 행사며 축제이다.

일본 사람들은 하늘신과 땅신에게 대한 두려움 속에서 항상 근엄한 마음으로 제사를 잘 모시고 있다. 국가적인 하늘의 신인 천신을 비롯 해서, 역대의 왕이며, 뛰어난 지도자, 그리고 자기 집안의 선조 등, 역대 가족신들에 이르기까지 빠짐없이 '제신'(さいしん, 祭神, 제사 드 리는 신주)들을 잘 모시면서 산다.

가정의 '불단'과 '신단'

일본 사람들은 집안에다 작고한 가족신들의 위패 또는 영정(사진) 을 모신 '부쓰단'(ぶつだん, 불단) 또는 '카미다나'(かみだな, 신단) 등 을 설치하고 제사지낸다. 우리나라에서 집의 후원에다 사당을 모시거 나 또는 대청마루 한 쪽에 상청을 설치하는 것보다는 규모가 사뭇 작 은 편이다.

'불단'에는 중앙에 소형 불상과 죽은 사람의 위패며, 소형의 향로, 꽃병, 촛대, 방울과 또한 차를 담는 차탕기며, 밥을 담는 불반기 등이 간소하게 차려지는 것이다.

우선 가정에서의 마쓰리는 정월 초하룻날과 '봉'(8월 15일)의 조상 신 제사인 '센조마쓰리'(せんぞまつり)라는 것을 정성스럽게 거행한 다. 정월 초하루에는 신단인 '카미다나'에다 '오세찌 료오리'(おせち

집의 방 천정 밑에 모시는 '카미다나'라는 신단.

りょうり)라는 음식을 준비해서 새해의 신년신(토시가미사마, としかみさま)에게 바친다. 이 때 신단에다 공양하는 것은 신주인 술과 둥근 찹쌀떡인 '카가미모치'(かがみもち) 등이다.

이 날 가정에서 먹는 것은 일종의 찌개인 '조우니'(ぞうに)이다. '조우니'는 찰떡과 야채·닭고기·어패류 등을 함께 넣고 끓인 국물이 있는 잡탕 찌개이다.

평소에 신단에 바치는 신찬은 쌀과 소금과 물이다. 쌀은 깨끗이 씻은 쌀이거나 첫 번 뜬 밥이어야 하며, 물은 아침에 처음으로 길은 것이어야 한다. 그 밖에 제주로서 술이며, 사계절에 첫 수확한 식품을 그 때마다 신단에 바친다.

1월 1일에 각 가정에서 어른들은 '오토소'(おとそ)라고 부르는 일종의 약주를 마신다. 이 약주에는 한약재인 산초며 길경, 육계 등이 들어 있는데, 이 술을 마시면 1년간 건강하게 걱정없이 산다고 한다. 한국에서 '귀밝이 술'을 마시는 것과 진배 없다고 본다.

'시메나와'라는 '금줄'

우리나라에서 아기가 태어나면 대문에다 새끼줄로 금줄을 치듯이, 가정에서는 현관 문설주 위에다 굵은 새끼줄 토막을 장식한다. 이것을

'시메나와'(し
めなわ, 금
줄)라고 부르
는데 악귀가
집안에 들어
오는 것을 막
아준다는 것
이다. '시메
나와'의 새끼
줄 토막을 장

신사의 금줄인 '시메나와'. 아스카니이마스 신사.(나라·아스카)

식할 때는 신단이나 대문을 마주 향해 서서 새끼줄의 굵은 부분은 오
른쪽에, 가느다란 부분은 왼쪽이 되게 달아야 한다는 규정도 있다.

지금 우리나라 도시에서는 흔히 볼 수 없지만, 농어촌에 가면 아기
를 낳는 집의 대문에도 새끼줄의 '금줄'을 쳐서 악귀가 집안에 들어오
는 것을 방지하는 예방법과 마찬가지 뜻이 담겨 있는 것이다. 고대
조선에서는 서낭당이며 당산 나무 등에 금줄을 쳤는데 일본에서도 사
당인 신사의 전당 문이며 나무에 '시메나와'를 친다

'오토시타마'라는 일본의 세뱃돈

일본의 농어촌에서는 설날 어른들이 아이들에게 찰떡을 나눠주거나
한다. 이를테면 일본 남쪽인 카고시마의 '코시키' 섬에서는 어른들이
새해에 찾아 온 그 해의 연신인 '토시돈'(としどん)으로 자신의 몸을
분장하고, 둥근 떡을 나눠준다. 이 떡을 '오토시타마'(おとしたま)라

고 부르며 이것을 먹은 아이들에게는 잡귀가 붙지 않고 건강하게 잘 자란다고 한다.

토우쿄우 근린 나가노현의 '키타사쿠' 군에서도 염주처럼 동글동글한 떡을 만들어 '오토시타마'라고 부르면서, 신단(카미다나)에다 공양하고 나서 먹는다. 고장에 따라서는 쌀을 흰 종이에다 싼 것을 '오히네리'(おひねり)라고 해서 이웃에 나눠주기도 한다.

도시 지역에서는 '오토시타마'라고 하면서 어른들이 아이들에게 용돈을 나눠준다. 한국의 세뱃돈과 비슷하다. 한국에서는 아이들이 "새해 복 많이 받으세요"하며 세배를 하고 나서 세뱃돈을 받는데, 일본에서도 아이들이 정초에 어른들에게 머리를 굽벅 숙이면서 "새해를 축하합니다"하고 인사하면서 역시 세뱃돈 격인 '오토시다마'를 받는 것이다.

시골에서는 1월 15일에 아이들이 우리나라이 음력 1월 15일의 대보름 쥐불놀이 비슷한 불장난을 한다.

이 날 아이들은 정초에 대문에다 장식했던 소나무며 새끼줄 금줄인 '시메나와'와 정초에 쓴 붓글씨인 '카키조메'(かきぞめ) 종이 등을 한데 모아 놓고 불을 지른다. 이런 것을 '돈도 불놀이' 또는 '사이토 불놀이'라고 부른다. 불속에다 내던진 붓글씨 종이가 활활 타면서 공중에 높이 떠오르면, 아이들은 기뻐하면서 '손이 올라 간다'(붓글씨 솜씨가 능숙해진다)고 소리지르는 풍습도 있다.

일본에서는 메이지유신(1868년) 때 달력의 음력을 없애고 양력 만을 쓰기 시작해서 우리나라 구정 대보름 쥐불놀이가 양력 1월 15일로 바뀐 것이라고나 해 둘까.

그 때문에 가정에서는 현관 문 위 뿐 아니라 신단인 '카미다나'에도 역시 금줄인 '시메나와'를 장식한다. 또한 현관문 양옆에는 '카도마

쓰'(かどまつ)라고 부르는 자그만 소나무 장식을 세운다.

이것은 새해의 신인 '토시카미사마'를 맞이하는 뜻을 갖는다. 이런 광경은 지금도 일본의 주택가에서 12월 초에 흔히 볼 수 있는 광경이다. 카도마쓰는 신년의 신인 '토시가미사마'가 다녀가고 나서, 1월 7일에 제거해 버린다.

신사와 사찰의 1월 1일의 '하쓰모우데'

정초 (1월 1일~1월 3일)에 일본인들은 꼭 신사나 절에 찾아 간다. 이것을 가리켜 '하쓰모우데'(はつもうで)라고 말한다. 대부분 가족들이 함께 모여서 간다. 정월에 처음 간다고 해서 다른 말로는 '하쓰마이리'(はつまいり)라고도 한다.

하쓰모우데는 신사의 '신'이나 사찰의 '부처님'에게 각자의 건강과 행복등 새해의 소망을 기원하려 참배하러 가는 일이다.

신사에 가면 '카시와데'라는 손벽을 친다

하쓰모우데 뿐 아니라, 언제고 신사에 가서 배전(はいでん,신령을 모신 신전) 앞에서 참배할 때는 누구나 두 손으로 '손뼉'을 마주치게 된다.

이 손벽치는 것을 가리켜 '카시와데'(かしわで,박수, 박장)라고 말한다.

이 '카시와데'는 손을 마주치면서 절을 하는 횟수가 정해져 있다.

보통 방식은 '2배 2박수 1배'로 규정되어 있다. 즉 처음에 배전 앞에 서서 두 번 머리를 깊이 숙이며 절을 하고나서, 두 번 손바닥을 서로 마주치면서 손뼉 소리를 낸다. 마지막으로 절을 한 번 더 하는 것이다. 우리나라에서 제사지낼 때 두 번 큰 절을 하고 나서 한번 절하는 것과 유사성이 있다는 것을 살피게도 해준다.

어째서 신사의 배전 앞에서 두 번 절하고 두 번 손뼉치고 나서 다시 한 번 절을 하는 것일까. 쿄우토의 히라노신사의 최고신관(ねぎ, 네기)인 오사키 야스히로 씨는 필자에게 이렇게 말해 준다.

"옛날부터 신전에서 절을 하고 손뼉을 치게 되었는데, 거룩한 신앞에서 절하는 것은 경의를 표하는 것이며, 또한 저항하지 않고 순종하겠다는 의사 표시입니다. 손뼉을 마주치는 것은 신의 혼령을 불러 모셔서, 서로의 혼을 마주 흔들어 주는 것입니다. 이것을 옛날부터 '타마부리'(たまぶり, 혼혼들기)라고 했는데, '카시와데'(かしわで, 손뼉 마주치기)는 그 예절이 전해진 것입니다"

이를테면 신사에서 제사 지낼 때 큰 북을 치고, 피리도 분다. 바로 그와 같은 것도 손뼉치기와 마찬가지로서, 공기의 진동으로 영혼을 흔들어 깨우는 '타마부리'(혼혼들기)라고 한다.

'이즈모대사'에서는 4번 손뼉친다.

두 번의 손뼉치기는 1868년의 메이지유신 때 일반 신사에서 똑같게 규정한 것이다. 물론 예외가 있는 곳이 있다. 시마네현의 '이즈모대사'(いずもだいしゃ)에서는 4번 '카시와데' 손뼉을 치게 되어 있다.

이즈모대사는 신라신인 '대국주신'(おおくにぬしのみこと,대물주신

등으로도 호칭)을 모신 대표적인 신전으로 유명하다. 우리나라 동해의 경주의 맞은 쪽 지역이 이즈모(いずも) 지방이다.

또한 어린 아이들의 '7・5・3'(しちごさん,시치고산)을 축하하는 신사 참배 때도 절과 '카시와데' 치기가 일반의 경우와는 다르다. 즉 2번 절하고 2번 손벽치고 나서, 소원을 빌고나서 다시 2번 손벽치고 마지막으로 절한다. '7・5・3'에 대해서는 뒤의 그 항목을 참조하시길.

신사의 배전 앞에는 '호우노우'(ほうのう, 봉납)라는 글자를 쓴 나무 궤짝이 놓여있다. 참배하는 사람이 자유롭게 주화 등을 헌금하면서 던져 넣게 되어 있다.

사찰에 가면 '호우노우' 대신에 불전 앞에 역시 '사이센'(さいせん, 새전)이라는 나무 궤가 놓여 있어서, 참배하는 이들의 헌금을 받고 있다. 이 '호우노우'나 '사이센' 궤는 신사와 사찰에서 어느 쪽이든 특별한 구별이 없이 공동으로 함께 쓰고 있는 표현이기도 하다.

부적과 액막이 화살 등

정초의 하쓰모우데에 가면 사람들은 제각기 여러 가지의 부적 등을 사서, 집에 가져 온다, 또는 그 신사의 납소에 맡겨서 걸어둔다, 일종의 작은 부적 종이 '오미쿠지'(おみくじ)를 나무가지에 매는 등등 처리 방법도 다양하다. 자신의 액운을 제거시키기 위해서, 또는 가정과 가족의 안녕을 위해서 신이며 부처님의 가호를 받는다는 여러 가지 물건도 돈을 내고 경내의 판매소에서 사게 된다.

그 종류를 살펴 보면 대표적인 것은 다음과 같다. 그 신사의 제신 (제사 모시는 신)의 가호로 액운을 없애준다는 화살을 팔고 있다. 신

새해에 신사에 참배하고 액땜을 하기 위해서 '하마야'(はまや)라는 액막이 화살을 사는 사람들.

사마다 명칭은 달라서, 이를테면 마귀를 파괴시켜서 없애준다는 뜻의 '하마야'(はまや)라는 게 있는 가 하면, 천신의 화살이라고 부르는 '텐진야'(てんじんや)도 있다.

이 활은 사다가 집안 벽에다 걸어둔다. 특히 액운이 든 해에는 이 활을 사오며, 신관이나 스님에게 가호의 기도를 요청해도 된다. 물론 일정한 기도 행사에는 행사 비용이 드는데, 수험생들의 경우도 '입학 기원'의 기도를 받기도 한다.

산통에서 사랑점을 치는 청소년들

젊은 남녀들은 신사며 사찰에 가서 자신의 사랑이 성사되는가 점을

치느라 '오미쿠지'라고 하는 부적 종이를 사기 위해서 자동판매기를
이용한다. 옛날에는 산통에서 산가지 뽑기(제비뽑기)를 했다. 신이나
부처님에게 기원해서 사랑점 뿐 아니라 그 밖의 인생의 길흉화복의
여러 가지 점도 치는 '오미쿠지'라는 것은 본래 산가지 뽑기를 하는
것이었다.

　예전에는 절이나 신사에서 돈을 내고 산통 속에 든 산가지(대나무
젓가락 비슷하며 번호가 써있다) 한 개를 뽑아서 내밀면, 거기에 알
맞는 부적 종이(오미쿠지)를 내주었다. 그러나 이제는 신사나 사찰의
자동판매기에 동전을 넣어서 뽑아내는 곳이 대부분이다.

　오미쿠지 종이는 쪽지를 접어 소망을 기원하면서 사찰이나 신사 경
내의 나무가지에다 묶는다. 이 때문에 경내에는 나뭇가지마다 수많은
오미쿠지 종이 쪽지들이 마치 흰꽃처럼 줄줄이 매달린다.

　신불의 가호를 받는다는 나무쪽인 '마모리후다'(まもりふだ)라는 것
도 산다. 나무쪽판으로 만든 것으로서, 이것을 몸에 지니고 다니거나,
또는 현관문에 갖다 매달기도 한다. 아니면 사찰이나 신사의 이 마모

신사 경내의 '에마' 게시판

리후다를 맡겨두는 장소(대형 나무판 벽등)에다 갖다 붙여 둔다.

그 밖에 나무판에 말등 그림이 그려진 '에마'(えま)라는 것도 사서, 신불에게 기원을 하거나, 또는 기원이 성취된 것을 기뻐하며 그 감사의 뜻으로 에마를 사서 신사며 절에 바친다.

말하자면 신불에게 소원을 빈다, 액운을 제거시켜 달라거나, 가호를 비는데는 이와 같은 것등 여러 가지 방법이 있다. 정초에 주로 하쓰모우데에 가서 이런 기원을 하게 되지만, 그 밖에도 사찰이나 신사의 각종 축일 등 행사 때에도 찾아가 소망을 빌고 신불의 가호 받기를 청하는 것이다.

'카와사키 다이시' 모르면 일본인이 아니다

일본 토우쿄우 일대에서 정초에 가장 인기가 높은 세 곳이 있다. 첫 번째로 꼽히는 곳은 '헤이겐지'(へいげんじ, 카와사키시 카와사키구 다이시쬬우)라고 일컫는 카와사키(かわさき)의 불교 사찰이다. 대개 '카와사키 다이시'(かわさきだいし)로 부르는 불교 진언종 지산파의 총본산으로 유명하다. 흔히들 "1월의 행선지는 카와사키 다이시이다"라던가 "카와사키 다이시도 모르면 일본사람이 아니다"라고 할 정도로 유명한 사찰이다.

해마다 1월 1일부터 1월 3일까지 정초에는 약 4백만명의 인파가 몰려들어 경내에 발딛을 틈이 없을 지경이다. 사람들은 이 헤이겐지 절에 가서 공양을 하고, '오후타'며 '오미쿠지'(부적)를 산다, 북새통을 이루기 마련이다.

"카와사키 다이시는 '야쿠요케'(やくよけ, 액땜)를 잘 해주는 '야쿠요케 다이시'이다"

이런 말을 주고받는 일인들의 1월초의 명소가 토우쿄우 남부의 도시 카와사키시로 전국 각지에서 '하쓰모우데' 인파를 끌어 모으고 있는 실정이다.

'나리타 공항'과 '신쇼우지' 사찰

또 하나의 명찰은 역시 불교 사찰인 나라타(なりた)의 '신쇼우지'(しんしょうじ, 지바현 나리타시 나리타) 절이다. 가족의 건강과 사업 번창이며, 입학이다 취직을 부처님에게 기원하기 위해서 '카와사키 다이시'와 마찬가지로 '하쓰모우데'의 인파는 나리타산 '신쇼우지'에로 몰려든다.

이 사찰 역시 불교 진언종 지산파의 대본산으로서 이름이 높다. 더구나 근처에는 일본의 관문인 나리타 공항(なりた くうこう)이 있어서, 외국에 거주하는 일인들이 정월 휴가에 곧잘 찾아 온다는 얘기다.

나리타 공항(신토우쿄우 국제공항)은 지난 1978년에 개설되었다. 이 공항이 나리타시 '산리즈카'에 건설이 되는 바람에, 이 터전의 황실목장과 사쿠라꽃 명소가 사라지게 된 것을 고장 사람들은 안타깝게 여기고 있기도 하다.

토우쿄우의 명소 '메이지신궁'

1월 초 '하쓰모우데'의 또하나의 명소는 토우쿄우 시내 중심지의

'메이지신궁'(めいじじんぐう,토우쿄우도 시부야구 요요기카미조노쵸우)이다. 메이지천황(めいじてんのう,1852~1912)을 제신으로 삼고 있는 사당이다. 쇼우켄 황후도 합사되어 있다.

위치며 교통편이 좋아서 토우쿄우 시민들의 하쓰모우데 장소로 인파가 몰려든다.

메이지천황은 '메이지 유신'(めいじいしん,1868년)으로 유명한 왕이다. 물론 그가 왕위에 오른 것은 나이 불과 15세 때의 일이다. 아버지였던 코우메이천황(こうめいてんのう,1847~1866재위)의 제2왕자로서 1867년에 등극했다. 메이지유신은 그가 왕위에 오른 이듬해부터의 일본 근대화 작업을 가리킨다.

이 당시 지금까지의 '에도막부'의 무사정권이 붕괴하고, 집권자인 장군 대신에 다시금 옛날처럼 천황이 국가를 주도하는 왕정복고가 이루어지게 된 것이다.

이 당시 에도막부의 마지막 무장이던 쇼우군(しょうぐん,장군)은 토쿠가와 요시노부(とくがわ よしのぶ,1837~1917)였다. 그는 에도막부의 제15대 장군이었으나, 은퇴하고야 말았다.

일본의 천황들이 실권을 잃기 시작한 것은 1192년에 무장 미나모토노 요리토모(みなもとの よりとも,1147~1199)가 쇼우군(정이대장군)으로 카마쿠라(かまくら)땅에다 무사정권(ばくふ, 막부)을 이룬 뒤부터였다. 메이지 천황가는 그동안 잃었던 실권을 676년만에 다시 찾아 왕권을 회복한 것이었다.

메이지신궁은 '요요기'(よよぎ)의 녹음이 욱어진 터전에 자리하고 있다. 이 곳은 일종의 시민공원으로서도 산책객들이 찾아드는 '요요기 공원' 지구이며, '국립 요요기 경기장'은 1964년 토우쿄우 올림픽(とうきょう オリンピック)이 거행된 곳으로도 널리 알려져 있다.

신라신 '스사노오노미코트'와 '야사카신사'

일본의 칸사이(かんさい, 쿄우토·오오사카 등 지역) 지방 '하쓰모
우데'로 특히 유명한 곳은 쿄우토의 야사카신사(쿄우토시 히가시야마
구 기온)이다. 야사카신사(やさかじんじゃ)는 일본의 개국신인 '스사
노오노미코토'를 제1의 제신으로 모신 명소이기 때문이다.

그런데 이 '스사노오노미코토'가 신라신이라는 것은 일찍이 일본의
여러 역사학자들이 시인했다. 특히 토우쿄우대학 교수 쿠메 쿠니타케
(1839~1931)씨는 다음과 같이 연구 논문에서 밝혔다.

「스사노오노미코토는 신라신으로서, 신라의 우두산(필자주·강원
도 춘천시)에서 왜나라로 건너온 신이다. 건너올 때 삼나무·회나
무·녹나무·예나무·피나무 등의 씨앗을 일본에 가져 와서 심었다」
(쿠메 쿠니타케 「신도는 제천의 고속」1981. 10~12).

신사에서 흔히 볼 수 있는 소의 동상. 신라신 스사노오노미코토가 하늘에서 내려올 때 탔
다는 소를 상징하는 것. 뿔을 만지면 복이 온다고 한다.

이와 같은 쿠메 쿠니타케 박사의 연구 논문이 발표된 뒤의 일이다. 건장한 체구의 극우파 괴한 4명은 칼을 들고 쿠메교수의 자택으로 쳐 들어 와서 "논문을 취소하라!"고 협박하는 추태를 보였다. 「큰 칼을 받고 있는 석학의 생명은 줄곧 칼날 위에 얹혀 있었다(『토우쿄우 일 일신문』1892. 3. 2일자)」라는 내용의 기사를 그 당시의 신문이 상세 하게 보도했다.

그 뿐 아니라 이자들의 협박 때문에 쿠메 쿠니타케 박사는 토우쿄 우대학 역사학 교수직에서 쫓겨나고야 말았던 것이다. 그러나 쿠메 박사는 그 후 와세다대학에 가서 강의하면서 쓴 『일본고대사』(1907) 에서도 다시금 '스사노오노미코토는 신라신'이라는 것을 밝혔고, 일본 천황가에서는 고대 한국의 천신을 제사지내 왔다는 것도 지적했다. 또한 한국과 일본은 똑같은 민족이라는 것도 밝혔다.

쿠시나다히메와 함께 복주는 신라신

야사카신사는 신라신 스사노오노미코토와 그의 처인 '쿠시나다히메 '(くしなだひめ)와 그의 아들 '대국주신'(おおくにぬしのみこと)를 제 신으로 모시고 있는 곳이다. 그러나 이 신사에서는 그와 같은 신라신 에 관한 사실은 신사 경내의 어느 곳에도 전혀 밝히고 있지 않은 가 운데, 해마다 1월 1일부터 하쓰모우데의 인파는 구름처럼 모여들고 있다.

그들 수백만의 일본인들은 스사노오노미코토의 신전에 참배하고, 건강과 행복을 빌며 각종 부적들을 사고 있다. 특히 야사카신사의 액 땜을 해준다는 화살인 '하마야'(はまや)는 유명한 것으로서, 현재(서

기 2000년 9월) 큰 것 1개에는 3천엔(한국돈 약 3만 5천원)이고 작
은 것은 2천엔이다. 신라신 스사노오노미코토가 신통력으로서 그 화
살을 산 사람에게 다가오는 마귀를 물리쳐 준다는 셈이다.

  일본 역사책의 신화에서는 스사노오노미코토가 머리 9개가 달린
큰 뱀을 '카라사히'(からさひ, 한국삽)로 찍어 죽였다는 무공담도 실
려 있다(『일본서기』720년 편찬).

백제인 칸무천황의 헤이안신궁

  쿄우토에서 또 한 곳의 대표적인 신사는 '헤이안신궁'(へいあんじん
ぐう,쿄우토시 사쿄우구 오카자키)이다. 하쓰모우데의 인파가 몰려드
는 이곳의 제신은 칸무천황(かんむてんのう,781~806 재위)과 코우
메이천황(こうめいてんのう,1846~1866 재위)이다.

  칸무천황은 백제인이다. 칸무천황의 아버지인 「코우닌 천황(こうに
んてんのう,770~781)은 백제성왕(523~554 재위)의 직계 후손이
다」(『후쿠로소우시』1157년경 편찬)는 것이 일본 고대 문헌에 밝혀져
있다.

  또한 칸무천황의 어머니인 「화씨부인(출생년 미상~789)은 백제
왕족 화을계(やまとのおとつぐ) 조신의 딸이다」(『일본서기』)는 것이
일본 역사책에도 밝혀져 있다.

  화을계는 백제 무령왕(501~523)의 직계 후손이다. 무령왕은 즉위
할 당시에 왜나라의 백제인 왕실에서 살다가 부왕인 백제 동성왕(479~
501 재위)이 승하하자 본국 백제로 귀국해서 등극했던 것이다. 이와 같
은 역사의 발자취는 필자의 졸저(홍윤기 지음『일본 천황은 한국인이

혈통이 백제인인 칸무천황 초상화(토우쿄우국립박물관 소장)

다』효형출판, 2000. 3)에 상세하게 밝혔으므로 참고하시기 바라련다.

헤이안신궁에 하쓰모우데를 가는 사람들은 두말할 나위없이, 백제인 칸무천황에게 온갖 소망을 기원하면서 자신과 가정의 행복을 비는 것이다. 물론 그들 일본인들 중에 역사학자들은 그 내용을 잘 알것이나, 일반 민중은 그런 역사의 발자취를 과연 몇 사람이나 제대로 알고 있을까. 왜냐하면 신궁 당국에서는 그런 역사의 내용은 어느 한 곳에도 밝히고 있지 않기 때문이다.

그 밖에도 일본 각지의 사찰이며 신사에서도 하쓰모우데로 정초에는 인파가 이어진다.

구조조정 물리쳐주는 고마운 오지조우사마

일본인들은 불교의 '지장보살'을 끔찍이 위하고 있다. 지상보살을 가리켜 '오지조우사마'(おじぞうさま)라고 존칭한다. 독자 여러분은 토우쿄우 등 큰 도심지의 길모퉁이며, 또는 주택가의 골목길 여기저기에서 지장보살을 모신 매우 자그만 보살 불당을 목격하게 될 것이다.

'오지조우사마'는 대개 돌로 조각한 보살상인데, 크기는 약 1미터

내외의 것이 보통 모습이다. 워낙 소형이므로 길모퉁이를 지나다가 못보고 그냥 지나칠 수가 많다. 마을 사람 등 주민들은 이 지장보살 상 앞에 꽃을 바친다, 분향을 하는 등, 내 고장의 수호신으로서 모시면서 공양한다. 흔히 보면 붉은 천으로 턱백이처럼 만든 것을 오지조우사마의 목에다 걸어서 앞가슴을 장식하고 있는 곳이 많다.

어째서 마을 사람들은 오지조우사마를 애써 모시는 것일까. 일본이 불교 국가로서 전통을 이어 온 발자취가 지장보살을 위하는 데도 잘 나타나고 있는 것 같다.

일본인들은 오지조우사마를 특히 어린이들의 수호자로서 받들고 있는 것이다. 그러므로, 어린이들이 있는 가정의 어머니며 할머니들은 마을 어귀의 자그마한 지장보살 불전에 합장하면서, 학교에 간 아들 딸이며 손자들이 무사하게 돌아오고, 항상 건강하게 잘 자라기를 기원하는 것이다.

불교에서의 지장보살은 온 세상 사람들을 잘 교화시켜서 이끌어주는 수호자이다. 이 오지조우사마는 앞날에 새로운 부처로서, 미륵보살이 이 세상에 나타날 때까지 온 세상 사람들을 지켜주는 보살로 알려지고 있다.

특히 청소년들의 수호자라는 데서, 어른들 뿐 아니라 이 곳을 지나가는 크고 작은 아이들도 어쩌다 보면 '오지조우사마'에게 손을 모아 자신의 안전과 가족의 행복을 기원하기도 한다.

그 뿐 아니라 사찰에서는 연초며 입학시험을 앞두고 오지조우사마에게 저마다 소망을 빌면서 '에마'(えま) 나무쪽에다 글씨를 써서, 끈이 달린 윗쪽을 커단 에마걸이 큰나무판의 못에다 걸어두고 간절한 소망을 비는 것이다.

"대학에 합격시켜 주세요, 꼬옥"

"세계 최고의 가수가 되게 하여 주시길"

어떤 아가씨의 것은 다음과 같은 것이 유독 눈에 띠었다.

"좋은 술을 마실 수 있도록. 좋은 남자를 붙잡을 수 있도록"

대형 에마걸이판에 에마들이 빼곡히 걸리고 겹치고 또 겹친곳에는 어느 회사원의 소망이 또한 우리의 눈길을 끈다.

"회사에서 구조조정으로 쫓겨나지 말게 해 주시길"

"백만엔 돈뭉치를 줍게 되도록"

이것은 아마도 토우쿄우의 어느 공원이나 지하도의 노숙자의 것인지도 모른다.

'센소우지'는 실직자들의 명소

토우쿄우에서 오늘날 유명한 지장보살은 이른바 구조조정 즉 '리스토라(リストラ) 물리치는 지장보살'을 모시고 있다는 두 곳이다. 그 중 한 곳은 '아사쿠사'(あさくさ)에 있는 유명한 '센소우지'(せんそうじ) 사찰 경내의 '진호당'에 안치되어 있는 '카토우 지장보살'이고, 또 한 군데의 것은 '네리마'(ねりま)의 '나카무라 하치만신사'(なかむらはちまんじんじゃ) 옆 '지장당'의 '목 연결 지장보살'이다.

이 두 곳의 지장보살, 오지조우사마는 둘 다 목이 부러진 것을 연결시켜서 안치시킨 보살 석상이다. 부러진 머리와 몸체를 연결시켰기 때문에, "구조조정된 샐러리맨의 잘린 목도 연결시켜 준다"고 하는 신앙이 실업자 사태시대의 봉급 생활자들의 수호신이 되고 있다는 것이다.

네리마의 '목연결 지장보살'에는 1932년부터의 깊은 사연이 있다. '나카무라 하치만신사'에는 목이 없이 몸둥이만 있는 지장보살 석상이 있었다. 그 사실을 알게된 한 여자가 자기집에 머리만 있는 지장보살 석두가 있으니 맞춰보자고 가져왔더니, 서로 딱 들어맞는 것이었다. 이래서 새로히 지장당을 세우고 목을 연결시킨 오지조우사마를 모시게 되었다.

이 때 마침 실직한지 3년째 되는 사람이 이 목연결 지장보살을 찾아와서 공양했다. 그랬더니 신통하게 그 사나이는 곧 취직이 되어 오랜 고통에서 벗어나게 되므로써 목연결 신앙이 이어지게 되었다고 한다.

센소오지의 '가토우 지장보살' 역시 1940년의 일화가 있다. 센소우지 근처에 살던 한 여성이 길을 걷는데 누가 부르는 목소리에 그 쪽을 보았더니 그 곳에 지장보살의 머리가 흙속에 들어나 있었다고 한다. 그녀는 놀래서 그 머리를 소중히 집어 들었더니, 다른 쪽에서도 부르는 소리가 나기에 그 곳을 살펴보니, 이번에는 관음 석상의 머리가 나타났다는 것이다.

그 여인은 이 두 개의 석불을 발견하자, 근처에서 목이 잘린 몸체들까지도 발견해서 서로 연결시켜 센소우지에 안치시켰다. 이 때 여인이 두 불상을 정성껏 수복시킨 것은 제2차대전으로 군대에 끌려간 자기 아들이 전쟁터에서 무사하기를 오지조우사마 등에게 기원하기 위해서였다고 한다.

그런데 이와 같이 석상들의 머리가 부러져서 버려진 것은 1868년 메이지유신 때, 군국주의 황국사상으로, 불교를 탄압하면서 전국적으로 훼불을 한데서 빚어진 것이라고 한다.

오지조우사마에게 선행을 했던 여인의 아들은 무사히 전쟁터에서 귀환했던 것이다. 오늘날에는 직장에서 목이 잘린 사람들이며, 구조조정 공포에 시달리는 토우쿄우 시민들이 연일 이 두 지역의 오지조우사마에게 찾아 와서 소망을 빌며 에마를 써서 바치고 있는 실정이다.

미모와 사랑을 성취시켜주는 '오지조우사마'

　토우쿄우에는 실직 공포를 덜어주는 오지조우사마 이외에 젊은이들의 사랑을 맺어 준다는 오지조우사마들도 있어서 인기가 크다. 미나토구의 사찰인 '쿄쿠호우지'(きょくほうじ) 사찰에는 '화장하신 지장보살'이라는 뜻의 '오케쇼우지장'(おけしょうじぞう)이 있고, '메구로구'의 절인 '반류우지'(ばんりゅうじ) 사찰에는 화장품인 '흰 분'을 뜻하는 '오시로이 지장'(おしろいじぞう)이 각기 유명하다.

　오케쇼우 지장보살은 쿄쿠호우지의 스님이 전국을 돌며 수행하다가 몹시 손상된 채 쿄우바시(きょうばし) 다리 근처에 뒹굴고 있는 지장보살을 발견했다. 스님은 근처의 농가에서 흰 분을 얻어서 오지조우사마의 헐벗은 부분을 발라주며 정성껏 손질을 했다. 그는 1651년에는 '지장당'까지 세워서 안치했다. 그랬더니 이상하게도 스님의 얼굴이 훤하게 잘 생긴 모습으로 변하게 되었다 한다.

　이 때부터 지장보살에게 화장을 시켜주면, 그 사람도 아름다워진다는 소문이 퍼지기 시작했다. 그 때문에 쿄쿠호우지의 오지조우사마는 얼굴 뿐 아니라 온 몸이 '베이비파우다'로 새하얗게 변신해 있다. 어여뻐지겠다는 여성들의 소망이 이 곳의 '오케쇼우 지장보살'을 찾는 것 뿐만은 아니다. 오늘날은 일본 각지의 지장보살의 얼굴들도 흰 분칠을 한 곳을 적지아니 목격할 수 있다.

　메쿠로구의 반류우지의 지장보살 역시 흰분으로 새하얗다. 입술은 붉은 연지로 새빨갛고. 이 곳 오지조우사마 역시 비슷한 전설을 갖고 있는데, 여성들의 사랑과 행복한 결혼의 소망을 이루어주는 것으로 유명하다.

　이 곳의 지장보살 오시로이 지장은 에도시대(1603~1867)의 '가

부키'(かぶき) 연극 배우들이 찾아와 오지조우사마에게 흰분을 칠하고 제 얼굴에도 역시 흰분을 잔뜩 칠하면서, 잘 생긴 얼굴과 행복을 소망했었다고 한다.

오랜 세월동안 그런 소망을 이루기 위해 찾아드는 사람들 등살에 이제 오시로이 지장보살은 양쪽 볼이 움푹 팰만큼 닳았다. 얼굴이 예뻐지고, 사랑과 행복이 이루어지기를 꿈꾸는 많은 여성들, 그리고 안정된 직장을 원하는 사람들의 소망을 언제 쯤 오지조우사마가 모두 이루어줄 것인지.

소녀들의 3월의 '히나마쓰리'

소년 소녀들의 재앙을 멀리하고 건강하고 행복하게 자라나도록 바라는 행사가 있다. 즉 3월 3일의 '히나마쓰리'(ひなまつり)라고 부르는 인형을 장식하는 마쓰리와, 5월 5일에 천으로 만든 큰 잉어를 장대 높이 매달아서 깃발처럼 공중에서 바람결에 띄워두는 '코히노보리'(こひのぼり)가 그것이다.

'히나마쓰리'는 방에다 인형을 장식하는 큰 규모의 인형단(ひなだん, 히나단)을 세우는 일이다. 부유한 가정이 아니고는 규모가 갖춰진 이 인형단을 장만하기는 어렵다. 예를 든다면 15명으로 구성된 인형들을 '히나단'에 장식하는데는 7단이 층층으로 된 큰 규모의 인형단을 세우게 된다.

이 경우 맨 윗단에는 인형의 배후에다 병풍을 세운다. 이 최상단에는 임금님과 왕비 인형이 앉혀 진다. 그 아랫단에는 3명의 여관(궁녀), 다시 그 밑단에는 5명의 나인(여자), 다시 아랫단에는 2명의 대

신(좌대신·우대신), 또한 그 밑단에는 3명의 호위사관이 자리하게 된다. 이 히나단에는 '복숭아꽃술'(とうかしゅ, 도화주)을 비롯해서 차를 달이는 차도구며 경대, 반짇고리, 큰북, 작은북 등 악기며, 임금님이 타는 어가(쇠수레)와 왕비용의 가마 등등 왕실용의 정교하게 만든 온갖 기구의 모형들도 장식된다. 비록 장난감식으로 만든 것이라지만, 정교하게 만든 것이어서 엄청나게 값비싼 것이라 하겠다.

이 히나마쓰리를 가리켜 복숭아꽃 절기의 액막이 행사라는 뜻의 '모모노셋쿠'(もものせっく)라고도 부른다. 즉 이 때는 한창 복숭아꽃이 피는 절기이기 때문이다. 해마다 3월 3일은 여자애들에게 '히나닝교우'(ひなにんぎょう)라고 부르는 값비싼 인형 장식을 해주면서 액막이를 하기 위해 여자애를 둔 일본 가정에서 히나마쓰리를 거행하는 것이다.

물론 형식적이라고 할 수 있는 소박하고 값싼 히나마쓰리용의 간이 인형 셋트도 판매되고 있다.

고대 한국의 '각시놀이'와의 유사성

이 히나마쓰리의 유래에 대해서 일본의 고문헌인 『테이죠우자쓰키』(ていじょうざつき)는 다음과 같이 밝히고 있다.

「옛날에는 3월의 첫 뱀날(상사일)에 '하라에'(はらえ, 필자주·그 사람 몸에 붙은 재앙·죄·부정한 것을 신에게 용서 받기 위해서 심신을 깨끗이 하는 목욕재계 등 의식, 또는 가진 물건을 버리는 풍속 등)를 했다. 그 당시는 종이로 인형을 만들어서 소녀가 인형을 손으로 잔뜩 매만지고 나서 입김을 불어 넣은 것을 음양사(필자주·역학

으로 천문, 풍수지리, 일월의 행사를 정하며, 길흉 화복을 예언하는 사람)가 강가에 갖다가 물에 흘려버리므로써, 인형이 소녀의 재앙을 대신 떠맡는 주술적인 행위였다.

3월의 첫뱀날에 하라에로 종이 인형을 쓰던 것을 뒷날에는 나무로 인형을 만들어 비단옷을 입히는 등 장식을 해서 '다이리비나'(だいりびな, 필자주·천황궁의 왕족 부부를 한쌍으로 해서 만든 인형)라고 이름 붙이게 되었으며 여기서 히나마쓰리가 생긴 것이다. 본래 이 행사는 중국 고대의 풍습이 헤이안시대에 일본에 전해진 것이다」

놀이의 원형이 중국에 있다고 하지만, 고대 조선에도 음력 3월이 되면 소녀들의 '각시놀이'가 있었다. 대나무 조각에다 풀뿌리를 실로 매고 머리를 땋아 가느다란 나무로 쪽을 찌고, 노랑 저고리 붉은 치마를 만들어 입혀 새각시 모양을 만들었다. 이불·요·병풍까지 차려 놓는 놀이였다. 이로 미루어 일본 히나마쓰리는 백제인 칸무천황 지배의 헤이안시대를 전후해서 백제 등 우리나라로부터 일본에 건너간 것이 아닌가 한다.

5월은 소년들의 '코히노보리'

히나마쓰리가 여자 아이들의 것인데 반해서, 남자 아이들에게는 5월 5일을 '쇼우부노셋쿠'(しょうぶのせっく, 필자주·창포 절기의 액막이 행사)로 집집마다 행사를 갖는다. 이 날 창포잎으로 싼 찰떡, 떡갈나무 잎으로 싼 찰떡을 이웃에 돌린다.

집안에는 투구며 무사 인형, 전투부대 깃발 장식을 하고, 마당에는 지붕위로 드높이 '코히노보리'(필자주·잉어를 종이나 천으로 크게 만

'코이노보리'라는 잉어들이 바람을 머금고 나브낀다.
시민들이 자기 집에 있던 것을 한데 모아서 띄우는
광경

들어서 바람결에 공중에서 나브끼게 하여 아이들의 입신 출세를 비는 것)를 하면서 축하하는데, 이것 또한 처음에는 중국의 풍속이 일본에 전한 것이라고 한다.

잉어는 거센 물살을 거슬러 절벽을 타고 오른다는 데서 '등용문'이라고 하는 중국 고사 또한 유명한데서 5월에는 잉어를 천(또는 종이)으로 커다랗게 만들어 장대높이 올리는 것이다.

일본에서도 우리나라처럼 5월 5일 단오에는 부녀자들이 창포로 머리를 감고, 창포물로 목욕한다. 이 무렵 수퍼마켓에서는 창포 다발을 파단처럼 엮어서 판매한다.

성묘하는 '봉'은 한국의 추석격

일본에서는 7월 15일을 '츄우겐'(ちゅうげん, 중원)이라 부르면서, 이 시기에 친지 등에게 선물을 보낸다. 그 한달 뒤인 8월 15일에는 귀향해서 불교식으로 성묘하는 것을 일컬어 '봉'(ぼん) 또는 '우라봉' (うらぼん)이라고도 말한다.

'츄우겐'이라는 것은 본래 '도교' 신앙에서 삼원의 하나로서 생긴 것이 일본에서도 이 날을 불교식으로 조상을 기리는 날로 삼게도 된 것이다. 본래는 음력 7월 15일의 행사였으나, 메이지 유신 때에 양력 7월 15일로 바뀐 것이다.

7월 15일 하면 일년의 반을 지낸 것이어서, 그 동안 무사하게 반년 이상 지낸 것을 축하하면서 친지간에 선물을 주고 받는가 하면, 조상의 은덕에 감사하는 것이다. 우리나라의 추석 때의 선물보내기와 매한가지로 보면 된다. 그러나 1년에 한 번 전국적으로 고향에 돌아가 불교식으로 조상님 묘소에 찾아 가는 '봉' 행사는 8월 15일이다. 즉 이 무렵에 귀성해서 성묘하는 일이다. 따라서 8월 15일의 불교식 '봉'은 도교의 7월 15일의 '츄우겐'과 둘이 연결이 된 것이기도 하다.

'봉' 때는 조상의 영혼을 위령하는 마쓰리가 고장마다 거행이 된다. 이 마쓰리는 죽은 사람의 영혼을 떠나보내주는 행사로서 고장사람들이 함께 '봉오도리'(ぼんおどり)라는 춤을 춘다.

이 춤을 가리켜 '우라봉 오도리'라고도 말한다. 이것은 불교의 염불춤이 봉행사와 합친 것이며, 영혼을 모신 '야구라'(やぐら)라는 높게 만든 고대를 마을 사람들이 빙빙 돌아가면서 춤춘다.

그 뿐 아니라 큐우슈우 지방의 아녀자들은 촛불을 켠 등롱(とうろう,토우로우)을 머리위에 얹고 '토우로우오도리'(とうろうおどり) 춤을 추기도 한다. 또한 나가사키 지방에서는 종이로 만든 등롱에 촛불을 켜서 '봉'때 맞이 했던 조상의 영혼을 강물에 띄워 보내는 봉날 저녁의 '토우로우나가시'(とうろうながし)를 거행하기도 한다.

이 때 아녀자들은 강가에 줄지어 서서 정다운 동요를 제창한다. 동

요 곡목은 흔히 「고향」(ふるさと)이며, 「고추잠자리」(あかとんぼ)를 부르면서 죽은 사람의 명복을 빈다.

일본에서는 7월 15일이 오기 약 한 달전부터, 각 백화점 등에서는 '츄우겐' 선물 예약 접수가 시작이 된다. 한국의 추석 선물 예약과 흡사하다. 선물 견본들이 진열이 되고, 선택한 선물의 금액을 지불하면, 지정된 날자에(대개 7월 10일 이전) 상대방에게 배달되는 것이다.

8월 10일 경부터는 귀성 차량이 고향을 찾아 고속도로로 몰리고, 8월 15일의 '봉'을 지내고 다시 돌아오게 된다. 서로 말로 할 때는 '봉'을 가리켜 '오봉'(おぼん)이라고 반드시 경칭을 쓴다.

비석 하나 뿐인 간소한 가족 묘지

우리나라 추석 때처럼 '봉' 때는 연휴 휴일이 이어지면서, 고속도로는 귀성하는 자동차로 정체 현상이 생기기 마련이다. 귀성한 사람들은 오랜만에 가족과 상봉해서 조상의 묘소로 성묘를 가게 된다.

일본 사람들은 한 집안에 묘지가 하나 뿐이다. 일본에서는 누구나 화장을 하기 때문에, 가족마다의 봉분 묘지 따위는 없다. 비석 하나만 세우면 온가족이 모두 합장되는 것이다. 즉 화장한 인골 가루를 모셔다가 빗돌 밑의 골기에다 함께 부어 넣는 것이다. 할아버지, 할머니, 아버지, 어머니, 삼촌 등 누구할 것 없이 골기 하나에 인골 가루가 합쳐지는 것이다. 또한 사찰의 납골당에 모시기도 한다.

한국에서 처럼 교외의 공원 묘지가 큰 산간 지대를 차지하는 일은 전혀 없다. 시골 마을 외딴 곳 자그마한 묘역에는 그 일대 주민들의 공동 묘지가 수십개의 비석들이 모인채로 이루어질 따름이다. 이와

같은 공동묘지
는 사찰의 경내
법당 뒤쪽 같은
곳에서도 흔히
찾아 볼 수 있
다.

일본인들은
누구나 불교식
으로 화장을 한
다. 서기 538년
에 백제로부터

공동묘지. 각 집안의 비석은 한 개 뿐이다

일본에 불교가 처음 전해진 이래로, 일본은 불교국가가 되었고, '다비'
라는 명칭의 불교 의례의 화장 장례법도 거기에 따르는 것이다. 물론
일본 고대의 신도(神道)에서도 역시 장례는 화장으로 하고 있다. 일
본의 신도와 불교는 고대로부터 근세까지의 오랜 역사를 통해 서로가
합쳐진 종교적인 일종의 일심동체이기도 했다. 즉, 그것을 가리켜 이
른바 '신불습합'(신부쓰슈우고우, しんぶつしゅうごう)이라고 해서,
사원에는 신도와 불교가 함께 공존하기도 했다. 그러나 1868년 3월
에 일본의 메이지유신 신정부는 신도를 국교(나라의 종교)로 새로히
정하는 동시에 지금까지 함께 사이 좋게 공존해 온 불교를 떼어 버리
는 이른바 '신불 분리령'을 내렸다.

그 뿐 아니라 불교를 탄압하는 이른바 '폐불훼석'(불교 사찰과 불상
의 파괴, 불경 불태워버리기 등)이 일본 각지에서 자행되었던 것이
다.

불교 탄압을 강행한 메이지의 '신불 분리령'

따라서 지금까지 1천 3백여년 동안 일본의 문화의 기본이 되었던 불교는 하루 아침에 국수적인 황국사상의 신도주의자들로부터 혹독한 탄압의 대상이 되고 말았다.

그 당시 일본 메이지 유신 정부는 1869년에 신도를 일컬어 국가 종교로 삼아, 정부의 최고 행정기관인 '태정관'(太政官)의 위에다 이른바 '신기관'(神祇官)이라고 하는 가장 높은 기관을 설치했다. 그리고 1870년에는 신도에 대한 일본 국가의 '대교선포'(大敎宣布)를 했으며, 1871년에는 '신사 제도'(じんじゃせいど)를 국책으로 설치했다.

또한 정부의 신기관은 전국의 신사들을 통괄해서 지휘하는 소위 '대일본제국'이라는 제국주의 신도(神道) 국가의 기틀을 만든 것이었다.

이 때에 천황가의 황실 조상신을 '아마테라스오오미카미'(あまてらすおおみかみ, 천조대신)로 삼았고, 이 신을 제사지내는 신사로서는 '이세신궁'(いせじんぐう, 미에현 이세시 소재)으로 정했다. 이것을 가리켜 '신사 신도'(神社神道) 또는 '국가 신도'(國家神道)라고 부르는 것이다.

그 초기에는 신도에 의해서 불교가 큰 탄압을 받았으나, 온갖 박해에도 불구하고 불교는 쉽사리 붕괴하지 않았다.

그 때문에 불교는 신도의 탄압 속에서도 수많은 신도들이 오랜 불교의 종교 전통을 기반으로 결속하여 만난을 극복하며 차츰 다시 크게 일어서게 된 것이었다.

목마른 영혼에게 물먹이는 일본식 성묘

일본인들의 성묘인 '하카마이리'(はかまいり)는 비석의 윗쪽에다 맑고 깨끗한 물을 부어주는 일이다.

나무 물통에 길어 온 청정한 물을 나무 손잡이가 달린 국자 형태의 나무로 된 기구로 물통의 물을 퍼서 계속해서 비석 위에다 살며시 부어준다. 이것을 가리켜 '미즈무케'(みずむけ)라고 한다.

돌아간 분의 갈증을 풀어주자는 물공양인 것이다.

지기인 토우쿄우의 변호사 다나카 시게히토(たなか しげひと)씨는 '미즈무케'에 대해서 내게 이렇게 말해 준다.

"요즘 젊은애들은 조상 성묘도 잘 가려들지 않지만, '미즈무케'가 뭐냐고 물어보면, 조상의 묘석을 깨끗이 물로 닦아준다고 엉뚱한 소리를 하기도 합니다. 그러나 이것은 불교에 의해서죠. 혹시 저승의 '아귀계'에 가 있는 가족의 영혼이 있다면, 아귀계는 물이 없으므로 목말라서 애쓸 영혼에게 흠뻑 물을 공양하려는 것입니다."

불교에서는 저승에 여섯 곳의 세상이 있다고 한다.

인간은 이승에서 살던 때의 그 선과 악의 업보로서, 그 여섯 세계로 가는데, 그것은 천상계를 비롯해서 인간계며 수라계, 가축계, 아귀계 그리고 지옥계를 돌게 된다는 것이다.

그 중의 아귀계에 만은 물이 없으니 그 곳에 가 있는 영혼들은 목이 타서 견딜 수 없는 고통을 받기 마련이다.

그러니 성묘하는 후손이 혹시나 해서 일단 묘석에다 물을 뿌리는 것은 효성이기도 한 것.

하코네 온천의 조선통신사 편액

　다나카 시게히토 변호사는 가족묘소가 하코네(はこね)산의 '소우운지'(そううんじ) 사찰 묘소에 있다고 하면서, 성묘 때 찍었다는 사진 한 장을 내게 전해 준 일이 있다. 그 사진이란 조선왕조 때, 일본에 갔던 조선통신사가 소우운지 사찰에다 써 준 붓글씨의 편액 사진이다. '금탕산'(金湯山)이라는 한자 글씨인데, 매우 뛰어난 솜씨였다.

　"하코네산이 옛날부터 온천의 명소라서, 그 분이 소우운지 사찰에 오셨을 때 절에다 기념으로 붓글씨를 써주면서, 황금처럼 끓는 귀중한 온천물의 산이라고 명언까지 남긴 것 같습니다."라고 말하는 다나카 변호사는 성묘갈 때마다 이 편액을 감명깊게 바라본다는 얘기였다. 아니 그는 하코네산, 즉 금탕산의 맑은 물을 그의 선조 묘석에다 뿌리고 있는 것이었다.

　일반적으로 일본인들은 성묘 때 꽃을 바치기도 하며, 향을 피운다.

조선통신사가 하코네 온천의 소우운지(早雲寺)에서 써준 편액 '금탕산(金湯山)'

우리나라에서처럼 제수를 차리지는 않는다. 그 대신에 빗돌에 물을 뿌려주는 것이다. 담배불을 붙여 놓기도 한다.

'도우소징'과 '장승'·'돌하루방'

　일본의 시골 마을 어귀며 시골길·산길 등에서 눈에 띠는 사람 형태의 한쌍의 석물을 대할 수 있다. 이른바 '도우소징'(どうそじん)이라고 하는 신의 모습이다. 큰 바위등 돌에다 한쌍의 남녀 모습을 새긴 것이 대부분이나 간혹 남녀의 신상을 따로 조각해서 나란히 세우기도 한다.

　도우소징이 한쌍인 점은 우선 우리나라의 장승과 유사성을 가지고 있다고 본다.

　"도우소징은 마을 어귀에서 외부로부터 침입하는 악령을 막아준답니다. 마을의 경계 지역에 세우기도 하는 길의 신(みちのかみ)이기도 하지요."

　이렇게 사학자 오오타 쥰조오(おおた じゅんぞう) 교수가 내게 들려준 일이 있다. 그는 또한 "도우소징은 뒷날 인연을 맺어주는 신으로서 또는 임신과 순산·여행 안전등을 도와주는 신 등으로 폭넓게 신앙하게 되었다"고도 한다.

　따지고 보면, 우리나라의 장승도 남녀신(천하대장군·지하여장군) 한 쌍으로 마을 어귀며, 도로변에 세워져서 마을이며 성안을 지켜주는 수호신이고, 나그네의 여행 안전을 도모하며 5리나 10리마다 세워 그 거리를 알려주고 있는 것이 도우소징과 유사한 역할을 하고 있다고 본다. 어쩌면 이 도우소징이라는 것도 우리의 장승 문화가 일본에 전파되어 변화된 형태가 아닌가 하는 추측도 하게 된다.

도우소징은 할아버지 할머니의 노인상으로부터 젊은 부부상 또는 남녀 동자상 등 여러 가지 형태가 있다. 그런데 일본의 동자상의 경우 우리나라 제주도의 조선시대(19세기) 동자석(호암미술관 소장)과 유사상을 띠는 것도 보이고 있어서 자못 흥미롭기도 하다.

제주도의 쌍으로 된 동자석에 대해서 현문필(호암미술관 학예연구원) 씨는 다음과 같이 밝히고 있다.

「마을 입구나 성문 앞에 서서 마을을 지키고 벽사·방재의 기능을 하는 돌하루방과 달리, 쌍으로 된 동자석은 무덤을 지키며 망자의 넋을 위로한다. 동자석 중에는 댕기를 딴 것도 있다.」

제주도의 돌하루방은 널리 알려진 것이지만 동자석이 제주도에서 발견되고 있다는 점은 일본 도우조신 남녀 동자상과 연관시켜 볼 때 주목되는 연구 대상인 것 같다.

일본인의 평생 행사 '통과 의례'

어느 나라나 모두 제 각기의 인생살이 의례가 있다. 우리가 일본인들의 '통과 의례'(つうかぎれい, 쓰우카기레이)를 모르고는 일본 사람의 기본적인 생각과 생활이며 민속등을 이해하기 힘들 것이다. 아기가 태어나서 성장하여 어른이 되어 늙어 죽기까지, 그 마디마디 거행되는 인생의 의례, 즉 통과 의례에서 일본인들이 가장 중요시 하는 것들은 무엇무엇이 있을까.

이른바 나이 갓 스물이 되었을 때의 '성인식'을 비롯해서 결혼식, 장례식, 조상님 제사등을 일컬어 '관혼상제'로 삼는 것은 한국과 똑같

다. 또한 일본에서 아기를 가진 임부와 태어난 아기를 잘 지켜준다는 신을 가리켜 '우부카미'(うぶかみ, 산신)로서 받드는 것은 우리나라에서의 '삼신 할머니' 신앙과 유사하다.

아기가 태어나면 7일째에 이름을 지어주며 축하 의례를 갖는다. 이 날을 일컬어 이레째의 귀중한 밤이라는 뜻으로 '오시치야'(おしちや)라고 부르며 아기를 기뻐해 준다. 이 날 따뜻한 물로 아기에게 목욕을 시켜주고 새옷을 마련해서 입힌다. 그 옷을 '우부키누'(うぶきぬ) 즉 '산의'라고 부르면서 아기의 이름도 짓는다. 그래서 이날을 이름짓는 축일이라는 뜻에서, '나쓰케 이와이'(なつけいわい)라고도 부른다.

일본에서도 '백일 잔치'를 한다. 100일째 되는 날 '백일잔치'를 하면서 아이에게 밥상을 차려서 앉힌다. 음식을 처음 먹는 잔치(쿠이조매노 이와이, くいぞめのいわい)라고 부른다. 실제로는 먹이는 시늉만 하며 '세키한'(せきはん, 찹쌀 팥밥)하고 '오카시라쓰키'(おかしらつき, 도미를 통째로 구운 것)를 상차림으로 한다. 이날 아기에게 젓가락을 잡게한다는 뜻으로 '하시타테'(はしたて)라고도 하는데, 지방에 따라 '110일' 또는 '120일 잔치'도 하는 곳이 있다.

아기가 3살이 되었을 때에는 부모가 아기를 데리고 신사에 찾아가서 '우부카미'(산신)에게 감사드리면서 아기의 가호를 빈다. 이 날 비로소 3살 아기(남·녀)에게 때때옷인 '하레기'(はれぎ)를 입힌다.

장수엿 '치토세아메' 먹는 '7·5·3'

일반적으로 '하레기'라는 것은 축일과 제삿날에 입는 일본옷의 정장 예복을 가리킨다. 통상적으로는 '좋은 날 입는 옷'이라는 뜻이다. 그와

같은 '하레기'는 1월 1일부터의 신년 축하로 신사며 사찰에 갈 때 입는 것을 비롯해서, 한국의 '추석 성묘'와 같은 '오봉'(8월 15일)이라는 조상님 묘소의 성묘와 관혼상제며 축제 등에 입는 일본옷인 와후쿠(わふく) 정장을 가리킨다. 아기들의 때때옷은 일본옷의 정장은 아니나 알록달록한 옷으로서 역시 하레기라고 부른다.

남자 아이는 5세 때, 그리고 여자 아이는 7세 때에 이르러 비로소 정장의 기본이 되는 하레기를 입혀서 신사 참배에 데리고 간다.

일본인들은 신사에 참배하러 찾아가는 것을 가리켜 '미야마이리'(みやまいり)라고 말한다. 미야마이리를 하게되는 다섯 살짜리 남자 아이는 이날 처음으로 바지처럼 생긴 '하카마'(고쟁이, はかま)를 입는다. 이 옷은 그 옛날 나라시대(710~784년)에 우리나라 고쟁이에서 생긴 것으로서, '하카마'라는 말 그 자체가 고쟁이를 가리키는 뜻이다.

또한 5세 남자 아이에게 이날 고쟁이를 입히는 의식을 가리켜서 '하카마기'(はかまぎ)라고 부른다. 7세가 된 여자 아이에게는 처음으로 '오비'(おび, 띠)라고 하는 허리에 두르는 폭이 넓은 띠로 만든 복식을 둘러매준다. 이것을 축하하는 의식을 일컬어 '오비토키'(おびとき)라고 한다. 지금까지 여자 아이들은 일본식 옷에 오비가 형식적으로 달린 것을 입혀 왔으나, 이제 7세가 되므로써 비로소 최초로 '오비'를 허리에 둘러매주므로써 여자다운 복식의 정장을 시작하게 되는 것이다.

3세 · 5세 · 7세의 이 '시치고산'(しちごさん) 때 신사에 참배하러 가는 '미야마이리'는 유아가 무사하게 성장하게 된 것을 산신에게 찾아가 감사드리는 동시에 계속해서 복된 성장을 비는 일이다. 아이들이 성년(20세)이 되기 전까지 신사에 참배하러 가는 미야마이리라는 것은 본래 '우부스나모우데'(うぶすなもうで)라고 해서 '산신'의 가호를 빌러가는 일이다.

'시치고산'(7·5·3) 때문에 신사에 데리고 가는 아이들에게는 신사 어귀 매점에서 '치토세아메'(ちとせあめ)라는 엿을 사준다. 이 엿은 홍백색의 가늘고 긴 막대 모양의 것이다. 우리말로 치토세아메를 직역한다면 '천살엿'이라고 번역하게 된다. 신사의 우부스나신에게 건강과 행복을 빌러 온 아이들이 이 엿을 먹고 오래오래 잘 살라는 뜻이 담긴 '장수엿'이라고 하겠다.

예전에는 아이를 데리고 간 부모가 신사의 매점에서 이 엿을 잔뜩 사가지고 돌아가서 일가친척이나 마을의 이웃사람들에게 나눠주는 풍습도 있었으나, 지금은 그리 흔하지는 않다. 오늘날에도 어쩌다 치토세아메를 이웃에 돌리는 가정을 볼 수 있다.

11월 5일은 신의 자식 축일

고쿠가쿠인대학 교수 니시쓰노이 마사요시(にしつのい まさよし, 1900~1971) 씨는 '시치고산'에 대해 다음과 같이 행사 일정 등을 밝히고 있다.

「3·5·7 살 아이들의 축일인 '시치고산'은 해마다 11월 5일에 거행한다. 본래는 길일을 택해서 거행했고, 특정한 날을 정하지 않았다. 7살까지만 이 행사를 갖는 것은 '7살 이전은 신의 자식'으로 삼았기 때문이며, '시치고산'은 7살 이후에는 인간의 자식 구실을 하게 되는 제2의 탄생으로 삼았다. 고장에 따라서는 남자 아이는 5세 때, 여자 아이는 7세 때만 신사에 데리고 간다. 그러나 토우쿄우 등에서는 7·5·3의 남녀 구별을 하지 않게 되어, 7살·5살·3살의 나이 때마다 부모가 아이들을 데리고 신사에 미야마이리를 하고 있다」(니시쓰노이

마사요시『연중행사사전』토우쿄우도우, 1958)

사내아이 13살이나 15살이 되면, 제법 남자 구실을 하게 된다는 데서, 아랫도리의 사타구니를 가리는 '훈도시'(ふんどし)를 채워준다. 훈도시는 허리를 둘러매는 끈에 고환 부위만을 가리도록 좁은 천으로 만든 것이다.

흰 무명천으로 만든 것이 보통이며, 아이의 외가집에서 선물로 보내준다. 이래서 '훈도시 이와이'(ふんどしいわい)라는 축하 잔치도 거행한다.

어른이 되는 성인식 큰 잔치

1월 15일은 '성인의 날'이다. 한국은 4월 15일이 성인의 날이다. 니시쓰노이 마사요시 교수는 다음과 같이 일본의 성인의 날 제정에 대해서 밝히고 있다.

「2차대전 이후에 정해진 국민의 축일이다. 이날 (1월 15일)까지만 20살이 된 청년 남녀를 축복하는 날이다. 시청이며 구청, 마을 등 각 지역 단위로 축하와 격려의 모임을 베푼다. 강연과 영화, 마라톤대회며 축하행진 등 각지에서 이에 걸맞는 행사를 갖는다」(앞의 책).

이날 만 20살인 '하타치'(はたち)가 된 남녀는 각기 하레기(はれぎ)를 차려입고 축하 모임에 떼지어 다닌다. 본래 이 성년의 의식은 유교의 의례였던 것이며, 우리나라에서 일본으로 건너 간 '관례'이다. 조선시대에는 15살에서 20살까지의 남자는 상투를 틀며, 머리에 관(갓)을 쓰고 관례를 올렸다. 그 다음에는 사당에 가서 조상님에게 관례한 것을 알리므로써 어른의 대접을 받기 시작했다.

이와 같은 관례가 역시 일본에도 전해져서 옛날에는 '촌마게'(ちょんまげ)라는 긴 상투를 틀고, 어른의 옷을 받아 입고 관을 쓰는 의례를 거행했다. 이날 관례를 올린 무사는 검은 모자를 쓰게 되었으며, 이것에서 검은 모자 축하를 뜻하는 이른바 '에보시 이와이'(えぼしいわい) 의례를 가졌다. 물론 이것은 옛날 일이다.

액이 든 나이 '야쿠도시'의 액땜

일본의 통과 의례에서 우리가 주목해야 할 것은 이른바 액이 든 해인 '야쿠도시'(やくどし, 액년)라는 것이다. 일본 사람들은 매우 미신이 강하다고 할까, 또는 신앙이랄까 액이 든 해에는 누구나 반드시 신사나 절에 가서 액을 면하게 해달라고 신불에게 기원하는 행사를 거행한다. 물론 여기에는 신사나 사찰에 일정한 금액 이상을 헌금해야만 된다. 액년을 규정하는 것은 음양오행설이기도 하다.

신사에는 어디에 가거나 소위 '액년표'(やくどしひょう, 야쿠도시효우)가 경내 입구에 큼직한 간판으로 세워 있다. 쿄우토의 '헤이안신궁'(へいあんじんぐう)의 정문 어귀에 세워 있는 금년도(서기 2000년) 대형 액년표를 보면 남녀의 액년이 또렷하게 표시되어 있다.

남자는   24살·25살·26살·27

신사의 액이 든 나이 게시판

살·41살·42살·43살·44살이다. 여자는 18살·19살·20살·21
살·32살·33살·34살 ·35살이다. 이 나이는 만이 아니고 '세는
나이'(かぞえどし, 가조에도시)라고 밝혀져 있다. 물론 일본 전국 각
지의 신사·신궁에는 이와 같은 액년표가 거의 다 내세워 있으니, 사
람들은 액땜을 하러 찾아가 정성을 바치기 마련이란다.

축하날의 나들이 옷 '하레기'

일본 사람들은 축하의 날을 가리켜 '하레노히'(はれのひ)라고 기뻐
한다. 결혼식을 비롯해서 입학식과 졸업식이며 각종 축하의 날, 1월
초의 신사며 사찰에 참배를 가는 '하쓰모우데'며 성인식, 8월 15일의
귀성 성묘하는 '봉', 각종 '마쓰리' 등 연중 행사의 날을 통털어 '하레
노히'라고 부른다. 글자 풀이를 하면 맑게 '개인 날'이라는 뜻이기도
하다.

이 '하레노히'에는 '하레기'라고 해서 일본 전통의 옷을 입는다. 특
히 여성들은 화려한 '키모노'(きもの) 같은 옷도 입는다. 일종의 일본
식 '나들이 옷'이 '하레기'라고 보면 된다.

'7·5·3'으로 신사에 참배하러 가는 남녀 어린이들의 알록달록한
나들이 때때옷도 '하레기'로 부른다는 것은 앞에서 지적한 바 있다.

'키모노'와 여자의 기다란 '오비'

'키모노'라는 낱말은 3가지의 뜻이 있다는 것부터 알아두어야 한다.

첫째는 몸에 걸쳐 입는 옷은 모두 '키모노'로 부른다. 즉 의복, 복장을 가리킨다.

두 번째는 일본옷을 가리키는 말이다. 즉, '와후쿠'(わふく, 화복)를 총칭하는 표현이다.

세 번째는 일본옷 '와후쿠' 중에서 '나가기'(ながぎ, 긴옷) 즉 어깨로부터 발목까지 내리 덮는 기럭지가 긴 옷을 일컫는 것이다.

이렇게 살펴 보면, 일본 사람들이 말하는 '키모노'는 일본식 옷을 총칭하는 셈이다. 따라서 "키모노를 입었다"고 말하는 것은 "옷을 입었다"라기 보다는 "일본옷을 입었다"고 이해하면 되는 것이다.

일본 여성은 여자의 '키모노'를 입을 때 허리에 둘러서 감는 기다란 띠가 있다. 앞에서 지적했듯이, 일본어로 '오비'(おび, 띠)라고 부르는 것이다. 이 오비는 허리를 둘러서 뒤에서 묶는 것이다. 이 여성의 오비는 폭이 넓고 길며 장식성이 강한 것이다.

남자의 키모노에도 오비를 띠지만 이것은 폭이 가늘고 실용적인 허리띠일 따름이다. 허리에 두 번 감아서 왼쪽 옆구리 쪽에 맨다.

'하카마'는 고쟁이의 변화된 형태

여성이 키모노를 입고 허리에 오비를 매는 경우에는 반드시 '다비'(たび)라는 엄지와 검지발 사이가 벌어진 '일본 버선'을 신는다. 이때 신은 '조우리'(ぞうり)라는 것을 신는다.

조우리는 재료가 볏짚을 비롯해서 대나무 껍질로 신바닥을 짜거나 가죽이며 고무 따위로 신바닥을 만든다. 엄지발과 검지발 사이로 끈을 꿰어 발등을 넘어 발의 양쪽으로 갈라지게 되어 있다. 형식은 '게

타'(げた, 일종의 나막신)와 비슷한 신이다.

'와후쿠' 즉 일본옷으로서, 특징있는 것은 '하카마'(はかま)이다. 우리나라 고쟁이가 일본에 건너 간 것이라고 한다. '하카마'라는 한자어는 '고쟁이'를 가리키는 '고'(袴)자이다.

이 옷은 허리에는 긴 띠가 달려 있어서 허리를 묶게 되며, 두 다리를 꿰어 입는다. 남녀가 바지 대신에 입는 일본옷으로서, 주름치마 형태로 된 것도 있고 그 밖에 여러 가지 종류가 있다.

'테지메"라는 손벽 치기 3 · 3 · 3 · 1

일본인들은 크고 작은 모임을 갖게 되면, 행사가 모두 끝나게 되는 마지막 대목에 이르러서, 비로소 하나의 굳센 결의를 하게 된다. 즉 '테지메'(てじめ,手締)라고 부르는 손벽 박자치기이다. 3 · 3 · 3 · 1 박자치기이다.

우정을 다짐한다, 우호 친선을 결의한다, 희망찬 날을 기약하는 등, 그런 긍정적인 굳은 뜻을 서로가 다지면서 결심을 전원이 함께 굳히는 손벽 박자치기 행동이다.

이 때 한 번만 손벽을 치는 경우 '잇본지메'(いっぽんじめ)라고도 한다. 그 모임의 사회자 또는 대표자가, 선도자를 지명하게 된다. 이 때 모든 사람은 자리에서 일어선채, 둥근 원을 이루면서, 서로가 서로를 마주보며 상반신을 앞으로 약간 숙인다.

각자가 동시에 두 손을 앞으로 내밀면서, 선도자의 '요우이'(준비) 소리가 떨어지면, 저마다 힘차게 서로 박자를 맞추어 손벽을 힘껏 재빠르게 친다.

손벽 박자는 빠르게 3번 치고 반박자 쉰 다음에 다시 빠르게 3번, 반박자 쉬고 다시 빠르게 3번 치고, 반박자 쉬고 1번 치는 모두 10번 치는 즉 3·3·3·1의 손벽치기다. 대개의 경우 리더가 서두에 겹쳐서 세 번 계속 치자고 제안하면, 다시 두번 3·3·3·1 손벽치기를 계속하는 것이다(3·3·3·1, 3·3·3·1, 3·3·3·1).

지기인 마쓰오카 쿠니오 교수는 '테지메'에 대해 필자에게 자세히 설명해 주었다.

"일본인들은 결의 의식인 '테지메'의 손뼉을 치는데, '테지메'의 '지메'(じめ)란 '시메'(しめ) 즉 '맺는 것'을 뜻하는 '결의'입니다. '테지메'는 무사시대의 상급무사인 사무라이(さむらい)들에 의해서 생겨난 독특한 풍습입니다."

숫자 3은 일본인의 길한 숫자

일본 사람들은 기수인 1·3·5·7·9를 좋아한다. 그 중에서도 가장 좋아하는 숫자는 3이다. 민속학자인 시게카네 히로유키(1930~) 씨는 다음과 같이 밝히고 있다.

「일본 고대부터 3은 재수가 좋은 숫자며 신비한 숫자로 알려져 왔다. '2번 생긴 일은 3번 생긴다'라던가, '3번 째의 정직' 따위 속담이 생긴 배경도 3이라는 길한 숫자에 있다」(『풍습사전』1978).

그런데 예외도 있다고 한다. "셋이서 사진 찍으면 가운데 사람이 먼저 죽는다는 미신도 있다"고 시게카네 씨는 지적했다(제4장 민속 문화 항목 참조 바람).

생활 필수품 '오차'라는 차문화

일본인의 생활에서 '오차'(おちゃ)라고 하는 '차'(茶)마시는 일은 기본적인 것이다. 손님이 찾아 오면, 손님에게 묻지도 않고 우선 차잎에다 뜨거운 물을 부어서 대접한다. 한국에서 처럼 "커피를 하시겠습니까?" 또는 "무얼 드시겠습니까?" 따위 권유의 말은 일체 없다. 손님은 의례 방문한 곳(가정·사무실 등)에서 차를 갖다 주면 '고맙습니다'하고 조용히 마시면 그 뿐이다.

일본인들은 가정에서 항상 차를 마신다. 특히 겨울철에는 보온 효과도 있고, 가족끼리 대화하는 사이에도 찻잔을 서로의 사이에다 놓아 두는 격이다.

일본에는 한국 불교의 포교 과정에서 차가 건너갔다. 그 점에 관해서는 일본 학자들도 진솔하게 밝히고들 있다. 이를테면, 마쓰시타 사토루(まつした さとる) 교수는 그의 연구론에서 다음처럼 말한다.

「조선으로부터 일본에 차가 건너 온 것은 벼의 전래와 불교의 전래와 떼어놓고 생각할 수 없을 것이다. 조선 역사상 차가 처음 등장한 것은 신라 선덕여왕(632~647 재위) 시대이다. 조선에서는 고려시대에 불교에 의해 차문화가 크게 발전했다」(「차의 기원과 전래」 1973).

일본 최초로 차를 마신 9세기초 사가천황

일본의 역사책에서 차에 관한 기록은 사가천황(さがてんのう, 809~823 재위) 시대에 처음으로 나타나고 있다.

일본 역사책 『류이쥬 국사』(るいじゅこくし)(서기 822년 편찬)에 보면, 일본의 사가천황이 신라인 영충(永忠,えいちゅう)큰스님에게 몸소 찾아가서 차를 대접 받았다는 다음과 같은 기사가 나있다.

「사가천황은 오우미(おうみ)땅의 '카라사키'(からさき)에 거동하여 그 곳 '스후쿠지'(すふくじ) 절에 찾아갔을 때, 대승도 영충 스님이 사가천황에게 차를 다려 주었다.」

이 기록은 일본 역사 최초의 '차'에 관한 기사이다. 영충 대승도는 신라에서 왜나라에 건너 가서, 카라사키(からさき,韓崎)의 '스후쿠지' 사찰에서 불교를 펴고 있던 고승이다. 이 당시는 신라 헌덕왕(809∼826 재위) 시대였다. 그러므로 이 시대에 신라는 왜나라에 불교 포교와 더불어 차문화도 전파시키고 있었다는 것을 잘 살피게 해 준다.

격식을 갖춘 '차시쓰'라는 '다실'

일본식 주택에는 '차노마'(ちゃのま)라는 방이 있다. 일종의 거실과 식사실을 겸하는 방이다. 차를 마시거나 식사를 하며 가족이 단란하게 지내는 곳이다.

또한 격식을 갖춘 가정에서는 이른바 '차시쓰'(ちゃしつ)라고 부르는 '다실'로서 특별히 꾸며진 방이 있다. 이 다실에서는 차를 마시는 모임을 갖기 위한 것이다. 자그마하게 독립된 건물 그 자체를 차

일본 쇼우군에서 썼던 「고려 둥근 찻잔」 국보급이다

다인 센노리큐가 애용했다는 고려자기 다완 '리큐우 토토야'로 이름난 보물

실로 세우기도 한다.

일반적인 다실은 '타타미'(たたみ) 넷반 크기의 비교적으로 작은 방이다. 이런 다실은 작은 칸이라는 뜻에서 '코마'(こま)라고 부른다. 그것과 상대적으로 독립된 큰 규모의 다실은 '히로마'(ひろま)라고 부르는 일종의 서원식인 곳도 있다.

차의 명인 '센노리큐'의 초막 '미요키안'

다실은 반드시 커서 좋고 자랑스러운 것 만은 아니다. 일본의 차의 명인이라는 센노 리큐우(せんの りきゅう, 1522~1591)의 경우 그가 차를 즐긴 다실은 불과 타타미 두장 크기의 방이다. 지금도 일본 쿄우토의 다실의 명소로서 소중하게 보존되어 오고 있는 '미요우키안'(みようきあん)이라고 하는 자그만 초가 암자이다.

다실에는 가구 따위는 일체 놓지 않으며, 다만 다실 한 구석으로 타타미 반 크기의 운두가 약간 높은 곳에, 꽃 한송이의 꽃병을 놓고, 그 벽에는 족자(かけじく, 카케지쿠)를 걸어 놓아, 그 집 주인의 서화의 풍취를 보여준다. 다회의 손님들을 주욱 앉히는 맞은 편의 주인이 앉는 타타미 앞은 차를 다리는 장소가 된다.

'스미로'(すみろ)라고 해서 타타미 바닥이 소형으로 네모나게 움푹

들어간 장소가 있다. 이 곳에
서는 소형 숯불 화로인 '후로'
(ふろ)를 놓고, 차를 다릴 물
을 끓이게 된다. 주인은 손님
에게 한 사람씩 차례로 일일이
'차완'(ちゃわん, 다완)이라는
큼직한 도기의 찻종에다 분말
녹차인 말차(まっちゃ, 맛차·
ひきちゃ, 히키차)를 찻물로
개어서 대접하게 된다.

에도시대 토쿠가와 가문 제2대 쇼우군이 애
용했다는 고려자기 '코우라이 시오케'

　일본에서 으뜸으로 꼽는 다완은 고려자기이다. 카토우 요시이치로
우(かとう よしいちろう) 교수는 다음과 같이 밝혔다.

　「조선의 다완은 다완 중에서도 가장 중요한 부분을 차지하는 것이
다. 만약 조선의 다완이 없었다고 한다면, 과연 오늘과 같은 다도가
생겼을는지 알 수 없으며, 일본의 다완 역시 생겨날 수 없을 정도로
중요한 것이며, 이른바 다완의 본종(ほんしゅう)이므로 이것은 당연
히 다른 다완과는 뚜렷이 구분을 해서 다루지 않으면 안된다고 생각
한다」(「다완강좌」③『일본미술공예』1951. 5).

고려 다완이 일본 최고 보물

　일본의 차의 명인 센노 리큐우가 애용한 것은 두말할 것도 없이 고
려 다완이다.

　센노 리큐우의 소장품으로 알려진 명품은 '리큐우 토토야'(りきゅう,

ととや). '코우라이 시오케'(こうらいしおけ) 등이 유명하다. 코우라이 시오케는 에도 막부의 제2대장군 도쿠가와 이에미쓰(とくがわ いえみつ,1604~1651)가 센노 리큐 사후에 보존하던 것을 다이묘우였던 마에다 토시쓰네(まえだ としつね,1593~1658)가 물려 받아 가보로 후손에 전수되어 온 보물이라고 한다.

무릎 꿇고 앉아서 차마시기

손님들은 차실에 들어오면, 무릎을 꿇고 앉아야 한다. 일본인들은 이렇게 앉는 것을 가리켜 '세이자'(せいざ) 즉 '정좌'라고 말한다. 어려서부터 집에서 무릎 꿇는 정좌를 해 온 일본 사람들은 누구나 잘들 앉는다.

내가 처음으로 일본인 가정에 초대되어 차실에서 다회를 가진 것은 벌써 10여년 전의 옛일이다. 그 당시 나는 센슈우대학 나카지마 히토시(なかじま ひとし) 교수댁 다회에 히구치 아쓰시(ひぐち あつし) 교수와 함께 갔었다.

무릎을 꿇고 앉아 있으려니, 도무지 다리가 아파서 견딜 수 없었다. 필자는 체중이 80킬로가 넘는데다 평소에 무릎 꿇고 앉아 본 일이 없기 때문이었다.

시간이 흐를수록 나는 견디기가 힘들다기 보다는 고통이 가중되었다.

내 힘겨운 사정을 알아차린 일본인들이 편히 앉도록 애써 권유하는 바람에, 나는 결례를 무릅쓰고 한국식 책상다리로 고쳐 앉고야 말았다.

말차를 마시는 동안에도 그 동안에 가중된 다리의 통증 때문에 나는 모처럼의 말차의 진미를 제대로 느끼지 못한 것이 지금껏 아쉽다.

솔직히 말해서 무릎 꿇고 앉았던 것은, 어려서 집에서 할아버지에게 꾸중을 들으면서 벌로 무릎을 꿇었던 일 뿐이다. 그 때문에 필자는 그 후에도 다른 일인들의 다회 초청을 받으면 선약을 핑계삼아 번번히 피하곤 했다.

타타미 4장 반 크기의 '코마'

다실은 일반적으로 그 규격이 겨우 타타미 4장 반이다. 그러기에 이런 좁은 곳에 수많은 손님이 몰려 앉게 되면, 책상다리는커녕 무릎 꿇는 일본식 정좌에도 다실은 그만 빼곡한 포화상태이다.

쿄우토대학 경제학 박사인 요시다 마사아키(よしだ まさあき) 교수는 나와 이웃에 함께 살고 있어서 늘 서로 친교하며 왕래 했었다. 두말할 것도 없이 우리는 언제나 서로 간에 책상다리로 앉아서 함께 식사한다, 담소를 나눴었다.

그는 다실에서의 정좌에 대해서 내게 그 발자취를 다음과 같이 말해 주었다.

"무릎꿇는 정좌는 다실이 좁은데서 비롯되었다고 합니다. 불과 타타미 4장반 크기의 다실에 10명씩 앉는 경우 책상다리로서는 모두 앉을 수 없습니다. 이 다도에서의 정좌는 금새 일어서기 힘들다는 데서, 반공격적입니다. 즉 평화적인 자세라는 데서 일종의 예법이 되었습니다. 다도를 배우게 된 무사들도 정좌를 하면서 그것이 일상 생활에도 침투했던 것이지요. 그러나 왕족이며 귀족이나, 신사의 신관과 사찰의 승려들은 무릎을 꿇치 않고 책상다리를 했다고 합니다."

일본 역사물 연극·영화 장면을 보더라도 귀족과 무사며 조정의 조신들은 항상 책상다리로 앉아 있는 것을 볼 수 있다.

'타타미'라는 두꺼운 돗자리

한국의 아파트에 '온돌방'이 있다면 일본의 맨션(マンション, 일본은 아파트 대신에 '만숀'이라고 부른다)에는 반드시 '타타미'방이 있다. 본래부터 한국 같은 온돌이 없는 일본은 옛날에는 방마다 타타미를 깔고 살았다. 타타미라는 말의 뜻은 '갠다'는 말에서 생겼다. 즉 이불을 갠다는 그런 말뜻에서다.

타타미란 한 개의 크기가 가로 3자, 세로 6자의 규격으로서 어느 고장에서나 모두 일정하다. 1자는 약 33센티이므로, 가로는 약 1미터 세로 약 2미터 길이이다. 즉 보통 몸크기의 사람이 혼자 누울 수 있는 크기다.

이 타타미는 단단하게 볏짚으로 엮어 가공한 것으로, 두께 약 4센티이다. 거죽에는 한국 것과 똑같은 돗자리를 덮었으며, 네모의 둘레는 천으로 감싼 제품이다. 타타미 1개의 무게는 약 30 킬로그램이다. 일본은 매우 습한 땅이기 때문에 한국 온돌같은 돌과 흙의 방바닥 구성은 유지가 불가능한 데서, 널빤지로 방바닥을 만들고 그위에 타타미를 깔게 되었다고 한다.

「타타미는 쿄우토의 왕족 귀족등 고귀한 사람들이 방안에 깔던데서 발전한 것이다. 이것이 차츰 전국 각지로 퍼져 나갔다」(야마카와 시즈오 『ウルトラアイ』④NHK 방송출판협회, 1984).

이 타타미는 방에 늘 깔아두고 있고, 낡으면 새것으로 교체한다.

이사갈 때도 타타미방의 타타미는 그냥 깔아둔 채로 떠나가게 된다.

그런데 재미나는 것은 옛날 헤이안시대(794~1192)에 쿄우토에서는 이사갈 때면 방에 깐 타타미를 모두 거둬서 수레에 싣고 떠나갔다고 한다.

이사갈 때 가지고 다닌 타타미와 미닫이

그뿐 아니라, 그 당시는 '후스마(ふすま)'라는 미닫이까지도 이사갈 때면 각 방마다 모두 떼어내서 타타미랑 가구와 함께 수레에 싣고 새 집으로 옮겨 갔다. 때문에 이사간 집은 매미가 태어나면서 벗고 나간 껍질 같은 볼상 사나운 꼴이었다.

방의 크기를 따질 때는 '타타미 6조'(여섯장)다, '타타미 8조'(여덟장)다 하는 식으로, 그 방의 규모를 헤아리고 있다.

보통 사람은 1인당 타타미 1장이면 누울 수는 있다. 그러나 타타미가 2장이라야 '큰 댓자'로 두 팔이며 사지를 뻗고 누울 수 있다는 얘기다.

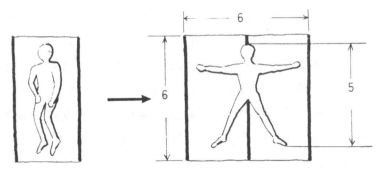

타타미 1장과 2장의 크기. 사람이 여유롭게 눕는데는 2장이 필요하다.

예전에는 타타미의 크기가 고장에 따라 달랐다. 지금같은 표준 크기인 가로 세로 3자와 6자 크기의 것은 '나고야'를 비롯해서 '후쿠시마', '야마카타', '이와테' 지방 등에서 '사부로쿠마'(さぶろくま, 36칸)라고 부르던 사이즈의 것이다.

작아지고 있는 대형 주택 단지의 타타미

그런데 최초에 타타미가 등장했던 헤이안시대의 '쿄우토' 땅이며, '오오사카', '와카야마', '시코쿠' '큐우슈우' 등지에서는 길이 6자 3치짜리를 사용했다고 한다. 그 때문에 이런 쿄우토식 타타미를 가리켜 일반적으로 '쿄우마'(きょうま)라고 불렀다.

그런데 요사이는 신축하는 주택단지의 타타미 길이가 4치 정도 짧아지고 있는 경향이라고도 한다.

「길이가 '5자 6치' 정도의 것을 가리켜, '코로쿠마'(ころくま, 56칸)라고 부르고 있다. 근년에 신축되는 가옥 특히 맨션 단지에 그런 것이 많이 사용되기 시작하고 있다. 그래서 명칭도 '단치마(たんちま, 단지 규격)라는 것이 등장하고 있다」(야마카와 시즈오, 앞의 책).

이런 것은 건축업자들이 타타미의 길이를 줄이므로써, 방의 크기를 작게 조종하는 경향이라는 얘기이기도 하다. 업자들의 실리적인 계산이 빠르기는 오나가나 마찬가지라고 해둘까.

따라서 요즘 일본에서 새로 짓는 대형 주택 단지일 경우, 타타미가 표준형이 아닌 크기가 약간 작은 '단치마'의 경우가 늘어나고 있을 것으로 본다.

'스모우'로 부르는 일본 씨름

일본 씨름은 '스모우'(すもう)라고 부른다. 이 씨름은 '재단법인 일본스모우협회'가 주관하는 전국 규모로 경기가 진행되어 오고 있다.

씨름 경기는 토오쿄우를 깃점으로 해서 1년에 6번 지역 순회로 거행되어 오고 있다. 즉 두달에 한번 15일간씩 거행한다.

토우쿄우의 '묘우코쿠'(りょうこく) 전철역 옆에 있는 '코쿠기칸'(こくぎかん, 국기관)을 비롯해서, 오오사카, 나고야, 후쿠오카 등 6개 지역에서 번갈아 가며 거행한다. 토우쿄우의 '코쿠기칸'은 1985년에 개축한 곳으로서, 좌석수 1만 1천 98석을 자랑하는 큰 씨름 경기장이다.

「씨름 경기가 입장료를 받고 시작된 것은 1645년의 일이다. 그 당시 쿄우토의 코우후쿠지(こうふくじ) 사찰 터전에서 '슈우엔' 스님이 10일간의 '권진 씨름'을 거행해서 사원 건물 개축 비용을 마련했다는 것이다」(후루카와 미키『에도시대 큰씨름』1968).

소위 '스모우'라는 씨름이 토우쿄우에서는 1772 이전까지 '토미오카 하치만궁'에서 거행하는 등, 불교 행사와 연관지어 발전했다.

본래 일본 '스모우'의 발자취는 어떠했던가. 센슈우대학의 체육학 교수인 마쓰나미 켄시로우(ま

역사 '아무마쓰' 쿠니사타의 우키요 그림

요코츠나 와카노하타가 미야기야마를 엎고 있다

つなみ けんしろう)씨는 일본 스모우는 고대 조선에서 건너왔다고 다음과 같은 내용의 연구론을 밝히고 있다.

「일본 스모우(씨름)는 조선으로부터 건너온 신체 문화재라고 본다. ……일본 씨름꾼들이 씨름을 시작할 때 두 팔을 벌리고 두 발로 번갈아 힘껏 땅을 내리밟는 것은 한국 안동의 '지신 밟기'가 그 원형이다. 그것은 대국주신(おおくにぬしのかみ,저자주・일본 신화의 신라신)의 모습을 가리키기도 한다」(『고대종교와 스포츠 문화』1991).

요코츠나의 허리띠는 신전의 금줄

스모우 역사들은 동과 서 양군으로 소속이 나뉘어서 경기를 갖는다. 역사의 순위는 최고위의 '요코츠나'(よこづな)를 비롯해서 '오오제키'(おおぜき)・'세키와케'(せきわけ)・'코무스비'(こむすび)의 서열로서 상위권의 계급이 형성되고 있다.

그 다음은 '나카이리'(なかいり)라는 서열의 역사들이 동서군에 각기 15명씩 있고, 그 다음 계급은 '쥬우료우'(じゅうりょう)의 역사들이 본경기 출전권을 갖고 15일간 출전할 수 있는 씨름꾼들이다. 그밖

의 역사들은 예선전의 하위 그룹에 속한다. 그러므로 '쥬우료우' 이상의 서열에 들어야만 씨름꾼 구실을 시작하는 것이다.

'요코츠나'는 최고위 역사답게 허리에 하얀 밧줄띠를 맨다. 이 밧줄은 새끼줄식으로 매우 굵게 꼰 것이다. 이것은 신사(사당)의 신전 입구에 거는 금줄인 '시메나와'(しめなわ)와 연관이 있다.

9세기 초에 자신이 천하에 으뜸가는 역사를 자처하던 '하지카미'(ハジカミ)라는 역사가 셋쓰(せっつ)의 '스미요시신사'(すみよしじんじゃ)의 씨름 행사에 갔을 때, 신전의 처마밑에 매둔 금줄을 제멋대로 떼어 제 허리에 감아서 맸다고 한다. 이 때부터 최강의 역사는 금줄인 '시메나와'를 허리에 매주게 되었다고. 최강 역사의 시메나와 그 자체의 명칭이 곧 '옆구리 밧줄'인 '요코츠나'가 된 것이다.

현재 요코츠나의 허리에 매주는 흰 밧줄의 요코츠나는 무게가 10킬로 이상 나간다. 체구에 따라서 14킬로 짜리도 맸다는 기록이다. 만드는 재료는 백색의 삼줄과 구리쇠줄 등이 속에 들어간다고 한다.

'스모우' 역사는 월급쟁이 씨름꾼들

역사들은 월급 제도로서 서열이 높아야만 많은 수입을 얻을 수 있다. 해외 순회 경기 등은 상위 역사들만이 동원된다. 일본스모우협회에서는 중요 경기에는 천황과 황족들도 초청해서 관전시키면서 스모우를 일종의 '국기'로서 향상시켜 왔다.

스모우 본 경기가 시작되기 전날에는 상위급 역사들이 참가한 가운데, '도효우'(どひょう, 씨름판)에서 신에게 제사를 지낸다. 이 때 신에게 바치는 '우즈메모노'(うずめもの)라는 명칭의 제물은 비자나무

열매를 비롯해서 밤, 다시마, 오징어, 세미(씻은 쌀), 소금 등 6품이
다. 이 6품은 씨름판 한 가운데 모래를 네모(가로 70센티, 세로 80
센티)로 판 속에 파묻는다. 그러므로 이 모래판 위에서 15일간 경기
가 진행되는 것이다.

이 제사를 가리켜 '도효우 마쓰리'라고 부른다. 제사 진행은 씨름판
심판(ぎょうじ, 교우지)들의 책임자(だちぎょうじ, 다치교우지)가 제
주가 되어 신관(神官) 복장으로 5명의 심판(교우지)들을 거느리고 거
행한다. 씨름판 네 귀퉁이에는 각기 춘하추동의 신(かみ, 神)이 깃들
인다 해서 청주를 뿌리면서, 역사들이 부상 당하지 않고 무사히 씨름
을 거행하게 해달라고 빈다.

씨름꾼들은 씨름 경기 직전에 신에게 가호를 비는 뜻에서 부정한
것을 없애려 한줌의 소금을 씨름판인 '도효우'에다 뿌린다.

이 '도효우 마쓰리'는 비공개였으나, 2000년 5월에 처음으로 보도
진에게도 공개했다.

기우제에서 생긴 여자 '스모우'

여자 씨름은 일종의 '기우제' 행사로서 거행하기 시작했다고 마쓰나
미 켄시로우 교수가 옛 문헌을 인용하며 밝히고 있다.

「아키타현의 요네가와(よねがわ) 중류 지역의 민속 보고에 의하면
'여자가 씨름을 하면 비가 온다'는데서, 가뭄에는 여자씨름을 거행했
다고 한다」(앞의 책).

근년에는 여자들의 씨름이 지난 1997년 9월 14일 홋카이도우 지
역에서 거행이 되었다. 그 당시 캐나다에서 온 여자 선수가 우승해서

매스컴의 화제가 되기도 했다.

물론 일본 역사에서도 여자 싸름이 거행된 것은 유우랴쿠천황(ゆう
りゃくてんのう,456~479 재위) 때 왕실에서 가졌던 것이 『일본서
기』 기사에도 나와 있기도 하다.

일본의 쇼오와(しょうわ) 시대(1926~1989) 초기에 특히 여자
씨름이 성했다고 한다. 근자에는 쇼오와 초기에 전국을 순회 경기하
면서 인가가 컸던 '와카미도리'(わかみどり)라는 여자 역사의 스토리
를 가지고 국립연예장에서 야담으로 공연(2000. 4. 20) 해서 화제
가 되었다. 이 야담 공연의 제목은 「여자 스모우 출세이야기 오오제
키 와카미도리」이고, 야담가(こうだんし, 코우단시)는 칸다 요우코
(かんだ ようこ) 씨였다.

여자 씨름 엄금하는 코쿠키칸의 씨름판

토우쿄우의 코쿠키칸의 씨름판에 여자 역사들은 절대 오르지 못한
다. 그러고 보면 씨름판인 '도효우(どひょう)가 남녀차별 소리를 면치
못하는 셈이다. 어째서 인가. 언제나 여자 관객들은 잔뜩 들어오는데
코쿠키칸의 여자 스모우(すもう)만은 금단의 터전이 되고 있다.

지난 1978년의 일이다. 그 당시 '토우쿄우청년회의소'가 주최한 행
사는 '완파쿠(わんぱく, 개구쟁이) 씨름 토우쿄우 경기' 였다. 토우쿄
우 도내의 23지구 예선에서 준우승한 '아라카와'(あらかわ)구의 초등
학교 5학년생 여자선수인 쿠리하라 미애(くりはら みえ) 양이 '토우
쿄우 제1의 여자선수'를 결정하기 위해서 코쿠키칸의 씨름판(도효우)
에서 경기를 거행하기로 했으나 실패했다.

그 당시 코쿠키칸 측의 이세노우미(いせのうみ) 씨가 '여인 금제'라고 막았다. 그러자 일본 정부인 노동성의 '부인소년국장'인 모리야마(もりやま) 씨는 "그와 같은 것은 여성에 대한 차별이다"고 항의했다. 그러나 끝내 이 경기는 거절 당했다. '관례대로 여자가 코쿠키칸의 도효우에 오르는 것은 안된다'는 것이었다.

역사들이 허리와 사타구니에 채우는 샅바를 가리켜 '마와시'(まわし)라고 부른다. 색깔은 대개 검정이고, 그밖에 청색, 붉은색, 회색 등 서너가지 색으로 되어 있다.

경기용의 '마와시'는 비단으로 만든다. 폭은 80센티로서, 맬 때에 우선 반으로 접고, 다시 셋으로 접으니까, 우리 눈에 보이는 너비는 약 13.3 센티이다. 연습용의 '마와시'는 무명천으로 만든 것이다.

그런데 경기용의 비단 '마와시'는 세탁하지 않는 게 관례라고 한다. 시합으로 땀에 흠뻑 젖은 것을 그늘에다 말린다고 하는데, 빨지 않는 것은 일종의 터부우(taboo, タブー)라고 한다. 그 대신 2, 3년에 한 번 새것으로 바꾼다고 한다.

'우키요에'라는 일본식 풍속화

에도시대에 일본에서 등장한 특색있는 풍속화 종류에 '우키요에'(うきよえ)라는 그림이 있다. 주로 '카부키'(かぶき) 연극 인기 배우와 유곽의 유녀 등의 초상화며 생활 풍속을 그린 판화이다.

'우키요'라는 말이 덧없는 세상 또는 허무한 세상을 가리키는 표현이듯이, 이 '우키요에'라는 그림도 서민층을 위한 대중예술의 그림이다.

초기에는 육필로 그렸는데, 17세기 중엽에 히시카와 모로노부(ひしかわ もろのぶ,1618~1694)가 그린 「뒤돌아 보는 미녀도」(みかえりびじんず)는 대표적인 육필 '우키요에'로 오늘날 높이 평가되고 있는 명화이다.(컬러 화보 참조)

히시카와 모로노부는 자신의 그림들이 인기가 커지자, 단 한 장뿐인 육필화 대신에 한꺼번에 똑같은 그림을 수없이 찍

카이게쓰도우 아스노리 그림 『유녀』(부분)

어 내는 판화를 만들어서 민중들에게 값싸게 보급시켰다. 그 당시 하나부사 잇쵸우(はなぶさ いっちょう,1652~1724)의 '우키요에' 판화도 인가가 컸다.

단원 김홍도설의 '토우슈우사이 샤라쿠'

18세기 중엽이 되자 이번에는 스즈키 하루노부(すずき はるのぶ,1725~1770)가 처음으로 창시해서 그린 '니시키에'(にしきえ)라는 판화가 명성을 떨치게 되었다. 스즈키 하루노부의 '니시키에'(にしきえ)라는 것은 여러 가지 아름다운 색채로 미인화를 그리는 것을 가리킨다. 그의 판화가 미인들을 풍성한 색채로 잘 그린데서 '니시키에' 즉 '비단 그림'이라는 찬사를 받게 된 것이다. 그의 대표작인 「사사야

키」(ささやき, 속삭임)가 유명하다.

에도시대의 '우키요에' 그림의 최고봉으로 꼽힌 사람은 '토우슈우사이 샤라쿠'(とうしゅうさいしゃらく, 18세기 말경)이다. 그의

토우슈우사이 샤라쿠의 우키요 그림. 카부키 배우 타케무라 사다노신(우)과 야쓰코 에도베에(좌)

대표작은 인물화인 「이치카와 에비죠우」(いちかわ えびじょう)가 꼽히고 있다.

샤라쿠가 그린 '우키요에'(うきよえ) 그림은 주로 '카부키'(かぶき) 배우였다. 샤라쿠는 인물을 아름답게 그리는 데 있는 것이 아니고, 대상 인물인 배우의 긴장된 일순을 예리하게 파악해서, 얼굴 등을 역동적으로 묘사하는 뛰어난 솜씨를 세상에 보였다.

그와 같은 명화가 샤라쿠는 정체 불명으로서 미궁에 빠진채 오늘에까지 화제를 모으고 있다. 일본에서는 그의 실체에 대해 마루야마 오우즈이(まるやま おうずい, 1766~1829), 또는 타니 분쵸우(たにぶんちょう, 1763~1840) 등으로 추측하고 있다. 우리나라의 『만요우슈우』 학자 이영희 씨는 조선 영조(1724~1776 재위) 때의 화가 단원 김홍도(1760~몰년 미상)설(1998년)을 밝힌 바 있어서, 주목받고 있다.

일본의 한 역사사전은 다음과 같이 샤라쿠의 활동기를 소개하고 있다.

「샤라쿠가 그림을 그린 시기는 1794~5년(칸세이 6~7년)의 불과 10개월이며, 140여명의 초상화를 그렸다」(카도가와『일본사사전』).

이영희 씨는 이 기간이 단원 김홍도가 우리나라에서 행방 불명된 시기라고 지적하므로써, 샤라쿠의 단원설이 유력시되고 있다.

'게이샤'라는 이름의 일본 기생

일본 유흥가에는 '게이샤'(げいしゃ)로 부르는 '기생'이 있다. 게이샤는 여느 접대부와 다른 격을 갖춘 기생을 가리킨다. 화려한 일본 키모노를 입고 큰 가발을 머리에 썼다. 얼굴에는 새하얗게 백분을 바르고 입술은 붉게 칠했다.

게이샤는 술손님을 앉힌 방에서 '샤미센'(しゃみせん)이라는 소형의 현악기를 들고 일본민요를 노래하며 연주하고, 부채를 손에 들고 일본 무용을 춤추기도 한다.

토우쿄우 등지에서는 '게이기'(げいぎ, 예기)라고도 부르고, 오오사카 등 일본 서부 지역에서는 '게이코'(げいこ, 예자)라고 부르는 주흥을 돋우는 직업 여성이다.

게이샤하면 두드러지게 유명한 고장이 쿄우토이다. 쿄우토의 중심지역인 '기온'(ぎおん) 거리하면 일본

'카부키'의 '게이샤' 타키야샤히메(たきやしゃひめ)를 그린 '우키요그림'. 화가는 우타가와 토요쿠니(うたがわとよくに)3세.

의 유명한 환락가이다. 쿄우토시의 동쪽 '히가시야마구'의 '야사카 신사'앞 거리가 '기온'이다. 이 기온은 에도시대부터 '게이샤'라는 기생들의 거리로서 이름이 났다.

일본 최초의 여학교는 게이샤학교

일본 최초의 여학교는 기생학교였었다.

「일본에서 최초의 여학교가 등장한 것은 1873년 쿄우토에서 였다. 이 여학교의 이름은 「부녀직공인립회사」라고 불렀다. '회사'라는 이름이 붙었으나, 일반 회사가 아니고, 게이샤들에게 교양과 기술을 가르치는 여학교였다.」(『생활대사전』1982).

게이샤들을 위해서 메이지유신(1868) 직후에 설립한 이 학교에서는 아가씨들을 위해서, 수업 과목은 차를 비롯하여 원예·염직(옷감물들이기)·양잠(누에치기) 등이었다.

한국에서도 1910년대 이후에 '권번'이라고 부르는 일종의 기생학교가 있었다. 이 권번에서는 기생들에게 가야금과 거문고 무용이며 민요등 가무음곡을 가르쳤으며, 요정에 나가는 기생들의 화대를 챙겨주는 등 일종의 기생들의 대리기관 구실을 하는 조합이었다. 이 권번은 8·15 해방 이후 사라졌다.

일본에서는 약 7백년 전부터 공창이 있었다고 한다.

「이른바 공창이 생긴 것은 무로마치(むろまち)시대(1336~1573)였다. 이 때 창부와 배우에게만은 보라색 옷 등 보라색의 사용이 허가되었다」(앞의 책).

우리나라에서는 일제 치하에 공창이 생겼다. 1916년에 「경무총감

부령」으로 '유곽업창기취체규칙'을 정하고 공창을 허가했으나, 8·15 이후 1947년에 과도정부 법률 7호로 「공창제도 등 폐지령」으로 공창을 없앴다.

'카라오케'라는 대중 노래방

일본의 대중 음악과 관계되는 특징적인 표현들이 있다. 이를테면 '카라오케'(からオケ)가 있다. 한국에서도 요즘 '노래방'이라고 부르는 곳이 늘어나고 있다. 이것은 일본의 '카라오케'가 건너 온 대중 음악 업소라고 하겠다.

일본에서 처음으로 카라오케를 개발한 것은 코우베(こうべ)에서 악기 연주를 하던 밴드맨인 이노우에 다이스케(いのうえ だいすけ) 씨였다. 그는 1971년에 카라오케 연주용 기계 제1호기(8 JUKE)의 개발자이다. 이 때 반주곡은 인기 가요곡 「온나노 미찌」(おんなのみち,여자의 길) 등을 처음으로 카라오케에서 부르기 시작했다고 한다.

카라오케라는 노래방에서는 가사가 없이 반주용의 음악만이 녹화된 테이프가 돌아가는 텔레비젼 화면이 방영되었던 것이다.

「'카라오케'라는 말은 일본에서 만들어진 일본어 반, 영어 반의 합성어이다. '카라'(から)는 일본어의 텅비었다는 '빈'(empty)이라는 접두어에다 영어의 오케스트라(orchestra, 관현악)의 앞 머리쪽 '오케'(orche,オケ) 만을 잘라서 따 온 것이다」(『일본어대사전』코우단샤, 1989).

따라서 반주용 음악만이 녹음되어 있는 공 테이프·레코오드·디스크 등을 '카라오케'라고 부르는 것이다. 그 뿐 아니라 그것들에 대한 재생 장치, 또한 그것을 반주삼아 노래하는 것까지 합쳐서 포괄적으로 카라오케라고 부르고 있다.

조어며 합성어를 잘 만들기로 이름난 게 일본인들이다. 이를테면 '야간 야구 경기'(night game)를 '나이타'(ナイター)라고 이름 붙인 것도 일본 사람이고, 타자가 투수의 공에 얻어 맞는 것을 '데드볼'(デッドボール)이라고 만든 것도 일인의 솜씨다. 정식 영어로는 '힛 바이 피치드 볼'(hit by pitched ball)이기 때문이다.

'18번'은 일본 '카부키'가 만든 말

한국인들은 흔히 남에게 노래 부르기를 청하면서, 주저하는 사람에게 흔히 '18번'을 부르라고 조여든다. 속칭해서 '18번'은 그 사람이 가장 잘 부르는 노래를 뜻하는데, 한국어 사전에 보면 다음과 같이 해설하고 있다.

「가장 자랑으로 여기는 것이나 일. 예 : 그의 십팔번은 육자배기다」(이희승『국어대사전』민중서관, 1961).

'18번'은 일본의 연극 예능의 하나인 소위 '카부키'(かぶき,歌舞伎)에서 온 말이다.(18번은 뒤의 「'카부키' 명배우 이치카와 단쥬우로우」 항목 참조 요망).

카부키는 무대에서 공연하는 옛날부터의 일종의 대중 연극이며, 본래는 남자 배우들만이 출연했다. 물론 여자역도 남자가 여성으로 분장하여 연기를 보이게 된다.

카부키가 본래는 무대에서의 무용 공연으로 처음 시작이 되었다. 즉 1603년 경에 이즈모(いずも) 지방에서 카부키 연예단이 등장했

다. 그 후 겐로
쿠 시대(げんろ
く,1688~1704
년)에 이르러 무
대 연극으로 자
리잡게 되었다.

일본 토우쿄우
의 긴자(ぎんざ)
에서, 1889년에
카부키극장인

「카부키」의 여장한 남자 배우의 공연

'카부키자'(かぶきざ, 컬러 화보 참조)가 설립되므로써 대중 예능으로
서 차츰 발전하기에 이르렀다. 이것을 이끈 것은 신문기자 출신의 지
도적인 언론인 후쿠치 켄이치로우(ふくい けんいちろう,1841~
1906) 씨 였으며, 그는 카부키 연극의 각본인『카스가노 쓰보네』(か
すがの つぼね)등을 몸소 집필해서 공연시켰다.

이 연극의 여주인공인 카스가노 쓰보네((かすがの つぼね, 1579~
1643)는 에도시대 초기에 실재한 여걸로서, 그녀는 에도막부의 제3
대 장군(쇼우군) 토쿠가와 이에미쓰(とくがわ いえみつ,1604~
1651)가 아기 때 그에게 젖을 먹여서 키운 유모였다. 그녀는 이에미
쓰가 막부의 장군을 계승하는데 공을 세웠으며 뒷날 막부의 실권마져
장악했다.

토우쿄우 긴자(ぎんざ)의 카부키극장을 이끈 후쿠치 켄이치로우 씨
는 필명을 '우오치'(うおち)로 쓰면서,『카스가노 쓰보네』등 인기 각
본을 계속 발표하여 카부키를 중흥시켰다.

오오사카에서 시작된 '카부키' 공연

본래 카부키가 대중 무대 예술로서 자리잡기 시작한 것은 일찍이 18세기 중엽부터였다.

일본의 3대 카부키 걸작으로 평가되는 각본은 『카나데혼 츄우신쿠라』(かなでほん ちゅうしんくら)등 3작품을 꼽았다. 이 작품들의 공연은 오오사카의 '타케모토자'(たけもとざ) 극장에서 1746년부터 1748년까지 첫공연이 되었었다. 타케모토자는 본래 1685년에 오오사카의 '도우톤보리'(どうとんぼり)에 세워졌던 '죠우루리'(じょうるり)라는 음악인형극 극장이었다. 이 극장은 타케모토 기다유우(たけもと ぎだゆう,1651~1714)라는 죠우류우리의 명인이 세웠던 곳이다.

카부키라는 연극에서 주연 배우는 인기가 매우 컸다. 그 당시 일반 서민들의 구경거리로서 카부키극장에 가는 것이 유일한 낙이었다. 지금처럼 라디오·텔레비전이며 영화관이 있는 것도 아니므로 토우쿄우며 오오사카 등지의 카부키극장은 언제나 관객들로 터져나갈 지경이었다.

'카부키' 명배우 이치카와 단쥬우로우

이치카와 단쥬우로우(いちかわ だんじゅうろう,1660~1704)라는 배우의 이름을 모르고는 카부키를 논할 수 없다. 이 사람의 뛰어난 연기는 일본 카부키 대중 예능을 눈부시게 꽃피우게 되었기 때문이다. 그 때문에 그의 아들이며 손자등 자손들은 카부키 배우를 계승하

며 오늘에 이르렀다. 이름도
'이치카와   단쥬우로우'라는
것을 이어받는 '습명'(しゅう
めい)을 하면서, 현재 '제12
대 이치카와 단쥬우로우'의
시대가 이어져 오고 있다.

역대의 이치카와 단쥬우로
우들 중에서 특이 높이 평가
되는 배우는 초대와 제2대,
제7대, 제9대이다. 이 제9대
이치카와   단쥬우로우(183
8~1903)는 자기 가문에서
공연해 온 무수한 각본들 중
에서, 18개의 작품을 선정했
다. 즉 『후와』를 비롯해서

가부키 명인 이치카와 단쥬우로우

『나루카미』, 『시바라쿠』, 『후도우』, 『우와나리』 등 18개 종목의 카부
키를 골라서 그 중에서 뽑아 공연을 했던 것이다. 바로 여기에서 '카
부키 18번'이라는 말이 나오게 되었고, 뒷날에 가서는 누구거나 자신
의 득이만만한 노래 솜씨나 예능 재주를 일컬어 '18번'으로 부르게 된
것이다.

물론 카부키 명배우들의 가문은 이치카와 단쥬우로우 뿐만은 아니
다. '오카미 키쿠고로우'(おかみ きくごろう)의 가문이며 '마쓰모토 코
우시로우'(まつもと こうしろう,1674~1730)의 가문 등 그 밖에도 수
많은 가문이 일본 각지에서 활약하고 있다.

이른바 냇가며 다리밑에 사는 '걸인'(かわはら こじき, 카와하라 코

지키) 소리를 들었던 것이, 카부키 배우들이었다. 그러한 카부키 배우들의 지위가 향상되기 시작한 것은 17세기 초가 지나면서 부터의 일이었다.

'걸인'에 속했던 '카부키' 배우의 신분

에도시대(1603~1867)의 신분 제도는 우리나라처럼 양민을 사농공상으로 나누었다. 이것은 유교의 영향이었다. 사농공상 밑의 신분은 노예인 천민 계급이 있었다. 그런데 카부키 배우들은 양민도 아니고 그렇다고 천민에 속하지도 않은채 단지 빈민인 '걸인'에 속했다.

에도시대 초기부터 카부키 배우들은 인기를 모으게 되었다. 그와 동시에 돈이 많이 생기면서 경제력이 좋아지자 신분의 규정이 없는채로, 도시의 후미진 지역 극장 오두막 근처에 서로 함께 몰려 살게 되었다.

그런 가운데 토쿠가와 막부인 무사정권이 카부키 배우들을 양민으로 인정하기 시작했다. 그 때문에 비로소 카부키 배우들도 거리에 나와서 살 수 있게 되었다. 그들은 처음에 화장품 가게를 열었다. 그 밖에 가정의 각종 도구며 약까지도 팔았다.

카부키의 명문인 이치카와 단쥬우로우 가문에서 차린 가게의 이름은 '나리타야'(なりたや)라는 옥호를 내건 상점이었다. 오카미 키쿠고로우 가문은 상점 이름으로 '오토바야'(おとばや)라는 옥호를 썼다. 이 때문에 지금도 카부키 극장에서 관객들이 이를테면 배우 이치카와 단쥬우로우에게 "나리타야!" 하고 그 가문의 지난 날 상호를 불러대는 것이다.

서민성을 제거시킨 고품질의 '카부키'

메이지 유신(1868년) 이후에 카부키는 발전하게 되었다. 카부키를 일반 서민들의 구경거리에서 상류 사회에까지 이끌어 올리게 된 것이다.

오노 타카시(센슈우대학) 교수는 필자에게 이렇게 변천상을 밝혀 주었다.

"유럽을 돌아보고 온 정부 고관들에게서 서양 오페라의 얘기들을 듣게 된데서, 카부키도 상류 계급의 사교장으로 수준을 올리기 시작했습니다. 카부키의 재미라고 하는 서민성을 제거시키고 고상한 내용의 무대로 탈바꿈시킨 것이었어요. 바로 그것이 1887년의 '텐란 시바이'(てんらん しばい, 천황이 구경하는 연극)입니다."

그 당시 외무대신이었던 이노우에 카오루(いのうえ かおる, 1835~1915)는 재치있게 자신의 저택에다 카부키 공연을 위한 특설 무대를 설치했다. 그는 메이지천황(1852~1912)과 황후 및 황족, 그리고 외교사절들을 초청해서, 카부키를 관람시킨 것이었다.

그 당시 공연된 카부키의 작품은 『칸진쵸우』(かんじんちょう)며 『테라코야』(てらこや)같은 것이었다고 오노 타카시 교수는 지적한다. 이와 같은 카부키 작품은 오늘날도 가끔씩 공연이 되고 있다. 최근 (2000년 3월)에도 토우쿄우의 「카부키좌」(かぶきざ)극장에서 『테라코야』 등이 공연되었다.

카부키의 명배우인 이치카와 사루노스케(いちかわ さるのすけ) 씨는 "카부키의 3대요소는 '카부키'라는 글자 그대로 음악과 춤 그리고 연기이며 이것이 삼위일체로 어울리는데 역점을 두어야 한다고 봅니다. 카부키야말로 종합 연극이지요."라고 말했다.

'카부키'의 수퍼스타 이치카와 사루노스케

이치카와 사루노스케 씨는 카부키의 수퍼스타이다. 그는 허공에 떠오르는 '츄우노리'(ちゅうのり)라고 부르는 공중 공연 5천회를 돌파 (2000. 4. 19, 「신바시연무장」〈しんばしえんぶじょう〉공연)해서, 관중의 박수갈채를 받았다. 「신바시연무장」은 '긴자'(ぎんざ)에 있으며 1925년에 개설되었다.

이 날 사루노스케 씨는 카부키 『신·삼국지』의 낮 공연에서 5천회의 공중 공연을 달성했는 데, 그는 지난 1968년에 『요시쓰네 센본사쿠라』(よしつね せんぼん さくら) 출연으로부터 32년의 발자취를 허공에 새긴 것이었다.

이 공중 공연은 카부키 무대의 독특한 설비인 '하나미치'(はなみち, 꽃길. 무대를 향한 관객석 좌측의 통로, 관객들이 보는 가운데 배우들만이 다니는 길)의 18미터 높이 3층 관객석까지 이어진 와이어(쇠줄)로 매달려서 연기하는 것이었다.

이치카와 사루노스케 씨는 에도시대 카부키에서 고안이 된 이 공중 공연을 32년간이나 계속했는데, 매일 공연으로 따지더라도 하루도 쉬지 않고 13년이나 계속한 셈이어서, 일본 카부키 역사상 큰 기록을 세운 것이다.

'샤미센'이라는 중국 전래의 악기

카부키의 악기는 '샤미센'(しゃみせん)이라는 3현으로 된 현악기가 중심이다. 큰북과 작은북, 종, 피리가 악기로서 등장하고 있다.

샤미센은 본래 중국의 악기로서 유구(りゅうきゅう,지금의 오키나와)에서 쓰이던 것이다. 오늘날은 일본 악기라고 내세우고 있을 정도로 일본 민요, 무용 등에 반주 악기로 널리 사용되고 있다.

이 악기의 발현 부분이 되는 몸통에는 고양이나 개의 가죽 또는 구렁이 가죽을 발랐다.

카부키는 오늘날 일본의 전통 대중연극으로서 전국적으로 일년 내내 쉬는 날이 없을 정도로 인기가 커서 항상 이 곳 저 곳에서 공연이 이어지고 있는 실정이다.

예능 관계 단체의 보고서를 살펴 보면 지난 1997년 1년간, 일본에서 공연된 횟수는 총연장 2,272회에 이른다(『예능백서, 1999』, 일본예능실연가단체협의회). 그러므로 1년간에 걸쳐서 하루도 빠짐없이 약 6회씩 공연이 된 셈이다.

일본의 예능을 살펴보는 데 있어서 이와 같은 카부키의 쉼없이 끈질긴 공연은, 다른 어떤 대중 예술에 못지 않는 일본적인 표현이라고 하겠다. 그러나 조연 배우의 부족이 현재의 큰 걱정거리라는 게 이치카와 사루노스케 씨의 견해이다.

카부키 배우가 295명이라는 일본 배우협회의 근자의 통계가 있다. 여기에 가입하지 않은 카부키 극단인 「젠신좌」(ぜんしんざ)의 배우 66명이 따로 있다.

카부키하면 남자 배우들이 여자로 분장해서 여자역을 해왔다. 그러나 근년에 와서는 종종 여자 배우들도 여자 역할을 직접 담당하며 출연하고 있다.

「젠신좌」(ぜんしんざ)의 경우는 여배우가 자그마치 27명에 이르고 있는 실정이다. 그러나 조연급이 부족하며 특히 노인역이 모자라서 관계자들이 애먹고 있다는 얘기이다.

국립극장의 공연장은 토우쿄우에 있고, 오오사카에도 역시 국립 문락(ぶんらく)극장이 있어서 연중 7, 8개월간의 카부키 공연이 이루어지고 있다.

'칸아미 · 제아미'의 '노우가쿠'

일본의 가면극 무대 예술로서 대표적인 것이 '노우가쿠'(のうがく, 能樂,능악)이다. 이 '노우가쿠'는 설치된 '노우(のう) 무대'에서 배우는 얼굴에 가면을 쓰고 공연하는게 대부분이다. 물론 가면을 쓰지 않을 때도 있다.

'노우'의 공연. 탈을 쓰고 있다

이 '노우가쿠'는 '요우'(よう, 요)라고 하는 노래를 부르면서, 피리며 북장단에 맞춰 연기를 한다.

'노우가쿠'는 무로마치 시대(1336~1573)에 발달했다. 일본의 대표적인 노우가쿠시'(のうがくし,능역자)인 인간문화재 하마노 킨푸(はまの きんぷ) 씨는 필자에게 이렇게 말했다.

"노우가쿠는 무로마치시대 초기에 칸아미(かんあみ, 1332~84)에 의해서 발전이 되어 아들인 제아미(ぜあみ、1363~1443) 때에 학문적으로 더욱 발전했습니다. 특히 그의 저술은 매우 중요합니다.

하마노 킨푸 씨는 '노우가쿠'의 대성자인 제아미의 연구서인 『노우사쿠쇼』(のうさくしょ, 능작서, 1423)와 『카텐쇼』(かてんしょ, 화전서, 1418)에 대해 자세히 설명하면서, 이렇게 말했다.

"제아미의 저작을 살펴보면, 미마시(みまし, 필자주·7세기 백제인 미마지)가 고구려에서 배워온 가면극이 뒷날 노우가쿠로서 계승된 것을 살필 수 있습니다."

하마노 킨푸 씨는 필자가 일본에 체재하던 당시 자주 주석을 둘이 함께 하며 일본의 '노우가쿠'(のうがく)며 아악인 '가가쿠'(かがく)에 대해 대담했다. 하마노 킨푸 씨는 우리나라 대학에도 특강차 자주 내한하고 있다.

백제인 미마지는 고구려의 '사자춤' 등 고구려 가면극을, 아스카(あすか)시대(592~710) 초기에 일본 나라 땅의 왕실에서 제자들에게 가르친 백제인 음악무용가였다(『일본서기』). 일본의 노우가쿠 등 가면극이며 아악은 미마지에 의해서 이루어진 것이다. 미마지는 서기 612년에 일본 왕실에 건너 갔다.

'쿄우겐'이라는 '노우가쿠'의 막간 희극

일본의 대학가에서는 '노우가쿠'(のうがく)를 대학 연극문화로서 계승시키는 활동들이 활발하기도 하다. 이를테면 호우세이(ほうせい)대학 같은데서는 이미 1952년에 '노우가쿠연구소'가 설치되었고, 학생들의 공연이 이어져 왔다. 이 대학에서는 개교 120주년을 기념해서 2백석 규모의 상설 '노우 무대'까지 설치(2000. 5) 했다.

일본 전통의 예능이라고 자랑 삼는 것이 '노우가쿠'인데, 또한 '노우가쿠'에는 '쿄우겐'(きょうげん,狂言)이라는 막간의 공연이 있다. 즉 '쿄우겐'이라고 하는 것은 '노우가쿠' 공연 무대의 막간에 대사 만을 가지고 엮는 희극을 가리킨다.

이 '쿄우겐'이라는 대사 중심의 막간 희극은 본래 '사루가쿠'(さるがく,猿樂)라고 하는 우스깡스러운 예능이 발달해서 독립했다고 한다. 일본에서는 '사루가쿠'(さるがく)라는 예능이 '노우'와 '쿄우겐'의 원류라고 말하고 있다. '사루가쿠'야말로 고구려 사자춤이 그 원형이라고 본다.

'쿄우겐'은 '노우가쿠'에서 막간 공연물 등을 '노우 쿄우겐'(のうきょうげん)이라고 부른다. 그런가 하면 '카부키 쿄우겐'도 있다. 쉽게 말해서 '카부키 쿄우겐'이라는 것은 '카부키' 연극식으로서 '쿄우겐'을 공연하는 것이다.

'가부키 쿄우겐'(かぶききょうげん)의 경우, 카부키 초심자들에게 즐거운 구경거리를 제공하고 있다. 근자에 공연(2000. 3, 신바시연무장)된 『오가사와라 소동』의 경우, 물레방앗간 무대를 설치하고, 실제로 물을 돌려서 카부키 배우들이 물에 흠뻑 젖는 등, 실감나는 공연으로 인기를 모았다. 입장료는 1등석의 경우 1만 2천엔 내외이고 3등석으로 가장 싼 것이 2천 1백엔이므로, 한국 원화로 따진다면, 1등석등의 경우는 13만원 정도이다.

'라쿠고' 등의 공연장 '요세'

일본에는 희극적인 공연물이 여러 가지가 있다. 대중 연예로서 발

전해 온 '라쿠고'(らくご,落語)를 비롯해서 '코우단'(こうだん,講談)
・'만자이'(まんざい,漫才)・'온교쿠바나시'(おんぎょくばなし) 등이
그것이다. 말재주를 가지고 1인 또는 2인 이상이 소극장의 공연장 또
는 텔레비젼 무대에서 공연한다.

이 '라쿠고' 등을 공연하는 소극장을 가리켜 '요세'(よせ,寄席)라고
부른다. 본격적인 '요세'는 1798년에 에도(지금의 토우쿄우)와 오오
사카에 등장하기도 했었다. '요세'(よせ)는 1960년대의 텔레비젼 시
대 이후 타격을 받게 되었다.

'라쿠고'라는 것은 익살스럽게 만담이며 재담을 펼쳐서, 관객을 즐
겁게 하는 대중 연예이다. 말재주가 뛰어난 연기자인 '라쿠고카'(らく
ごか)는 인기 스타아로서 등장했던 전성기도 있었다.

지금은 '요세'나 텔레비젼・라디오 출연 이외에, 그들이 쓴 책이 제
법 잘 팔리는 '라쿠고'의 출판 시대가 되었다. '라쿠고'를 책으로 써서
내면서 CD를 20매씩 곁들여 독자는 CD와 함께 '라쿠고' 공연을 즐
기는 것이다. 각 대학에 '라쿠고회'라는 모임(동아리)들도 있고, 라쿠
고 연구회 등을 통해 '라쿠고'는 일본의 젊은 게그맨 배출에도 기여하
고 있는 실정이다.

'온교쿠바나시'라는 것도 '라쿠고'의 일종이다. 이것은 이야기를 전
개시키면서 음악을 삽입시킨 '라구코'를 말한다. '라쿠고'라는 것은 한
자어로 '낙어'(落語) 즉 '떨어지는 말'이라는 글자를 쓰고 있다.

에도시대 후기에 우스깡스러운 이야기를 엮은 소설의 한 장르로서
'콧케이본'(こっけいぽん, 골개본)이라는 이야기책이 등장했었다. 에
도의 서민생활의 애환을 풍자하면서 대화체 형식으로 익살스럽게 엮
은 재미나는 대중소설이다. '라쿠고카'들은 요즘 그 당시의 인기 '콧게
이본' 이야기들도 재탕 삼탕하고 있다. 마치 우리가 『춘향전』을 우려
내듯이 말이다.

인기 모으고 있는 여자 '코우단시'

말로서 청중을 매료시키는 일본의 대중 연예로서 '라쿠고'(らくご) 이외에 '코우단'(こうだん)이라는 것도 역사가 오래된다. '코우단'은 한자로는 '강담'(講談)이다. 공연자는 '코우단시'(こうだんし, 강담사) 라고 해서 스승 사자가 붙는다.

'코우단'은 '라쿠고'와는 달리 '코우단시'가 관중에게 역사 이야기며 또는 픽션 등을 무대에서 재치있게 이야기 한다. 옛날에 우리나라에 야담가들이 있었는데, '코우단시'는 야담가와 성격이 비슷하다고 보면 이해가 될 것이다.

현재 일본에는 여성 '코우단시'들도 활약하면서, 쇄퇴일로의 코우단 계에 새로운 활력을 넣고 있기도 하다. 현재 왕성하게 활동하고 있는 여성 '코우단시'는 칸다 요우코(かんだ ようこ), 칸다 베니(かんだ べ に) 씨 등, 이른바 '코우단 칸다파'인 칸다 요우몬(かんだ ようもん) 의 문하생들이다.

'만자이'라고 하는 일본식 만담

익살스러운 말과 우스꽝스러운 몸짓 등으로 관객을 웃기는 사람들 을 가리켜 '만자이시'(まんざいし)라고 부른다. 우리말로는 '만재사' (漫才師)이므로 스승사자가 여기에도 붙는다. 일종의 코미디언이요, 개그맨이라고 하겠다.

'만자이시'는 둘이서 짝을 지어 공연하는 대중 연예 만담이다. 키큰 사람과 키 작은 콤비라던가, 남녀가 페어를 이루기도 하는 등, '만자

'이시'들은 '요세' 공연장의 출연 이외에도 텔레비젼 등에서 세상사를
풍자하면서 익살을 부리고 있다.

2인 1조의 '만자이시'들은 역시 신체적인 특징 등을 장사 밑천으로
삼는 대중 연예를 공연하고 있다.

'죠우루리'라고 하는 전통 인형극

일본 전통 음악 중에 '이야기 극'을 진행하는 한 형식으로 '죠우루
리'(じょうるり)라는 것이 있다. 극의 진행은 '샤미센'(しゃせん) 악기
를 반주하면서 한다. 이 죠우루리의 공연물은 '기다유우부시'(ぎだゆ
うぶし)를 비롯해서 '토키와즈부시'(ときわずぶし)·'키요모토부시'(き
よもとぶし)·'신나이부시'(しんないぶし) 등이 있다.

이 '죠우리' 공연은 오늘날 인형극으로 공연되고 있다. 우리나라의
'꼭두각시 놀음'처럼 사람이 인형을 조종하는 이른바 '닝교우 죠우루
리'(にんぎょうじょうるり)라고 부르고 있다. 그런데 특이한 것은 인
형을 직접 무대에 들고 나와서 조작하며 극을 이어나간다.

에도시대(1603~1867)에 '닝교우죠우루리'가 등장했으며, 특히 타
케모토 기다유우(たけもと ぎだゆう)가 치카마쓰 몬자에몬(ちかまつ
もんざえもん)과 손잡고 발전시켰다.

이 '닝교우 죠우루리'라는 전통 음악 인형극은 서기 1800년경 오오
사카(おおさか)에 전문 극장이 만들어졌고, 1872년에 '분라쿠좌'(ぶ
んらくざ)라고 부르게 되었다.

1963년에 재단법인체로서 '분락쿠협회'가 설립되었다. 오늘날 현재
(서기 2000. 9)「닝교우 죠우루리 분라쿠좌」가 공연을 하고 있으며,

타케모토 치토세다유우(たけもと ちとせだゆう) 씨 등이 앞장서고 있다. '분라쿠'(ぶんらく)는 이 인형극의 대명사이기도 하다.

제2장 생활 문화

허리를 굽혀 절하는 '오지기' 인사법 '절'

일본사람은 허리굽혀 절하는 것을 가리켜 '오지기'(おじぎ)라고 말한다.

허리를 깊숙히 굽혀서 공손하게 인사하는 모습을 일본인들에게서 더러 찾아 볼수 있다. 내가 최초로 일본인의 집에 초대되어 간 것은 벌써 지금부터 20년도 넘는 오래된 일이다.

그 분은 일본의 여류 방송작가 테라시마 아키코(てらしま あきこ)씨이다. 일본 문화계에서 저명한 분으로, 그 당시 일본방송작가협회 상임이사였다. 그 댁에서 대접을 잘 받고 몇시간 지나서 떠나오게 되었다.

테라시마 여사는 자택의 정문 밖으로까지 나와서 배웅하며 나와 작별 인사를 하게 되었다. 서로는 정중하게 허리를 굽히며 절을 나누었다. 나는 그 댁 앞 자그만 골목길로 나서며 뒤를 돌아다 보았다. 그랬더니 테라시마 씨는 미소지으며 허리를 푹 굽혀 다시 절을 하는 것이었다. 나도 다시 허리 굽혀 인사를 했다.

필자는 골목을 꺾어서 돌아 나갔다. 그 곳은 큰 길이었다. 큰 길을 한동안 가다가 문득 뒤를 돌아다 보았다. 그랬더니 테라시마 여사도 골목길을 꺾어나와 큰 길 어귀에 선채 또다시 나에게 허리 굽혀 절하는 것이었다. 그녀는 내가 멀리 사라지기까지 계속해서 '오지기'를 했다.

이와 같은 인사는 그 후 여러 일본 인사들과 거듭해 오고 있다. 일본인들의 '오지기'라는 절이야말로 다른 외국에서는 내가 체험해보지 못한 정중한 인사법이라고 말하고 싶다.

서서하는 절과 앉아서의 절

절에는 서서하는 큰절인 '신노오지기'(しんのおじぎ)라는 것과, 앉아서 하는 큰 절인 '신노오지기'(しんのおじぎ)며, 가벼운 절인 '소우노오지기'(そうのおじぎ) '교우노오지기'(ぎょうのおじぎ) 등이 있다.

① 서서하는 큰절은 먼저 몸을 곧바르게 하며 두손은 각기 손가락을 곧바르게 편채 양쪽 다리 쪽으로 자연스럽게 내린다.

② 다섯 손가락을 가지런히 양쪽 무릎 앞쪽으로 각기 미끄러지듯 끌어 당기면서 내린다. 그 다음에 지금까지 허리를 편 자세에서, 허리로부터 상체를 앞으로 쓰러뜨린다. 머리를 숙이는 것이 아니고 허리 자체를 꺾는 것이다.

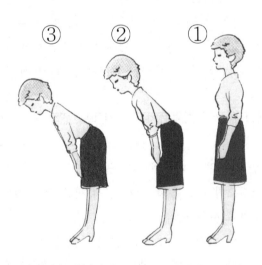

③　②　①

서서 인사하는 법의 순서.
시선은 땅쪽을 보아야 한다.

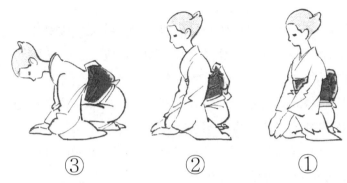

앉아서 인사하는 법의 순서

① 쿠사노 오지기
② 교우노 오지기
③ 신노 오지기

언제나 시선은 자기의 손끝을 향해야만 한다.

③ 허리를 굽힐 때에 눈으로 상대방의 얼굴을 보아서는 안된다. 즉 '오지기'의 요점은 머리를 숙이는 게 아니라 몸을 앞으로 쓰러뜨리는 일이다.

앉아서 하는 '오지기'는 3가지가 있다. 물론 이것은 어디까지나 전통적인 '오지기'를 말한다.

① 먼저 앉아서 가장 가볍게 하는 절에는 '소우노오지기'이다. 이것은 무릎을 꿇고 앉은 채, 두 손을 가지런히 펴서 무릎 앞으로 뻗치면서 꼿꼿한 상체를 앞으로 약간만 꺾는다. 반드시 고개는 아랫 쪽으로 향한다.

② '소우노오지기' 보다 좀 더 허리를 꺾는 것은 '교우노오지기'이다. 이 때는 허리를 꺾을 때 다섯 손가락은 가지런이 편채 무릎 앞으로 각기 모았던 두손을 방바닥으로 내려서 살며시 바닥을 짚는 것이다. 두 손은 편채 포개지는 않고 서로 대주면 된다. 역시 두 눈은 아랫 쪽을 향해야 한다.

③ 앉아서 하는 큰절이 '신노오지기'에 해당한다. '참다운 절'이라는

뜻이다.

'교우노오지기'의 자세에서 허리를 잔뜩 꺾으며 앞으로 몸을 쓰러뜨리는 방법이다. 가장 공손한 절로서 손위의 사람, 은인 또는 손님에게, 상대방을 집으로 방문했을 때의 앉은 자세의 큰 절이다.

이상과 같은 것은 어디까지나, 정중한 일본 고유의 절이다. 평소의 선 절은 역시 허리를 가볍게 굽히는 것이 보통이다.

일본인들은 악수는 좀처럼 많이 하지 않는다. 상대방 일본인이 자기에게 손을 내밀 때만 응하면 된다.

앉아서 하는 '오지기'에 이른바 '오가사와라류우'(おがさわらりゅう)라는 9가지 방법의 앉은 자리의 절도 있다. 이것은 무가 예법의 한 유파이나, 오늘날에는 영화나 연극 등 옛날 무사극 같은 데서나 어쩌다 볼 수 있는 예법이다.

일본의 구식 결혼과 신식 결혼

도시의 현대식 결혼

일본 사람들의 결혼식 하면 역시 우리 한국과 비슷한 경향이나, 결혼식 진행 방법에는 우리나라하고 차이가 크다고 본다.

현대식 결혼인 경우, 반드시 참석이 확인된 손님들만이 초청되어 자기 이름표가 놓인 식탁에 앉아서 식순을 지켜 보면서 피로연까지 동시에 그 자리에서 갖게 된다.

결혼 초청장(청첩장)을 받으면 참석 여부를 동봉한 반신 엽서에 참가 여부를 표시해서 보내주어야 한다. 왜냐하면 미리 피로연 좌석수를 확정해야 하기 때문이다.

참석치 못하는 경우에는 "결혼을 축하합니다. 모처럼입니다만 선약이 있어서 출석하지 못합니다. 이해하여 주시기 바랍니다"(ご結婚おめでとうございます. せっかくですが, 先約のため出席できません. ご了承ください.)라고 이렇게 몇 마디 써서 보내 준다.

피로연에 참석할 때는 "결혼을 축하합니다. 기꺼이 출석하겠습니다"(ご結婚おめでとうございます. 喜んで出席させていただきます)라고 엽서에 써서 보내준다.

예식장이 없는 나라 일본

일본에는 결혼식 '예식장'이 따로 없다. 음식점이나 호텔의 식당을 예약해서 그 자리에서 결혼식과 함께 이른바 '연회장'(えんかいじょう, 엔카이죠우)으로서 피로연에 사용한다. 그렇기 때문에 한국에서처럼 예식장 얻느라 애쓰지 않고 주례 선생님 정하느라 신경을 쓰지도 않는다.

주례의 진행이 전혀 없이 사회자가 모든 진행을 맡고 있다. 사회자는 남자 중매인(ばいしゃくにん, 바이샤큐닌, なかうど, 나카우도)이기도 하다. 즉 피로연 연회장의 안쪽 상단에는 병풍을 길게 둘러치고 그 앞에 놓인 긴 식탁에는 남자 사회자석에 이어서 신랑·신부·여자 중매인이 차례로 앉는 본부석이 마련될 따름이다.

이 본부석에는 화촉을 밝히고, 꽃다발 장식이 되어 있으며, 그 옆으로 떨어진 나지막한 단에는 마이크가 세워져 있어서, 사회자의 진행으로 지정된 손님이 그 곳에 나가, 서서 말하는 축사가 이어지게 된다.

결혼식 피로연 연회장에 가는 손님은 축의금을 가지고 가게 된다. 축의금은 형편에 따라서 대개 1만엔에서 3만엔을 현금으로 축의금 봉투(のし袋, 노시부크로)에 넣어서 준비한 것을 피로연하는 식당 연회장의 입구에 마련된 책상, 즉 신랑측 또는 신부측 수부(うけつけ, 우케쓰케)에 내고 방명록에 이름을 쓰게 된다. 이어서 대기실(控え窒, 히카에시쓰)에 들어가 앉아 있다가, 개식을 기다려서 피로연 연회장으로 안내 받게 된다.

'히로우엔'이라는 결혼식 피로연

연회장 어귀에는 신랑·신부·양가 부모 중매인(남녀)이 서서 입장하는 손님과 머리 숙여 인사하게 된다. 신랑 신부는 일본 전통 의상을 입고 피로연에 참석한다. 일본에서는 '결혼식'을 거행한다는 말대신에 '피로연'(ひろうえん,히로우엔)을 한다는 말을 쓴다는 것을 알아둘 필요가 있다. 즉 "피로연을 합니다"는 즉, "결혼식을 한다"는 뜻이다.

여기서 주목할 것은 결혼 피로연에 참석하는 손님도 정해진 옷을 입는 점이다.

남자는 검은 양복에 흰 넥타이를 매도록 되어 있다. 기혼 여성의 경우는 '와후쿠'라는 일본옷을 입거나, 또는 원피스나 투우피스를 입는다. 투우피스의 경우는 윗쪽은 흰색, 스커트는 검은 색을 차려 입는다.

연회장의 축하 케이크를 자르게 되는 신랑·신부는 '오이로나오시'(おいろなおし)라고 해서 전통 의상을 양복으로 바꿔 입기도 한다. 이 때 신랑은 검은 양복(택시드)에 흰나비 넥타이를 매게 되고, 신부

는 흰 면사포에 흰 웨딩드레스를 입는다.

피로연 초청장에 '평복 차림'으로 와 달라고 써있는 경우에는 신랑·신부보다 화려한 옷을 입고 가서는 안된다. 다만 평소의 복장으로 가는 것은 실례이다. 옷이 없는 사람은 대의상점에 가서 돈을 주고 옷을 하루 쯤 빌려 입고 간다.

피로연이 시작될 때 사회자인 중매인이 신랑 신부를 소개한다. 뒤이어서 주례격인 주빈(しゅひん, 슈힌)이 축하의 인사를 하고 나서, 전원이 함께 잔을 들어 축하의 건배를 한다. 이 때부터 식사와 음주가 시작이 되고, 마이크 앞에 나온 친구며 축하객의 연설(スピーチ, 스피이치)이 진행된다.

일본에서도 결혼식은 봄과 가을이 가장 많다. 또한 앞에서 살펴 본 신식 결혼식이 일반적인 예라고 하겠다. 피로연에서 귀가하는 손님들에게는 반드시 선물 꾸러미를 나눠 준다. 대개는 '티이셔츠' 같은 간편한 의류를 결혼 선물로 손님에게 보답한다.

한국과 비슷한 일본의 구식 결혼

일본의 농어촌 등에서는 우리의 구식 결혼처럼 마을에서 거행한다. 또한 종교적인 결혼식도 있다. 이를테면 절에 가서 거행하는 불교식, 또는 신사나 신궁에서 갖는 '신전결혼식'이 있다. 이런 종교적인 결혼식에는 가족 친지만이 참석하게 된다. 교회에서 기독교적인 결혼식도 있으나 이 경우는 흔하지 않다.

일본의 구식 결혼은 신랑이 신부집에 가서 식을 올린다. 민속학자 카토우 토쓰도우(かとう とつどう) 씨는 일본의 옛날 결혼 풍속에 대

해 『일본풍속사』 등 문헌들을 곁들여서 다음과 같은 내용의 발자취를 밝히고 있다.

「신랑이 신부를 제 집으로 맞아 들이는 것이 아니고, 신랑 스스로 가 먼저 신부집에 찾아가서 혼례를 거행한 뒤에 신부를 제 집으로 함 께 데려 오는 것이 옛날의 방식이었다. 그런데 처를 집으로 맞이하기 위해서는 집에 별도로 처의 방을 마련해야만 했다.

일부다처의 풍습은 헤이안시대(749~1192)에도 이어졌으며, 남녀 간의 맺음과 교제가 깨끗하지 못했다. 무사의 시대가 되면서 차츰 음 란한 풍속이 바로 잡히게 되었다. 무로마치 시대(1336~1573) 무렵 부터는 혼인 예식이 정비되면서 '1부1처제'가 엄격하게 지켜지기 시 작했다. 따라서 첩을 두는 경우에도 정처는 한 여자만을 두게 되었으 며, 이 때부터 차츰 풍속이 변하여 신부를 제 집에서 맞이하여 식을 올리는 것이 일반적으로 퍼지면서 토쿠가와 시대(에도 시대, 1603~ 1867)로 접어 들었다.」(『일본풍속지』)

후처가 들어오면 두드려 팬다

「옛날부터 에도시대 초기까지는 '후처 두드려패기'(ごさいうち, 고 사이우찌)라는 우스꽝스러운 풍습이 이어져 왔다. 처와 이혼을 하고 후처를 들이는 경우에는, 이 소문을 들은 친척 친지들이 힘이 센 여자 10명, 20명씩이나 패를 지어 그 집에 쳐들어가서 부엌에서 후처 두드 려패기로 소란을 피우는 것이었다.

지금(필자주·1940년 경)도 아직 남아 있는 결혼 풍습은 '물뿌리 기'(みずいわい, 미즈이와이)와 '돌던지기'(いしうち, 이시우치)이다.

결혼한 남녀가 지나가는 행렬에다 젊은이들이 물을 뿌렸다. 또한 돌맹이를 던지는 것이었다. 돌던지기는 약탈결혼의 유습같은 것이다.

혼례 행렬에다 돌을 던진다, 또는 결혼식을 거행한 집에다 밤에 돌을 던지는 것이었다. 이와 같은 것은 에도 시대에도 있었던 것으로 본다. 왜냐하면 텐표우 시대 무렵(1830~1843년 사이)에 나온 책인 『아오뵤우시』(あおびょうし)에는 다음과 같이 돌던지기의 금령이 정해져 있다.

"혼례 행사 때에 돌을 던지는 못된 자들은 잡아서, 두목은 100일간 옥에 넣고, 같은 패거리들은 50일간 구속한다"

이와 같이 에도 시대에 금한 것이지만 지방에서는 그 형태가 바뀐 채 아직도 남아 있다.」(앞의 책 『일본풍속지』).

한일 비슷한 신랑에게 돌던지기 잿뿌리기

우리나라에서도 구식 결혼에서는 신랑의 집에 찾아 가서 결혼식을 가졌다. 이 때 신랑은 말을 타고 '기러기아범'이라는 기러기를 든 '안부'며, 등롱(밤에 촛불을 켜는 청사초롱)을 든 '등롱잡이', 우산을 든 '우산잡이'며 마부 등 1행 5명 또는 7명이 신부의 집으로 행렬이 갔다.

사모관대한 신랑이 신부집의 결혼식장인 대청마루(전안청)을 향해 신부집에 들어 설 때는 동리 청년들이 신랑의 행렬을 향해 잿꾸러미를 던지는 것이었다.

그와 같은 풍습은 일본의 물뿌리기, 돌던지기와 대동소이한 악습이다. 재꾸러미 던지기는 '마귀 쫓기'라지만 미신적인 못된 장난이다.

일본의 물뿌리기 역시 신랑 신부를 축하한다는 풍속이라지만 못된 장난이어서 서기 1664년 1월 8일에 에도 막부에서 금령을 내렸으며, 그치지 않자 다시 1718년에도 금령을 내린 등등, 그 밖의 여러 기록이 전하고 있다.

일본의 옛날 문헌에도 물뿌리기는 감정을 사서 큰 싸움이 벌어지고 원한을 사기까지 했다는 것이 다음처럼 전하고 있다.

「옛부터 물뿌리기는 에도 무사들 사이에 크게 성해서, 서로가 원수지간이 되었으며 칼싸움은 멎지 않았다. 이에 근세에는 엄금하여 물뿌리기는 그런 말만을 사람들이 알고 있을 따름이다」(『오우쇼만피쓰』).

하물며 물뿌리기도 아닌 돌던지기의 경우 모두 잡아다 범인은 옥에 가둘 정도였던 것을 보면 큰 부상자며 가옥 파괴등, 사건도 적지 않았던 것 같다.

3살 연상의 신부감은 큰 인기

지금 일본에서도 우리나라와 마찬가지로 구식 결혼은 농어촌에서 거행하나, 점차 사라져 가는게 구식 혼인 풍습이다. 그와 같은 구식 결혼은 중매로 결혼하는 게 통례이다. 물론 지금도 농어촌에서는 중매 결혼이 이루어지고 있다. 토우쿄우 근교의 농촌 지대의 실예를 살펴보자.

신부감을 중매하는 경우에 중매인을 '하시카케'(ハシカケ) 즉 '다리 놓기' 라고 부른다. 또는 '사닥다리'인 '하시고'(ハシゴ)라고도 부른다.

의례 이런 일은 어디서나 호사가가 나서기 마련이다. 흥미있는 것은 1살 또는 3살 연상의 아가씨가 인기가 크다. 고쿠가쿠인대학 교수 쿠

라하시 쇼우지(くりはら しょうじ) 씨는 다음과 같이 지적하고 있다.

「연상의 여자를 '메마스'(メマス, 연상)라고 부르며 '히토메마시'(ヒ
トメマシ, 1살 연상)와 '미쓰메마시'(ミツメマシ, 3살 연상) 또래의
아가씨는 인기가 크다. 그런 여자는 "징치고 북치면서 찾아내라"고 할
만큼 특히 호감이 컸다. '요메토메'(ヨメトメ, 4살 연상·10세 차이)
는 꺼려했다. 또한 '후타나라비'(ニならび, 22살)의 나이에는 결혼을
피했다.

'히노에우마레'(ひのえうまれ, 병오년,丙午年 출생) 여자는 인연이
멀다고 꺼렸고, 호랑이띠도 반기지 않았다. 그러나 닭띠는 인기가 컸
다. 일제하에서는 사촌간의 결혼이 마을마다 많았다.

중매인에 의해 맞선을 본다, 혼인이 결정되면, '길일'을 택해서 '유
이노우'(ゆいのう, 납폐)를 하게 된다」(쿠라하시 쇼우지 『일본의 민
속·사이타마』1972).

'유이노우'라고 하는 것은 신랑·신부집 상호간에 결혼을 정했을
때, 신랑집에서 신부집에 '납폐'(사주단자 보내기) 하는 것이다. 신부
의 옷감을 보내주거나 돈을 보내주는 일이다. 이와 같은 것은 한국이
나 일본이 똑같다.

신부가 먼저 신랑에게 술잔보내는 339도

우리나라 구식 결혼식에서는 신랑이 신부집에 가서 신부집 대청마
루에 준비한 초례청에서, 신랑과 신부가 맞절을 하고, 청실홍실을 드
리운 술잔이 상호간에 건네진다.

그와 마찬가지로 일본의 구식 결혼 때도 '산산쿠도'(さんさんくど,

339도)라는 상호간의 술잔을 건네는 의식이 행해지는 것이다. 이 산산쿠도는 3쌍의 술잔으로 세 번씩 둘이서 술잔을 건네주게 된다. 소녀 2명(혹은 남녀 2명)이 술잔을 거들어 주는 가운데, 신부가 먼저 신랑에게 술잔을 건네주게 되고, 뒤이어 신랑이 신부에게 술잔을 건네주는 의식이다.

앞에서 잠깐 살펴 보았듯이, 한국에서 대청마루에서 높다란 탁자를 사이에 두고 초례를 지낼 때도, 의식을 거드는 수모가 신부쪽에서 술잔에 술을 부어 청실홍실을 드리우면서 신랑쪽으로 술잔을 가지고 와서 신랑의 입에 대어준다. 이어서 신부가 신랑에게 두 번 절을 하면, 신랑이 한번 절한다. 그러면 이번에는 수모가 신랑 편에서 술을 잔에 부어 신부의 입술에 갖다 대준다.

이렇게 하기를 모두 3번 하는 것이다. 일본의 '산산구도'라는 결혼 의식은 두말할 것도 없이 고대 한국의 '초례'라는 결혼 의식이 건너 간 것을 쉽게 알 수 있다. 현재 339도 식의 결혼은 신사에서 거행하는 이른바 '신전결혼식'(しんぜんけっこんしき)에서 흔히 볼 수 있다.

일본 최초의 신전결혼식은 1872년 5월 2일에 있었다는 기록이 전한다(일본 기후현 무기군 세키무라).

또한 천황가에서는 1900년 5월 2일에 그 당시 황태자였던 타이쇼우천황(たいしょうてんのう,1912~1926 재위)의 신전결혼식이 최초였다.

우리나라 구식 결혼에서 신부는 '꽃가마'를 타고 신랑의 집으로 시집을 갔던 것과 마찬가지로, 일본의 구식 결혼에서도 역시 신부는 '하나요메'(はなよめ)라고 부르는 '꽃색시' 소리를 들으면서 '코시이레'(こしいれ)라고 하는 '꽃가마'를 타고 신랑집으로 시집을 갔던 것이다.

그것이 뒷날 19세기 말경에는 '인력거'를 타게 된다. 자동차를 타고 시집가는 것은 역시 한국에서와 마찬가지로서 현대의 교통 문화의 발전에 따르게 된 것이다.

신부의 흰옷 '시로무쿠'는 무녀옷

신부가 입는 일본 기모노식의 흰옷을 가리켜 '시로무쿠'(しろむく, 백무구)라고 부른다. 이 시로무쿠는 머리끝부터 발끝까지 하얗게 만든 복식이다. 옷의 상하의의 안팎 모두 하얀 것이고, '오비'(おび, 띠) 역시 백색이다. 그러기에 '시로무쿠' 하면 결혼하는 신부를 가리키는 대명사이다.

신부가 순결하고 청초한 것을 상징해서 흰옷인 시로무쿠를 입는다고는 볼 수 없다. 어째서 신부가 시도무쿠를 입느냐 하면, 가장 큰 이유는 신에게 봉사하는 무녀로서의 역할을 나타내는 것이라고 마쓰다 쿠니오(まつだ くにお) 교수는 말한다.

「본래 결혼식은 신에게 제사드리고, 신에게 봉사하겠다고 하는 식이다. 여성은 '미코'(みこ, 巫女, 무녀)로서 신에게 봉사하는 역할을 맡게 되어 있었다. 그 때문에 신의 앞에서는 청정한 것을 의미하는 흰옷으로 몸을 감싼 것이다. 즉 흰옷은 신에게 접근하는 자격을 가진 의상이라고 하겠다.

결혼식이 끝난 다음 신부가 흰옷을 벗고 보통옷으로 바꿔 입는 것을 '이로나오시'(いろなおし)라고 하며, 이것은 신에게 봉사했던 무녀가 이제 인간의 여자로서 돌아 온 것을 의미한다.」(마쓰다 쿠니오 『かんこんそうさい』,(칸콘소우사이) 카이난 쇼호우, 1975).

일본의 신사에서 근무하는 것은 남자 신관들이 있고 여자 근무자는

미코(무녀)라고 부른다. 그런데 이 무녀인 미코는 반드시 미혼 처녀들 만이 자격이 있다. 미코는 신사에서 제사를 지내는 데 참여하고, 또한 제사 때에 '카구라'(かぐら, 신락)이라는 춤을 춘다. 이 카구라 춤은 제사드리는 장소에 하늘의 신이 내리시라고 하는 '축문' 낭송과 함께 진행이 된다.

『카라카미』(한신) 신내리기 축문

여기에 붙여 간단히 밝혀 둔다만, 이 '카구라' 신내리기 축문의 가장 중요한 축문은 『카라카미』(韓神, からかみ, 한국신)라는 사실이다. 『카라카미』 축문을 필자가 우리말로 번역하면 다음과 같다.

「미시마 무명 어깨에다 걸치고 나 한국신은 한국을 한국을 부르도다
팔엽반을 손에다 잡고 나 한국신도 한국을, 한국을 부르도다.
오게 아지매 오 오 오 오 오게」

이와 같은 '카구라' 축문 전문 연구학자인 우즈다 진고로우(うすた じんごろう) 교수는 다음과 같이 밝히고 있다.
「카구라에서 볼 수 있듯이, 한국신은 이미 터주신으로 일본땅에 자리잡고 있다. 그 때문에 한국신은 새로 일본으로 건너 오는 신인 천황과 천황가에 대해서 접대를 해주고 있는 것이다」(우즈다 진고로우 『かぐらうた』(카구라우타) 쇼우가쿠칸, 1976).
일본 신사에서 근무하는 무녀들은 흰 웃옷에다 안에는 붉은 치마를 바쳐서 입고 있다. 카구라를 춤출 때는 손에 삐주기나무와 방울을 흔

든다. 삼지창(ほこ, 호코)이며 검을 번갈아 집어든다. 그 광경은 한국에서 무녀가 춤추는 무당의 '굿'을 연상시킨다. 왜냐하면 무녀가 춤추는 과정에 한국의 무당도 역시 손에 방울을 들고 춤추며 '삼지창'이며 '검'(つるぎ, 쓰루기, 큰칼) 등이 사용되기 때문이다.

목욕탕 '센토우' 즐기는 일본인들

일본인들 만큼 목욕을 즐기는 사람들도 드문 것 같다. 어째서 그들은 목욕을 그토록 즐기는 것일까. 이유가 있다. 일본은 습기가 많은 나라이다.

특히 7, 8월은 무더워서 짜증스럽다. 물을 시원하게 몇 바가지 몸에 끼얹지 않고는 긴 여름날을 그냥 배겨내기가 그리 수월치 않다.

이를테면 집의 욕실벽의 흰 타일을 매일 닦지 않으면, 2, 3일 지나면서 타일 틈서리로 녹색의 '곰팡이'가 핀다. 일어로 곰팡이는 '카비'(かび)라고 부르는데, 5일 쯤 지나면 '카비다라케'(かびだらけ, 곰팡이 투성이)가 되고 만다.

그 시커먼 곰팡이 투성이의

에도시대의 센토우(대중목욕탕)의 여탕. 우타카와 요시이쿠의 그림

욕실벽을 바라보면 웬지 겁이 덜컥나고 숫제 무서운 생각마져 드는
것이다. 그 만큼이나 습기가 많은 게 일본이라서, 맨션 아파트 같은
집을 구할 때는 1층을 피하고 2층 이상을 찾게 된다. 더구나 1층 구
석진 집은 습기가 심해서 몹시 꺼리기 마련이다.

남자 손님에게도 목욕 권유하는 여주인

집에 찾아 온 손님에게, "선생님, 목욕하셔요." 하고 여주인이 주저
없이 권유하는 말을 필자는 여러번 들었다. 자기 남편이 아직 귀가
전인 경우에도 남편의 친한 친구 같은 경우에는 당연하듯 손님에게
목욕할 것을 권유할 정도이다. 말하자면 귀한 손님에게는 목욕이 일
종의 손님 접대이다. 한국에서는 상상도 못할 일이라고 하겠다.

여기서 우리가 먼저 알아두어야 할 사항이 있다. 주인이 목욕을 권
유해서 목욕을 하게 되는 경우에는, 목욕이 끝난 뒤에 그 집 욕실의
'욕조'에 담겨 있는 물을 절대로 뽑아버려서는 안되는 점이다. "그게
무슨 소리냐?" 하고 선뜻 이해가 안되는 독자도 많을 줄 안다.

일본집의 욕조에는 항상 물이 그득 담겨 있다. 이 욕조의 물은 그
집안의 가족들이 항상 공동으로 사용하는 물이다. 몸을 불리기 위해
서 더워진 욕조에 들어가서 앉았다가 나오기 위한 목욕물이다. 욕조
안에서 때를 밀어서는 안된다. 한 달이고 두 달이고 계속 그냥 담긴
물을 가스불 점화 장치 등으로 다시 계속해서 데워서 쓴다. 그러므로
그 욕조의 물에는 시아버지도 들어가고 며느리도 들어 가며, 심지어
그 집 손님도 들어가는 공동으로 늘 함께 사용하는 물이다.

자기가 욕조에 들어갔던 물을 외국인들은 모르고 뽑아버리기 쉽다.

그래서 외국인에게 일본 생활 문화를 소개하는 책자에는 "욕조물을 사용한 뒤에 물을 뽑아 버리지 마

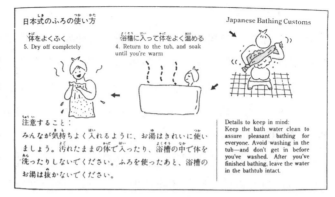

욕조의 물은 계속해서 사용하는 것이므로 욕조의 물을 사용 후에 절대로 뽑아 버리지 말라고 외국인에게 알리는 설명문(일본어·영어)

세요"(After you've finished bathing, leave the water in the bathtub intact)(『일본 생활 사정』, 1998)라는 주의 사항을 밝히고 있다.

물절약 정신은 가상하지만 제아무리 욕조의 물을 깨끗이 쓴다하더라도 이것은 어디까지나 기분상의 문제가 아닌가 한다. 어떤 집에서는 오래도록 사용한 물을 '정화제'를 넣어서 다시 깨끗이 만들어서 사용하고도 있는 것이 일반적인 일본의 목욕 문화이다.

뿔피리 불면서 목욕탕 영업 안내

일본의 목욕탕 등장은 절간에서 처음 생겼다. 절간의 사정을 일본인의 기사로 직접 살펴보는 게 좋을 것 같다.

「나라시대(710~784) 사람들은 목욕탕에 간다고 하면서 절(사찰)로 찾아 갔다. 그 당시 큰 절에서는 중생에게 공덕을 베푼다고 하면

서 사찰의 승려들이 불공드리기 전에 목욕재계용으로 쓰던 절간 목욕탕을 일반인에게 개방했다. 지금까지는 고작해야 냇가에서 목욕하던 것이 민중들이라서 그들에게 절간의 뜨거운 목욕탕은 인기가 컸다.

그 후에 절에서는 경내에다 대중용의 큰 목욕탕을 만들고는 유료로 돈을 받게 되었는데, 이것이 공중욕탕의 원조이다」(『타이요우』 헤이본샤, 1983. 10).

본격적으로 돈을 받고 영업하는 목욕탕은 '센토우'(せんとう)라고 부른다. 즉 잔돈푼을 받는 욕탕이라는 뜻이다. 이 '센토우'는 '에도시대'(1603~1867)에 등장했는데, 센토우에서 물을 데워 이제 목욕을 시작한다는 신호로 뿔피리를 불고다니면 잔뜩 기다리던 서민들이 여기저기서 센토우로 몰려들었던 것이다.

센토우는 한 때 목욕 뿐 아니라, 서민들이 오락도 즐기고 서로 교제도 하는 이른바 '레저센터' 구실도 했다. 돈이 있는 사람은 그 안에서 안마도 했다. 규모가 큰 센토우에서는 바둑 두는 곳이며 차를 마시는 차실, 또 어떤 곳에서는 생선회도 팔았다.

「어떤 센토우에서는 머리를 감아주고 등의 때를 밀어주는 미녀들을 많이 고용해서 '유나'(ゆな, 湯女, 탕녀)라고 불렀다. 개중에는 오늘날의 '터어키탕' 비슷한 서비스를 해주는 목욕탕도 있었다. 센토우는 에도 서민의 사교장이며 늘 세상 이야기가 꽃피었다」(앞의 책 『타이요우』).

이런 종류의 특수 목적의 목욕탕이 성행하는 바람에 남자 손님 접대 전문인 유곽이 장사가 안 되어 문을 닫을 지경에 이르자, 에도막부(えどばくふ)에서는 1657년에는 '유나' 금령을 내려 단속했으나 실효를 거두지 못해서 18세기 중엽(1750년경)까지 계속된다.

19세기 초엽(1804~1818)에는 에도 땅에 약 6백군데의 센토우가 있었다. 아침 6시에 문을 열어 밤 10시까지 영업을 했다고 한다.

새벽 2시부터 줄섰던 센토우

매일 아침마다 남보다 먼저 첫 번째로 깨끗한 욕탕에 들어가겠다고 새벽부터 몰려 와서 자리다툼을 할 정도였다. 특히 해마다 1월 2일은 그 해의 첫 목욕탕 영업이 시작되는 만큼, 이른바 최초의 목욕인 '초유'(はつゆ, 하쓰유)를 남보다 앞서서 하겠다고, 꼭두새벽 2시부터 달려와 목욕탕 앞에서 줄을 서기도 했다는 것이다.

'센토우'에는 남녀 혼탕도 있었고, 여자들만의 여탕도 또한 따로 있었다. 센토우의 혼탕은 뒤에서 자세히 살펴본다. 한증막도 생겼는데, 한증막은 바닥에다 돌을 깔고 벽과 지붕은 둥글게 흙으로 움집처럼 싸 발랐다.

한증막은 구멍을 통해 엎디어 기어 들어갔다. 이 안에는 미리 소나무며 회양목 장작불을 땐 다음에, 재를 긁어내고 소금물에 푹 적신 거적을 돌바닥에 깔았다. 그래서 열기가 후끈대는 한증막 속으로 엎디어 조심스럽게 들어가 잔뜩 땀을 흘리며 찜질을 하는 것이다.

나라시대에 사찰에서 처음으로 목욕탕이 생겼던 것인데, 이 목욕 문화가 실상은 서기 538년부터 한국불교가 일본에 건너 가 사찰을 짓고 목욕탕인 '탕전'(ゆどの, 유도노)이라는 건물을 지은데서 부터이다. 현재 그 자취는 일본 나라현 나라시 홋케지쵸우(ほっけじちょう)에 있는 옛사찰 '홋케지'(ほっけじ) 사찰에 그 당시의 탕전이 고스란이 보전되어 있다.

서기 741년에 창건한 이 홋케지 사찰은, 백제인 쇼우무천황(しょうむてんのう, 724~749)의 어명으로 왕비였던 코우묘우황후가 지은 비구니들의 사찰로도 유명하다. 지금도 그 당시의 욕실과 욕조를 볼 수 있다.

이곳에 찾아 가려면 나라시(奈良市)의 '나라역'에서 전철을 내린 다음에, 나라(なら) 시내버스인 '나라교통'(ならこうづう) 버스를 타고, '홋케사' 절 앞의 정류장에서 내리면 된다.

일본의 주택가에는 이르는 곳마다 대중 목욕탕인 '센토우'가 있다. 지나가다 보면 목욕탕을 표시하는 천으로 된 '노렌'(のれん)이 현관이나 입구에 드리워 있다.

일본 '히라가나' 글자로 'ゆ'(유)자가 염색이 되어 있다. 이 'ゆ'는 뜨거운 물 즉 '탕'(湯)이라는 뜻이다. 물론 일반적인 '센토우'의 남탕과 여탕은 각기 구별이 있다. 일본의 '센토우'가 워낙 유명했던 나머지 그 사실은 우리나라의 『조선세종실록』(46권)에도 '센토우' 기사가 실릴 정도였다.

일본 굴지의 '벳부'온천은 한국인들의 인기 온천

일본의 온천지는 전국적으로 약 2천3백개소이다. 그러기에 일본은 발닿는 곳, 어디고 온천(おんせん, 온센)인 셈이다. 이르는 곳 어디나가 온천 명소. 한국인들이 가장 많이 찾아간다는 곳은 '큐우슈우'(きゅうしゅう) 일대의 각 온천장이다. 항공편으로 가장 가까운 곳이라서, 여행사들이 채산을 맞추기에 적절한 지역이라는 얘기다. 부산 지역에서는 선박편으로 흔히 큐우슈우의 '벳부'(べっぷ) 등지로 찾아간다.

'벳부 온천'은 일본 굴지의 온천 관광도시이다. 일본 '오오이타'현의 중부 지역에 있는 이 고장은 벳부만을 바라보는 아름다운 바다 경치가 온천객을 유인하기에 알맞다고 본다. 큐우슈우 지방의 동쪽 현관

소리를 듣는 이 터전은 또한 고대 백제인들의 개발 지역이라는 것도 잊지 마시길.

큐우슈우 중앙 지대에 솟구쳐 연기를 뿜는 곳은 '아소산'(あそさん) 화산이다. 표고 1592미터의 이 아소산 일대는 국립공원으로서의 아름다운 경치와 더불어 온천을 즐기게 된다.(컬러 화보 참조)

큐우슈우의 저 아래 끝 쪽으로 내려가면 '카고시마'현의 '사쿠라지마'(さくらじま) 화산도 흥미로운 구경거리. 표고 1117미터의 이 화산은 1914년에 분화한 곳으로 소문났다. 온천과 더불어 이름난 관광지라서 여관과 호텔 또한 손님을 부르기에 손짓도 번거롭다. 사쿠라지마 관광을 마치면 배를 타고 '키리시마'(きりしま) 온천으로 다시 여장을 옮기게도 된다.

화산이 거센 입김을 내뿜어, 살아 있는 숨결의 섬이라는 쿠우슈우 일대는 온천과 여관, 호텔이 유난히 많은 터전인 것만은 틀림없다.

'하코네'는 토우쿄우 근린 유명 온천지대

온천 얘기를 하자면 책을 한권 써도 부족한 게 일본의 실정. 토우쿄우에서는 가까운 '하코네'(はこね) 온천장이 대표적인 곳이다. 토우쿄우의 신쥬쿠(しんじゅく)역에서 '오다큐우센'(おだきゅうせん) 전철의 급행으로 2시간 쯤 걸린다. 이 하코네 온천은 그 이웃 '아타미'(あたみ) 해변의 온천 지대와 함께 토우쿄우 일대의 온천객들이 많이 몰리는 곳이기도 하다.

온천 얘기는 워낙 할 얘기가 많으나, 이를테면 역의 플랫폼에서 온천물이 나오는 역들도 있을 만큼 일본 각지의 온천은 나그네의 눈길을 끌기에 족하다. 그러니까 그런 고장에 기차가 설 때에 일부러 온천 거리로 찾아 나서지 않더라도 온천물 세수 쯤은 즐길 수 있다.

기차는 일부러 10분 쯤 정차 시간을 설정하고 있어서, 승객들은 플랫폼의 세면장 수도꼭지마다에서 쏟아져 나오는 온천물로 손을 씻는다. 얼굴을 닦으며 나그네길에 명소 온천장역에서 휴식의 한 때를 즐기는 것이다.

그와 같이 플랫폼에 온천수 세면장 시설이 되어 있는 역은 '죠우에쓰'(じょうえつ) 본선 철도의 '에치고 유자와'(えちごゆざわ) 역을 비롯해서, '츄우오우'(ちゅうおう) 본선 철도의 '카미스와'(かみすわ) 역, '타카야마'(たかやま) 본선 철도의 '게로'(げろ) 역 등이다. 비록 짤막한 휴계 시간이지만, 온천물 세수를 즐길 수 있다.

끝으로 철도 여행을 하는 분들을 위해서 그 밖의 몇 곳 명소를 밝혀 둔다. 즉 역이름 자체가 온천으로 된 곳들이 있다.

'카가온센'(かがおんせん) 역을 비롯해서 '아시하라온센'(あしはらおんせん) 역, '타마쓰쿠리온센'(たまつくりおんせん) 역과 '유가와라'(ゆがわらおんせん) 역, '이토우'(いとう) 역 등도 온천역을 일컫는 역으로 유명하다.

'에치고 유자와' 역은 소설 『설국』의 무대

'에치고'(えちご) 땅의 '유자와'(ゆざわ) 온천은 필자가 두 번이나 직접 가서 온천을 했던 곳이다. 이 유자와 온천은 1968년에 노벨문학상을 받은 소설가 카와바타 야스나리(かわばた やすなり, 1899~1972)의 '긴 터널을 빠져 나가면 거기 유키구니가 있다'는 소설 『유키구니』(ゆきぐに, 설국)의 소설 무대가 된 고장으로도 유명한 터전이다.

'군마'(ぐんま) 현에서 '니이가타'(にいがた) 현으로 넘어가는 경계선 지대에 약 4킬로미터에 가까운 그야말로 긴 터널이 있다. 왕복 복선 자동차 도로가 있고, 또한 철도 터널도 부설되어 있어서, 이 터널 속으로 철도 노선 '신칸센'(しんかんせん) 열차도 다니고 있다.

'군마'현에서 '니이가타'현으로 긴 터널을 빠져나간 곳이 '에치고 유자와' 온천 명소이다. 필자는 지난 1998년 7월 여름방학 때, 이강혁 (덕성여자대학교 총장) 교수와 함께 이 곳 유자와 온천에서 이틀 동안 묵으며 온천을 즐긴 일이 있다.

이 곳에는 지기인 타나카 히사히로(たなか ひさひろ) 씨의 온천 별장이 있어서 초대받아 갔었다. 역시 지기인 오자와 유키오(おざわ ゆきお) 씨의 승용차편으로 온천을 즐기면서 또한 우리나라 동해안을 바라보는 해변지대까지 달려가는 관광도 하였다. 필자는 지난해 4월에도 일본 여행길에 '유자와 온천'에 갔었다. 이 지역은 유난히 밥맛이 좋다는 일본쌀 '코시히카리'(こしひかり)의 명산지이다.

토오쿄우에서 찾아 가자면, '신칸센'(しんかんせん) 철도를 이용하면 별로 여행하기 불편한 곳이 아니다. 신카센 철도로는 '토우쿄우' 역에서 2시간 남짓이면 갈 수 있는 곳이 '에치고 유자와' 역이라는 것도 부기해 둔다.

남녀 혼욕하는 '로텐부로' 노천욕탕

일본 사람 만큼 온천을 즐기는 경우도 세계적으로 드물다고 하겠다. 얼마나 온천을 즐기느냐 하면, 심지어 케이블카아에 탄채 온천을 즐기는 곳들도 있다. 케이블카아에 8개의 욕조를 4칸씩 두줄로 만든

노천온천의 '혼욕' 광경 ('시오하라' 온천).

욕조 통에 각기 1명씩 뜨끈한 온천물에 들어가 앉은 채 이 온천 케이블카아는 '사가미'(さがみ)만의 해안선을 따라 빙그르르 돌아가는 것이다.

그러니까 온천을 하면서 해변의 경치를 즐기라는 기발한 관광 상품인데, 제법 인기가 크다는 관계자의 자랑이다.

일본의 온천하면 아무래도 유명한 것이 노천탕이다. 경치 좋은 바다며 강물 또는 산경치를 전망하는 자리에 설치하는게 이른바 '로텐부로'(ろてんぶろ)라는 노천 욕탕이다.

더구나 이 노천탕의 경우 남녀 혼욕을 하는 곳도 더러 있다. 아무래도 목욕 좋아하고 온천 즐기는 일본다운 풍경이 이른바 '콘요쿠'(こんよく)라고 말하는 남녀 혼욕탕이다. 젊은 여성들은 수건으로 하체를 가리지만, 한국인에게는 아무래도 낯선 광경이라고 하겠다.

미개한 풍속 '혼욕 금지령'

언제부터 일본에서는 남녀 혼욕이 등장했을까.

「일본의 도심지 목욕탕인 '센토우'는 이미 중세 시대부터 시작이 되었고, 도시 생활의 발전 속에 '센토우'에서도 남녀의 혼욕이 보통 행해지고 있었다. 옛날 일본인들의 성에 대한 낙천적인 면을 살피게 해

준다.」(아다 후비토외『자쓰가쿠보쿠스』1989).

그러면 그 오랜 역사를 법적인 아무 제재도 받지 않고 일본에서는 남녀 혼욕이 계속이 되었던 것일까. 다시 그 경위에 대해서 아다 씨의 기록을 인용해 보자.

「에도시대의 '칸세이'(かんせい) 개혁(1783~1793) 당시에 남녀 혼욕금지령이 내렸다. 그러나 이것을 철저하게 집행했는지 그 여부는 의심스러우며, 또한 도심지의 변두리의 센토우에서는 아직도 계속되었다고 한다. 그 증거로 메이지 2년(1869년) 2월 22일에 토우쿄우 부에서는 혼욕을 '미개한 풍속'으로 규정하고 금지령을 발표하고 있다.

에도시대의 센토우의 숫자가 확실하지는 않으나 '분카'(ぶんか) 연간(1804~1818)의 에도 거리에는 6백곳이 있었고, 아침 6시부터 밤 10시까지 영업했다고 한다」(앞의 책).

메이지 시대에 한 때 미개한 풍속으로 규정된 남녀 혼욕이 아직도 줄기차게 오늘에까지 이어지고 있는 것 같다.

몸에 새긴 일본인들의 '이레즈미'라는 문신

일본의 대중 목욕탕 또는 온천장에 온 사람들에게서 흔히 볼 수 있는 것이 몸에 그림 등을 새긴 '문신'(いれずみ, 이레즈미)이다. 온몸에 잔뜩 빈틈없을 정도로 '이레즈미'를 한 청년이나 장년을 가끔씩 볼 수 있는 것도 진풍경이다.

한국에서도 대중 목욕탕에서 어쩌다 팔뚝이나 가슴등에 문신을 한 젊은이를 볼 수 있다. 그러나 일본에는 온 몸을 파랑색 잉크 빛깔로 문신한 사람들도 목격하게 된다. 마치 옷을 입은 것같은 문신은 웬지 내게는 보기에 징그럽게조차 느껴진다. 문신한 그림에는 흔히 '용'이 많기 때문에서일까.

들자니 그렇게 문신한 사람들 중에는 '야쿠자'(やくざ)라고 일컫는 폭력배들도 있다고 한다. 공연히 함부로 자꾸 쳐다 보는 것도 실례랄 까. 남이야 문신을 하던 내가 관여할 바 아니다.

평생 짓지 못하는 문신 자국

거듭 밝히지만 문신을 했다고 해서 아무나 '야쿠자'라고는 말할 수 없겠다. 프로 스포츠 선수들에게서도 문신한 사람들이 있고, 선원이 며 각종 직업인들 중에 취미삼아 온몸을 용처럼 그려서 뽐내는 사람 들도 있기 마련이다. 그런데 선원이며 어부같은 사람들의 문신은, 마 귀가 몸에 접근하지 말라고 문신을 해왔다고 한다.

일본에서는 예전에 형벌의 일종으로 죄인에게 강제로 문신을 시키 기도 했다고 한다.

그런가 하면 에도시대(1603~1867)에 이른바 협객들이 남자의 의기를 과시하느라 문신을 했으며, 또 문신을 하면 마귀가 접근하지 못하거나 재수가 좋대서 몸에다 그림을 그려서 문신을 만들었던 것이 다.

이런 문신은 절대로 함부로 해서는 안된다는 것을 청소년들에게 주 의시키련다. 왜냐하면 한번 문신을 만들면 평생 지워지지 않고 몸에 그 냥 그대로 영원히 남아 있게 된다. 지워버리고 싶어도 도저히 그 자국 을 지울수 없으니 얼마나 불행한 일이겠는가.

여자들도 문신하는 고장이 있다.

일본의 북 쪽 끝인 '홋카이도우(ほっかいどう, 북해도)'의 '아이누'
족이며, 바다의 남쪽 끝 '오키나와' 사람들 중에서 여자도 문신을 하
는 경우가 있었다고 한다. 그것은 자기 딸이며 아내를 일본의 본토
사람들이 데려가는 것을 막기 위해서였다는 이야기이다.

일본에서는 옛날부터 문신을 했는데, 그 원료는 먹이다. 『일본서
기』(서기 720년)라는 일본의 옛날 역사책을 보면 일본 사람에게 처
음으로 먹을 만드는 법을 가르쳐 준 것은 고구려에서 서기 610년에
왜나라에 건너 간 '담징스님'이다. 담징스님은 일본 나라땅 '호우류우
지(ほうりゅうじ,법륭사)' 금당에 벽화 12면을 그린 분으로 유명한
세계적인 화가이기도 하다.

현재 일본의 '나라시'에 있는 '토우다이지(とうだいじ,동대사)'라는
큰 사찰에 가면 고대 신라 때의 최고급 먹이 보존되어 온다. 이 토우다
이지의 보물 창고인 '쇼우소우인(しょうそういん, 정창원)'에 보존된
보물인 먹에는 '신라 양가 상묵'과 '신라 무가 상묵'이라는 이름도 또렷
하며, 잘 보존되어 오고 있다. 그 뿐 아니라 최고급 붓인 '신라 붓'도 18
자루가 보물로 지정되어 있다.

토우다이지 사찰의 가야금과 놋그릇

더욱 놀라운 사실은 7세기 경에, 신라에서 왜나라에 보내 준 '가야
금'도 3대나 보존되고 있으며, 지금의 일본 국보이다. 일본에서는 이
가야금을 가리켜 '신라금'(しらぎこと, 시라기코토)이라고 부르면서

귀중하게 보존하고 있으나 비공개이다. 또한 이런 오래된 가야금이 우리나라의 박물관에 없다는 것은 너무 안타까운 일이다.

어째서 우리나라 박물관에는 고대의 가야금이며 거문고 같은 한국 고대 악기가 없는 것일까. 그것은 두말할 것도 없이 임진왜란 (1592-1598) 당시 왜군들이 우리의 강산을 깡그리 불바다로 불질러 버렸기 때문이다.

여러분이 '법주사'며 '해인사' '통도사' 등등 유명한 절에 가보면 쉽게 알 수 있을 것이다. "우리 절은 임진왜란 때 왜병들이 불을 질러 소실되었으며, 그 후에 다시 지었다"고 하는 안내판이 써있는 것을 어느 큰 사찰에서나 찾아볼 수 있을 것이다.

토우다이지 '쇼우소우인' 보물창고에는 신라 때의 놋그릇이며 놋수저와 도기(すえき, '스에키'라는 신라식 도기) 등도 많이 있다. 어디 그것 뿐인가. 고대 한국의 버선이며 바지·저고리·고쟁이 등등 옛날 백제·신라·고구려 때의 복식들도 상당수가 보존되어 오고 있다. 그러나 '쇼우소우인'은 들어갈 수 없는 금지된 장소이다.

그런데 이 '토우다이지'(とうだいじ)라는 일본 최대의 사찰은 서기 8세기 중엽(751년 준공)에 백제인 큰스님 '행기대승정'(行基大僧正)과 신라인 학승 '심상대덕'(審祥大德), 백제인 고승 '양변승정'(良弁僧正) 같은 성인들에 의해서 처음으로 세워졌다. 더구나 이 사찰에는 세계에서 가장 큰 금동불상인 '비로자나대불'이라는 불상이 있다. 이 비로자나대불은 높이가 자그마치 16미터 19센티이다.

이 거대한 불상을 서기 749년에 처음으로 만든 조각가는 백제인 '국중마려'(國仲麻呂) 조불장관이다. 이 분은 백제의 고관이었던 '국골부'(國骨富)의 친손자라고 하는 것까지, 이 사찰의 옛문헌인 『토우다이지 요록』(とうだいじようろく, 東大寺要錄)에 기록이 전하고 있다.

그럼에도 불구하고 오늘날 이 사찰에서는 그런 사실을 관람객에게 알리기는 커녕 숨기고 있다. 여러분이 나라의 '토우다이지'에 가시면 '대불전'(大佛殿)의 세계 최대의 금동불상이 고대 조선인에 의해 만들어졌다는 사실을 잊지마시기 바란다.

"일본 국보는 모두가 조선의 국보이다"

이렇게 말한 것은 일본의 유명한 민속학자였던 센슈우대학의 야나기 무네요시(やなぎ むねよし, 1889~1961) 교수였다. 야나기 씨는 『조선과 그 예술』이라는 저서에서 그런 말을 했거니와, 실제로 일본 국보의 대부분은 고대 조선 것이다.

주부들은 모두 자전거 탄다

일본의 여성들 치고 자전거(じてんしゃ, 지텐샤)를 못타는 사람은 거의 없는 것 같다. 거리마다 골목길 마다 달리는 자전거에는 여자들이 대부분이다. 특이 오후 두어시가 지나면서부터, 주부들의 자전거 행렬은 장터며 수퍼마켓으로 몰려든다. 수퍼마켓마다 어디거나 대규모의 '자전거 광장'이 설치되어 있다. 자전거의 앞바퀴 윗쪽에는 철제 장바구니가 달려 있다. 일본 여성들이 모두 자전거를 탄다는 것은 일본 생활 문화의 현장을 실감시켜 주고 있다.

자전거 광장은 수퍼마켓 앞에만 있는 것은 아니다. 전철역, 지하철역에도 있고, 구청·시청이며 세무서등 각 관공서마다 시민들을 위해 자전거 보관소가 고루 갖추어져 있다. 그러기에 일본은 아시아의 자전거 왕국이라고 불러도 손색없을 것 같다.

일본은 자동차 생산도 아시아 제1이다. 미국이라는 자동차 원조의 세계자동차 왕국에다 해마다 가장 많은 자동차를 내다가 팔고 있다. 한국은 아시아에서 일본 다음으로 많은 자동차를 만들어, 역시 미국 등 세계시장에 자동차를 갖다 팔고 있는데, 우리 한국에서는 자전거를 탄 주부들은 그리 찾아보기 쉽지 않다. 그렇다면 어째서 일본 주부들은 자전거를 열심히 타고 있는 것일까. 그들의 집에도 자가용이 있다는 점을 우리가 주목해야만 할 것 같다.

메이진 유신 때 등장한 자전거 문화

일본 여성들은 자전거 문화가 생활화된지 오래라는 것을 먼저 지적할 수 있다. 일본에 자전거가 처음으로 등장한 것은 서기 1870년의 일이다. 일본에는 지금부터 벌써 130년이라는 긴 자전거의 역사가 있다. 이른바 '메이지 유신'(1868년) 즉 '명치 유신' 직후에 등장한 것이 자전거요 '인력거'였다.

어떤 생활 문화도 그것이 제 터전을 잡기에는 오랜 시간이 필요하다. 즉 일본의 근대화는 일찌감치 서양의 자전거 문화를 일본인들의 생활 속에 못박아 주기 시작한 것이었다.

이래서 일본에서는 자전거가 교통 문화의 선구적인 역할을 하면서 생산 체제가 발전하게 되었다. 한국에서 자전거 생산이 본격화 되기 시작한 것은 1960년대부터의 일이다. 특히 새마을운동은 시골 마을 소년 소녀들의 자전거 통학을 촉진시킨 것이기도 했다.

일본 가정마다 자전거가 없는 집은 거의 없을 정도이다. 4인 가족, 5인 가족 한 세대에 식구마다 자전거가 있는 경우도 그 수가 적지 않다는 얘기도 나온다. 그런 까닭이 있다. 직장에 출근하는 아버지며,

학교에 가는 여고생 누나와 중학생 동생도 제각기 집에서 자전거를 타고 등교한다. 나머지 한 대는 어머니가 장보러 가거나 볼 일보러 가는 교통 수단이다.

아버지가 직장까지 자전거를 타고 가는 경우는 흔하지 않다. 대게 전철역까지만 타고 가서, 역광장 자전거장에다 세워두고 전철을 타는 것이다. 그에게 자동차가 없기 때문이 아니라는 것을 우리는 알아 두어야 할 것이다. 일본의 자동차 보유 세대는 현재 약 3천만 세대이다. 일본 인구 1억 2,557만명(1995년 현재)이므로, 자가용 보유자는 약 4인당 1대꼴이다. 우리나라처럼 자가용차가 없는 세대는 거의 없을 정도이다.

자가용은 집에 두고 자전거만 탄다.

그런데 무엇 때문에 자동차는 집에 두고 전철을 타고 직장에 가는 것이냐고 반문하실 독자도 있을 것 같다. 일본의 직장(관공서·회사 등)에는 사원용 주차장이 거의 없다.

회사나 관공서에서는 공용차만이 주차할 수 있고, 접객용 주차장이 갖춰져 있을 따름이다. 그러기에 일본의 대형 주택단지의 주차장을 지켜보면 출퇴근 시간인데도 별로 움직거리는 자가용차가 별로 보이지 않는다. 부담이 큰 주차장 사용료를 손수 내고 자기 회사 근처 유료주차장을 매일 이용할 그런 어리석은 짓을 하는 사람은 없는성 싶다. 학교마다 자전거 주차장이 잘 갖춰져 있는 것은 불문가지이다. 학교에 자가용차를 몰고 와서 운동장 둘레에다 주차시키는 선생님은 물론 찾아 볼 수 없다.

어머니들도 어디에 가거나 자전거가 일반적인 교통 수단이다. 운전
면허증이 없어서가 아니라, 역시 주차 비용을 낭비하지 않기 위해서
이다. 어머니들도 멀리 갈 때는 자전거를 전철역 자전거장에 세워두
고 용무를 보러 가는 것이다. 물론 장거리로 장을 보러 다니는 주부
들은 자가용을 몰고 가서 수퍼마켓 주차장을 이용하고 있다.

학생들의 경우 남학생들보다 여학생이 더 많이 자전거를 타고 다니
는데, 자전거가 도보 보행보다 훨씬 범죄 예방에 구실한다는 얘기이다.

일본의 주택가의 후미진 곳에는 으레 "이곳은 치한이 많이 나타나
니 주의하시오!" 따위 노골적인 경고판이 붙어 있다.

또는 "여성 혼자서 걸어다니지 맙시다" 하는 따위 점잖은 경고판이
세워진 곳도 눈길을 끌게 한다.

그와 같은 경고판은 경찰서나 파출소에서 만들어 붙이고 있는데,
근년의 일본 경찰청 발행 『범죄통계서』(1997)를 살펴보자. 이 통계
서는 풍속범 6,157건, 외설죄 5,455건, 강간죄 1,500건이나 밝혀
지고 있다.

관광지마다 지금도 인력거가 달린다.

지금도 일본 '쿄우토'(京都)며 '나라'(奈良)등 관광지에는 사람이 사
람(손님)을 태우고 끌며 다니는 인력거가 뛰고 있기도 하다. 일본의
메이지유신이란 서양 문화를 받아들여서 일본을 근대화시키는 개혁
운동이었다. 그러기에 유럽으로부터 자전거가 수입되었고, 신사복이
며 가죽 구두, 박쥐 우산을 쓰고 비를 피하기 시작했던 것이다.

그런가 하면 곰방대 대신에 서양 담배(시거렛, 권연)을 피우고 맥주

인 '비이루'(ビ
ール, beer)를
마시며 쇠고기
'스테이크'를
먹기 시작했
다. 거리에서
쇠고기를 판매
하는 정육점
(牛肉店)이 등
장한 것도 이
무렵(1867)이

관광 도시로 유명한 쿄우토 '아라시야마' 전철 역전의 인력거꾼

었는데, 그 이전까지는 감히 소를 잡아먹지 못했던 때도 있었다. 상세
한 것은 제3장 「일본의 식문화」 항목에 밝혔다.

메이지 유신이라는 근대화 바람은 머리에 '촌마게'(ちょんまげ)라는
기다란 상투를 틀었던 과거도 싹뚝 잘라버리고, 그대신 '하이카라'(ハ
イカラ) 머리라는 서양식 상고머리를 해도 좋다고 하는 '산발(さん
ぱつ) 허가'(1871)가 메이지유신 정부에서 내렸던 것이다.

현대 '삼신기' 시대가 개막된 60년대

일본의 자가용차를 보유하고 있는 세대는 2,879만호(1998년 통
계)이며, 그 중에서 20.9%는 주차장이 없어서 거주하는 주택 부지
외에서 주차 공간을 마련하고 있는 상황이다.

일본의 소비생활에 큰 변화를 일으킨 것은 내구소비재 중의 TV와

전기 세탁기 그리고 전기 냉장고이다. 1945년의 패전으로 고통받던 일본인들에게 1950년의 한국동란에 의한 미군용 전쟁 물자 생산은 일본 경제를 회생시키기에 이르렀다. 이 때문에 1955년경부터 이른 바 현대의 삼신기(三神器)라는 TV와 세탁기 및 냉장고의 보급이 시작되었다.

이 삼신기라는 것은 고대 일본 천황가의 상징인 '거울'과 '옥'(玉)과 '칼'(劍)이었던 것에서 생겨난 새로운 용어이다. 일본인의 생활을 현대화시킨 신의 세가지 선물이라는 뜻이 담겨져 있다.

1960년의 경우 전국에 보급된 흑백 TV는 42%, 전기세탁기 35%, 전기냉장고 7%였다. 이 당시는 컬러TV가 없었다. 그런 가운데 날로 보급률은 상승했다.

1996년 현재의 주요 내구재 보급률을 살펴본다. 전기냉장고 98.4%를 비롯해서, 전기세탁기 99.2%, 컬러TV 99.1%, 전자렌지 88.4%, 룸에어컨 77.2%, VTR 73.8%, 비디오 카메라 32.3%, 컴퓨터(PC) 17.3%, 승용차 80.1%, 자전거 80.3%, 피아노 22.0%, 응접세트 36.3%, 침대 53.5%, 재봉틀 76.6% 등이다.(경제기획청 『소비동향조사연보, 4반기보』 1996)

일본인들의 저축률은 세계적으로 손꼽힐 정도이다. 고도의 경제 성장을 하던 시대에도 저축률은 높았고, 경제 상태가 나빠진 1990년대에는 저축률이 더 높아졌다.

높아지고 있는 근로자 세대의 부채

자료에 의해서 자세히 살표보면, 고도 성장 시대였던 1974년의 평균 소비성향(가처분소득) 중에서 소비 지출이 차지하는 비율은 75.7%였다. 그러므로 나머지 24.3%는 저축을 한다는 것이다. 경제 상태가 나빠지게 된 1990년대에는 평균 소비 성향이 낮아지게 되었는데, 1996년에는 72.0%를 보였다(총무청『헤이세이 8년 저축동향 조사보고』). 이것은 경제가 어려울수록 저축을 더해서, 저축률 28%라는, 총수입의 약 3분의 1에 가까운 비율을 나타내고 있다. 따라서 극심한 소비의 저하로 불경기를 불러 오게 된 것이다.

1996년의 근로자 세대의 부채 현재고는 연간 총수입의 61.9%라는 높은 수치이다. 1960년에는 불과 8.7%였다. 그러나 1970년에 두 자릿 수로 늘어나 13.6%를 기록했다. 다시 1980년에는 33.7%, 1990년 49.0%, 1995년 57.9%, 그리고 1996년에 더욱 커져서 61.9%를 나타냈다.(헤이세이 8년『가계조사연보』)

이와 같이 근로자 세대의 부채 현재고가 계속 높아지게 된 원인은 무엇인가. 이것은 1970년대에 접어들면서 집이 없던 수많은 서민들이, 주택 구입을 위해 '주택금융금고'며 은행으로부터 주택 자금 장기 대출을 받게 되었기 때문이다.

25년 또는 30년 등의 주택 융자금 장기 분할 상환 과정에서, 근로자들을 일격한 것은 이른바 '버블(풍선,거품) 파열'이다. 특히 주택 가격이 가장 높았던 버블기(1988~90년)에 장기 대출금으로 내집 마련을 한 사람들의 타격은 더욱 컸다.

버블 붕괴로 인해 주택 가격은 하루아침에 30% 이하의 폭락을 하면서 심지어 반 이하로 집값이 떨어지게 되자, 모처럼 내집 장만을 한 서민들은 앉은 자리에서 비통한 손재의 타격을 받게된 것이다.

아시아의 자동차 왕국 일본의 고민

아시아의 자동차 왕국이자 자전거 왕국인 일본의 커다란 고민은 산간지대가 너무 많고 이용할만한 평지의 국토는 작은 데다, 도로가 매우 좁다는 점이기도 하다. 도로가 좁기 때문에 자전거를 많이 타게 되었다는 얘기도 나오고 있다. 그러나 도로가 좁은 데를 자동차가 다니므로써 자동차가 자전거와 부딪친다. 더더구나 보행자를 다치게 하고 있다는 점도 신랄하게 지적되고 있는 실정이기도 하다.

토우쿄우대학 교수 우자와 히로부미(うざわ ひろぶみ) 씨는 다음과 같이 밝히고 있다.

「주택가며 상점가를 따질 것 없이, 인도와 차도가 분리되어 있는 길이 점점 적어지고 있다. 자동차 한 대가 겨우 빠져나갈 만한 좁은 가로를 크랙슨을 울리면서, 배기 가스까지 내뿜으며 자동차가 질주한다. 사람들은 전신주에다 몸을 숨기고 끊임없이 앞뒤를 살펴 보면서 가로의 가장자리로 걷고 있는 것이다…… 토우쿄도의 예를 들어 보더라도, 자동차 통행이 가능하다고 하는 공도 2만km 중에서, 폭(너비) 5.5미터 이하의 가로가 자그마치 70% 가까이나 차지하고 있다. 인도가 정해져 있는 가로의 비율은 겨우 9.8%이고, 타마(たま) 지구에 이른다면, 실로 2.3%에 불과하다고 하는 놀랠 만한 통계가 존재하고 있다…… 도시를 벗어나 농촌 등에 가보더라도 상황은 한층 더 악화한다. 지방 국도의 대부분에 있어서도, 인도와 차도의 구별이 되어 있지 않아서, 사람들은 때로 길옆 도랑으로 떨어질 지경으로 걸어가지 않으면 안된다. 자동차의 속도는 한층 더 빨라져서 보행자의 위험은 헤아릴길 조차 없다고 본다」(『자동차의 사회적 비용』 이와나미서점, 1984)

　이와 같이 도로 사정이 매우 어려운 일본에서, 보다 많은 사람들이 자전거를 타고 다니는 가운데, 자동차에 의한 자전거 교통사고도 많이 발생하는 불행한 측면을 우자와 히로부미 씨가 다음처럼 계속해서 지적하고 있다.

　「교통사고 사망자 중에서 그 약 반수는 보행중 또는 자전거 승차중인 것을 보더라도, 도로 구조의 불완전 때문에 얼마나 큰 피해가 발생하고 있는지 알 수 있을 것이다. 특히 15세 미만의 어린이들의 교통사고 사상자중 사자가 2천명, 부상자 12만명이다. 그 중 80% 이상은 보행중 및 자전거 승차중이라고 하는 뼈아픈 통계(1971년도 일본 경찰청 통계)가 발표되고 있다」(앞의 책).

교통사고 요인은 낙후한 도로 사정

　우자와 히로부미 토우쿄우대학 교수는 보행자와 자전거 탑승자의 교통 사고의 큰 원인을 일본의 낙후한 도로 사정에다 두고 분석하고 있다. 특히 일본 대도시는 도로가 좁은데, 이것은 도시가 새로운 도시계획으로 건설된 것이 아니고, 옛날의 도시에, 건물들만이 계속해서 크게 치솟는 도시의 초대형화에 의해서 교통사고를 많이 일으키게 된 도로의 문제점을 지적하고 있는 것이다. 그는 다음과 같이 잇대어 말한다.

　「토우쿄우 도심부의 대부분은 지난날 가로수도 많았으며, 노면 전차(필자주・아스팔트 도로 위로 다니는 한칸 짜리 전차)가 다니는 전체적으로 살기 좋고, 걸어 다니기 쉬운 가로망을 구성하고 있었다. 그러나 고속도로(필자주・도시 내부의 고가 도로로 만든 도시 고속도로)의 건설 때문에 도시는 무참한 모습으로 바뀌고야 말았다.

고속도로가 오만하게 사람들을 밀어젖히듯이 우뚝우뚝 치솟고, 자동차들은 끊임없이 배기 가스와 소음을 내던지고, 도무지 사람이 사는 거리로는 여겨질 수 없게 된 것을 보면서 나는 큰 분노를 느끼게 되었다」(앞의 책).

회사 주차장이 없어서 자동차 대신에 자전거를 타고 전철역 자전거장으로 가는 직장인들. 또한 주택가 좁은 길을 자전거로 다니면서 수우퍼마켓에 장을 보러 다니는 아주머니들. 학교로 자전거 통학을 하는 도시의 중고생들. 이런 자전거 행렬은 결코 일본 만의 얘기는 아닐 것 같다. 왜냐하면 우리나라의 회사나 관공서에서도 사원용 주차장을 배제하는 곳이 이미 시작되고 있는 것 같다.

어린이 반바지는 겨울에도 입는 바지

일본의 초등학교 어린이들은 반바지를 입고 다닌다. 의학박사 사토우 지로우(さとう じろう) 씨는 일본 소년들이 추위 속에도 반바지를 입고 다니는 것에 대해서 내게 이렇게 말해주었다.

"반바지는 아이들이 겨울에 입는 바지입니다."

나는 그에게 어리석은 질문을 했다.

"그럼 여름에는 무슨 바지를 입나요?"

"그야 당연히 반바지지요. 말하자면 남자 어린이들은 겨울철에 반바지를 입으므로써 추위를 견뎌내는 훈련을 하는 것입니다. 내한 운동이라고 할까요. 저희들은 어려서 다리가 추우니까 학교 다니는 길에 늘 뛰어다녔습니다. 그러는 동안에 겨울에도 입는 것은 반바지였습니다."

언제부터 일본에서는 남자 아이들에게 반바지를 입혔던 것일까. 사토우 지로우 씨는 계속해서 이렇게 그 과정을 말해주었다.

"일본은 메이지유신 이후부터 아이들에게 종아리를 들어내는 반바지를 입혔습니다. 19세기 후반에 서양의 새로운 문물을 도입하면서, 아이들의 반바지는 영국에서 배웠지요. 영국 소년들은 겨울에도 반바지를 입었다고 합니다. 일본이 영국으로부터 근대화의 방법을 배운 것은 한 두가지가 아니었다고 봅니다."

영국을 배운 이와쿠라 토모미의 사절단

일본에서는 1871년 11월 12일에 우대신 이와쿠라 토모미(いわくら ともみ,1825~1883)를 특명전권대사로 하여 유럽시찰 견외사절단이 떠나갔다. 이 때 메이지유신 정부의 실력자들을 중심으로 유능한 젊은 관리등 46명과 유학생들까지 합쳐 1백여명이 근대화된 서양 땅을 향해서 배편으로 요코하마(よこはま)항을 떠났다.

그들은 구미 각국을 도는 가운데, 영국에서 근대화의 방법을 중점적으로 배우게 되었던 것이다. 산업혁명 이후 눈부신 근대국가를 이룬 영국은 그야말로 '해가 지지않는 나라'였기에, 일본은 영국을 근대화의 모델로 삼게된 것이었다.

영국배는 세계 5대양을 누비면서 각국의 막대한 천연 자원들을 사들였다. 그들은 그것을 공산품으로 가공해서 세계 각지에 다시 수출하므로써 부국강병을 이루었다. 그러기에 영국배가 식민지를 따라 돌면 해가 지는 곳이 없었던 것이다.

그런 영국의 반바지를 입은 건강하고 씩씩한 소년들이야말로, 근대화를 이제 마악 깨달으며 눈을 비비기 시작하던 일본 사절단원들에게 어찌 주목되지 않을 수 있었던가. 견외사절단이 1년 10개월 간의 긴 시찰 연수 끝에 1873년 9월에 요코하마항으로 돌아오자마자 그 해 겨울의 일본 어린이들은 긴 겨울바지를 훌렁훌렁 벗어버리고 반바지로 매서운 겨울 추위와 대결하지 않으면 안 되었던 것이다.

"메이지유신은 영국의 겨울철 반바지를 가장 먼저 배운 것이라고 할 만큼, 이와쿠라 토모미 견외사절단은 영국 근대화 과정을 훌륭한 텍스트로 삼게 된 것입니다."

사토우 지로우 박사는 이렇게 말하면서, 자신이 어린날 반바지가 춥다고 해서 누나가 긴 털양말을 떠준 얘기도 해주었다.

"거기까지는 좋았습니다. 내게 털실로 긴 양말를 떠준 내 누님은 어머니에게서 따귀를 얻어 맞으면서 큰 야단을 맞았습니다. 저의 어머니도 어느새 영국의 반바지 정신의 계승자가 되었던 것이지요."

일본의 이른바 '교육 엄마'(きょういくママ)들은 일찍부터 영국의 근대화 정신에 공명하고 있었던 것 같다.

셋집에 즐겨사는 일본인들

일본 사람들은 셋집에서 즐겨 산다. 셋집에 사는 것을 결코 부끄러워하지 않는 실용주의자들이 다름아닌 일본인들이다. 집이란 사람이 들어가서 제 뜻에 맞게 살면 되는 보금자리이다.

일본 사람들은 주택을 '재산 증식의 수단'으로 삼는 일이 없다. 쉽게 말하자면, 집을 부동산 투기의 대상으로 보지 않는다. 집이란 크건 작건 간에 가족들이 모여서 단란하게 생활하는 터전일 따름이다.

일본인들의 집은 기본적으로 작다. 좁다. 그리고 소박하다. 대학 교수도 방 두칸짜리 집에 살고, 판사님도 그렇다. 은행지점장도 방 둘짜리 소형 맨션에 사는 것은 흔한 일이며 심지어 지방 출신 국회의원이 단칸방인 '원룸 맨션'(ワンルーム マンション)에 살면서 몸소 자취를 하고 있기도 하다. 호화저택에 살면서 부정부패한다고 손가락질 받는 사람이 자랑스러운 것인가, 아니면 작은 집이지만 검소하고 성실하게 사는 것이 창피하다는 말일까. 이 점을 우리는 잘 생각해 보자.

"일본은 경제 대국이요 선진국인데 집이 작고 좁다니 그게 무슨 소리냐?"

이렇게 반문하실 독자도 있을지 모른다.

필자는 결코 엉뚱한 소리를 하고 있지 않다. 우선 일본의 주택 사정과 그 현실을 일본 정부가 제시하는 자료를 가지고 살펴 보자.

일본정부(총무청)의 『주택통계 조사보고』(1998)에 따르면, 자가, 즉 '자기 소유의 집에 사는 사람'과 '셋집'에 사는 비율은 6대 4이다. 그러므로 10명의 직장인들 중에서 4명은 셋집에서 살고 있다고 보면 된다. 거듭 밝히거니와, 일본인들은 자기집에 사느냐 남의집에 세들어 사느냐 하는 것을 결코 따지지 않는다. 그들에게 주택은 거주 공간이며 재산 증식을 위한 투기용 물건이 아니다.

날로 증가하는 임대 주택 건설

일본인들은 셋집을 택하는 경우에도 현명한 선택을 한다. 가능한한 개인 소유의 셋집을 택하는 대신에 '공공 단체' 등에서 지어 빌려주는 임대 주택을 선호해서 입주하고 있다. 그 이유는 민영 셋집보다 공영 셋집이 주거비가 훨씬 덜들기 때문이다. 실제로 일본정부(총무청)의 조사 보고를 살펴보면 다음과 같다.

「민영 셋집의 주거비용은 소비 지출의 19.3%인데 반해서, 공영 셋집에서는 12.3%의 소비지출이라고 하는 현격한 차이가 나타나고 있다」(총무청『헤이세이 8년 가계조사연보』).

이와 같은 경향 때문에, 일본의 주택 건설업계에서도 맨션 등의 '분양주택' 건설보다는 '임대주택'의 건설이 날로 늘고 있다. 특히 일본의 젊은 세대는 '주택공단'에서 빌려주는 주택구입자금의 융자를 거절하고, 셋집, 그것도 공영 임대주택을 선택하고 있는 실정이다. 그러므로 셋집살이로서 주거비에서 남는 돈을 저축하는 데 힘쓰고 있다.

맞벌이 가정이 증가하는 생활 상황

1970년대 초반부터 본격적인 고도 성장을 해왔던 일본에는 이른바 제1차 오일쇼크가 장애 요인이 되었다. 즉 1973년부터 1974년의 석유 파동으로 인해 갑작스러운 저성장으로 곤두박질쳤다.

오일쇼크가 일어나기 전인 1963년경부터 1973년까지의 제조업계의 실질 임금은 연률 7.3%의 상승률을 보여왔다. 근로자 가계의 실수입 실질 상승률도 연률 5.7%라는 대폭적인 증가를 보여왔다. 그러나 1974년부터 1984년까지 10년간은 실질 임금은 연률 1.1%, 가계 수입은 연률 1.5%밖에 늘지 못했다. 그 뿐 아니라 버블기인 1988년부터 1990년에는 다소 실질 증가를 보였으나, 버블 파열 후의 불황속에서는 거의 신장률이 나타나지 못했다.

제2차 대전후 맞벌이 부부는 조금씩 늘어나게 되었다. 그러나 오일쇼크 이후에는 처(妻)의 수입(배우자 수입)의 증가가 커졌다. 즉 1970년의 처의 수입 비율이 4.5%였던 것이, 20년이 지난 1990년에는 약 2배로 8.5%까지 올라갔다.(총무청 『헤이세이 8년 가계조사 연보』)

일본의 여자 노동률은 높지 못한 편이었다. 오일쇼크 당시인 1973~4년까지는 여자 노동률은 저하를 계속할 정도였다. 그러나 1974년을 경계로 해서 여성들의 직업 활동은 점차 증가하는 추세를 보이게 되었다. 그 가장 큰 요인은 세대주(남편)의 수입 저하를 보충하기 위한 주부들의 파아트(パート,시간제 근무)라는 근로 활동이 시작된 것이었다. 따라서 주부들의 수입 비율은 가계 수입을 크게 차지하게 되었다.

이와 같은 현상은 각급 학교를 졸업하는 여성 취업률도 증가시키는 현상을 나타냈다.

일본의 1996년도 노동력 인구는 6,711만명이었다. 이 중에서 파아트 근무 여성인 '여자 단시간 취업자' 만도 945만명에 이르고 있다.

연령별로 보면 15세에서 24세까지 101만명이고, 25세에서 34세까지는 139만명, 35세에서 44세까지 219만명, 45세에서 54세까지 253만명, 55세에서 64세까지도 145만명이 종사하고 있으며, 고령 여성층인 65세 이상도 89만명이 파아트라는 단시간 취업자로 일하고 있다.(총무청 『헤이세이 8년 노동력조사연보』)

버블 파열에 의한 긴축 생활과 저축 양상

일본의 가계 소비면을 살펴본다. 총무청의 가계조사(전체 세대)에 의하면, 실질 소비 지출은 1964년부터 1974년까지 10년 동안은 연율 4.4%의 대폭적인 상승률을 보였다. 그러나 다음 10년간인 1975년부터 1985년까지는 연율 1.1%밖에 신장하지 못했다.

다시 1993년부터 1996년까지 사이에는 상승은 커녕 실질 소비 지출은 마이너스를 보이게 되었다.(총무청 『헤이세이 8년 가계조사연보』) 1996년의 소비 지출 구성 비율을 살펴 본다. 전체 소비 지출을 100으로 했을 때, 식료비는 23.4%이고, 주거비 6.8%, 광열 수도 요금 6.2%, 가구 및 가사 용품 3.7%, 피복 및 신발 등 5.9%, 보건 의료비 3.1%, 교통 통신비 10.6%, 교육비 4.5%, 교양, 오락 9.6%, 기타 소비지출 26.1%를 차지하고 있다.

이와 같은 내용을 살펴보면, 기타 소비 지출을 제외할 때, 가계 소비에 있어서 가장 많은 소비는 식료비 23.4%라는 월등한 비율을 차지하고 있다.

그 다음은 교통 통신비 10.6%가 나타나고 있다. 이를테면 가구 및 가사 용품이 불과 3.7%이고 피복 및 신발 등 5.9%의 낮은 소비 지출은 일본인들이 얼마나 근검 절약하며 소비 지출을 억제하고 있는지를 여실하게 보여 주고 있다.

그러기에 일본 정부가 지난 1998년 11월에 전국의 65세 이상 빈곤층 노인 1인당 2만엔씩의 상품권을 무상 분배하면서, 소비를 장려하게 된 경제 활성화 대책의 이면을 쉽사리 엿보게도 해준다.

교통 통신비는 10.6%를 차지하고 있다. 일본에서는 1960년대 후반부터 자가용 자동차의 보급이 급속하게 늘어났다. 이에 따라 자동차 관계 비용도 늘어나게 되었다. 1996년의 교통 통신비 10.6% 중에서, 자동차 관계비는 5.7%라고 한다. 이를테면 미국의 경우는 자동차 관계비가 식료비를 크게 웃돌고 있다. 그러나 일본은 식료비 지

출의 4·6분의 1을 나타내고 있다.(1996년)

거품 경기로 폭락한 주택 가격

일본의 '부동산경제연구소'의 보고에 의하면, 장기 분할상환 주택자금을 '주택공단' 등에서 융자 받고 1980년대 말경에 내 집을 마련을 했던 서민들은 일본의 거품(バブル, 버블) 경기(1988~1990년 경) 때문에 파산 지경에 빠졌다고 한다. 그 지적은 다음과 같다.

「일본에서 한창 거품이 부풀었던 버블 경기 때는 집값이 1년간 30%대로 급등했다. 그러나 버블 파열 이후에는 주택 가격이 놀랍게도 평소의 반값 이하로 폭락하는 사태를 빚게 되었다」(일본부동산경제연구소『전국 맨션 시장 동향』1996).

이를테면 한 중년 회사원이 버블 경기 때인 90년에 내집마련의 꿈을 안고 은행에서 6천만엔의 장기상환(25년~30년)의 주택자금을 융자 받아서 집을 한채 샀다고 친다. 그런데 거품이 터지면서 집값이 3천만엔대로 떨어진 것이다.

모처럼 가족들과 내집 한 채를 마련했으나, 그 후 집값은 절반으로 폭락했으므로, 그는 앉은 자리에서 벼락을 맞은 꼴이 되고만 것이다. 매달 월급에서는 꼬박 꼬박 주택 융자금의 장기 상환금이 빠져나가고 있는 것이다. 그 당시 내집을 마련한 일본의 서민들은 지금도 분통을 터뜨리고 있는 실정이다.

이와 같은 현상이 한국에서도 나타나지 말라는 법은 없을지도 모른다. 왜냐하면 우리네 부동산 가격도 현재 한창 부풀대로 부풀어 올랐기 때문이다. 거품의 위험도를 따져 본다면 어쩌면 셋집살이가 현명하고 안전한 것인지 모른다. 그래서 오늘의 일본의 젊은이들의 셋 집 등 임대주택 선호가 해마다 커지고 있다.

따라서 주택공단이며 은행의 장기주택자금 대출액은 과거의 절반 이하로 떨어진 가운데 오늘날에는 대출을 거의 하지 않고 있다는 게 관계자들의 울상어린 목소리이다. 이제 오늘의 일본은 주택이 재산 증식의 수단이 되지 못한다는 것을 독자들은 이해하실 것으로 본다.

자가 소유자의 무거운 주거비 부담

일본정부(노동성)의 한 보고서를 살펴보면, 셋집살이 보다 자가 소유자의 주거비 부담이 상당히 크다는 것을 다음과 같이 지적하고 있기도 하다.

「자가 소유자는 '집세'는 내는 게 없다. 그러나 주거비에다 매달 납부하고 있는 장기 주택융자 상환금을 더한 금액을 '가처분소득'에 대한 비율로 비교해 본다면, 주거비 부담은 자그마치 18.9%에 이르는 큰 부담이 되고 있다. 일본의 40대 전반 중년층 일반 근로자가 구입할 수 있는 주택가격은 1990년 시점에서 '연수입'의 6·7배로서, 미국의 3.5배보다 훨씬 높은 실정이다」(노동성 『헤이세이 6년 노동경제의 분석』).

일본의 주택 가격도 한국과 마찬가지로 수도권인 토우쿄우권이 가장 비싸다. 물론 임대주택이며 셋집 집세도 마찬가지이고, 도시의 중심 지역 큰 전철역 주변이 최고로 비싼 실정이다.

전세 보증금이 없는 일본의 셋집

일본에서는 셋집의 경우 일반적으로 한국같은 '전세 보증금'이라는 것은 따로 내는게 없다. 그러므로 다행스럽게도 빈민도 매달 집세만 낸다면 자기 수준에 걸맞는 셋집살이는 가능하다. 셋집이나 주택 구입등은 한국과 똑같은 소규모의 복덕방인 '후도우산야'(ふどうさんや)가 전철역 주변, 마을 어귀 등에 산재하고 있다.

한국인 등 외국인도 3개월 이상 일본에 거주하는 경우에는 셋집을 얻을 수 있다. 단 일본인 1인의 보증을 서는 조건이 있으나, 직장·학교 등에서 보증을 서주고 있는 실정이다.

원룸맨션의 방세가 1개월에 6만엔(한국돈 약 70만원)인 경우, 최소한 그 4배인 24만엔이 있어야만 셋방을 얻어 우선 입주할 수 있다. 1개월분은 복덕방의 소개비이고, 1개월분은 입주하는 날부터의 방세 선금이며, 나머지 2개월분은 깔아두는 밑돈(しききん, 시키킨)이라고 해서, 집주인이 집세와 함께 챙기게 된다.

이 '시키킨'이라는 밑돈은 이사갈 때 1개월치 정도는 돌려받는 수도 있으나 대개는 2개월치 모두 상환받지 못한다. 즉 사용했던 방의 수리비조 등으로 내주지 않는 게 흔한 사례이다. 또한 가옥주에 따라서는 이 밑돈을 2개월분이 아닌 1개월치만을 요구하는 수도 있으므로 그 점은 셋집 계약 때 확인할 일이다.

일반적인 입주 계약 기간은 2년간이나 복덕방과 협의할 일이다. 대부분의 경우 가옥주의 대리인은 복덕방이다. 집세는 가옥주가 지정하는 은행 구좌로 매달 정한 기일안에 송금하게 된다. 주거 상황에 이상이 있을 때는 복덕방에 신고할 일이다.

일본은 풍토가 고온 다습하기 때문에, 주택에 습기가 많이 차며,

욕실 등에는 곰팡이가 핀다. 따라서 셋집은 산언덕 밑이나 저지대 보다는 높은 쪽을 택하고, 1층보다는 2층 이상을 택하는 것이 습기로부터의 피난책이다. 더구나 1층 구석방은 가능한한 벗어나는 게 좋을 것이다.

셋방을 구하기 어려운 시기는 5~7월과 11월~1월이라는 것을 염두에 두는게 좋다. 일본 각급 학교의 신학기는 4월이다.

일본인들은 잇코다테(단독 주택)를 선호한다.

우리나라에서는 요즘 단독 주택 보다는 아파트 선호 경향이 커지고 있다고 본다. 그러나 일본인들은 아파트보다는 '잇코다테'(いっこだて)라고 부르는 단독 주택을 좋아한다. 특히 콘크리트 단독 주택이 아닌 목조 가옥 단독 주택을 매우 선호한다. 손바닥 만한 마당이라도 있어서 꽃나무 몇 그루 쯤 가꾸며 살기를 소망하는 게 서민층 주부들의 알뜰한 마음씨인 것 같다.

일본 사람들이 가장 살고 싶어하는 '잇코다테'라는 단독 주택

그런데 여기서 우리가 공동 주택의 명칭을 바로 알아둘 일이다. 즉 일본은 아파트(アパート)와 맨션(マンション)의 구분이 한국과는 전

혀 다르다는 점이다.

한국에서의 '아파트'는 일본에서 '맨션'으로 부르고 있다. 건물 형태상 호칭의 큰 차이가 있다. 즉 일본에서 '아파트' 하면 2층이하의 건물로서 저소득 빈민들의 집합 주택을 말한다. 직접 일본의 전문 자료를 살펴보자.

「아파트와 맨션의 구별.

아파트와 맨션은 하나의 건물을 여러 가구의 주거로 각기 나누어진 집합 주택이다. 일반적으로 2층 이하의 집합 주택이 아파트이고, 3층 이상은 맨션으로 부르고 있다. 아파트에서는 욕실과 화장실 및 부엌을 각 세대가 함께 공동으로 사용하는 경우도 있다」(『일본생활사정』, 1998).

'아파트'는 일본 빈민의 집합 주택

주택가에 가보면 일본에서 아파트라고 부르는 집합 주택은 나무로 지어진 시커먼 색깔의 목조 2층으로된 긴 건물이 눈에 띌 것이다. 대개 화장실·욕실·부엌을 공동 사용하며, 집세는 가장 싸다. 도심지에서 먼 외딴 지역에서는 월세가 3만엔(한국돈 35만원 정도) 짜리도 구할 수 있다고 한다.

일본에서는 맨션이라고 부르는 집합 주택에도 냉난방 시설이 없다. 한국에서처럼 중앙 난방식의 맨션은 일본에서는 좀처럼 찾아보기 힘들다. 따라서 냉난방 기구는 손수 사서 설치하게 된다.

일본인들은 겨울 난방에는 석유 난로를 주로 쓰며, '코타쓰'(こたつ)라고 하는 전열 난방기를 사용하고 있다. 겨울철의 따뜻한 한국의

중앙 난방식 아파트의 주거 생활과 대조적으로 일본의 일반 서민의
맨션에서의 겨울 실내 난방 방법에는 한국과 서로 큰 차이가 있다.

토우쿄우의 '아키하바라' 전자 제품 거리

한국 관광객들을 주대상으로 삼고 있다는 토우쿄우의 전자 상가로
유명한 곳은 '아키하바라'(あきはばら)이다. 일본인들은 이곳 '아키하
바라'를 가리켜 '뎅키가이'(でんきがい, 전기 거리)라고 부르고 있다.
옛날부터 전기 제품들을 판매하던 곳에서 붙여진 표현이다.

단풍 잎사귀인 '가을 잎 벌판'이라는 뜻의 '아키하바라'는 찾아가기
쉽다. 토우쿄우의 교통 문화가 서울처럼 전철과 지하철로 엮어져 있
고 중요한 상가나 번화가에는 반드시 전철(でんしゃ, 덴샤)이 다니기
때문이다.

아키하바라에 가려면, '야마노테센'(やまのてせん) 순환 전철을 타
면 된다. 서울의 2호선 전철처럼 토우쿄우의 중심 지역을 돌아가는
이 전철을 타면 '아키하바라' 역에 쉽사리 찾아갈 수 있다. 이 전자 제
품 상가는 전철역과 이웃하고 있기 때문이다.

이 고장 명칭이 '아키하바라'가 된 것은 화재를 예방해 준다는 신을
모신 '아키바 신사'(あきばじんじゃ)에서 이름을 따온 것이다. 그 신
사는 시즈오카(しずおか) 지방에 있으며, 그 분사가 예전에 이 '아키
하바라'에도 있었던데서 붙인 지명이다. 옛날부터 이 곳에 불이 많이
난데서 전자상가에서 화제를 막아준다는 '아키바 신'을 모시는 것은
당연지사랄까.

'네기리'라는 '에누리'가 되는 상거래

아키하바라의 특징은 '네기리'(ねぎり) 즉 에누리가 되는 곳으로 유
명하다. 물건 값을 달라는 대로 주고 살 필요가 없다. 흥정을 하면,
내붙인 정가보다 10%고 20%이고 깎아 준다.

그 때문에 '아키하바라' 안내 책자에는 이런 말이 꼭 써있다. 즉 '에
누리와 쇼핑이 즐거운 곳'이라는 말이다. 서울의 용산이며 청계천 3
가, 강변역 등 일대가 한국의 전자 상가이지만, 토우쿄우의 대표적인
전자상가 거리는 아키하바라이다.

'신쥬크'(しんじゅく)에는 주로 카메라와 시계가 중심인 상가가 유
명하다. 신쥬크 전철역 '니시구치'(にしぐち, 서쪽 출입구) 건너편 금
융가 뒷골목 일대이다.

아카하바라와 달리 카메라와 시계등 잡화가 중심인 곳이다. 특히
유명한 가게 이름을 들자면 '요도바시 카메라'(ヨドバシカメラ)며 '카
메라노 사쿠라야'(カメラのさくらや) 등이 서로 대결하고 있는 이 지
역의 대표적인 카메라 상점들이기도 하다.

아키하바라며 신쥬크 등지에서 쇼핑을 한 지기들의 말을 빌자면,
오히려 각종 전기 제품이며 카메라는 서울이 훨씬 더 싸다는 것이다.
그러므로 쇼핑을 위해서는 일본에 가기전에 서울에서의 사전 답사가
어떨까 한다.

민방 라디오·TV가 등장하는 50년대

1951년에 일본에서 처음으로 민방 라디오 방송이 등장해서 이른바

CM(Commerical message)이라는 광고 방송이 시작되었다. 3년 뒤인 1953년에는 NHK(일본방송협회)에서 최초의 TV방송이 등장했으나 초기단계였다. 1960년대 들어서 흑백TV에서 컬러TV 방송이 시작되는 등 일본의 TV시대가 본격화 되어갔다.

따라서 TV보급률이 날로 커졌고, 1965년에 TV보급률 90%대에 이르게 되었다.

전국 각지의 민간 텔레비전 방송도 이 시기부터 4대 네트워크로 계열화되어 갔다. 1999년 현재 민방 채널은 아사히 TV(あさひテレビ) 등 모두 4개 채널이 있으며, 공영 NHK 채널은 2개 채널이 방영되고 있다. 위성방송은 3개 채널이 있다.

'파칭코'는 성업하는 일본의 전자 오락

일본인의 오락에서 빠뜨릴 수 없는 것이 '파칭코(パチンコ)와 '케이바'(けいば)라는 경마 등이다. 특히 경마라는 오락은 대개 집안에서 가족 단위로 즐기기 때문이다.

파칭코의 경우는 전자 오락으로서, 이 오락 시설이 없는 고장은 도리어 찾아보기 힘들 정도이다. 그러기에 시골길 도로변에도 '파칭코야'(パチンコや) 즉 '파칭코집'이 성업하고, 주차장에는 자동차며 자전거까지 빼곡히 들어차 있다.

일본 파칭코 업계의 통계(2000년 3월 현재)를 보면 일본 전국에 보급된 파칭코 대수는 3000만대에 업소 1만7천개소란다. 일본 인구는 약 1억2천6백만(1999년 통계)이므로, 4명당 1대꼴의 엄청난 숫자이다.

파칭코집은 역전 주변과 번화가, 유흥가 일대에 밀집하고 있다. 고객층도 폭넓어서, 젊은 주부며 노인층에 이르기까지 즐기는 오락물이다. 말하자면 파칭코업은 일본의 제조 산업과 인력 고용에도 적지 아니 기여하고 있다는 게 관계자들의 말이다.

'나고야'가 일본 파칭코 의 메카

파칭코가 가장 유명한 도시는 '나고야'이다. 그 이유는 파칭코 제조업체들이 이 도시 주변에 전국 약 65퍼센트를 차지하고 있기 때문이다.

더구나 일본 파칭코의 발명자인 '마사무라 타케이치'(まさむら たけいち)씨의 출생지가 나고야라고 한다. 그 때문에 나고야는 자연스럽게 파칭코의 메카가 되었다고 한다.

나고야 지방은 파칭코대에 쓰이는 목재인 베니야판의 제조가 성할 뿐 아니라, 판금 가공 공장도 많고, 또한 파칭고대에 끼우는 유리공업까지 3박자가 제대로 갖추어지므로써 메카의 구실을 톡톡히 하게 되었다고 한다.

'케이바'라고 부르는 경마의 열기

일본의 경마인 '케이바'는 본고장 영국에 못지 않게 그 열기가 뜨겁다. 영국의 경우는 엘리자베스 여왕 자신이 경마펜일 뿐아니라, '여왕배 경마'도 해마다 거행되고 있다.

이것을 본 뜬 것이 일본의 '텐노우하이 케이바'(てんのうはいけい

ば) 즉 '천황배 경마'이다. 이 경기에는 천황이 직접 참관하고 천황배를 우승 기수에게 시상하고 있다.

토우쿄우에만 해도 '토우쿄우' 경마장과 '나카야마' 경마장, '츄우오우' 경마장 등이 매 경기 때마다 수십만의 경마펜들을 모으며 대성황이다.

"불경기에는 실업자가 늘어서 경마장은 더욱 붐빈다'는 것이 경마 해설자로 이름난 아카기 슌스케(あかぎ しゅんすけ) 씨의 얘기다. 아카기 씨는 『1천만명의 경마』를 비롯해서 『재미있는 경마책』등 저작이 많다.

큰 상을 내건 각지의 경마장

일본 각 도시에는 경마장이 성황이다. 봄·여름·가을·겨울 네 계절을 따라서 열리는 각종 대상 경마는 펜들의 인기를 모은다.

벚꽃 수백 그루가 있어서 봄철을 장식하는 토우쿄우의 '나카야마' 경마장은 '사쓰키상'(さつきしょう) 경마가 5월에 등장한다. 4살이 된 암말들의 경기로서 펜들의 인기가 큰 경기라는 게 아카기 씨의 주장이다(『재미있는 경마책』,1983).

오오사카의 '한신' 경마장에서는 4월 상순의 '오우카상'(おうかしょう)이라는 '사쿠라꽃상'이 큰 경기이고, '쿄우토' 경마장은 봄철의 '텐노우상'(てんのうしょう) 즉 '천황상' 경기가 인기를 모든다.

'쿄우토' 경마장은 가을철에는 '키쿠바나상'(きくばなしょう)인 '국화꽃상' 경기도 큰 시합이다. 천황상 경마는 봄에 이어 가을에도 거행되는 큰 경기이다.

물론 이 밖에도 상을 내건 신문사며 방송국의 경기도 다양하다. 이를테면 '아사히(あさひ)신문사'며 '마이니치(まいにち)신문사'와 공영 방송인 NHK방송국 등의 시상 경기도 주목받는다.

언론사들이 경마에 시상하는 것은 그 만큼 일본 국민들의 큰 경마 취향을 반영하고 있는 것이다.

경마는 도박, 잃을 때가 대부분이다.

경마하면 도박이라는 인상이 짙어 식자들 중에는 고개를 외면할 분도 많을 것이다. 취미냐 도박이냐, 판정하기는 힘들다. 돈에 욕심을 부리지 않고 즐길수 있는 경지에 이른다는 것은 결코 쉬운 노릇이 아니기 때문이다.

아카기 슌스케 씨는 이렇게 밝히고 있다.

「경마의 기본은 '걍부루'(ギャンブル, 도박, 갬블)이다. 경마의 매력은 그 도박성에 있다. 달려 온 말들의 1센티 2센티의 코차이로 1등이냐 2등이냐, 즉 천당이냐 지옥이냐로 바뀐다. 누구나 딸 때가 있다. 그러나 전체적으로 보면 손해 볼 때가 더 많다. 슬픈 일이지만 이것이 도박의 특성이고 경마의 재미다」(앞의 책).

경마해서 망한 사람은 많아도 부자된 사람은 없다는 게 아카기 씨의 주장이다. 그러므로 취미로서, 말이 뛰는 스포츠로서 조금씩 즐길 줄 모른다면 경마펜의 자격이 없다는 얘기다.

경마용 경주마(말)로 강하고 빠른 종류를 일본식 표현으로 '사라브렛토'(サラブレット, thoroughbred)라고 말한다. 경마의 나라 영국 원산의 말과 아랍말을 교배시켜 개량했다는 경주마이다.

'오우카쇼우'(おうかしょう) 경마에서 우승한 마쓰나가 미키오(8번) 기수.
(2000년 4월 9일)

일본에서는 대상 경기등 큰 경기가 있을 때면 가족들이 경마 신문
이며 경마 잡지, 그리고 예상표 등을 사가지고 집에 돌아 와서 저녁
식탁머리에서 어는 말이 좋고 어느 말이 이길 것이라고 왁자지껄 논
의한다.

텔레비전 중계 방송도 경마 프로가 등장하고 아버지인 가장이 귀가
길에 경마 중계소에 찾아 가서 가족들이 원하는 말번호의 마권을 사
다가 안겨 준다. 가족들은 제각기 자신이 예상하는 승리마의 마권을
움켜쥐고 텔레비전 중계 방송에 열중하게 된다. 가족들은 자기가 산
마권의 말이 달려들기를 기다렸다 환호하면서, 또는 탄식하면서 안방
경마를 맛보는 광경은 흔히 볼 수 있다.

경마는 인생 축도라는 작가 '키쿠치 히로시'

일본의 저명한 소설가였던 '키쿠치 히로시'(きくち ひろし,1888~

1948)는 "경마는 인생의 축도이다"라고 했는데, 그렇다면 '인생살이는 도박'이라는 뜻은 아닐런지. 그는 이른바 경마 명저라는 『일본경마독본』(にほんけいばとくほん)에서 그렇게 말했던 것이다.

통속소설 『진주부인』(1920) 등을 비롯해서 소설로 명성을 떨치면서, 1923년에는 「문예춘추」(ぶんげいしゅんじゅう)라는 출판사를 차린 것이 키쿠치 히로시였다.

그의 사후인 1953년에는 「키쿠치 히로시 문학상」이 제정되어 후진 작가들을 키워냈다. 이 「문예춘추사」에서는 순수 문학상인 「아쿠타가와상」(あくたがわしょう)이며 대중 문학상인 「나오키상」(なおきしょう)도 시상하고 있다.

경마 기수에서 생긴 '디스크자키'라는 표현

일본 경마의 기수는 인기 스타들이 많다. 연예계나 스포츠계와 마찬가지로 뛰어난 기수들은 막대한 상금과 더불어 인기 스타로서 각광받고 있다. 경마 뿐 아니라 '케이린'(けいりん, 경륜)이라는 자전거 선수들 역시 수입 좋은 인기 스타들은 각광 받고 있다.

경마 기수를 일컬어 '좃키'(ジョッキー, jocky, 자키)라고 부르고 있다. 이를테면 방송의 음악 프로등에서 활약하는 디스크자키를 일본에서는 '디스쿠좃키'(ディスク・ジョキー)라고 부르고 있다. 즉 음반인 디스크를 다루는 기수라는 말에서 생긴 것이다.

이 디스크자키라는 말은 미국의 시사주간지 『뉴우스위크』가 1960년대 초에 만들어낸 용어이기도 하다. 그후 미국 NBC 방송에서도 디스크자키의 프로그램을 만들게 되었다.

일본 사람의 예절 바른 3가지 말

나는 일본에서 오래 살았다. 일본 사람과 한 마을에 살았고, 일본 대학에서 일본 학생들을 가르쳤다. 내가 일본에서 살면서 우리나라 한국어를 쓰는 것은 집에 돌아 가서이다. 내 아내와 집에서 지내는 동안이다. 밖에서는 늘 일본말을 써야만 했다.

그러는 동안에 일본 사람들이 가장 많이 쓰는 말이 3가지라는 것을 알게 되었다. 아니 어느 사이엔지 나도 그 3가지 말을 나도 모르는 사이에 많이 쓰게 되었다.

그 3가지 말은 '미안합니다(すみません, 스미마셍)'와 '죄송합니다 (ごめんなさい, 고멘나사이)' 그리고 '잘 부탁합니다'(よろしくおねがいします, 요로시쿠 오네가이시마스) 이다.

일본에서 길을 걸을 때 늘 근처에서 들려오는 말소리가 이 3가지이라고 해도 결코 지나친 말이 아니다. 이르는 곳마다 '미안합니다(스미마셍)' 소리가 귀에 거듭 울려 온다.

일본 사람들은 무엇이 그토록 남에게 대해서 미안하다는 것인가. 이 일본인들의 '미안합니다(스미마셍)'는 무슨 사과를 하는데 쓰는 말이기 보다는 상대방에게 겸손한 태도를 비롯해서 양해를 구하는 데 항상 쓰이고 있다.

예를 들어 본다. 손님이 물건을 사려고 남의 가게에 들어가면서 가게 주인보다 앞서서, 먼저 '스미마셍'하고 말한다. 물건을 사주려고 들어가는 것이므로 실제로 미안할 것은 전혀 없다. 미안하기는 커녕, 주인에게 물건을 사주니 도리어 고맙게 도와 주는 일이다. 그럼에도 불구하고 '스미마셍'이다.

입에 달고 다니는 말은 '스미마셍'

그렇다면 남의 상점에 들어갈 때, '미안합니다'의 참뜻은 과연 무엇일까.

그것은 인사말이며 예절이다. 그 말의 본뜻은 '실례합니다(しつれいします, 시쓰레이시마스)'이다. 남의 집에 들어 갈 때는 누구나 당연히 '실례합니다' 하고 인사를 하기 마련이기도 하다. '오자마시마스'(おじゃまします)라는 말도 쓴다.

일본인들은 그와 같은 인사성에서, 남의 집이 아닌 남의 가게에 들어 갈 때에도 '미안합니다' 하는 인사를 하고 있다. 그런데 내가 본 것은 남의 가게에 들어서면서도 '실례합니다'하고 깍듯이 인사하는 사람들도 가끔씩 살필 수 있었다.

그러므로 '미안합니다'는 곧 '실례합니다'를 대신하는 말이라는 것을 쉽게 느낄 수가 있다.

물론 더 자세히 따져 본다면, 남의 집에 들어가는 것이나, 남의 가게에 들어가는 것은 결과적으로는 똑같은 일이라고 하겠다. 또한 가게에 들어 간다고 해서 반드시 그 가게 물건을 사는 것이라고 단정할 수도 없다.

일본인들은 가게에서 물건을 골라서 가게 점원이나 주인에게 내밀 때도 역시 '스미마셍'이라고 말한다.

그러므로 이 때의 말은 '미안합니다'가 '얼마입니까?'를 대신하는 셈일까. 그러나 실제는 그렇지 않다. '미안합니다. 얼마입니까?'에서 뒷말인 '얼마입니까?'는 대화에서 생략이 되었을 따름이다.

얼마입니까 대신 표현하는 '스미마셍'

일본어에는 '얼마입니까?(おいくらですか, 오 이쿠라데스카?)'라고 묻는 말이 있다. 그러나 나는 그런 말을 쓰는 일본인을 만난 일이 많치 않다. 누구나가 한결같이 '스미마셍'으로 '오 이쿠라데스카?'를 대신하는 것이었다.

일본 사람들은 택시를 탈때도 운전기사에게 의례히 먼저 하는 말은 '스미마셍'이다. 그들은 '미안합니다. ××까지 갑니다.'하고 운전 기사에게 자기의 행선지를 말해준다.

길에서 길을 묻는 사람도 상대방에게 '스미마셍'하면서, 방향을 가르쳐주기를 바랜다. 복잡한 전철 안에서 남의 옆에 가까이 다가설 때는 '스미마셍'이라고 깎듯이 인사한다.

'스미마셍' 소리는 일본의 거리며 장터·가게·차안 등등 그 어디서고 우리의 귀결에 쉼없이 들려 온다. 또한 "죄송합니다(고멘나사이)" 하는 사과의 말도 거리에서, 전철에서 늘 듣게 되는 예절있는 말이다.

남을 툭툭 치고 지나가면서도 사과할 줄 모르는 사람이 많은 게 우리나라 현실이 아닌가 한다. 일본에서는 실수로 남을 건드린 사람이 오히려 '고멘나사이' 하는 것이 당연한 일인 것만 같다. 사과를 받아야 할 사람 조차도 그를 건드린 사람에게 '고멘나사이' 하고 용서를 비는 것을 흔히 볼 수 있다. 복잡한 곳에서 상대방이 자기를 건드리도록, 이 쪽에서 원인 제공을 했다는 사과이다.

필자는 일본에서 "당신은 남의 발등을 밟고도 사과도 안하세요?" 하고 상대방을 나무라는 것을 들어 본 일이 없다.

서로가 양보하고 예절 바르게 사과하는 가운데, 질서가 바로 서는

사회가 이루어지고 있는 것 같다. 두 사람만 모여도 벌써 줄서기 시
작하는 게 일본인들이다.

즐겨 쓰는 다른 말은 '잘 부탁합니다'

"잘 부탁합니다" 하는 것도 일본일들이 많이 쓰는 말의 한가지이다.
일본인들은 남과 처음 만났을 때 서로가 이름을 밝히면서, '잘 부탁합
니다(요로시쿠 오네가이시마스)'라고 말한다.

상대방에게 굳이 그런 말을 쓰지 않아도 되는 경우에도 '잘 부탁합
니다' 하고 말한다. 그야말로 오늘의 일본인들의 말이야말로 겸손한
표현이 특징인 것 같다.

이제 참다운 의미에서 우리나라가 예절 바른 나라가 될 날을 위해
서 우리들 스스로 남에게서 배울 것은 배워야만 할 것 같다.

우리나라가 경제적으로 뛰어나고 문화적으로 빼어난 선진국으로 세
계 속에 계속해서 도약하기 위해서 우리는 사회 질서를 잘 지키고 예
절이 바른 존경받는 시민들이 되어야만 하겠다.

2차대전 패전 뒤의 일본의 무질서

예절 바른 사람이 많은 일본도 처음부터 그런 것은 전혀 아니다.
일본도 1945년의 제2차대전 패전과 함께 허덕이며 빈곤과 무질서 속
에서 아우성치던 몹시 시끄러운 나라였다.

1950년에 우리나라의 6·25 당시, 일본은 미국의 도움으로 군수

물자 생산을 하게 되었다. 이 때부터 일본은 서서히 경제가 좋아지게 되었고, 1960년대의 월남전쟁 등으로 더욱 경기가 좋아지게 되었던 것이다.

일본은 1970년대부터 이른바 경제의 고도 성장을 이루면서 잘 살게 되었다. 그와 동시에 국민들이 자각하기 시작했다. 즉 사회 질서를 바로 잡는 운동이 시작된 것이다. 선진국이 되기 위해서는 경제 발전 만으로는 불가능하다는 것을 깨닫게 된 것이다. 이 때부터 사회 전체가 바른 예절 지키기에 나선 것이었다.

우리도 이제 경제 발전과 함께 보다 철저한 사회 질서 운동을 하면서 참다운 의미의 예절 바른 나라가 되어야만 하겠다.

'오야지' · '오후쿠로' · '오카미'의 호칭

일본에서는 남에게 자기 아버지를 말할 때 '치치'(ちち), 어머니는 '하하'(はは)라고 말하는 게 정상적인 표현이다. 다만 아이들의 경우는 아버지와 어머니를 '오토우상'(おとうさん)과 '오카아상'(おかあさん)으로 표현한다. 남이 상대방의 아버지, 어머니를 말할 때도 '오토우상'과 '오카아상'이라고 말한다.

친구거나 동료 같은 그런 스스럼 없는 사이에는 자기 부모를 가리켜 뭐라고들 하는가. 남성은 자기 아버지를 남에게 '오야지'(おやじ), 어머니는 '오후쿠로'(おふくろ)라고 말한다.

그런데 '오야지'는 자기 아버지 뿐 아니라, 직장의 상사(사장 등), 나이든 노인, 가게의 주인 등을 친근하게 여기면서 친구등 친한 사람에게 일컫는 말이기도 하다. 이 경우는 자기 아버지를 가리키는 '오야지'(親父)와 한자 글씨만은 서로 다르다. 즉 남에게 관한 한자는 '오야지'(親爺)라는 글자이다.

이를테면 '너구리 같은 영감쟁이'라고 미워할 때도 '타누키 오야지'(たぬきおやじ)라고 쓰기도 한다. 이 경우의 한자는 후자의 것과 똑같은 글씨를 쓴다.

남성이 자기 어머니를 스스럼 없는 사이에 말할 때는 '오후쿠로'(おふくろ, 御袋)이다. 본래 이 말은 어머니를 존칭하는 경칭으로 쓰던 말로써, 남자가 자기 어머니를 남에게 '하하'(はは,母) 대신에 '오후쿠로'라고도 말한다.

요정이나 음식점, 여관 등의 여주인은 '오카미'(おかみ, 女將)이고, 남이 여주인을 부를 때에는 '오카미상'이라고 '상'(さん, 님)자를 잇대어 쓰는 게 예절이다.

음식점의 정다운 미각을 말할 때, 즉 어머니의 음식 솜씨, 고향맛 같은 것을 표현할 때, '오후쿠로노 아지'(おふくろのあじ)라고들 말한다. 우리나라에서 '할머니집 맛' 같은 표현이다.

어린 시절의 어머니가 끓여주던 음식은 무엇 하나 맛나지 않는 것이 없었으니, 그야말로 '오후쿠로노 아지'인 것이다.

일본은 전화 에티켓의 동방예의지국

오늘의 일본인들은 특히 전화의 예절이 깎듯하다. 일본사람들은 전화를 걸 때 맨먼저 "미안합니다. 저는 ××입니다만, ○○씨를 바꿔주시겠습니까?" 하고 말한다.

한국 사람들은 과연 어떤 식으로 전화를 걸고 있을까. 우선 여러분은 어떻게 거시는지 자기 자신을 한번 잠깐 돌아보시기 바라련다.

실은 필자의 경우 상대방에게 전화를 걸어서 신호가 떨어지고, 상대방이 나오면 대뜸 이렇게 묻는다.

"여보세요, ○○선생님 계십니까?"

그러면 의례히 상대방에서 다음과 같이 나에게 되묻기 마련이다.

"실례지만 누구시라고 할까요?"

사실 상대방은 내게 실례한 것은 아니다. 실례는 이미 필자 자신이 저질렀을 뿐이다. 상대방에서 이 쪽이 누군지 묻기 전에, 자기 자신의 신분을 밝히는 것이 전화의 예절이기 때문이다.

나는 일본 사람에게서 걸려 오는 전화를 무수히 받아 보았다. 지금까지 일본인들이 내게 걸어 온 전화에서, 대뜸 필자를 찾는 사람은 단 한 사람도 없었다. 누구이거나 간에 그들은 먼저 자기 자신의 신분부터 밝힌다.

"미안합니다. 나카무라입니다만, 홍선생님 계십니까?"

우리는 이와 같은 일본 사람들의 전화 예절을 배워야 하겠다. 일본에서 보면 어린이들 역시 어른들처럼 예의 바르게 전화를 걸고 있는 것을 늘 대할 수 있었다. 이를테면 다음과 같다.

"미안합니다. 저는 다나카 다쿠야입니다만, 요시오군 있습니까?"

"아, 다쿠야군 잘 있었나요? 잠깐 기다려 주세요."

이와 같이 요시오의 어머니는 아들의 친구에게 깎드시 존대말을 쓰면서 친절하게 전화를 받아 주는 것이다.

일본 사람들은 상대방에게 먼저 전화를 건 사람은, 상대방과의 대화가 다 끝나도 결코 먼저 전화를 끊지 않는다. 그러나 우리나라의 경우는 어떤가. 전화를 먼저 건 사람이라도 자기말만 다 끝나면 전화 수화기를 '탕' 내려 놓는다. 그러나 먼저 건 사람은 한 숨 두었다가 상대방에서 수화기를 '찰칵'하고 내려 놓고 나서야 자기 손의 수화기를 내려 놓는 게 일본의 경우이다.

일본사람들은 친한 사람이라도 남의 집에 전화를 걸 때와 삼가야할 때를 구별한다. 이를테면 저녁 시간이나 밤에는 친한 친구들 사이라도 전화 거는 것을 삼간다. 대개 저녁 7시가 지나면 그 때부터는 긴급한 일이거나 중요한 사항이 아닌 이상 전화를 걸지 않는다. 아무리 친한 사이에라도 남이 한참 자는 한밤중에 잠을 깨우는 전화 사용은 큰 실례라고 본다.

그 뿐 아니라 이른 새벽이며, 아침 8시 이전에는 전화를 함부로 걸지 않는다.

남에게는 자기 상사라도 존칭을 안쓴다

일본 사람들은 전화 통화중에 남에게 대해서 자기 상사며 손위 가족에 관해서는 존대말을 쓰지 않는다. 이를테면 요시다 타로우네 집에 타로우 아버지의 친구로부터 전화가 걸려 왔다고 친다. 이 때 타로우 아버지는 밖에 나가고 부재중인 경우에, 타로우가 전화를 받는 대목부터 전화의 대화를 예로 들어 본다.

따르릉… 따르릉…

타로우가 전화를 받는다.

"네, 요시다입니다."

"미안합니다. 저는 키무라입니다만 요시다 씨를 바꿔 주십시오."

"미안합니다. 지금 아버지는 나가고 없습니다."

"아, 그렇습니까?"

"그럼 뭐라고 아버지에게 전해드릴까요?"

"미안합니다. 돌아 오시거던 저에게 전화해 달라고 해주세요."

"네, 잘 알겠습니다."

비록 아들이지만, 상대방에게 '지금 아버지는 나가고 없습니다.'라고 말한다. 한국에서 누가 이런 식으로 상대방 어른에게 자기 아버지에 관해서 반말을 썼다면 '버릇없는 녀석이군!' 하고 상대방 어른이 속으로 나무랐을 것이다.

이와 마찬가지로 이를테면 회사같은 데서도 회사의 말단 사원이, 전화에서는 상대방에게 자기 회사 사장에 대해서 존칭을 쓰지 않는다. 예를 다시 들어 본다.

"저는 나카노입니다. 후지다 사장님을 부탁합니다."

"미안합니다. 지금 후지다는 밖에 나가고 없습니다. 뭐라고 말씀을 전해 드릴까요?"

이와 같이 상대방에게 자기 상사에 관한 것은 전혀 존칭을 쓰지 않는다. 즉 '후지다 사장님'이 아니고 '후지다'이며, '나가시고'가 아닌 '나가고'라고 말한다. 다만 상대방에게 대해서는 깍듯이 존대말을 쓴다.

필자도 처음에는 그런 말을 전화로 들었을 때, '버릇 없는 사원이군.'하고 속으로 괘씸하게 생각했던 것이다. 그러나 일본의 전화 예절이 그렇다는 것을 알고나서는 씁쓸하게 웃었다. 후에 그 점을 곰곰히 따져 보니까, 자기 손위의 사람이라도 남에게 대해서 경어를 쓰지 않는 것이 참다운 예절이라는 것을 깨닫게 되었다.

왜냐하면, 남에게 대해서 자기 아버지며, 자기 회사 상사에 대해서 깍드시 존대말을 쓰는 것은, 거꾸로 상대방을 낮춰서 대하는 것이 되기 때문이다. 그 점이 이해가 안된다면 다시 한번 생각해 보기로 하자.

누가 자기 아버지를 찾는 전화가 걸려 왔다고 가정하자. 그런데 아버지는 안계시다.

"지금 저희 아버지께서는 밖에 나가시고 안계십니다."

이렇게 상대방에게 자기 아버지를 높여서 말했다면, 자기 아버지는 전화를 걸어 온 상대방보다 지위가 높은 사람이라고 과장하는 셈이 된다는 것이 일본사람들의 판단이다. 그러나 실제로 우리는 너나할 것 없이 지금까지 그런 식으로 자기 아버지다, 자기 상사를 남에게 높여서 존대말을 써오고 있는 게 사실이다.

이를테면 경어를 쓰지 않는 '영어'권의 사람들은 모든 말에 있어서 특별한 존대어를 쓰지 않으니, 경어를 쓰는 한국이나 일본과는 입장이 다르다고 보겠다. 물론 영어에 있어서도 상대방을 높여 말할 때 '써어'(Sir)하는 경칭이 엄연하게 있다. 그래서 지위가 높은 사람에게는 '예스(네)'가 아니라 '예스 써어'(Yes Sir, 네, 어른) 하는 식의 경칭도 사용하고는 있다.

3분간이면 끊어지는 공중 전화

전화를 계속해서 오랜 시간 거는 것을 싫어하는 게 일본인들이다. 꼭 할말만 하는 것이 전화의 에티켓이다. 말을 자꾸 길게 하면, 상대방이 바쁜 시간에 당황하는 수도 있고, 또 전화 요금도 많이 나온다.

일본에서 지금부터 약 20년 전인 1978년 당시에는 이른바 '긴 전화'(ながでんわ) 즉 오랜 시간 전화를 사용하는 것이 큰 사회 문제가 된 일이 있었다. 그래서 일본에서는 한 때 거리의 공중전화는 3분간이면 자동적으로 끊어지게 했었다.

일본에서 공중 전화를 오랜 시간 걸던 사람에게, 뒤에서 기다리다가 화가 난 사람이 칼로 찔러 죽인 사건이 있었다. 이것과 비슷한 사건이 몇 년 전에 우리나라에서도 일어났었다.

공중전화는 남과 함께 사용하는 것이기 때문에 짧게 걸어야 하고, 남이 뒤에서 기다리는데, 계속해서 혼자서만 여기다 걸고 또 저기다 걸어서는 부도덕한 일이 아닐 수 없다.

'모시, 모시' 라는 전화 용어 '여보세요'

일본인들은 우리가 전화에서 쓰는 '여보세요' 대신에 '모시,모시'(もしもし)라는 말을 쓰고 있다.

이 '모시,모시'는 과연 무슨 뜻일까? 전화 예절이 바른 일본인다운 표현이 다름 아닌 '모시,모시'이다. 일본어의 존대말에 '말씀드립니다'(もうしあげます)라고 하는 말이 있다. 즉 '모우시마스'(もうします)라는 표현이 그것이다.

"모우시마스, 모우시마스"라고 거듭해서 표현하던 말이 줄어들어서 앞쪽의 '모우시' 즉 '말씀'이라는 뜻의 표현이 되었다는 것이다. '모우시'(もうし) 자체도 '모시'(もし)로 짧아졌다. '모시,모시'는 그야말로 정중한 표현이 약어식으로 나타난 것이다.

일본에서 이 '모시,모시'가 처음 전화에 쓰이게 된 것은 1890년이라고 한다.

그 당시 일본 초기 전화회사인 '덴덴공사' 관계자인 가토우 키(かとうき) 씨는 전화 연구를 위해 미국에 건너 갔을 때, 영어의 '헬로우' 대신에 쓸 만한 말로서 '모시,모시'를 고안해 냈다고 한다.

'모시,모시'의 뜻은 한국어로는 정확하지는 못지만 번역을 해 본다면 '말씀, 말씀'이 되는 셈인 것 같다.

'독도'를 일본 영토 '타케시마'라고 주장

「현대의 일본은 타케시마(竹島)를 포함하여 6,852개의 섬으로 이루어진 국토 총면적 37만 7,819㎢ 크기이다」(건설성 국토지리원, 1994년도 『全國都道府縣市區町村面積調』)라고 한다. 이 6,852개의 섬에는 한국 영토인 독도(獨島)를 「타케시마(たけしま)」라고 해서 일본 총면적과 섬수에 포함시키고 있다.

더구나 지난 1999년경부터 일부 일본인들은 독도에다 주소를 옮기는 등, 한일간에 마찰을 빚고 있는 실정이다. 그런가 하면 2000년 9월 21일에 일본의 모리 요시로우(森喜朗) 총리가 "독도는 일본땅이다"고해서 말썽을 빚었다.

일본의 총인구는 1995년 현재 1억 2,557만명이다(총무청 『헤이세이 7年 국세조사보고』). 일본의 근대화가 시작된 메이지 유신 직후인 1872년(明治 5년)에는 3,481만명이었다. 그 후 40년 만인 1912년에는 5,000만명을 헤아리게 되었다. 1936년에는 7,000만명이 되고 제2차대전 직후인 1948년에는 8,000만을 넘게 되었으며, 1956년에 9,000만명을 기록했다. 다시 1967년에는 인구 1억을 돌파했다. 그러나 인구는 계속 크게 증가해서 1974년에 1억 1,000만명, 그리고 10년 뒤인 1984년에는 1억 2,000만명이 되었던 것이다.

세계 인구는 1995년 7월 1일 현재 57억 1,640만명이다. 일본은 세계 인국의 2.2%를 차지하며, 세계 제8위의 순이다.(UN인구기금,1995년『세계인구백서』). 우리나라는 남북한 합쳐서 약 7천만명이다.

일본의 인구 동향을 보면 수도권과 대도시 지역 등에 현저한 인구 집중 현상이 나타나고 있다. 1995년 현재 수도인 토우쿄우도는 가장 많은 1,117만명을 헤아리고 있다. 그 다음은 인구 800만명의 오오사카와 카나가와현과, 600만 명의 아이치현과 사이타마현이다. 수도권에 인접한 태평양 연안의 반도인 지바현은 5백만명이다.

일본의 남녀 인구는, 남자 6,157만명이고 여자 6,400만명이다. 여자 100명당, 남자 96.2%의 성비율이다.

세계적인 장수 국가 일본

일본은 세계적인 장수국으로서, 1994년에 평균 수명이 남자는 76.6세, 여자 83.0세이다. 물론 노동력이 없는 고령 인구의 증가는 질병 치료와 보호대책이며 '국민연금' 부담 등등 적지 않은 국가와 사회문제로 부각되고 있는지 오래다.

일본의 국세(國勢) 조사 보고(1995년)에 의하면, 4,390만 세대로 이루어져 있다. 1세대 당 인원은 2.85인이다. 일본은 1980년대부터 핵가족화가 둔화하는 반면에 단독 세대의 증가가 현저하게 나타나고 있는 실정이다.

1990년의 1인 세대는 전체 세대의 23.1%였으나, 1995년에는 1인 세대가 25.6%인 1,124만 세대로 늘었다. 핵가족 세대의 경우 1980년에는 60.3%였으나 그후 핵가족 수가 줄기 시작해서 1995년에는 58.7%로 떨어지게 되었다. 즉 독신자들의 단독 세대의 증가와 핵가족화의 둔화가 나타나고 있다.

결혼과 이혼 상황을 살펴본다. 일본은 초혼 연령이 늦은 만혼형(晚婚型)을 나타내고 있다. 1996년도의 남자의 초혼 연령은 28.5세, 여자는 26.4세에 초혼하고 있다.

해를 거듭할수록 만혼화 현상이 두드러지게 나타나고 있는가 하면, 또한 이혼률도 높아가고 있다. 이혼률(인구 1,000명당 이혼건수)은, 1960년에 0.74였던 것이, 1980년에는 1.32, 1995년에는 1.60을 나타내고 있다.(후생성 『인구동태통계의 개황』1996.)

100엔 균일 판매 '엔숍'의 저가격 경쟁

일본의 화폐 단위는 '엔'(エン, 円)이다. '센'(セン, 錢)의 100배이다. 일본의 '엔'화는 1871(메이지 4)년에 제정되었다.

일본 도심지에는 이른바 '엔숍'(円ショップ)이라는 잡화점들이 있다. 이곳에서는 1백엔(한국돈 1천 백원 정도)짜리 물건만을 판다.

'100엔 숍'으로도 부르는 이 판매점들은 대단위의 4개 회사가 운영하고 있는 규모가 매우 큰 판매 조직이다. 현재(2000년·9월) 전국에 2500곳의 점포가 성업중이라고 한 판매회사의 과장 오카베 히데키(おかべ ひでき) 씨는 말한다.

카가와현 마루카메(まるかめ) 시에는 2000년 5월에 일본 최대의 '100엔 숍'이 개점해서 성업중이다. 매상의 규모가 2000㎡여서 대형백화점을 방불케 하는데, 5만 종류의 각종 잡화가 판매되고 있다. 잡화 이외에 인테리어 부품이며 장난감에 이르기까지 이른바 만물백화점 격이다.

그런가 하면 이시카와현 타카마쓰(たかまつ)시에는 의류 중심의 통신판매회사가 등장(2000·9 현재)해서 성업중이다. 이곳에서는 여성들의 속옷이며 브래지어, 남성들의 T셔쓰며 속옷 등을 '99엔'에 판매하고 있어서 '1백엔 시대'에 과감한 돌파 작전을 벌이고 있다.

이 대형 통신판매회사 시코쿠 지구 담당 시라카와 코우겐(しらかわ こうげん) 상품부장은 "최저 한도의 가격 다운과 질좋은 상품의 제공이 살아남는 전략"이라고 말한다. 이 회사의 각종 속옷 제품은 중국의 하청 공장에서 만들고 있다.

지난 3년 전까지만 해도 일본의 '엔숍'은 전국에 800개 점포에 불과 했으나 지금은 그 3배가 넘는 2500점포로 대폭 증가했다. "그 원인은 일본 경제의 극심한 침체 때문이다"고 말하는 시라카와 씨는 씁쓰레한 표정이었다.

'99엔 숍' 시대까지 등장한 일본의 격심한 '엔숍'의 '저가격 경쟁'은 어디까지 하락할 것인가.

고객이 늘고 있다는 리사이클센터

일본의 '리사이클센터'(リサイクルセンター)는 도시 주변 지역에서 흔히 찾아 볼 수 있다. 특히 값비싼 냉장고며 전기 세탁기 등 전자제품과 가구 등을 싼값에 살 수 있어서 서민층에게 인기가 크다. 우리나라에도 근년에 이른바 '재활용센터'라는 리사이클센터가 등장했거니와 일본에서는 벌써 1960년대부터 등장하기 시작했다고 한다. 이른바 '고물상'의 현대형 판매점이라고 하겠다.

이 리사이클센터에는 전자 제품과 가구 등 판매 뿐 아니고, 헌 여

성복을 멀쩡하게 손질해서 판매하는 후루기야(ふるぎや)라는 곳도 있어서 가난한 사람들이 이용하고들 있다.

이 여성복 리사이클센터의 이용객도 적지 않다고 한다. 미국 뉴욕시에도 헌옷가게는 많은데 이를테면 '제럴드'라는 가게는 유명하기도 하다.

일본에는 돈을 받고 옷을 빌려주는 '대의상점'도 있다.

물자 절약 측면에서 매우 알뜰한 것이 일본인들이라는 것은 각종 리사이클센터에서 목격된다. 1990년대 이후 경제난에 시달리는 일본 서민들에게 발걸음이 잦아지고 있다는 게 관계자들의 말이다.

제3장 음식 문화

'와사비'라는 향신료 '고추냉이'

일본의 향신료 중에서 가장 특징적인 것은 '와사비'(わさび)이다. 우리나라에서도 재배하는 곳이 있는데, 한국의 명칭은 본래 '고추냉이'이다. 겨자과의 다년초로서 옛날부터 시냇가에 자생해 온 뿌리가 몹시 매운 식물이다.

와사비는 일본인들이 즐겨 먹는 것으로서, 특히 생선회에는 연초록빛 와사비를 간장과 함께 찍어 먹는다. 수퍼마켓(スーパー・マーケット) 같은 곳에서는 튜우브 속에 든 이른바 짜내는 '네리와사비'(ねりわさび)라는 것을 팔고 있다. 일본에서는 이 와사비 뿌리며 잎으로 김치도 담가 먹을 만큼 애용되는 식품이라고 하겠다.

물이 맑고 수온이 낮은 산골짜기 계곡물에서 성장하는 특성을 가진 게 고추냉이이다.

일본에서는 휴화산인 최고봉 후지산(ふじさん, 표고 3776미터)의 계곡에서 재배가 성하다. 후지산은 역사상 10여회 분화했는데, 1707년에 마지막 분화 이후 약 3백년이 경과하고 있으나 언제 다시 분화할런지는 미지의 일이라고 한다. 후지산(ふじさん)에 관한 것은 제6장의 「쉬고 있는 최고봉의 화산 후지산」과 「후지고코 아름다운 다섯 곳 호수지대」항목 등에 상세하게 다루고 있다.

눈으로 먹는다는 일본 음식

일본 음식은 눈으로 먹는다면, 한국 음식은 깊은 맛으로 먹는다고 하겠다.

한국 음식이 진국의 맛인 것이 오늘날 세계 각지에 잘 알려지면서 호평받으며 세계인들이 즐겨 먹고 있다. 중국요리도 세계적인데 특히 그 요리의 맛과 가지수와 분량이 많기로 유명하다.

그런데 일본요리를 눈으로 먹는다니 과연 그것은 무슨 말인가.

일본 생선회 '사시미'는 세계적인 솜씨

일본은 생선회 '사시미'(さしみ)가 세계적으로 유명하다. 생선을 날로 먹는 일본의 요리법은 당할 수 있는 나라가 없단다. 한국에서도 옛날부터 생선회를 먹었으나, 생선을 칼로 자르는 기술이며, 그것들을 보기 좋게 접시에다 꾸며 놓는 기교는 일본이 뛰어나다.

이를테면 나무 모형으로 만든 배에다 생선회를 떠얹어서 여러 가지 야채 등 장식과 함께 보기 좋게 꾸며 놓는다. 또는 생선 한 마리를 통째로 산채 큰 접시에 얹어서 식탁에 내준다. 생선은 살아서 심지어 눈알을 껌벅거리고 있다. 그러나 이미 이 생선의 온몸은 우리 눈에 보이지 않게 칼에 의해서 잘려 있는 것이다. 이른바 '이케츠쿠리'(いけづくり, 또는 いきづくり, 이키츠쿠리)라는 것으로서 생선은 주로 도미(たい) 또는 '이세 새우'(いせえび) 등으로 만든다. 손님은 곧 젓가락으로 이 생선의 몸을 한점 한점 집어서 회로서 먹는 것이다.

일본은 섬나라이며, 주변의 바다뿐 아니라 원양어업으로 5대양을

누비며 여러 가지 물고기를 많이 잡는다. 세계 총어획고의 약 6분의
1을 잡는다는게 관계자들의 얘기다. 1998년 전세계 어획고는 6560
만톤인데, 일본이 잡은 것은 자그마치 1025만톤이다. 그러기에 생선
요리 하면 일본이 손꼽히며 옛날부터 생선 요리, 특히 '사시미'라고
말하는 생선회 요리가 발달했다. 생선회가 발달했다는 것을 입증하자
면, 심지어 고등어(さば)도 날로 회로서 먹는 것이다.

복어회 · 말고기회 · 붕어초밥

몸에 무서운 독이 있다는 복어(ふぐ)도 세계 최초로 회를 떠서 날
로 먹기 시작한 것이 일본이다. 일본에서는 심지어 말고기도 회로 잘
먹는다. 그것을 가리켜 '말고기회'인 '바사시'(ばさし)라고 하며, 고래
(くじら) 고기 역시 고급 회요리로서 먹는다.

일본에서 경칭인 '오'(お)자를 붙여서 표현하는 생선 회요리 즉 '오
사시미'(おさしみ)가 발달한 것은 '무로마치(むろまち) 시대(1336~
1573)부터 라는 것이 알려져 온다. 그러므로 한국에서는 그 시대가
고려 말기부터 조선왕조 중기시대에 해당이 된다.

그 후 일본의 에도(えど) 시대(1603~1867)에 이르면 특히 생선
회의 조리법이 발달해서 이른바 '눈으로 먹는 요리' 시대로 전개된다.

비와코(びわこ) 호수 지방에서는 '붕어초밥'인 '후나즈시'(ふなずし)
를 옛날부터 먹고 있다. 이 '후사즈시'라는 것은 아가미 쪽에서 배속
에다 쌀밥과 술지게미를 넣어 1년간 저장했다 삭혀서 먹는다.

이것은 우리나라 함경도 지방의 '가자미 식혜'의 삭힌 생선 요리법
이 고대에 동해 바다 건너 왜나라로 전수된 것으로 추찰된다.

일본에서는 조개며 새우 역시 날로 회를 만들어 먹는다. 결혼식의 피로연에는 반드시 새우 요리를 먹기도 한다. 일본에서의 명물 새우는 '이세 에비'라고 해서, 일본의 태평양 연안에서 잡히는 대형의 시뻘건 새우이다. 수염이 2개가 기다랗게 죽 뻗친 것이 기세가 넘치는 '이세새우'로서 몸길이는 자그마치 20센티 안팎이고 큰 것은 약 25센티 짜리도 잡힌다.

결혼식 때 이 '이세 에비'라고 하는 큰 새우를 먹는 것은 신혼 부부가 오래오래 행복하게 잘 살기를 축하하는 뜻이란다. 즉 새우는 등이 굽어 있기 때문에 새우처럼 등이 휠때까지 장수하라는 소리이다. 실제로 이 '이세 에비'는 장수해서 15년에서 30년까지도 산다니 어류치고는 장수형이다.

축하용 도미 요리는 '오메데타이'

일본에서 축하연에 반드시 등장하는 생선 요리로서 도미가 식탁에 오른다. 일본에서는 도미를 가리켜 '타이'(たい)라고 부르는데, 신사 (사당)에서 신에게 제사 음식으로 반드시 도미를 썼다고 한다. 일설에는 이 생선이 보기 좋은 생김새에 붉은 색깔이며 또한 맛이 좋을 뿐 아니라, 그 이름이 '타이'라는 데서 축하용이 되었다고도 한다. 즉 일본어로 '경사스럽다'는 말은 '오메데타이'(おめでたい)이다. 이 말 '오메데타이'의 뒤쪽 '타이'로부터 도미가 축하용 물고기가 되었다니 재미나는 퀴즈놀이만 같다.

벌써 오래된 이야기지만, 필자가 일본 센슈우대학 대학원에서 문학박사 학위를 받던 날도 '오메데타이' 도미 요리를 먹는 기쁨을 누렸

다. 그 날 나의 지기인 타나카 히사히로(たなか ひさひろ,일본 히코
우센국제장학회 이사장) 씨는 자택의 홀에다 큼직한 축하 잔치상을
차려서 필자를 위한 축하 파아티를 열어 주었다. 이 글을 쓰면서 굳
이 감사의 뜻을 감히 독자 여러분과 누리고 싶다.

타나카 히사히로 이사장의 부인 타나카 여사가 정성껏 요리한 대형
접시의 '오메데타이' 도미 요리가 큰 식탁의 내 앞자리에 놓여 있었다.
이 자리에는 센슈우대학의 오노 타카시(おの たかし) 교수를 비롯해서
여러 교수와 지기인 오자와 유키오(おざわ ゆきお,재단법인 일본 스기
노코 문화진흥재단) 이사장과 그 밖의 여러분이 필자의 학위 수여를
축하하러 학위 수여식장에 직접 찾아주었다. 일본인들의 축하 생선 도
미는 고급 어종이기에 각종 잔치에 걸르지 않는 전통이 있다.

'사시미' 요리의 명칭도 여러 가지

일본의 생선회인 '사시미'에는 여러 가지 만드는 방법과 그 명칭이
있다는 것도 알아두면 어떨까. 이 사시미 칼질은 물고기의 종류에 따
라서 다루는 법이 각기 특징이 있다. 또한 먹기 편하게 만들기 때문
에 제각기 사시미의 이름이 등장한 것이다.

'히라츠쿠리'(ひらづくり)가 대표적인 칼질 방법이다. 생선의 몸을
도마위에 평평하게 눕히고, 칼을 역시 눕히면서, 왼쪽부터 오른쪽으로
잘라가는 것이다. 생선횟집에서 흔이 볼 수 있는 요리사들의 솜씨.

'히키츠쿠리'(ひきづくり)는 칼을 곧바르게 세운채 자기 앞으로 칼
을 당기면서 써는 '당겨썰기' 방법이다. 생선의 몸을 도마 위에 놓은
채, 계속해서 오른쪽에서 왼쪽으로 칼질만 이어나가는 것이다. 생선

몸체는 그 자리에 그냥 놓인 채 순서껏 잘리는 것. 이런 것은 생선의
몸이 얇은 경우의 칼질이다.

 '이토츠쿠리'(いとづくり)가 있다. 사시미를 실처럼 가늘게 만든다
는 뜻이다. 이것은 학꽁치(さより,사요리)를 비롯해서 오징어(いか,
이카), 광어(ひらめ,히라메), 보리멸(きす,키스) 같은 생선을 일정한
길이로 가늘게 써는 방법이다. 기럭지로 또는 사선으로 써는 것이며
먹을 때는 여러개를 한꺼번에 젓가락으로 집어서 간장에 찍어 먹는
다. 보시기에다 수북하게 담아서 내놓는다.

 '소기츠쿠리'(そぎづくり)라는 방법도 있다. 생선 꼬리를 도마의 오
른쪽에 눕히고, 칼은 오른쪽으로 눕히면서, 자르는 마디 끝을 왼손으
로 가볍게 누르듯이 엇베는 방법이다. 이것은 몸이 비교적으로 오독
오독한 생선을 얇게 저미는 방법이다. 생선은 농어(すずき,스즈키)
따위이다.

 '카도츠쿠리'(かどづくり)도 있다. 이것은 한입으로 먹을 만한 크기
로 네모지게 써는 방법이다. 참치(まぐろ,마구로)며 가다랭이(かつ
お,카쓰오)처럼 몸집이 두꺼운 것을 대상으로 흔히 써는 방법이다.
이것들을 보시기에 담은 뒤에, '토로로'(とろろ, 마를 갈아서 만든 묽
은 장국)를 뿌려서 식탁에 내놓는다.

 '이케츠쿠리'는 도미나 이세새우 따위를 산채로 회뜨는 방법을 앞에
서 살펴 본 대로이다. 그런데 이 산채로 사시미를 뜨는 이케츠쿠리의
경우는, 그 생선의 '심장'(しんぞう,신조우)을 절대 칼로 건드려서는
안된다. 심장을 건드리면, 그 생선이 죽기 때문에 심장 부분 만을 크
게 남긴채 엇베도록 하는게 요령. 따라서 회로서 먹는 부분은 매우
크게 줄어든다. 일본에서는 '은어'(あゆ,아유)도 이케츠쿠리로 회를
먹는다.

'시오카라'(젓갈)와 '니기리 즈시' 초밥의 역사

일본 사람들은 주먹밥을 매우 즐겨 먹는다. 대잎으로 싼다, 감잎이며 여러 가지 나뭇잎으로 싼 주먹밥을 소풍길, 등산길에 들고 먹는 광경을 쉽사리 목격하게 된다. 밥에는 흔히 깨를 뿌린다. 김밥도 많이들 먹는다.

이런 주먹밥을 '니기리 메시'(にぎりめし, 쥠밥) 또는 '오니기리'(おにぎり, 어쥠밥)라고 '오'(お, 어)라는 경칭을 써서 주먹밥에 대한 감사를 표현하는 공손한 말도 쓴다. 그러나 '니기리야'(にぎりや) 하면 '구두쇠'라는 소리.

'니기리 즈시'(にぎりずし)는 생선초밥을 비롯해서 유부초밥, 조개류초밥, 김초밥 등등 밥을 쥐어서 만든 초밥의 총칭이다. 그래서 초밥집 하면, '스시야'(すしや)라고 부른다. 일인들은 경칭을 써서 초밥집을 '오스시야'(おすしや) 또는 '스시야상'(すしやさん) 등의 말도 곧잘 쓰므로 기억해 두실 것.

이와 같은 각종 초밥은 주먹밥에 의해서 발전해 온 자취이다. 전쟁이며 난리통에 날라 먹고 들고 다니면서 간편하게 먹기 좋은 게 주먹밥의 시작이라고 히구치 키요유키(ひぐち きよゆき) 교수는 말한다.

'에도마에즈시'의 원조는 '가자미 식혜'인 듯

이른바 '니기리 즈시'(にぎりずし)라는 초밥의 발달 과정은 과연 어떤 것일까. 이것은 역시 옛날 토우쿄우 땅인 에도시대의 생선 초밥에서 살피게 된다고 고쿠가쿠인대학 교수 히구치 키요유키 씨가 지적하고 있다.

「에도 앞바다(토우쿄우만)에서 잡은 생선으로 만든 이른바 '에도마에'(えどまえ)의 '니기리 즈시'라는 생선 초밥은 에도시대 중기(18세기경)부터 시작되었다고 한다. 이 에도마에의 '니기리 즈시'를 본래는 '시오카라'(しおから, 젓갈)라고 불렀다. 그 이유는 생선의 살을 절여서 밥사이에다 넣어두면 밥이 발효해서 생선살의 보존이 잘된데서라고 한다. 그 때문에 그런 방법을 가리켜 '나레 스시'(なれすし, 숙성시킨 스시)라고 부른다」(『식품사전』1983).

이 '에도마에 스시' 역시 '비와코' 호수지대의 붕어초밥인 '후나즈시'와 똑같은 유형이며 고대 고구려 땅인 함경도 '가자미 식혜'가 그 원류보 보아야 할 것 같다.

여하간 일본의 생선 초밥의 발자취는 생선이며 조개류를 장기 보존시키는 젓갈(시오카라)에서부터 살피게 된다는 것이다. 다시 말해서 생선살을 보존하는 방법으로서 밥의 유산 발효를 이용한 것이 에도시대의 생선 초밥 니기리즈시의 등장이었다.

그러기에 일본에도 우리나라처럼 여러 가지 젓갈(시오카라)이 많다. 특히 '오징어젓'이며 '소라젓' 등등 어개류의 젓갈은 다양하며 수퍼마켓 등에서 잘 팔리고 있다. '명란젓'의 경우는 우리나라 명태 어장으로 유명한 신포 아래쪽 "원산의 명란젓 제법이 일본으로 전파된 것으로 보아야 한다"고 후쿠오카가 고향인 지기 다나베 마사히로 씨가 귀띔해주었다.

후쿠오카 지방에는 하카다를 중심으로 그 일대에 약 200개의 명란젓 공장들이 있다.

일본 서민들의 생선 초밥집 '카이텐 스시'

맵시 넘치는 칼질로 깨끗하고도 먹음직하게 담아내는 일본 생선회의 조리 방법도 가지가지여서, 필설로 다 할 수 없다고 하겠다. 다만 흠이라면 값이 너무 비싸다는 것.

서민들에게는 비교적으로 염가인 대중 생선 초밥집이 있다. 이른바 '카이텐스시'(かいてんすし)라는 회전식 초밥집이다. 한 접시에 대개 2개의 생선 초밥을 얹은 작은 접시들이 기계 조작으로 손님들이 둘러 앉는 둥근 대형 식탁 앞으로 서서히 돌아간다. 손님은 자기 앞에 다가 온 먹고 싶은 초밥 접시를 직접 집어서 간장 등에 찍어 먹게 된다.

이 회전 초밥은 접시에 얹힌 생선이며 조개류에 따라서 가격이 각각 다르다. 토우쿄우의 번화가의 경우 가장 싼 것은 초밥 2개 한 접시에 170엔, 우리돈으로 2천원 정도이다. 생선은 참치·광어·연어·오징어·새우·고등어(さば) 등등 종류가 많다. 일본에서는 고등어회도 많이들 먹는다.

다 먹고나면, 종업원은 그 사람 식탁 쪽의 접시를 헤아려 계산을 따져준다. 비싼 생선 초밥은 한 접시에 4백엔 짜리도 있다. 접시의 색깔과 문양 등으로 종업원들은 민첩하게 음식값 계산을 해낸다.

우리나라의 '회덮밥'과 비슷한 것이 일본의 '치라시 즈시'(ちらしずし)다. 물론 고치장이 없으며, 오오사카 등 칸사이(かんさい) 지방에서는 채소를 많이 얹어 준다. 토우쿄우 일대에서는 생선 토막들만 밥 위에 얹어주나, 칸사이 지방은 굽거나 익힌 생선을 밥위에 얹어준다는 것도 알아둘 일이다.

맹독 가진 복어 '후구' 요리

일본의 '후구'(ふぐ)라고 부르는 물고기 '복어'의 요리는 너무도 유명하다. 복어는 맹독성 물질인 '테트르드톡신'이다. 이것은 불과 0.48밀리그램을 섭취하면 건강한 어른도 여지없이 목숨을 잃게 된다. 이 미량의 치사량은 이른바 극약인 청산가리의 약 1천배나 된다니 놀랍다고 할만 하다.

보통 복어 1마리의 내장 속에 있는 독으로 30명 이상의 목숨을 빼앗기게 된다기에 복요리 조리사들도 여간 신경을 쓰는게 아니란다. 복의 독성 연구에 권위 학자로 알려진 토우쿄우대학 농학부 교수 하시모토 마와히사(はしもと まわひさ) 씨는 양식하는 일부 복어에서는 천연 복어 보다 독이 적게 검출된 연구 사례를 밝히기도 했으나, 결코 독성의 규명은 수월치 않다는 보고도 있다.

복어의 독은 복어 자체의 체내에서 제조된다는 설과 먹이에 의해서 발생한다는 두 가지 설이 있으나, 아직 정설은 없다. 일본에서 복어를 먹기 시작한 것은 에도 시대부터였는데, 무사들은 금령으로 먹지 않았다고 한다. 그러나 개중에는 그 맛에 취해 몰래 먹는 자도 있었는데, 만약에 복을 먹고 중독사했을 경우에는 막부에서 그 집안에 주던 곡물과 금전등 소중한 가록을 몰수했다는 벌칙 규정이 있을 정도였다. 너무 먹고 싶어 참지 못하는 미식가가 일찍부터 있었던 모양이다.

복은 회를 떠먹는 '후구사시'(ふぐさし)라는게 최고급 요리이고, 찌개로 끓이는 복냄비 '후구나베'(ふぐなべ)가 일반적이나 워낙 비싸서 일본 서민들에게는 그림의 떡이란다.

종이처럼 얇게 써는 '후구사시' 복어회

복어회는 종이장처럼 매우 얇게 회를 뜬다. 이 회뜬 조각들을 움푹한 대형의 큰 사기 대접 안쪽 둘레며 바닥에다 겹치지 않게 주욱 둘러 붙이는 것이 진열의 특색이다. 회뜨는 큰 칼로 아주 얇게 저며서 썰기 때문에, 회뜬 고기 그 자체가 회면서 투명에 가깝게 비칠 정도이다.

매우 얇게 회를 뜨는 이유가 복어값이 워낙 비싸서인가. 천만의 말씀이다. 산복어는 회를 뜰 때, 근육이 크게 수축하기 때문에 반드시 두껍지 않고 얇게 써는 데서 복어회의 참맛이 씹을 때 입속 점막에 은은히 배어든다는 미식가의 이야기다.

"이로 씹을 때의 졸깃함이며 또한 보드라운 입천정에 닿는 감촉, 고기의 차단한 온도 때문에 큰 대접 안쪽 둘레에 붙여서, 고기들이 서로 들러붙어 온도가 마찰 상승하는 것을 막아주자는 것이라는군요."

이렇게 내게 자세히 설명해 준 것은 외과 의사이며 시인인 사토우 지로우(さとう じろう)씨.

사토우 지로우 박사는 내게 직접 '후구사시'를 대접해 주면서, 복요리 등 사시미의 진수를 말해 준 일이 몇번 있었다. 복어회는 되도록 고급 생선회 요리점에서 먹는 게 기본 원칙이란다니, 아무래도 납득이 갈 것만 같다.

복어 최고의 맛은 주둥이 내부의 연골

복어는 몸의 어느 부위가 가장 맛이 좋을까. 그것은 아무래도 또

한분의 미식가 타나카 히사히로(たなか ひさひろ) 이사장에게서 들은 얘기를 소개하기로 하자.

복어의 주둥이 연골 맛이 으뜸이라고 그는 내게 복어 주둥이를 권했으니 과연 미식가다운 견해인 듯.

"홍박사님, 복어는 뭐니뭐니해도 주둥이 연골이 최고 맛입니다. 이 주둥이 연골을 들어 보시지요."

타나카 히사히로 이사장이 권하는 부분이란 복어 주둥이를 벌이면 그 속에 있는 주둥이처럼 생긴 연골이었다. 이 연골을 몇 토막 쳐서 복어탕 속에 넣어 끓인 것인데 역시 그 깊은 맛은 이 글을 쓰는 지금도 잊혀지지 않는다.

"글쎄, 젊은 아가씨들이 복어국 속에서 나오는 이 연골을 못먹는 뼈라고 생각하고 그냥 내버리는 걸 보았지요. '어머, 이런 뼈까지 들었다니?' 하는 그 아가씨를 바라보자니 솔직하게 그 연골이 아깝다는 생각이 들었어요."

우리는 재미나게 웃으며 술잔을 나누었다. 무지가 얼마나 두려운 것이랴.

타나카 히사히로 씨의 단골 일식 요리점은 '요코하마'의 '타마프라자'(タマプラーザ)역 근처의 명점으로 소문난 「슌」(しゅん, 旬)이다. 이 곳은 한국의 미식가로 『777점』·『888점』등 한국 맛의 저자인 백과 홍성유(소설가·예술원 문학분과위원장) 씨며, 성균관대학교 국문학과의 윤병로(당시 토우쿄우대학 객원교수) 교수, 『전우신문』사 회장이며 시인 박경석 장군, 한림출판사 주신원 사장, 등등이 필자가 일본에 살던 근년까지 함께 몇 번씩이고 어울리던 일본 음식점이다.

복어라면 또한 청주의 '히레자케'(ひれざけ, 복어 지느러미술) 맛을 빼놓을 수 없다. 우리는 「슌」에서 늘 '히레자케'를 마셨는데, 복어 등

의 지느러미를 구운 것을 청주에 넣어서 중탕한 것을 말한다.

생선회 하면 특히 광어 같은 것은 지느러미 부근에 있는 '엔가와' (えんがわ) 부분을 으뜸으로 친다.

생선은 일반적으로 늘 움직거리는 지느러미 쪽 부분이 맛이 있다고 하는 데, 닭도 날개 부위가 역시 맛좋고, 소는 꼬리여서 우리나라 쇠 꼬리탕이 값도 비싼 것 같다. 소는 늘 움직이는 무릎 종지뼈와 거기 붙은 살이 맛좋아 도가니탕도 쳐주는데, 도가니 고기를 알아주는 것 은 일본에서도 역시 마찬가지 사실이다. 입맛은 한국과 일본이 비슷 한 듯.

'쇼우가'(생강)와 '랏쿄우'(염교)의 살균력

생선회며 생선초밥을 먹을 때 '쇼우가'(しょうが, 생강)를 곁들여 먹는게 좋다. 일본의 생선회집(오스시야)에서는 의례 식초에 절인 붉 으레한 생강을 내준다. 이것은 장식용이 아니므로 꼭 먹도록 한다. 생강은 회를 종류별로 제맛을 구분시켜주는 혀의 구실을 도와준다고 지기인 의학교수 시미즈 토오루(しみず とおる) 박사가 말한다. 강력 한 살균력도 있어서 생선을 날로 먹을 때 도움이 크단다.

생강은 위에도 좋은 건위 효과와 소화 흡수 작용도 좋고, 위액을 왕성하게 분비시키기 때문에 식욕 증진에도 좋다고 한다. 이것은 매 큼하지만, 땀을 잘 내주어서 한방 의약품으로도 당당한 존재이다.

생선회나 생선초밥에 '쇼우가'(생강)와 함께 역시 곁들여 먹는 것은 '랏쿄우'(らっきょう, 염교)이다. 염교는 백합과에 속하는 다년초의 흰색의 동그마한 작은 뿌리를 식용하는 것이다. 염교를 우리나라에서

는 '교자' 또는 '채치'라고도 부른다.

일본에서는 이것을 생식도 하지만, 생선회 요리점에서는 설탕을 섞은 식초에 지로서 담근 것을 식탁에 내준다. 즉 '염교지'라고 말하면 좋을 것 같다.

그런데 이 랏쿄우는 독특한 향기가 있어서, 입안에서 생선의 비린내 따위를 제거시켜 주며, 일종의 살균 효과도 있다고 한다. 그러기에 생강지인 쇼우가와 함께 먹게 되는 것이다. 염교도 역시 한방 약재로서도 쓰인다.

'시치미 토우가라시'라는 매운 향신료

일본 음식점 식탁에서 사용하는 고춧가루에 '시치미 토우가라시'(し ちみとうがらし)라는 게 있다. 특히 우동 국물에는 이 일본식의 조제된 고춧가루를 쳐서 먹게 된다. 한국인에게는 이 시치미 토우가라시가 입에 잘 맞지 않는 사람도 있어서 결코 많이 치지 말 것을 필자가 권유해 드린다.

이것은 글자 그대로 '시치미'(しちみ) 즉 '일곱 가지 맛'으로 이루어진 고춧가루라는 뜻이다. 그 일곱가지 맛이라는 것은 고춧가루를 위주로 하여, 그것에다 산초, 참깨, 진피(오래 묵은 굴껍질), 삼(마)열매, 파래(녹색 해초류), 양귀비(앵속), 채종 따위의 가루를 만들어서 섞은 것이다.

이 '시치미 토우가라시'를 가리켜 일곱 가지 색깔을 뜻하는 '나나이로 토우가라시'(なないろとうがらし)로도 호칭하고 있다. 색깔은 고춧가루가 위주여서 붉은 색 계통이다. 고장마다 약간씩 제조법의 차

이가 있다. 특히 유명한 것은 쿄우토 지방의 것이다.

우동집에는 대게 식탁에 자그마한 병에 들어 있다. 자극성이 강하다는 것을 거듭 지적해두고 싶다. 필자의 경우는 '나나이로 토우가라시' 대신에 늘 고춧가루를 아주 작은 병에 넣어 가방에 넣고 다니다가 한국 고춧가루를 우동 국물 등에 쳐먹고 있다. 독자들도 그 점 한번 고려 하셨으면.

화학조미료 '아지노모토'의 대성공

일본인들이 개발해 낸 것으로 일찍부터 주목되는 것이 화학 조미료이다. 이른바 '아지노모토'(あじのもと)라는 것이, 세계에 널리 알려지게 된 것이다.

된장이며 간장은 한국에서 고대에 일본에 전해진 자연산 조미료인데 반해서, '아지노모토'는 일본에서 1908년에 개발한 화학 조미료이다.

이 화학 조미료는 그 당시 토우쿄우대학의 이케다 키구나에(いけだ きくなえ,1864~1936) 교수가 바다의 해초인 다시마의 맛 성분을 분석해서 연구하던 중에, 그 요소를 화학적으로 추출해 내는데 성공한 것이다. 즉 주성분인 '그루타민산'을 공업적으로 만들어내게 된 것이다.

도이치에서는 일찍이 1861년에, 밀에서 '그루타민산'을 분리해 내는 방법이 발명되기도 했다. 이케다 박사는 여기에다 '소우다염'을 결합시켜서 '새로운 맛'을 만들어 낸 것이다.

일본 음식치고, 화학 조미료가 들어가지 않는 음식은 없다니, 일본

인의 맛의 기본이 센 셈이랄까. 그 당시 이 '아지노모토'가 "뱀가루로 만들어졌다는 바보같은 뜬 소문이 돌기도 했다"고 히구치 키요유키 (ひぐち きよゆき) 교수는 지적하면서, 그 당시의 연구 과정을 다음 과 같이 순차적으로 밝히고 있다.

「아지노모토의 발견자 이케다 씨는 뱀이 아니라 다시마의 맛에서 힌트를 얻었다. 다시마에는 그루타민산 나트리움이 포함되어 있으며 여기에 맛의 요소가 들었다는 것을 발견했다. 그후 다시 '카쓰오부시' (かつおぶし, 가다랭이 가공 식품)의 맛은 '이노신산 나트리움'이고, 표고 버섯의 맛은 '구아닌산 나트리움' 등이라는 것이 계속 발견되므로 써 오늘의 여러 가지 화학조미료가 등장하게 되었다」(앞의 책).

이와 같은 편리한 조미료도 귀이개 한 개 정도가 사용 한계이며, 그 이상 더 많이 넣으면 도리어 좋은 맛이 떨어진다는 전문가의 주의 사항이다. 더구나 조미료는 음식 조리중에 맨 마지막 단계에서 치는 게 원칙. 국물맛 따위는 소금이 좌우하는 것이기 때문에 처음부터 조 미료를 치면서 맛을 북돋겠다는 것은 사용법의 무지란다.

우동의 참맛 내주는 가다랭이와 다시마

일본 사람들은 하루에 한 끼니 정도는 밀가루 국수인 '우동'(うどん)이나 '소바'(そば)라는 메밀 국수를 즐겨 먹는다. 우동은 에도시대 (1603~1867) 때 '운동'(うんどん)으로 부르던 것이 뒷날 '우동'으로 말이 바뀌었다. 역전이나 역구내에는 대개 간이 우동 매점(うどんや, 우동집)이 성업하고 있다.

우동은 글자 그대로 발이 굵은 국수를 뜨거운 국물인 '다시지루'(だ

しじる, 흔히 '다시'라고 부른다)에 말아서 내주는 것이다. 소바의 경우도 '다시지루' 국물에 우동처럼 말아준 것을 먹거나 대나무 발(ざる)이 깔린 네모난 목기(나무그릇)에 얹어주는 메밀국수(ざるそば, 자루소바)를 보시기 크기의 나무그릇에 든 육수에 적셔서 먹기도 한다.

그런데 일본의 자랑인 우동의 원조는 우리나라의 국수라는 것을 일본 학자가 다음처럼 밝히고 있다.

「현재의 국수모양의 우동을 만들게 된 것은 에도시대(1607~1867)에 접어들어, 조선의 학승인 원진(元珍, げんちん) 스님이 국수 만드는 방법을 가르쳐 주었다. 메밀가루에다 밀가루를 섞어 반죽한 것을 길게 늘려서 편 것을 칼로 썰어 국수를 만드는 방법이다. 이 방법은 대뜸 크게 유행해서 모두들 먹기 쉬운 국수를 만들어 먹게 되었다. 명칭도 이 때부터 '운동'(うんどん, 饂飩)이라고 처음으로 부르게 되었다. 그 이전까지는 수제비를 만들어 먹으면서 수제비인 '곤통'(こんとん, 混沌)으로 불렀다.」(코마쓰 사쿄우(こまつ さきょう) 감수『오모시로햣카』카도가와서점,1984)」.

일본 음식의 대표적인 '우동'을 맛나게 끓이는 솜씨는 역시 일본이 세계적이다. 우리나라 재래 국수 보다도 국수발이 매우 굵은 데다 국물(다시지루) 맛은 달면서 짜고 깊은 맛이 난다. 이 우동이라는 음식은 국물맛이 솜씨를 좌우하며, 유명한 우동집은 점심 때 사람들이 긴 줄을 서서 차례를 기다릴 정도이다.

우동 국물 맛의 원조는 어부 '칸타로우'

우동의 국물맛을 내는데 으뜸가는 것은 이른바 '카쓰오부시'(かつお

ぶし,가다랭이)다. 그것을 넣어서 맛좋은 국물을 만든다고 한다. 카쓰오부시는 고등어과에 속하는 물고기인 '가다랭이'의 등을 갈라서 찐 다음에 말린 것이다.

이 카쓰오부시를 개발한 것은 1674년에 '키슈우'(きしゅう)의 어부인 '칸타로우'(かんたろう)에 의해서라는 문헌의 기록이 있다. 이를테면 한국 사람이 '카쓰오부시'를 가지고 우동 국물을 만든다 해도 일본 사람 우동 국물 솜씨는 좀처럼 따르지 못하는 것 같다. 이것은 마치 일본 여자가 아무리 김치를 열심히 담가도 한국 아주머니의 김치 담그는 솜씨를 도저히 따르지 못하는 것과 진배 없는 것 같다.

우동 국물에는 다시마와 멸치도 들어간다고 하는 데, 실은 우동 명점으로 소문난 집 조리사들에게는 제각기 다시지루의 진미를 우려내는 비법이 제나름대로 숨겨 있다고들 말한다. 우동 가게의 생명을 좌우하는 극비 조리법인 것이다.

일본에는 전국적인 우동의 연쇄점(チェーンストア, 체인스토어)도 여럿이 있다. 번화가에는 이른바 손으로 쳐서 만들었다는 수타국수인 '테우찌우동'(てうちうどん) 간판들이 눈길을 모은다. 기계로 뽑는 국수 보다는 데우찌우동은 국수발이 탄력적이라서 씹는 맛이 좋다는 얘기다. 일본인들의 말을 빌린다면 국수가 이에 졸깃졸깃 잘 씹힌다고 해서 '하코타에'(はこたえ, 이로 씹는 맛)가 좋다고들 한다.

우동 역시 국물맛과 더불어, 씹히는 맛과 입안에 닿는 보들보들한 촉감의 맛 또한 곁들이는 것 같다. 천차만별 제각기 까다롭기 그지없는 사람의 입맛을 척척 제대로 따라준다는 것도 결코 만만찮은 우동 장수들의 고민인 것 같다.

일본의 '사누키 우동'은 명물

　일본에서 특색있는 우동으로서 손꼽히는 것은 이른바 '사누키우동' (さぬきうどん)이다. 일본의 큰 섬인 '시코쿠'의 '카가와'현의 옛 지명인 사누키(さぬき) 일대가 우동의 맛을 옛날부터 천하에 뽐냈다는 것. 일본 토우쿄우에도 그 고장 '사누키 우동'을 자랑삼는 가게가 '신바시'(しんばし)에 있다고 지기인 타나카 히사히로(たなか ひさひろ) 씨가 함께 가자고 했다.

　그러던 차에 때마침 서울에서 백파 홍성유(소설가) 씨가 일본에 건너 왔다. 1992년 겨울이었다.

　필자는 홍성유 씨를 타나카 씨에게 소개하여 셋이서 함께 신바시의 사누키우동을 먹으러 갔었다. 우동 국수는 납작한 형태로서, 보통 우동과는 다른 별미가 좋았다.

'우동' 집　　　　　　　　　　　　　'소바' 집
'우동집'과 '소바집' 가게 선전포가 현관 앞에 걸려있다.

'소바'(메밀)를 더 좋아하는 일본인들

우동집에 들어오는 일본인들을 유심히 지켜보면 우동 국수 보다는 메밀가루로 만든 '소바'인 소바 국수 쪽을 더 선호하는 것 같다. 어느 날 소바를 함께 먹다가 센슈우대학 교수 오오타 쥰조우(おおた じゅんぞう) 씨에게 물어 보았더니 대뜸 이렇게 말해 준다.

"소바는 건강식으로 손꼽히지요. 소화도 밀가루 우동보다 더 잘되고요. 그래서 요즘은 우동 국수보다 소바 국수를 많이들 먹는 경향입니다. 옛날에 사무라이(무사)들은 싸움터에 나갈 때 소바를 잔뜩 먹고 갔다고 합니다. 소바를 많이 먹으면 칼싸움할 때 힘이 솟아 난다고 했습니다."

일본 사람들이 우동 국수보다 소바 국수를 더 좋아한다는 소바의 명물은 일본 각지에 명점들이 내노라하고 '노렝'(のれん) 천을 가게 입구에 내걸고들 있다.

노렝이란 음식점 출입구 문에 상호 따위를 염색한 천(선전포)을 내건 것이다. 손님들은 현수한 그 노렝을 손으로 밀어 젖히면서 출입하게 되는 것이다.

할아버지, 아버지 등 대대로 대를 잇는 오래된 노포를 일컬어 '시니세'(しにせ)라고들 불러준다. 시니세 우동집과 소바집도 많다.

큐우슈우(きゅうしゅう)의 후쿠오카(ふくおか)가 고향인 타나카 히사히로 씨는 후쿠오카 등 큐우슈우에도 소바의 명점인 시니세들이 많다고 했다.

센슈우대학 국문학과의 오노 타케시(おの たけし) 교수도 자기 고향인 나가노(ながの) 지방의 '신슈우 소바'(しんしゅう そば)가 유명하다고 내게 말하면서, 함께 가자고 했다.

오노 타케시 교수는 우리나라 설렁탕을 매우 좋아한다. 서울에서 아들에게 태권도를 가르치고 싶다고 1992년 여름방학에 데리고 왔을 때였다. 이들 부자는 설렁탕을 앉은 자리에서 각기 두 그릇씩 맛나게 먹어서 필자를 기쁘게 해주었다.

오노 타케시 씨의 고향의 명품 '신슈우 소바'는 그 후 오자와 유키오(일본 스기노코 문화진흥재단 이사장) 씨와 함께 그 고장에 가서 두 번씩이나 먹어 본 일이 있다.

"소바 국수의 맛은 역시 좋은 품종의 메밀을 가루로 만들고, 좋은 물에다 반죽을 하는 것"이라는 게 신슈우 소바집의 조리사 스즈기 요시오 씨의 얘기였다.

스즈기 씨는 널찍한 널판(가로 약 2미터, 세로 약 1미터 40센티) 위에서 콧등에 땀이 송글거리면서, 반죽을 개느라 흰 조리복을 입은 몸의 상체를 반죽 덩어리에 거의 닿을 듯 기울이면서 힘껏 두 손바닥으로 눌러대는 것을 볼 수 있었다.

'오뎅'(꼬치)은 가족들이 별러서 먹는 요리

"일본인들의 음식중에서, 겨울에 날을 잡아서 가족들이 저녁 식탁에 둘러 앉아 모처럼 즐겁게 먹는 것이 냄비(なべ)에 끓이는 오뎅(おでん)입니다"

내게 이렇게 말해준 것은 가쿠슈우인대학 교수 마부치 마사야(まぶち まさや) 씨이다. 나와 함께 '오오야마'(おおやま)에 등산하고 내려와서 마부치 교수와 나는 그가 잘 가는 '오뎅' 전문점에서 정통적인 오뎅을 먹었다. 오뎅은 찬바람이 일기 시작하는 11월 접어들면서부

터 뜨끈한 국물과 함께 그 진미를 맛보게 되는 것이다.

요리장인 나카가와 토모요시(なかがわ ともよし) 씨는 오뎅의 정의를 이렇게 말해 준다.

"오뎅은 두부와 '콘냐쿠'(こんにゃく, 땅속에서 캐내는 식물인 곤약)며 생선묵인 '카마보코'(かまぼこ)며 '한펭'(はんぺん,짓이긴 상어 고기와 달걀 흰자 등을 섞어 찐 것)과 '찌쿠와'(ちくわ, 대나무 창살에 가공한 생선묵)에다, 토란과 무우 따위를 넣어서 '다시지루'(だしじる,국물)에다 푹 끓이게 됩니다. '다시지루'는 가다랭이포('카쓰오부시' 가공품)며 다시마와 멸치 등을 넣고 끓인 국물입니다. 오뎅이야말로 겨울철 '나베(냄비)요리'의 대표적이지요."

오뎅을 자세하게 설명하던 나카가와 씨는 내게 명함을 내밀어 준다.

그는 오뎅 요리점 '오뎅'(おでん)의 점장(책임자)인 동시에, '다카요리전문학교' 교수로서 오뎅 등 각종 일본 요리를 가르치는 전문 학자였던 것이다.

그런 전문인이 끓인 것이라서 그런지, 첫 겨울 바람을 쐬고 산에서 내려 온 나는 마부치 씨와 함께 진미의 정통 오뎅을 모처럼 맛보게 된 것이 가슴 뿌듯했다.

나카가와 교수는 "오뎅에 들어가는 두부(とうふ,豆腐)가 백제를 통해 나라(奈良)시대(710~784)에 일본에 건너왔다."고 말한다. 일본인들이 즐겨먹는 두부는 고대에 육식을 금하는 승가의 고단백 식품으로서 백제의 불교 승려들에 의해 일본에 전해진 것이며, 최초의 생산지가 우리나라인 것만은 틀림없는 것 같다.

『세종실록』에 보면, 명(明)나라 때 천제(天帝)가 조선에서 데려온 요리인들의 솜씨에 대해 칭송하기를, 「그들의 음식 솜씨가 모두 훌륭하거니와 특히 두부를 만드는 솜씨가 뛰어나다」고 한 것을 보면, 두부는 고대 조선에서 고안된 것으로 추찰된다.

임진왜란 때 일본에 끌려간 조선인들은 본래 삼국시대부터 부터 이미 두부를 만들어 먹었던 것이며, 토사(土佐, 지금의 高知,こうち)지방에 정착한 박호인(朴好仁)이 두부의 명인으로 알려져 오고 있기도 하다. 박호인의 후손인 아키츠키(秋月) 씨는 현재 코우치며 오오사카·쿄우토·나라 등 킨키지방에 약 7,000명이 살고 있다고 사쿠마 에이(さくま えい) 박사는 밝히고 있기도 하다.

오뎅 비법은 임종 때 아들에게만 전수

'오뎅'(御田이)라는 한자어 글자는 우리말로는 '어전'에 해당한다. '존귀한 밭'이라는 뜻이다. 요리전문학교 교수인 나카가와 씨는 또 설명해 준다.

"오뎅은 에도시대 초기에는 귀족들만의 냄비 요리였습니다. 워낙 여러 가지 재료와 시간이 많이 걸리는 음식이어서, 서민들은 좀처럼 입에 댈 수 조차 없는 고급 요리였던 것입니다."

나카가와 교수는 내게 설명해주기를, 국물(다시지루)을 끓이는 물의 온도와 시간이 무엇보다도 중요하다는 것이다. 국물은 무우를 크게 썰어서 큰 무쇠통 바닥에다 깐 다음에 가다랭이포와 멸치, 다시마 등을 넣고 8시간 이상 끓인다고 했다. 그런데 이 끓이는 시간을 지켜 보면서 국물에는 요리사가 제각기 비법의 물질을 첨가시킨 다는 것이다. 이것을 가리켜 토우쿄우 지방의 '니코미 덴가쿠'(にこみでんがく) 또는 '칸토우다키'(かんとうだき)라고 일컫는 오뎅 요리법이라고 한다.

"그 비법의 물질은 그 요리점의 생명이라서 자기 아들에게도 가르쳐 주지 않습니다. 죽을 때 임종의 자리에서만 살며시 가르쳐 준답니다."

우리나라 고려시대에 청기와를 굽던 장인의 수법이나 진배없는 얘기였다.

오뎅맛 돋구는 '카마보코'며 '후쿠로'

생선묵인 '카마보코'는 여러 가지 살이 흰 생선만을 어묵공장에서 기계로 으깨어 만든 생선묵을 말한다. 네모난 갸름한 나무판에다 붙인 생선묵을 가리켜 '이타쓰키 카마보코'(いたつきかまぼこ)라고 부른다.

나무판은 도마(まないた, 마나이타) 구실을 하는 것은 사실이다. 그러나 요리할 때 편리하게 카마보코를 썰기 좋으라기 보다는 카마보코를 찔 때 물기를 나무판에 흡수시키게 하고, 카마보코를 냉각시키는 과정에서는 나무판이 카마보코에다 수분을 주는 작용을 한다. 즉 제조 공정에서의 수분 조절용이다. 즉 나무판이 어묵의 형을 보기좋게 뜰 때 구실한다는 것.

역시 어묵의 일종인 '찌쿠와'(ちくわ)라는 것은 글자 그대로 대꼬챙이에다 어묵살을 둥글고 기다랗게 붙여서 굽거나 또는 쩌내는 것이다. 대꼬챙이 대신 쇠꼬챙이로 만들기도 한다. 일본에서는 우리나라처럼 대꼬챙이에다 오뎅을 이것 저것 꿰어서 먹지 않는다. 우리가 오뎅을 '꼬치'라고 표현하고 있으나 이 '꼬치'라는 말은 적절한 우리말

표현은 아닌 것 같다.

오뎅은 고장에 따라서, 냄비에 넣고 끓이는 내용이 약간씩 바뀌기도 한다. 또한 내용물을 먹는 방법에 따라 거기 걸맞는 이름도 붙는데, 이를테면 콘냐쿠를 대꼬챙이에 꽂아 된장을 바른 것은 '덴가쿠'(でんがく)라고 하며, 두부를 위주로 먹는 '토우후 덴가쿠'(とうふでんがく) 등이 있다.

"덴가쿠'라는 말은 본래, 논에서 모내기 할 때, 징치고 피리불며 춤추던 일본의 농악을 가리킵니다."

이렇게 마부치 마사야 교수는 내게 설명을 잊지 않았다.

그런가 하면 '후쿠로 덴가쿠'(ふくろ でんがく)도 있다. 이것은 오뎅 내용물을 '후쿠로'(ふくろ, 주머니)속에 넣은 것을 뜨끈하게 먹는다. 이 주머니 '후쿠로'는 이른바 기름에 튀겨낸 '아브라아게'(あぶらあげ, 유부)로서 그 속에다 야채며 돼지고기랑 '시라타키 콘냐쿠'(しらたき こんにゃく), 국수로 뽑은 콘냐쿠) 따위를 쑤셔넣은 것을 말한다. '시라타키'(しらたき)라는 것은 그 국수 생김새가 실처럼 가느다란 폭포수라는 비유이다.

나는 마부치 교수와 따끈한 청주를 몇잔 곁들이며 오뎅을 즐겼다. '토쿠리'(とくり) 술병에다 뜨끈하게 중탕한 청주를 가리켜 '칸사케'(かんさけ) 또는 '아쓰칸'(あつかん)이라고 말하며, 차게한 청주는 '히야사케'(ひやさけ)라고 말한다.

일본에서는 '야키토리'(やきとり)하면 닭구이를 가리킨다. 우리나라처럼 '참새구이'는 자취를 감춘지 오래다. 소의 등을 타고 앉은 참새가 소에게, '네 고기 열점이 내 고기 한점만 하냐?'라던 참새고기가 이제 우리나라에서는 병아리로 둔갑했다는 소리를 들을 때는 웬지 씁쓰레진다.

세계 최초 '라면' 만들어 성공한 식품회사

우동맛이 세계적이라는 우동 솜씨 뛰어난 일본인들이 고안해 낸 건조시킨 국수가 다름아닌 즉석 '라면'(ラーメン)이다. 뜨거운 물을 라면에다 붓고, 양념 봉지를 털어 넣고 몇분 뒤면 먹을 수 있는게 간편한 라면이다.

일본에서는 '즉석 라면'을 가리켜 영어식으로 소위 '인스턴트 라면'(インスタント ラーメン)이라고도 부르지만 영어에는 본래 그런 말이 없다. 일본인들이 그야말로 즉석에서 만든 일제 영어이다. 여하간에 즉석 라면은 일본의 '닛신(にっしん)식품회사'가 1958년에 처음 만든 것이다. 이른바 「치킨 라면」(チキンラーメン)이라는 것을 판매하기 시작했다. 그것이 선풍적인 인기를 끌면서 판매고를 올리게 되었다. 대성공이었다.

「치킨 라면」이라는 것은 '닭고기 라면'이요 '병아리 라면'이라는 뜻이다. 그렇다고 닭고기가 든 것은 아니다. 현재와 같이 닭고기 국물 맛을 내는 라면의 양념 가루를 열탕 속에 3분간 라면과 함께 넣으면 그런 맛이 나는 것이다.

닛신식품의 「치킨 라면」의 성공은 곧이어 일본 각지에 우후 죽순처럼 라면 회사를 일으키게 하였다. 이듬 해인 1959년 가을에는 「에이스(エース)식품」의 라면이 나왔고, 이어 다시 1960년에는 「묘우죠우(みょうじょう)식품」의 라면이 등장하게 되었다.

이러는 가운데 1970년대에는 3백개를 헤아리는 라면 회사가 난립했다. 바로 이 시기에 한국에서도 마침내 「삼양 라면」이 나와서 역시 우리나라에서도 선풍적인 인기를 끌게 된 것이다.

라면 붐을 타는 가운데 일본의 닛신식품회사는 과연 선각자답게 계속해서 새로운 아이디어 라면을 개발해서 다시금 성공하게 되었다.

새상품의 명칭은 '컵누우들'(カップヌードル, cup noodle)이라고 내세웠다. 이른바 컵에 담았다는 '컵국수'가 그것이다. 냄비가 없이도 산이고 들이며 바다거나 어디에서든지 뜨거운 물만 부으면 그 자리에서 들고 먹을 수 있는 즉석 컵라면을 개발한 것이었다.

다시 그 다음에는 일본인들이 가장 즐겨 먹는 우동을 역시 '컵우동'(カップウドン)으로 만들어 열탕을 부어 익혀 먹게 만드는 등, 일본인들의 아이디어는 앞으로 또 어떤 새롭고 기발한 휴대용 즉석 국수를 개발해 낼는지 미지수이다.

인기 '라면집'에 줄서기 행렬

일본인들이 우동 버금가게 좋아하는 것은 라면이다. 일본 각지 도시의 번화가 뿐 아니라 주택가에도 흔한 것이 이른바 '라면집'인 '라멘야상'(ラーメンやさん)이다. 이런 가게들은 제가끔 특색있는 라면의 조리 솜씨를 뽐내면서 손님들을 불러 모으는데 열을 올린다.

인기가 있는 라면집은 심지어 손님들이 가게 앞길에 긴 줄을 잇고 차례를 기다린다. 이런 가게를 민방 테레비는 열심히 취재해서 맛과 화제거리를 보여주는 것도 일본적인 진풍경이라고 하겠다.

이런 라면은 상점등에서 판매하는 인스턴트 라면과 달리, 마치 우동가게가 우동 국수의 뛰어난 솜씨로서 우동집을 경영하듯, 라면집마다 또한 각기 독특한 맛의 라면 국수를 만드는 비법이 각양각색이다.

라면집들은 대개 중국식으로 졸깃졸깃한 면을 뽑는다, 돼지기름인

라아드(ラード) 따위로 육수를 만들어 국물맛의 진미를 제공하는데에, 그 가게의 성패가 달린다는 얘기이다. 따라서 라면공장에서 만들어 파는 기성 제품의 라면을 끓여주는 게 아니다. 라면집 저마다 독특한 조리 방식의 라면을 손수 만들어 큼직한 대접에 듬뿍 담아서 손님에게 내준다.

우리가 술마신 이튿날 해장국을 찾아가듯이, 일본인들은 라면집으로 찾아가서 속을 푼다고들 말한다. 이와 같은 라면 집 국수도 기성제품의 국수처럼 노란색깔이다.

라면 국수가 노란 것은, 국수를 만들 때 밀가루에다 식염과 물로 반죽을 하면서, 여기에다 간수(고염)를 첨가시키기 때문이다. 이 간수는 알칼리성(탄산칼리의 포화수용액)이기 때문에 밀가루의 프라본이라는 무색의 색소가 알칼리성으로 변화하면서, 노랗게 바뀌는 것이다. 그러므로 라면 국수는 하얀 우동 국수와 달리 노란 것이다.

밀가루 반죽을 할 때 간수를 첨가하는 것은 국수를 졸깃졸깃 하게 씹히도록 만들기 위해서이다.

'에키벤'(역도시락) 즐기는 일본인들

일본 사람들 만큼이나 도시락(벤토우, べんとう)을 즐기는 경우는 세계적으로 드물다고 할 만하다. 직장이며 학교로 도시락을 싸갖고 가는 것은 일반적이다.

일인들이 특히 즐기는 도시락은 이른바 '에키벤'(えきべん)이다. 각 역에서 팔고 있는 도시락을 가리켜서 '에키벤'이라고 한다. '에키벤'이라는 말만 들어도 그들은 곧 군침을 삼킨다는 얘기다. 그리고 보면

마른 반찬을 매우 반긴다고 하겠다. 그러기에 전철역이며 기차역 앞이나 역구내에는 어디를 가나 '에키벤'이라는 도시락 매점이 고객들의 인기를 모으고 있다.

시골역에 가보면, 기차가 서는 시간마다 '에키벤' 장수가 프렛폼에 나와서 행상으로 짭짤한 재미들을 본다. 그 고장 특산 버섯이나 산채 따위 반찬이며 물고기며 심지어 게까지 튀긴 것을 '내고장 진미'의 도시락으로 내세워 호객을 하고 있다.

어떤 사람은 "에키벤을 먹으려 기차 여행한다"고 할 정도다.

그 고장 독특한 반찬들이 잔뜩 밥맛을 돋구어 주니, 우리의 '금강산도 식후경'이 아니라, '에키벤 먹으러 후지산(일본 최고의 산, 3776미터) 간다'는 격이다.

실제로 후지산 일대의 5곳의 호수 지대에도 제 각기 소문난 후지산 도시락을 팔고 있어서, 선물삼아 몇 개씩 사가는 사람들도 가끔 볼 수 있다.

반찬 '오카즈'는 반찬 숫자에서 생긴 낱말

도시락은 밥보다 반찬 맛이라는데, 특색있고 맛난 반찬의 가지수가 많을수록 고객을 불러 모으기 마련.

반찬을 일본어로 '오카즈'(おかず, 御數)라고 말한다. 이것은 직역하자면 '귀한 숫자'라고 일컫는 내용이다. 밥이 한 가지인 데 반해서 반찬은 이것 저것 여러 가지 숫자로 헤아리게 된 데서 생긴 말이란다. '오카즈'라는 말 그 자체가 본래 주부들이 쓰던 말이다.

반찬이란 '부식'을 가리키기도 하는데 '오카즈' 대신에 점잖게 말할

때는 '오사이'(おさい, 御菜, 어채)라고도 한다. '오사이'는 '귀한 나물' 또는 '귀한 채소'라는 뜻이다. 한자어의 나물 '채'자를 쓴다. 이것은 야채 부식을 총칭하는 말이기도 하다.

술 안주의 경우는 일반적으로 '사카나'(肴, 효)라고 말한다. 이 안주의 사카나는 '물고기'(魚, 어)도 뜻할 뿐 아니라, 술 마실때의 '부식'으로서의 '안주'를 일컫는다. 한자어로는 '효'자를 쓰고 있는 게 일반적이다.

술자리 분위기를 흥미있게 돋구어 주는 노래며 춤, 재미나는 화제거리도 일인들은 '사카나'라고 말한다. 우리 속담에 '말이 안주다'를 방불케 하는 소리다.

또한 일본에서는 반찬이며 안주 등 모든 부식을 일컬어 '나'(な,菜)라고도 말한다. '나'는 한자어로 나물 '채'자이다.

'에키벤 대학'이라는 날림 대학

역에서 파는 도시락인 '에키벤'(えきべん) 때문에 만들어진 말이 이른바 '에키벤 다이가쿠(대학)'라는 것이다. 이 말뜻은, 에키벤을 팔고 있는 역이 있는 도시에는 반드시 대학교가 있다는 것이다. 그게 무슨 소리냐 하는 독자도 계실 것 같다. 실은 이 '에키벤 다이가쿠'라는 것은 급하게 설립된 시설등이 부실한 이른바 '날림대학'을 빈정대는 말이다.

제2차대전 이후에 일본에서는 갑자기 여기 저기서 우후죽순처럼 대학이 들어섰던 것이다. 이 때에 일본의 저명한 사회 평론가였던 오오야 소우이치(おおや そういち,1900~1970)가 만든 조어이다. 그

밖의 그의 색다른 조어로는 남편이 아내 앞에 감히 머리를 쳐들지 못한다는 '쿄우사이'(きょうさい, 恐妻, 공처), 또는 '잣소우슈기'(ざっそうしゅぎ, 잡초 주의)며, '이치오쿠 하쿠치(いちおくはくち, 일억 백치), 즉 1억의 일본인들은 모두가 백치라는 둥, 그는 풍자와 독설 반골로 천하를 석권했던 인물이다.

'일억 백치' 즉 '이치오쿠 하쿠치'라는 오오야 소우이치의 독설은 그 당시 일본 수상(총리대신)이었던 히가시쿠니 나루히코(ひがしくに なるひこ, 1887~1990)의 발언을 비판한 말이었다.

1945년 8월 15일 일본이 제2차대전에 패전한 직후, 미군점령군 총사령관 맥아더(1880~1964)에 의해서 수상으로 임명된 히가시쿠니 나루히코는 미군에게 잘 보이기 위해서, 이른바 '1억 총참회'를 외쳤다. 즉 '이치오쿠 소우산게이'(いちおくそうさんげい)를 내세우면서 일본의 전쟁 책임에 대해서 1억 일본인 모두가 잘못을 뉘우치자는 것이었다. 오오야 소우이치는 일본의 군국주의 전쟁 범죄자들이 죄를 뉘우쳐야지, 선량한 국민들의 잘못이 무엇인가를 항변한 데서 군국주의자들로부터 우롱당하는 국민들을 '일억 백치'라는 말로서 반박한 것이었다.

'히노마루 벤토우'는 '우메보시' 도시락

에키벤의 도시락 반찬도 여러 가지 다양한 데, 개중에는 '히노마루 벤토우'(ひのまる べんとう)라는 것도 있다. 이것은 도시락의 밥 한 가운데에 둥그런 매실 열매를 단 하나만 박아 넣은 것이다. 네모진 도시락 흰 밥 속에, 붉으레한 매실 열매가 흡사 '히노마루'처럼 둥글

'우메보시' 만드는 매실

게 꽂힌 것이다.

일본인들은 매실을 가지고 '우메보시'(うめぼし)라고 부르는데, 우리나라의 오이지나 짠지처럼 매실 열매로 '매실지'를 담가서 반찬으로 먹는다.

매실지인 이 우메보시는 담근지 2, 3일이 지나면 붉어진다. 애당초 연녹색인 매실을 하룻밤 동안 물에 담가 우려낸 뒤에, 다음날 소금으로 주물러서, 향기로운 야채인 '시소'(しそ,차조기) 잎사귀를 넣어 매실지를 담근다. 이 우메보시가 며칠 뒤에 붉어지는 것은 차조기 잎사귀에 들어 있는 '앤토시안' 계통의 색소가 작용하기 때문이다.

일본 사람만큼 이 우메보시를 좋아하는 경우도 보기 드물다고 하겠다. 그러기에 이 매실지를 좋아하는 사람들은 에키벤 중에서도 '히노마루벤토우'를 즐겨 사먹는다는 것.

일본이 몹시 궁핍했던 일제시대에 가난한 사람들은 매실지 단 한 개만을 반찬삼아 밥을 한 끼니씩 때웠다고 한다. 그러기에 지금도 이른바 '히노마루 벤토우'는 가난한 시대의 추억거리로 일부러 사먹는 사람들이 있다고 한다. 마치 우리나라에서 빈곤 시대에 먹었던 이른바 '꽁보리밥'을 일부러 찾아가 사먹는 것이나 진배없는 노릇이라 본다.

가난의 상징 '에키벤'의 역사

에키벤의 발자취는 1885년 7월 16일에 일본 '우쓰노미야' (うつの
みや)역에서 처음 등장했다고 한다. 우쓰노미야시는 토우쿄우의 동북
쪽 '토치기'(とちぎ)현의 현청 소재지이다. 오늘날은 '토우호쿠 신칸센'
(とうほく しんかんせん) 철도가 달리다 정차하는 중요한 큰 역이다.

후루야 미쓰토시(ふるや みつとし) 씨가 편저한 책, 『맛의 재미나
는 탐험술』(주부와 생활사 발행, 1986)을 살펴 보면, 「빈핍 에키벤」
(가난한 에키벤)이라는 제목 아래 에키벤의 역사가 다음과 같이 밝혀
지고 있다.

「깨소금을 뿌린 밥에 '우메보시'(매실지)가 들어 있는 '니기리메시'
(にぎりめし, 주먹밥)에 '타쿠앙'(たくあん, 단무우지). 이것들을 대
나무 잎사귀에 싼 것을 불쑥 내밀면서, "보세요, 도시락의 대용품에
요!"라고 한다면 누구이거나 버럭 성을 낼 것이다.

"이 따위가 '에키벤'이야!"

그렇지만 그것이 '에키벤'이었다. 이 가난하기 그지 없는 에키벤은,
메이지 18년(서기 1885년)에 우쓰노미야 역에서 발매된 일본 제1호
의 에키벤(역 도시락). 오늘날에 이런 초라한 에키벤은 가난의 상징
그 밖에 아무것도 아니지만, 그 당시 가격은 5전. 그 무렵 메밀 국수
한 그릇에 1전이었으니까, 가난하다기 보다는 오히려 매우 사치스러
운 도시락이었던 셈이다.

그런데 흰밥 하면 우메보시가 빠질 수 없다. 흰 바탕에 빨간 점섬
밥 디자인은 '히노마루 벤토우'(빨간 동그라미 도시락)라고 일컬어졌
다. 이 도시락의 고안자는 검소한 정신의 권위라고 여겨지는 다름 아
닌 노기 마레스케(のぎ まれすけ,1849~1912)장군. 역시 그래서 그

건 히노마루였구먼.」

　노기 마레스케는 메이지유신 시대의 육군대장으로, 노일전쟁 때 러시아의 '여순 공략'에 실패하여 지휘관 자리를 딴 사람에게 경질당했다. 뒷날 그는 메이지천황(1867~1912 재위)이 죽자, 아내였던 시즈코와 함께 자택에서 자결했다. 그 때문에 그의 죽음은 일제 군국주의 치하에서 그를 '군신'(ぐんしん)이라고 선전하였다(『인물사전』 산세이도우, 1978).

　이른바 히노마루 도시락의 발자취는 노기장군의 충군 사상의 유물이랄까.

나그네 불러 모으는 각지의 '에키벤'

　'에키벤' 먹으러 여행을 떠난다고 했기에, 여기서 유명한 '에키벤'을 소개해 둔다. 혹시 여러 독자들이 다음 지역에 여행하실 때는 향토색 짙은 '에키벤'을 사드시기 바라련다.

　철도의 명칭이며 역이름과 입맛 돋군다는 '에키벤'의 명칭만을 간단히 살펴본다.

　'신에쓰 혼센'(しんえつほんせん) 철도의 '요코가와'(よこがわ) 역의 '토우게노 카마메시'(とうげのかまめし, 영마루의 솥밥)를 비롯해서, '호쿠리쿠 혼센'(ほくりくほんせん) 철도의 '토야마'(とやま) 역의 '마스스시'(ますすし, 송어 초밥)가 깊은 맛을 안겨준다.

　'하코타테 혼센'(はこたてほんせん) 철도에서는 '모리'(もり) 역의 '이카메시'(いかめし, 오징어 초밥)가 명물이고, '상카쿠센'(さんかくせん) 철도의 '상카쿠'(さんかく) 역에 가면 '타이노 스가타스시'(たい

のすがたすし, 도미 모습 초밥)이 인기 큰 '에키벤'으로 전국에 소문
나 있다.

　일본에서 두 번째로 등장한 '에키벤'은 앞에서 살핀 명소 '요코가와'
역의 것이었고, 세 번째로 등장한 것은 '타카사키센'(たかさきせん)
철도의 타카사키(たかさき)역의 '니기리메시'(にぎりめし,주먹밥) 에
키벤의 순서이다.

'우나벤'으로 부르는 장어 덧밥 도시락

　그 밖에 유명한 '에키벤'은 간장을 바른 장어를 달게 구워 밥위에
얹는 이른바 '우나벤'(うなべん)이 일본 각지의 강변과 호수지역의 역
마다 유명하다. 특히 장어는 일본 사람들이 삼복에 몸보신하는 물고
기로서 인기가 커서, 한 여름철의 '우나벤'은 명물이다. '우나벤'이란
장어인 '우나기'(うなぎ)와 도시락인 '벤토우'(べんとう)의 합성어이
다. '우나벤'이 약어를 즐기는 일본인들의 기호 식품의 애칭이 된지는
벌써 오래다.

　특히 '우나벤'이 유명한 곳은 하마마쓰(はままつ)의 '하마마쓰 역'이
다. 시즈오카(しずおか) 서부지역인 이 고장은 옛부터 에도(えど)로
가는 길목의 여관 거리로서 발전했다. 하마마쓰역의 '우나벤'은 지난
1962년에 '역전 도시락'이라는 제목의 영화 『에키마에 벤토우』(えき
まえ べんとう)로서 영화배우 '후랑키 사카이(フランキー さかい) 등
의 출연이 인상적이었다. 이 하마마쓰의 '우나벤'에 쓰이는 장어는 근
처의 호수 '하마나코'(はまなこ) 것이며, 이 호수는 장어와 자라의 양
식이 전국적으로 유명한 데서 '우나벤'의 인기가 높다.

에도 시대에 등장한 '우메보시'(매실지)

지기인 일본 작가 오카자키 마사오(おかざき まさお) 씨는 일본인들이 그토록 좋아하는 우메보시는 에도시대부터 만들어졌다고 하면서 내게 다음과 같이 말해 준다.

"에도시대에 등장한 우메보시는 3년 지난 것이 가장 맛이 좋습니다. 그래서 옛날부터 '우메보시를 담그려면 3년간 계속해서 담그라'고 했습니다. 이런 식으로 계속 담가나가면 해마다 맛좋은 것을 꺼내 먹게 되는 셈이죠."

매실은 건강 식품으로도 손꼽힌다는 게 오카자키 마사오 씨의 견해이다.

"매실에는 피를 맑게 해주는 정혈 작용과 독을 풀어주는 해독 작용, 또한 살균 작용까지 3가지 효능이 있다고 합니다. 매실 때문에 에도 막부의 쇼우군(しょうぐん, 장군)이었던 도쿠가와 이에야스(とくがわ いえやす,1542~1616)는 건강을 유지했다고 전해지고 있습니다."

도쿠가와 이에야스는 건강식으로서 매실을 워낙 많이 먹었기 때문에, 그의 후손들도 역시 매실을 많이 먹었다고 한다. 그런 까닭으로, 도쿠가와 이에야스 가문의 연고지로 소문난 세 고장인 '오와리'(おわり, 현재의 아이치현 서남부)와 '키슈우'(きしゅう, 현재의 와카야마현) 및 미도(みど, 현재의 이바라키현 중부) 지역 일대에는 매화나무 명소들이 많이 있다.

눈속에 핀다는 게 매화꽃이다. 일본에는 비단 이 세 고장 뿐 아니라 전국 각지에 매화꽃동산(ばいえん, 바이엔) 명소가 산재하고 있어서 2월을 전후하는 시기에 매화꽃 구경이 한창이다. 매실의 생산이 많으므로, 매실지 뿐 아니라 매화술인 '우메슈'(うめしゅ, 매주) 역시

명산 양조장이 각지에서 내노라 뽐내는 매실술을 빚고들 있다.

공처 도시락인가 애처 도시락인가

도시락을 일상 생활화하고 있는 곳이 일본이다. 그 때문에 회사며 학교, 단체들의 회식은 의례 도시락을 음식점에 주문해서 먹는다. 주문 도시락을 가리켜 '시다시 벤투우'(しだしべんとう)라고 말한다. 필자가 교원으로 근무했던 센슈우대학에서도 교원들의 대소 회의때는 늘 인근 식당으로부터 주문한 도시락으로 식사를 때웠다.

운동장의 각종 경기를 보러갈 때 역시 도시락을 사먹는다. 토우쿄우의 '스모우'라는 일본식 씨름 경기장인 '코구기칸'(こくぎかん)에서도 여러 가지 맛난 대소형 도시락을 사먹게 된다.

어디 그뿐인가. 연극 등 공연장의 막간에도 극장에서 팔고 있는 '마쿠노우치 벤토우'(まくのうち べんとう)라는 도시락을 사먹으면서 장시간 구경을 즐기는 것이다. 한국에서도 도시락을 먹지만 일본인들만큼 도시락을 즐기는 사람들도 드물다고 본다. 일본인의 생활에서 도시락은 하루 생활의 중간 버팀목이나 진배없다고 하겠다.

집에서 주부들이 아침에 정성껏 싸준 도시락을 교원실에 앉아서 맛나게 먹고 있는 일본인 대학 교수들을 지켜보면서 나는 문득 이런 생각을 한 일이 있다.

"저들에게 있어서 마누라는 '공처'인가 아니면 '애처'인가" 하고. 왜냐하면 마누라가 싸준 도시락을 직장으로 가져 온 것을 가리켜 '아이사이 벤토우'(あいさい べんとう,애처 도시락)라고 속칭하기 때문이다.

물론 센슈우대학 구내에는 교직원 식당과 학생 식당도 3곳이나 있다. 일본의 각급 학교에도 우리나라처럼 '가쿠쇼쿠'(がくしょく)라는 학교 식당들이 운영되고 있다.

튀김 요리 '텐뿌라'의 발자취

생선 튀김이며 고구마 튀김에 이르기까지 일본 요리에는 튀김류가 많다. 그렇다면 '텐뿌라'(てんぷら)라고 부르는 튀김 요리의 원조는 일본인가. 그러나 텐뿌라로 일컫는 것은 스페인어의 템포라(tempora)에서 생긴 것이다.

템포라는 '하늘 위의 날'이라는 어원인데, 그리스도가 승천한 금요일에는 새 따위의 육식을 삼가고, 생선을 기름에 튀겨서 먹은 데서 생겨난 말이라고 한다.

16세기 후반에 일본에 온 스페인 사람들이 튀김 요리를 해먹었다. 이것을 본 일본인들도 생선 튀김을 만들어 먹게 되었다. 이 때부터 일본식 텐뿌라 소리가 나오게 되었던 것이다.

토오쿄우 땅에다 에도막부 무사정권을 수립한 토쿠가와 이에야스(とくがわ いえやす, 1542~1616) 장군에게는 흥미있는 일화가 전하고 있기도 하다. 즉 그는 어느 날 도미 튀김 텐뿌라를 먹은 것이 화근이 되어 배탈을 일으켜 사망했다고 한다.

쿄우토의 큰 부호인 시로우 지로우라는 사람이 토쿠가와 이에야스를 찾아 와서, "최근에는 비자 열매 기름으로 튀긴 도미 텐뿌라가 몸에 좋대서 인기가 크답니다"고 했다는 것이다. 이 무렵에 40명을 헤아리는 소실을 서느리던 토쿠가와 이에야스는 정력에 좋다는 바람에

즉각 도미 텐뿌라를 만들어 먹었다고 한다. 그러나 불운하게도 위장
을 망치는 바람에 세상을 떠났다는 일화가 전하고 있다.

일본적인 대중 음식 '돈부리'

'돈부리'(どんぶり)를 모르고는 일본 음식 문화를 말할 수 없다는
것이 일본의 식문화사가인 코스가 케이코(こすが けいこ) 씨. 그는
돈부리를 이렇게 지적한다.

「밥과 반찬이 하나가 된 것이 곧 돈부리라는 음식이다. 일본인은
돈부리를 매우 좋아한다. 텐돈(てんどん)·오야코돈(おやこどん)·카
쓰돈(かつどん)·규우돈(ぎゅうどん)·카레돈(カレーどん)·우나돈(
うなどん)·비후테키돈(ビフテキどん)·텟비돈(てっぴどん)·이쿠라
돈(イクラどん). 어느 것이고 간에 따질게 없이 맛난 돈부리의 종류
이다」(「맛난 일본근대사」2000).

돈부리는 운두가 높고도 크고 움푹한 사기 그릇에 뜨끈한 밥을 담
고, 그 위에다 쇠고기 볶음이며, 돼지고기 튀김이다, 또는 뱀장어 구
이를 얹는 등, 돈부리의 종류에 따라서, 밥위에 얹히는 내용이 각양
각색이다. 쉽게 말해서 이런 것 한 그릇과 젓자락만 있으면, 한 끼니
거뜬히 때울수 있는 대중 음식이다.

그러기에 일본의 도시며 역주변 등 어느 곳에서나 쉽게 사먹을 수
있는 것이 돈부리 중에서 쇠고기 중심의 '규우돈'(ぎゅうどん)이며 전
국적인 체인점들이 간판을 내걸고 각지에서 성업중이다. 값싼 것은 3
백엔대(한국돈 3천5백원 정도)이다.

일본인들의 애용식이라는 돈부리 중에서 장어구이를 밥위에 얹어주

는 이른바 '우나동'(うなどん)이 원조격. 에도시대(1603~1867)의 후기인 19세기 초기에 에도(지금의 토우쿄우)의 니혼바시(にほんばん) 다리께의 음식점인 '오오노야'(おおのや)에서 「원조 장어덧밥」(げんそ うなぎめし)를 처음에 시작한 것은 1836년이었다. 이것 저것 반찬이다, 찌개다 거추장스럽게 먹을 것 없이, 더운 밥을 듬뿍 담은 큰 사기 사발에 간장을 발라 맛나게 구운 장어를 얹었으니, 누구나 손쉽고 맛나게 요기할 수 있어 인기는 날로 커졌단다.

고려청자 사발로 먹는 미식가

메이지 시대(1868~1912) 중기에 등장한 것은 쇠고기 볶음을 밥 위에 얹어주는 '규우동'(ぎゆうどん)이고, 그 뒤에 밥에다 인도의 카레(カレー)를 얹어 주는 소위 '카레돈'(カレーどん)도 나왔다는 것이다.

품격있게 돈부리를 먹는데는 아무래도 음식을 담는 사발이 명품이어야 한다는 것은 지기인 외과 의사 사토우 지로우(さとう じろう) 박사이다.

「고려시대의 훌륭한 청자 사발에다 담은 돈부리를 먹는다면 으뜸이겠지요. 예전에 고려인 후예라는 유명한 도공이었던 코우라이 자에몬(こうらい ざえもん)이 만든 훌륭한 사발들을 본 일이 있는데, 그런 그릇에다 먹는다면 맛은 최고의 경지에 이르겠지요.」

미식가다운 사토우 지로우 박사의 안목 높은 품평이 이 글을 쓰면서 새삼 떠오른다. 코우라이자에몬은 명도공으로서 일본의 하기야키(萩燒)의 개조였다.

임진왜란 때 끌려간 도공인 그의 본명은 이경(李敬)이었으며,

1625년에 코우라이 자에몬(高麗左衛門, 생년미상~1643)이라고 개
명하여, 그 이름을 아들 손자 등 후손에게 습명시켰다. 즉 그는 조선
인임을 일본땅에 오늘에까지 자랑스럽게 알린 것이다.

　일본의 하카타(はかた)의 서민 음식으로 빠뜨릴 수 없는 명물은
'오코노미야키'(おこのみやき)이다. 우리나라의 '부침개'를 꼭 닮은 것
이 뜨거운 철판에다 굽는 '오코노미야키'다. 숙주나물이며 파와 카베
츠 따위 야채썬 것에 낙지며 오징어, 돼지고기에 요즘은 김침까지도
썰어서 지진다. 우리나라 빈대떡이 그 원류로 보아도 무방할 것 같
다. 이런 음식은 이른바 철판집(てっぱんやきや)에서 사먹게 된다.

일본인의 기호 식품은 '카레'

　일본 사람치고 카레(カレー)를 안먹는 사람은 없을 정도라고 한다.
밥에다 얹어 먹는 것이 기본이지만, 국수며 심지어 메밀국수에도 카
레를 끼얹어 즐겨 먹는다.

　밥에다 카레를 얹는 '카레라이스'(カレーライス)는 메이지 유신 이
후에 일본에 온 영국인들에 의해서 소개되었다고 한다. 그 당시 일본
정부에서는 영국의 문화를 수입하기 위해 영국인 고문들을 많이 채용
했었다. 본래 카레는 인도 것이지만, 영국을 경유해서 일본으로 건너
온 것이었다.

　그 때문에 1883년에는 주부들에게 서양요리 강습회가 등장하면서
카레 요리법도 소개되었고, 이것이 차츰 서민층에도 퍼지게 되었다.
그 후 1906년 경에 '카레 라이스'를 만들어 판 가게는 토우쿄우의 '칸
다'(かんだ)에 있던 '마루히사'(まるひさ)였다. 한 그릇에 9전이었다

는데, 그 무렵 커피 한잔에 1전 5리였다니까, 커피 값의 6배이므로 결코 싼 음식값은 아닌 고급 요리에 속했다고 본다.

카레가 맛나다면 어디고 원근을 마다 않고 찾아다닌다는 카레 애호가인 타나카 시로우(たなか しろう) 씨는 내게 이렇게 말한다.

「일본의 젊은이치고 카레를 하루에 한 끼니 이상 먹지 않는 사람은 없습니다. 카레야말로 한국 김치 만큼 인가가 큽니다. 카레 먹을 때 김치를 곁들이면 더욱 맛이 좋습니다.」

의례적인 말이 아니고 실제로 타나카 시로우 씨는 김치 애호가여서 내가 방학을 지내고 일본에 다시 건너 갈때는 의례 서울의 김치를 선물로 전하곤 했다.

「카레는 더운 여름철에 식욕을 북돋아 줍니다. 또 카레는 음식의 소독과 살균 작용도 한답니다.」

미식가다운 타나카 시로우 씨의 카레 예찬론이다.

일본 사람이 즐기는 소위 '톤카쓰'

톤카쓰(とんカツ)는 일인들의 애호 식품의 하나로서 빠뜨릴 수 없다. 한국에서도 '톤카쓰'라고 말하지만, 이 말은 일본에서 만든 조어이다. 조리법도 두 나라가 비슷한 맛을 보여 준다. 물론 일본이 톤카쓰의 원조는 아니고, 톤카쓰의 사실상의 본조상은 서양요리의 쇠고기 '비프커트렛트'(beefcutlet)이다.

1909년에 일본에서 나온 조리책을 보면, 톤카쓰의 제조법은 다음과 같다.

「두께 2부(6밀리) 정도의 돼지 로오스 고기의 안팎에다 후추가루와 소금을 뿌리고, 밀가루를 묻혀서 달걀 푼 것을 묻힌 다음, 빵가루를 묻히고, 페트(쇠기름) 또는 라드 기름에 여우털 빛깔이 되도록 튀긴다」(『사계 매일 삼식 요리법』).

「이 무렵인 20세기 초에 토우쿄우에서 제일 먼저 톤카쓰를 만들어 판 것은 오카치마치(おかちまち)의 '호우라이야'(ほうらいや)였다. 그 당시 노부부 둘이서 노점 가게를 벌이고 있었다」는 것이 호리구치 노부오(ほりぐち のぶお) 씨의 얘기다. 호리구치 씨는 '칸다'에서 1907년에 창업한 음식점으로 유명한 '쇼우에이테이'(しょうえいてい)의 제2대 주인이다.

여하간 톤카쓰는 서양 요리가 개발된 일본인들의 3대 기호 음식에 꼽힌다는 얘기다.

화장실이 깨끗한 일본 음식점들

일본 음식점은 그 규모가 크거나 작든지 간에 관계없이, 어느 가게나 화장실이 깨끗하다. 싼 음식을 파는 조그만 식당도 화장실은 비교적 깨끗하다. 즉 음식은 위생과 관계가 가장 크다. 손님에게 화장실이 깨끗한 인상을 준다는 것은 그 집 음식맛 못지 않게 중요한 것 같다.

일본 음식점 문안에 들어서면 주인이 지시하는대로 자리를 잡고 앉아야 한다. 일본 음식점에서는 손님이 제 마음대로 빈자리의 식탁을 골라 앉지 못한다. 비록 보잘 것 없이 작은 간이 음식점이며, 도로변의 우동집이라고 하더라도 주인이나 종업원이 앉으라고 손짓하는 좌석에 앉아야만 한다. 한국에서처럼 제멋대로 이 자리 저 자리를 골라 앉는 '손님은 왕'이라는 그런 사고 방식이 일본에서는 통하지 않는다.

일본 음식점에 들어 설 때는 손님이 먼저 인사하는 게 예절이다. 어느 손님이나 가게 안에 들어서면서, '스미마셍'(すみません, 미안합니다, 실례합니다 등의 뜻) 하고 인사한다. 이 때 주인은 '이랏샤이마세(いらっしゃいませ, 어서 오십시오)'하고 말하면서 좌석을 지정해 준다.

종업원은 곧 유리컵에 맑은 물 한잔과 1회용 종이 물수건을 갖다 준다. 음식점 안에서 떠들어대는 사람들은 없다. 남을 생각해서 조용히 소근소근 말한다. 우리는 일본인한테서 그런 점을 배워야 하겠다. 음식점은 술집 하고는 다르다. 조용히 먹고 조용히 돌아가야 하는 장소이다.

깃발 세워주는 어린이 런치

일본인들에게는 '오모이야리'(おもいやり)라는 말이 있다. 남을 '생각해 준다'는 뜻이다. 공공 장소는 자기집이 아니므로 정숙하자고들 한다. 자기 하나만을 생각한다는 것은 선진국 사람의 사고방식 일 수는 없다. 그래서 엄마들은 아이들이 함부로 뛰어놀지 못하게 철저하게 단속한다.

일본 음식점에서 보면 어느 곳에나 어린이들을 위한 '어린이님 런치'(おこさまランチ)라는 것이 유달리 눈에 띤다. 우리나라 음식점에도 어린이용 식사(외식 음식점 등)가 있으나 어린이용의 분량이 적고 맛난 특별 음식을 그것도 싼 값으로 파는 곳이 많이 생겼으면 좋겠다. 어린이가 나라의 보배요, 기둥이라고 축하해 주는 '어린이날'에도

'어린이님 런치' 같은 음식을 제공하는 곳이 별로 흔한 것 같지 않다. 빈 말로는 결코 어린이들을 아끼고 사랑할 수 없지 않을까. 진정으로 자라나는 제2세 국민을 훌륭하게 키워야 할 우리 어른들의 애정과 정성이 따라야만 하겠다.

우리나라 대중음식점의 경우 어린이들은 어쩔 수 없이 어른 음식을 시켜서 먹다가 남기거나, 또는 어른이 분량을 덜어서 먹이는 불편을 당하고 있는 것 같다. 일본 음식점의 어린이 런치에는 자그마한 일본 국기까지 꽂아서, 그것을 곁에서 볼 때마다 국수적인 애국심을 의도적으로 고취시킨다는 인상도 받게 하고 있다.

어린이들이야말로 지금의 단골이자 장래의 단골이 될 수도 있다. 늘 맛난 음식을 먹었다는 추억속에 어른이 되면 그 때가서는 자기 아이들을 데리고 올 것이다.

하기는 선진 문명국이라고 하던 유럽에서도 '어린이옷'이 등장한 것은 18세기가 지나서의 일이었다. 그 이전에는 아이들에게도 어른의 옷을 입혔다고 한다. 아이가 어른 윗도리를 걸치면 '오버 코우트' 따위 외투를 입은 셈이었달까. 프랑스의 작가며 사상가였던 장·자크·루소(1712~1778)는 그 꼴을 딱하게 여긴 나머지 '어린이들에게는 어린이 몸에 꼭 맞는 크기의 어린이용의 옷을 만들어 줍시다!' 하고 주장했던 것이다. 이것이 계기가 되어 비로소 아동복이 만들어지게 되었다고 한다.

청결한 식기 사용하는 정성

일본 음식점에서 신경을 쓰는 것은 식기이다. 고급 식기를 쓴다는 것이 아니라 깨끗한 그릇을 사용한다는 점을 주목하게 된다. 눈으로 먹는다는 일본 음식의 한 요소는 역시 청결한 그릇에서 음식맛을 한 결 북돋아 주는 게 사실이다. 우리나라 음식점에서처럼 어쩌다 이가 빠진 유리컵 따위는 구경할 수 없는 게 일본 음식점이다. 그러기에 일본에서는 '식사는 깨끗한 그릇으로 맛을 더 살려라'고 하는 요식 업계의 실천 항목이 있다.

주방 안이 훤히 들여다 보이게 만든 음식점들이 허다하다. 깨끗한 수돗물로 설거지하는 광경이며, 흰 위생복을 입은 주방 종업원들의 모습은 한결 마음놓고 음식을 맛나게 먹도록 이끌어 주는 것이다. 한두사람 뜨네기 손님보다 어린이들을 거느리는 가족 손님들이 많이 찾는 가게가 번창한다는 것이 일본 음식점의 경영 철학이기도 하다. 친절 봉사는 두말할 나위없다.

일본은 '낫토우' 한국은 '담북장'

일본 음식에 메주콩으로 만든 '낫토우'(なっとう)라는 게 있다. 일본 사람들은 대개 다음 처럼 말한다.

"낫토우를 못먹으면 일본인이 아니다'

과연 낫토우가 무엇이길래, 낫토우를 먹을줄 모르면 일본사람이 아니라고 하는 것일까. 쉽게 말해서 낫토우는 메주를 짚단 위에서 띄운 것 등을 간단히 양념해서 따뜻하게 익혀 먹는 음식이다.

한국에서도 메주 띄운 것을 소금·마늘·새앙·고춧가루를 넣어서 익혀 먹거나 양념을 해서 물을 부어 끓여 먹는 '담북장' 등을 만들어 먹는다. 다시 말해서 낫토우나 담북장은 메주를 띄운 음식이다.

낫토우는 고릿한 냄새가 나서 일반적으로는 먹기가 매우 역겹다. 낫토우를 젓가락으로 집으면 매우 가느다란 실같은 섬유들이 잔뜩 들고 일어난다. 즉 메주콩이 발효해서 섬유가 가느다랗게 펼쳐지는 현상이다. 이것들은 비타민 B^2와 K^2가 든 식물 섬유이다.

대부분의 일본인들은 이와 같은 낫토를 잘 먹는다. 단백질이 풍부한 건강식이라고 즐기며 뜨거운 밥에 얹어서 슷제 비벼 먹는다. 한국인들 중에서 담북장을 잘 먹는 사람은 낫토우도 잘 먹는다. 그 반대로 담북장을 역겹다고 느끼는 젊은 사람은 역시 낫토우를 매우 꺼리기 마련이다. 특히 서양 사람들은 낫토우하면 펄쩍 뛴다. 흡사 음식이 썩는 냄새와도 같은 메주콩의 발효 과정의 냄새는 서구인들에게는 질색인 것 같다.

지금부터 20여년 전의 오래된 일이다. 필자는 처와 일본인 지기 내외와 함께 넷이서 처음으로 일본 음식 낫토우를 함께 먹게 되었다. 이날 식당에서 일본인 지기인 오자와 유키오(おざわ ゆきお) 씨는 낫토우가 나오는 백반을 주문했기 때문이다. 필자는 본래부터 낫토우를 별로 즐기지 않아서 먹는둥 마는둥 했으나, 나의 처는 낫토우를 잘 먹었다.

그것을 본 오자와 유키오 씨 내외는 무척 반가워하면서, "어떻게 한국인이 낫토우를 잘 드시느냐?"는 것이었다. 나는 그들 내외에게 '낫토우'는 본래 한국에서 메주를 띄우는 메주콩 발효 과정의 담북장 종류의 음식이라는 것을 이모저모 설명해 준 일이 있다. 낫토우는 한국 고대에 일본으로 건너 간 메주 문화의 발자취인 것이다.

일본에서 낫토우를 먹기 시작한 것은 14세기 경이라고 하는 그 당시의 문헌인 『데이쿤 오우라이』(ていくんおうらい)를 보면, 건강식의 곡물 음식 속에 낫토우며 콩자반 같은 것들이 있다. 특히 그 무렵 쿄우토의 사찰에서 만든다는 낫토우인 이른바 '타이토쿠지 낫토우'(たいとくじ なっとう)는 명물로서 인기가 컸다. 이 다이도쿠지에 예불하고 시주하러 갔던 불교 신도들이 사찰에서 낫토우를 사다가 먹었던 것이다.

쿠마모토(くまもと)의 농고 교사인 키쿠치 히라노(きくち ひらの)씨는 "임진왜란 때 카토우 키요마사(かとう きよまさ,1562~1611)가 큐우슈우 지방으로 건너왔을 때 퍼뜨렸다"고 한다.

왜장 카토우는 그 당시(1592) 함경도에 침입해서 조선왕자 '임해군'과 '순화군'을 잡아 일본으로 끌고 갔다는 일본의 역사 기록은 있으나 '낫토우'를 가져갔다는 기록은 눈에 띄지 않는다. 낫토우의 본체인 메주는 이미 7세기 중엽에 우리나라 스님들이 일본으로 가져간 것이다.

새가 울지 않는 날은 있어도 낫토우장수가…

일본에서는 특히 에도시대(1603~1867)에 지금의 토우쿄우에서 낫토우가 크게 생겼다고 한다. 그래서 그 당시 시골에서 에도땅에 파견되어 와서 살았던 한 시골 무사는 에도 사람들이 워낙 낫토우를 좋아하는 주택가의 광경을 보고 다음과 같은 글로 풍자하고 있을 정도다.

「새가 울지 않는 날은 있어도, 낫토우 장수가 오지 않는 날은 없도다」(『えどじまん』).

에도 시대에는 골목 골목마다 낫토우를 팔러 다니는 행상들의 낫토우를 외쳐대는 소리가 서민들의 새벽잠을 흔들어 깨웠다니, 옛날 서울 장안의 새우젓 장수 목청소리나 진배 없었던 모양이다. 토우쿄우의 골목길마다 첫 새벽부터 낫토우 장수들의 외침 소리가 시골 무사에게는 시끄러웠던 것 같다.

「낫토 장수는 아침 일찍 일어난다. 낫토 장수와 감조개 장수 목소리가 아침 잠을 깨워준다. 더구나 그 무렵 낫토우 장수는 겨울철이 왔다는 것을 알려주는 사자였다」라고 일본의 식문화 연구가인 코스게 케이코(こすげ けいこ) 씨도 『맛난 일본근대사』(あじな にほんきんだいし)에서 지적하고 있다. 한국 부산의 재첩국 장수격이라고 할까.

낫토우는 겨울에 주로 먹는 음식이었던 것이다. 밥에다 얹어서 비벼먹는 반찬으로 손꼽혔다고 한다. 에도시대 후기의 저명한 작가였던 시키테이 산바(しきてい さんば,1776~1822)의 대표작인 『우키요후로』(うきよふろ)에 보면, "우리들은 겨울철이 아니면 낫토우를 먹지 않는 것으로 알고 있었는데, 요즘에 와서는 벌써 8월(필자주·음력 8월이며 양력으로는 9월) 즉 초가을 무렵초부터 낫토우를 먹는다"고 했다. 그러므로 본래는 한국에서처럼 방안에서 메주를 띄우는 겨울철 음식이었던 것 같다.

일본인들은 메주가 7세기 중엽에 한반도에서 일본으로 건너간 것인지는 모르고들 지낸다. 메주란 간장·된장의 기본 원료인 것이니 일본 맛의 기본은 한반도에서 왜나라로 건너 간 것이다.

일본인들은 곧잘 한국인 친구에게 일본 독특의 음식인 양 '낫토우'를 먹여보고 잘 먹으면 기뻐들 한다. 또한 박물관 잘 세우는 일본에 '낫토우박물관'이 빠질 수는 없다. 이바라키현 미도시에는 지난 1996년 5월 30일에 드디어 「낫토우박물관」을 세우고 낫토우가 헤이안시대(794~1192)부터라고 하면서도 한국 메주 역사를 제시하는 데는 아무래도 인색했다.

또한 해마다 한창 더운 7월 10일을 '낫토우의 날'(なっとうのひ)로까지 정하고 여름철 건강에 낫토우가 장어 못지 않게 좋다고 장려하

고 있는게 오늘날의 실정이기도 하다.

일본인은 숟가락없이 젓가락만으로 식사한다

일본인들은 식사 때 젓가락만 사용한다. 즉 숟가락은 일본식 식사
인 '와쇼쿠'(わしょく)에 끼지 않는다. 일본사람들의 아침 식사는 된
장국물인 '미소시루'(みそしる)를 홀짝홀짝 마시면서 백반을 먹는다.
밥그릇은 왼손으로 바쳐 들고 왼손 엄지로 그릇 위쪽을 눌러 잡은채
오른손으로 젓가락질을 한다. 국물도 미소시루 그릇을 손으로 들고
마시며, 건더기가 있으면 젓가락으로 집어 먹는다.

일본사람들은 젓가락의 역사를 일본 『고사기』(こじき, 서기 712년
편찬)의 고대 신화에서 찾고 있다. 즉 스사노오노미코토(すさのおの
みこと)라는 신이 '히노카와'(ひのかわ)라는 강물에 갔을 때 상류에서
나무 젓가락이 떠내려오는 것을 보고는 강윗 쪽에 사람이 산다는 것
을 알아냈다는 이야기다. 그 때문에 이것을 일본의 젓가락의 역사라
고 말한다.

실은 그 스사노오노미코토신이 바로 신라에서 건너 온 신이라는 것
도 일본 역사책 『일본서기』(にほんしょき, 서기 720년 편찬)에 고스
란히 밝혀져 있다.

인간이 고대에는 젓가락이나 숟가락이 없이 손가락으로 음식을 먹
었다. 지금도 인도사람들은 손가락으로 먹는다지만.

1611년에 런던의 콜얏트라는 사람이 나무로 만든 포오크로 음식을
먹자, "신이 내려주신 다섯 손가락을 쓰지 않는 것은 불경이다"고 빈
축을 샀다는데, 그 아득한 옛날에 일본의 미개 시대에 젓가락을 썼다

니 경탄스럽다고나 해둘까.

미소시루는 일본식 된장국 국물을 말한다. 한국의 보시기 크기의 나뭇그릇인 칠기에 떠서 준다. 맛은 구수하면서도 달콤해서 웬만한 한국 사람에게는 잘 맞는 것 같다.

아침 식사는 백반과 미소시루에다 생선구이 한토막 그리고 일본식 김치인 슴슴한 '오싱코'(おしんこ) 따위 '쓰케모노'(つけもの) 약간이다. 일본 김치는 야채를 소금에 절이거나 또는 된장, 쌀겨, 누룩, 술의 지게미(재강에서 모주를 짜낸 찌꺼기), 또는 식초 등에 담근 배추며 단무지 같은 것을 먹는다.

그런 '쓰케모노'를 '오싱코'(おしんこ) 또는 '코우노모노'(こうのもの)라고도 부른다.

'타쿠앙'스님이 만든 명물 짠지

일본 식탁에 어김없이 나오는 것이 '타쿠앙'(たくあん)이라는 짠지이다. 이 타쿠앙은 '무우'를 햇볕에 말린 다음, 쌀겨와 소금에 절인 것으로 한국 짠지와 비슷한 것이다. 일본 농촌에 가보면 겨울에 집의 처마 밑이며 텃밭에다 장대를 세워 기다란 큰 무우들을 줄지어서 말리는 광경을 살피게 해준다. 이것은 일본의 겨울철 농촌의 풍물시라고도 하겠다.

졸깃 졸깃하고 달콤한 일본 짠지 타쿠앙은 에도시대 초기에 타쿠앙(たくあん,1573~1645)이라는 조선인 승려가 고안해 냈다는 설이다. 그는 불교 임제종의 고승으로서, 쿄우토의 타이토쿠지(たいとくじ,쿄우토시 키타구 무라사키노) 사찰의 주지였다.

그는 1629년에 에도막부 군사정권에 항의 사건을 일으켜 '데와'(で
わ, 지금의 아키타현 등 일대) 지방으로 유배당했다. 일본 서북 지방
으로서 추운 고장이었으므로 타쿠앙 스님은 그 곳에서 겨울철 저장 식
품으로서 짠지를 손수 만들어 먹었던 게 아닌가 한다. 그런데 아키타
현에 가보면 겨울에는 해가 짧아서 타쿠앙 무우를 햇빛 대신에 집안에
서 천장 벽 쪽에 주욱 매달아서 말린다.

짠지의 일종으로 유명한 것이 '나라츠케'(ならづけ)이다. 일본 '나
라'(奈良, なら)지방에서 만드는 저장 식품인 나라츠케는 참외의 변종
인 '시로우리'(しろうり, 월과)를 술지게미에다 소금을 넣고 담그는
우리나라의 오이지 비슷한 것이다.

「오우진천황(4~5C 초) 당시, 백제로부터 왜나라에 건너 온 백제
인 수수허리(須須許理, すすこり)가 왕을 위해 양조주를 만들었다」
(『고사기』(712)).

이와 같은 일본 고대 역사가 말해주듯이 누룩으로 술담그는 법은
이미 고대에 백제로부터 일본에 처음으로 전해진 것이고, 술지개미로
오이지며 무우 짠지를 담그는 법도 이미 그 당시에 전수된 것으로 추
찰된다.

속담에 "나라츠케 먹고 술취한다"는 말이 있는데, 술이 약한 사람의
비유이다. 한국 속담의 "보리밭 옆만 지나도 취한다"는 격이랄까.

일본에서 인기 큰 한국 김치

일본의 야채 절임등은 한국식 김치처럼 고춧가루며 마늘, 파며 젓
갈 등 양념으로 버무리는 일은 없다. 일인들은 찝질하거나 달큼한 맛

의 여러 가지 '쓰케모노'라는 김치를 조금씩만 먹는다. 일본인들은 한국식 김치를 '키무치'(キムチ)라고 부르며 매우 좋아하는 게 오늘의 실정이다. 일본 사람에게 선물할 때는 인삼이며 김 같은 것보다는 김치가 인기 품목이다.

일본의 수퍼마켓(スーパーマケット)이나 콘비니(コンビニ, 콘비니언스 스토어) 즉 편의점 같은데서도 한국에서 수입한 김치를 냉장고에 넣고 팔고 있어 일본 주부들에게 환영받고 있다. 고추가루가 약간 들어간 소위 일본식 '키무치'도 팔리고 있다. 젓갈도 들어가지 않은 그런 김치는 전형적인 한국 김치와는 전혀 맛이 다르다.

앞에서 '나라츠케'에 대해서도 살펴 보았거니와, 서기 2세기경부터 나라(奈良) 지방(지금의 나라현 사쿠라이시 일대)을 지배했던 것은 신라인들이었다. 어쩌면 '나라츠케'란 신라인들이 한반도에서 가져 온 짠지류가 아닌가 한다.

이를테면 일본의 '나라'(奈良)라는 고장의 이름은 한국어의 '국가'에서 생긴 말이라고 일본의 저명한 학자들이 일찍부터 밝혔다. 역사지리학자로 이름났던 요시다 토우고우(よしだ とうごう,1864~1918) 박사가 쓴 『대일본지명사서』(1900년 편찬)에 보면, "나라(奈良)는 한국어의 '국가'(國家)라는 말이며 본래 이 고장을 지배하고 살던 신라인들이 지어낸 말이다"라고 밝힌 일이 있다. 다른 학자들도 똑같이 말하고 있으며, 고대에 신라인들이 나라지방을 지배한 사실도 일본의 고대 기록으로 입증되고 있다. 백제는 5세기 경부터 나라 지방의 아스카(飛鳥) 등 여러 곳을 본격적으로 지배했다.

그후 8세기 초인 서기 701년에는 관가에서 왕실용의 간장 된장의 제조를 관장하게 되었다고 한다. 이른바 아스카(あすか) 시대(592~710)는 백제 불교에 의해서 왜나라가 불교국가를 이루었던 것이다.

이 당시 백제 계열의 여왕인 스이코(すいこてんのう) 천황(592~628)은 백제를 비롯 신라, 고구려 등 한반도의 모든 선진 문화를 적극적으로 받아들였던 것이다(홍윤기 『일본문화사』 서문당, 1999).

우리나라 고추의 일본 수입설

고대 한반도의 김치며 각종 부식물에 고춧가루는 전혀 들어 있지 않았다. 왜냐하면 우리나라에 고추가 수입된 것은 17세기 경부터의 일로 알려지기 때문이다.

「본래 고추는 다테 마사무네(たて まさむね, 1567~1636)의 부하 시쿠라 쓰네나가(しくら つねなが) 사신이 로마에 갔을 때, 멀리 멕시코로부터 가지고 귀국했다. 고추는 350년 쯤 전에 일본으로부터 조선에 가지고 간 것이 그 시초이며, 본터전은 일본으로서 그 후 조선에서 꽃피운 것이다」(『たべものざつがくじてん』 마이니치신문사, 1975).

이상과 같이 고추가 남미 원산인 것만은 틀림없다. 다만 누가 언제 일본으로부터 조선 왕조 때 가지고 왔다는 것인지 전거를 밝히고 있지 않다. 혹자는 이보다 약 1백년 앞서는 「임진왜란(1592~1598) 때 왜병들이 조선으로 고추를 가져갔다」고도 말한다. 그 때문에 고추가 어느 나라로 부터 조선땅에 언제 어떻게 들어왔는지는 앞으로 규명되어야 할 우리의 식문화사의 한 과제인 것이다.

일본에서는 '국제식품 규격위원회'의 김치 규격화를 앞두고, "일본 것은 한국식 '김치'가 아닌 이른바 '키무치'(キムチ)로서, 일본식으로 첨가물 등을 넣는 독특한 제조법이다"라는 엉뚱한 주장을 하므로써

한일간의 새로운 마찰을 빚었었다. 그러나 한국 김치가 정통이라는 것이 국제적으로 공인되었다. 미국 워싱턴에서 열린 제20차 코덱스 (Codex) 가공 건채류 분과회의(2000.9.11~15)에서 한국 김치 (Kimchi)가 국제 규격임이 확정되었다.

된장국 '미소시루' 더 청하면 추가 요금 낸다

일본 음식점에서는 한국에서 처럼 식탁에 내다준 것 이상 더 달래지 않는게 상식이다. 물론 더 달라고 요청하면 갖다 주되 반드시 추가 요금이 더 붙기 마련이다. 우리나라에서처럼 김치를 더 달래거나 반찬을 더 갖다 주고도 돈을 받지 않는 것과는 경우가 정반대이다.

필자도 그 옛날 일본에 처음 갔을 때, 식당에서 된장국인 미소시루 한 그릇을 더 달래 먹고 추가요금을 낸 경험이 있다. 식당벽에 붙어 있는 '백반 정식' 가격보다 음식값을 더 내라기에 "저 벽에 붙은 음식값하고 다른 것 같군요"하고 물었더니, "미소시루(みそしる)를 추가해서 드신 값입니다" 해서, "미안합니다"하고 서둘러 추가 요금을 내면서, '이것이 일본이구나!' 하는 것을 깨달은 일이 있다.

물론 일본인 가정에 초대되어 식사를 하는 경우에는 미소시루등 추가 음식을 얻어 먹을 수는 있다. 그러나 체면을 생각해서 더 달라지 않는 것도 식사 예절이라고 해두고 싶다.

요즘 일본에서는 '미소시루를 너무 짜게 먹는다'는 한 연구 조사 통계가 나와서 화제이다. 아오모리(あおもり) 지방 쓰루다(つるだ)의 '식생활개선추진위원회'의 조사보고에 따르면 「이 고장 주민 1941명의 1인당 하루의 염분(소금) 섭취량은 약 20그램이며 후생성(정부)

에서 지정하는 하루 섭취 10그램 이하인 주민은 불과 79명이었다」
(2000·3)고 한다. 즉 염분의 과다 섭취는 고혈압 등 생활 습관병과
관계가 크다는 얘기다. '미소시루'보다 우리나라의 된장찌개며 김치가
훨씬 더 짠 것은 아닌지.

남의 집에서 밥먹는 예절은 "밥 더 주세요"

일본 사람들은 음식을 먹기 위해 젓가락을 집어 들면서 꼭 한마디
말한다. "잘 먹겠습니다"(いただきます). 음식을 다 먹고 난 뒤에도 말
한다. "맛나게 먹었습니다"(ごちそうさまでした).

더구나 남의 집에 초대되어 음식 대접을 받을 때는 반드시 이 인사
는 해야만 한다.

손님으로 찾아간 집에서 식사를 대접할 때 의례 그 집의 안주인은
손님에게 이런 말을 꼭한다.

"많이 드십시오."(たくさんめしあがってください).

이 때 손님은 이렇게 대답해야 한다.

"네, 염려 않고 잘 먹겠습니다."(はい、えんりょなくいただきます).

주부는 손님에게 공기밥을 떠서 건네 준다. 공기는 한국 밥사발의
반크기 보다 작다. 그런데 이 식사 때에 손님은 공기밥을 단 한 공기
만 먹어서는 안된다. 다 먹은 뒤에는 공기를 안주인에게 내밀면서 더
달라고 해야한다.

"미안합니다. 더 주십시오"(すみません。おかわりをください、스미
마셍, 오카와리오 쿠다사이).

밥을 더 달라고 하면 주부는 좋아한다. 일본에서는 손님이 공기밥

을 한 그릇만 먹으면 언짢게 생각하는 경향이다. 여기에는 일종의 미신이 있는 것도 사실이다.

'한 공기 밥은 불길하다'(いちぜんめしはふきつ)

어째서 한 공기의 밥이 불길하다는 것인가. 일본에서는 사람이 죽으면 곧 죽은 사람의 머리를 북쪽으로 두게한 그 머리맡에다 '마쿠라메시'(まくらめし)라고 해서 공기밥을 수북히 한 그릇을 떠놓아 준다. 죽은 사람이 먹는다는 뜻이다. 이 공기밥에는 고인이 평소에 사용하던 젓가락을 한복판에 곧바로 꽂아서 세워준다. 우리나라 제사 때 상식에 숟가락을 꽂는 것과 마찬가지이다. 그 때문에 일본인들은 공기밥을 떠먹을 때도 수북히 떠먹지 않고, 두어차례 공기밥을 더 받아서 먹는 것이다.

공기밥 한 그릇은 불길하다

'공기밥 한 그릇은 불길하다'고 철저하게 믿는 가정도 적지 않은 것 같다. 손님이나 가족 중에서 밥을 한 공기만 먹는 경우에는 주부가, "공기밥 한 그릇은 불길하니까 한 순갈이라도 더 드세요" 하고 말하는 수도 있다.

그러므로 남의 집에 가면 공기밥 한 그릇만 먹지말고 '오카와리'하면서 더 받아 먹는 것이 에티켓이다.

주부들이 공기밥을 나무 주걱으로 풀 때도 살랑살랑하게 담는다. 또한 아무리 밥을 조금 푸더라도 반드시 두 번 이상 퍼서 공기에 담는게 원칙이다. 우리나라 가정에서 혹 일본인에게 식사를 대접할 때 우리가 주의할 점이기도 하다. '로마에 가면 로마 사람이 되라'는 서양의 속담 그대로가 아닐까.

남의 집에서 음식 대접을 받을 때의 또 하나의 에티켓은 음식맛을 적절히 칭찬해 주는 것이 중요하다.

"이 생선 조림은 아주 맛이 좋군요"

애써 요리를 만들어 대접해 주는 사람에게 그 정도의 칭찬은 에티켓 이전에 당연한 노릇이라고 하겠다.

일본 사람들은 손님이 집에 찾아 와서, 현관에 들어서면서 신을 벗고 마루에 올라서면 손님의 신 앞부리 쪽을 현관 바깥 쪽을 향해서 가지런히 놓아 준다. 그러므로 그 집 주부가 그렇게 놓아 주기 전에 손님 스스로 신을 벗으면서 신의 방향을 현관 밖쪽으로 향하게 놓는 것이 좋겠다.

일본집은 이른바 '타타미방'을 접객용으로 쓴다. 주인이 방석을 깔아주고 "앉으세요" 하면, "고맙습니다" 하고 앉아야 한다. 자기 마음대로 아무 곳이나 털썩 주저앉지 말일이다. 소파가 놓인 양식의 응접실에서도 주인이 앉으라고 권유할 때 앉는 것이 에티켓이다.

손님으로 갈 때는 꽃가게에서 장미꽃 한 송이 정도를 사갖고 가도 되고, 자그만 봉투에 든 차 한봉지 쯤 포장한 것을 사갖고 가면 족하다. 큰 선물은 도리어 상대방에게 부담을 주는 것이니 삼갈 일이다. 한국에서 비행기로 일본에 갔을 때는 역시 자그만 선물용 포장 김치를 사다가 선사하면 기뻐해 줄 것이다.

먹다 남은 음식은 집으로 싸갖고 간다.

일본 음식점에서는 어떤 음식이고 간에 한 가지씩 따로따로 주문해

서 값을 치루고 사먹게 되어 있다. 그러므로 한국 음식점처럼 음식을
먹다가 잔뜩 남기는 일은 그 어디서고 찾아 보기 어렵다.

우리나라도 일본처럼 음식 한 가지씩 모두 돈을 받는다면, 음식 쓰
레기 사태를 막을 수 있지 않은가 하고 가끔씩 생각해 본다. 많이 남
긴 음식을 쓰레기로 버리다니 식품 자원의 낭비가 마음 아프게 느껴
진다.

일본 주부들은 먹던 음식이 남는 경우 종업원에게 포장을 부탁해서
싸가지고 가는 경우도 볼 수 있다. 여간 보기 좋은 게 아니다. 필자도
음식물이 남으면 싸달래서 집으로 가지고 돌아와 먹은 적이 한 두 번
이 아니다.

오늘날 세계 각지에서 기아에 시달리는 어린이들이며 허기져 울부
짓는 사람들을 우리도 생각하면서 우리의 식문화도 개선해 나가야만
할 것 같다.

여기 덧붙여 두자면, 일본의 상류호텔이나 레스토랑 같은 규모가
있는 곳, 또는 고급 커피숍 같은 데에서는 커피나 홍차 등을 '오카와
리'(おかわり)로서 요청하는 첨가분만은 무료로 더 마실 수 있다는 것
도 알아둘 필요가 있다.

'와리칸'은 각자 분담하는 덧치페이

일본인들은 여럿이 함께 식사나 음주를 하는 경우에 각자가 음식값
을 나누어서 분담한다는 것을 알아두어야 한다. 이를테면 어떤 회사의
퇴근 시간에 그 부서의 과장이 과원들과 음식점으로 회식을 갔다고 치
자. 음식을 다 먹고 나면 과장은 종업원에게 계산서를 요청한다.

이 때 과장은 각자에게 지위의 고하를 따져서 분담금을 지시한다. 이런 경우 과장이거나 리이더는 남들보다는 약간 더 얹어서 분담금을 낸다. 이른바 '와리칸'(わりかん)이라고 하는 네덜란드 발상의 '덧치페이'를 하는 것이다.

일본인들은 학생들이고 일반 사회인이고 간에 와리칸을 한다. 와리칸이란 '계산전에 대금을 나눈다'(와리마에 칸죠우, わりまえかんじょう)는 일본어의 약어이다. 그러므로 음식점에서 그런 광경은 상식적인 일이다. 이와 같은 관습은 물론 서구에서 배워 온 방법이다.

다만 음식점에 가기전에 미리 상대방에게 대접하겠다는 의사를 밝힌 경우에는 분담을 하지 않는다. 대접한다는 경칭의 말은 '고셋타이'(ごせったい, 어접대)이다. '한턱낸다'는 말은 '오고루(おごる)이다.

누가 극장에 함께 가자거나 야구장에 가자고 했을 때 무심코 따라 갔다면 또 어떤가. 이 경우에도 입장권은 각자 분담이다. 입장권을 사주려니 기대했다가는 낭패한다. 심지어 함께 갈 때, 전철표도 각자가 분담해서 역에 줄서서 사기 마련이다. 물론 외국인을 안내하는 경우 등에는 접대니까 예외이다.

한국과 다른 일본의 육식 문화

일본에서도 한국에서처럼 누구나 쇠고기를 마음껏 먹는다는 생각은 우선 착각이다. 또한 일본에 오래동안 살아보지 않더라도, 누구거나 일본 주택가에 도착해서 이삿짐을 푼 이튿날 대번에 쇠고기값의 큰 차이를 깨닫게 될 일이다. 그 만큼 일본의 쇠고기는 값이 비싸다.

이를테면 한국에서 '꽃등심'으로 부르는 쇠고기 600그램이 3만 5

천원에서 4만원대라면, 현재 일본에서는 그 약 3배 이상이다. 한국의 정육이 상당량 일본으로 수출되는 것만 보아도 누구나 일본의 쇠고기 값은 짐작이 갈 것이다.

일본의 정육점에서는 옛날부터 쇠고기는 1백그램 기준으로 판매하고 있다. 그러기에 어떤 주부는 50그램을 사가기도 하고 그보다 극히 적은 분량을 달래도 군말 없이 고기 한 점도 판매한다. 한국에서는 대개 6백그램을 기준으로 사가는 게 예부터의 기본이라고 본다. 따라서 한국에서는 '반근'인 3백그램 정도가 일반적인 최하의 판매 단위가 아닌가 한다.

1천 2백년 동안의 육식 금단령

일본 사람들은 분명히 말해서 쇠고기 따위 육식은 한국에 비해 훨씬 덜 먹는 편이다. 결코 일본의 쇠고기 값이 비싼데에 그 원인이 있다고만은 볼 수 없다. 그 이유는 일본인들의 육식의 역사가 짧다는데 주목할 필요가 있다. 예전에 일본에서는 민중이 함부로 쇠고기 등 짐승 고기를 먹지 못하도록 왕실에서 『육식금단령』(675년 4월 17일)을 내렸던 것이다. 그 때가 우리나라는 신라 문무왕(661~681) 시대였다.

그 발자취를 직접 일본 쿄우토대학 교수 나미카와 키요시(なみかわ きよし) 씨로부터 들어보자.

「쇠고기는 현재 일본 사람의 식생활 속에서 '고급 식품'의 하나로서 매우 친숙해져가고 있다. 그러나 고도의 경제 성장을 한 선진국들 중에서 일본은 쇠고기를 가장 먹지 않는 나라인 것도 사실이다.

일본 사람들이 어째서 쇠고기를 조금 밖에 먹지 않느냐고 하는 이유에 대해서, 혹자는 일본이 바다에 둘러 싸여서 많은 어패류(물고기와 조개 따위)를 잡기 때문이라고 말할 것이다.

그러나 일본에서는 텐무천황(てんむてんのう,672~686 재위)의 『육식금단령』을 내린 이후로 메이지유신(1868년) 까지의 1천 2백년 동안이나, 일반 민중이 짐승 고기를 먹는 것을 금지 당해왔다고 하는 사실을 아는 사람은 의외로 적다. 세계 식품문화사에서 이와 같은 특이한 예는 달리 찾아볼 데가 없다. 불교의 영향이라고 하는 설도 있으나 그 근거는 희박하며 일본 식품문화사의 미스테리(수수께끼)이다」(「おいしなぎゅうにく」1993)

우리나라 고대(BC 3~AD 3년경)의 벼농사 법이 일본에 건너가므로써 비로소 왜나라에서도 서서히 주식이 쌀밥이 되었다. 그 당시부터 고대 일본에서는 이른바 '한국삽'(からさひ,카라사히)으로 논과 밭을 갈았으며, 머지않아 소가 쟁기질도 하게 되었다.

「사히(さひ,鋤)는 조선어의 삽(SAP)이다」라고 카나자와 쇼우사브로우(かなざわ しょうさぶろう,1872~1967) 교수는 그의 저명한 일본어 사전(『코우지린』산세이도우, 1925)에서 밝히고 있거니와, 고조선 시대의 농사법이 왜나라에 건너 갔을 때 특히 '소'는 농업의 절대적인 동력원이었던 것이다. 전제 군주하에서 그런 귀중한 소를 감히 잡아 먹는다는 것은 농민들에게는 상상조차 할 수 없는 일이었을 것이다.

소는 농사에 귀중한 가축

민중에게 대해서 짐승을 잡아 먹지 못한다는 텐무천황의 『육식금단령』도 따지고 본다면 근본적으로는 농사에 귀중한 소를 도살시키지 못하게 하려는 의도가 뒤숨어 있다 보고 싶다. 왜냐하면 농민들이 짐승 고기맛을 즐기게 하다가는 급기야 값진 농우도 잡아 먹지 말라는 법이 없기 때문이다.

그러므로 애당초부터 민간에서 전적으로 짐승 고기맛을 끊게 한 것이 아닌가 한다. 또한 일본의 농민들이 소를 얼마나 중시했던가는 일본의 옛속담에도 잘 나타나 있다.

「쇠똥을 밟으면 키가 제대로 자라지 못한다」

이 속담의 참뜻은 쇠똥이 농사에 귀중한 비료가 되었던 것도 가리킨다. 그러므로 아이들이 뛰어놀 때 비료인 쇠똥을 함부로 밟지 못하게 그런 경구를 퍼뜨린 것 같다.

「소에게 이끌려서 '젠코우지'(ぜんこうじ) 절에 간다」

이 속담의 뜻은 남의 권유를 받아서 뜻밖에도 좋은 방향으로 이끌려 간다는 것이다. 이것은 불교적인 자비 사상도 배경에 깔고 있는 속담이다.

그와 동시에 농민들이 소를 끔찍이 위해주던 천직인 농본 사상적 배경도 곁드리면서, 그 당시의 국가 종교였던 불교와의 짙은 연관성을 북돋는 의미가 크다고 보겠다.

참고삼아 밝혀두자면 일본 나가노(ながの)에 있는 '젠코우지'는 본래의 절이름이 '쿠다라지'(くだらじ) 즉 '백제사'(百濟寺)였다고 이마이 케이이치 교수가 그의 저서(『きかじんとじんじゃ』1974)에서 밝혔다. 서기 538년에 백제 성왕(523~554 재위)이 불상을 왜왕실에 보내 주었으며, 지금도 그 옛날의 '백제사'인 '젠코우지'에서는 그 불상을 일반에게 공개하지 않고 '비불'(ひぶつ)로 잘 모시고 있다.

잠깐 우리나라의 쇠고기 식육의 고사를 살펴보면 일본과는 이야기

의 방향이 사뭇 각도를 달리해버리고 만다. 조선왕조 세조(1455~
1468) 때부터 왕이 서울 동대문 밖의 '선농단'에서 봄 밭갈이를 시범
했다. 이 날 농사신인 '신농씨'에게 소를 잡아서 희생을 바친 다음에
큰 가마솥에다 쇠머리며 족·무릎·도가니·내장 등을 넣고 푹 고아
서, 백성들과 함께 쇠고기 국에 밥을 말아 함께 먹었다고 한다.

그 뿐 아니라 현재도 선농단에서는 이와 똑같은 '선농 제향'을 해마
다 농림부 등의 주관으로 거행해 오고 있다. 금년(2000)에는 4월
20일에 행사를 가졌다.

선농단이란 신농씨에게 풍년을 기원하는 제단인데, 선농단에서 희
생으로 바친 농우를 잡아서 백성들과 허기진 배를 채웠다는 것은 논
리적인 비약이 큰 것 같기도 하다. 그러나 지금의 '선농제향'에서도
설렁탕을 끓여 먹고 있다. 이른바 '설렁탕' 또는 '설농탕'은 '선농단'에
서 비유된 명칭이라는 설이 있다.

일본 소는 한반도의 농업과 함께 건너 갔다.

고대에 소로 밭갈이를 했던 역사의 기록은 『삼국사기』의 「신라본기
」에 잘 나타나 있다. 즉 신라 지증왕(500~514 재위) 3년(서기
502년) 3월의 기사는 다음과 같다.

「왕은 3월에 각 주주와 군주에게 농업을 권장하도록 명했고, 비로
소 처음으로 소를 논밭갈이에 쓰게 되었다.」

또한 조선왕조의 선농제향은 신라 때의 유습이 이어져 온 것이다.
신라에서는 봄에 선농제, 여름에 풍농제, 가을 추수후에는 후농제를
지냈던 것이다.

곁들여 살펴보자면 나라 이름인 '신라'라는 국호와 임금을 '왕'으로 부르는 왕호도 신라의 지증왕이 가장 먼저 썼다. 지증왕은 본래 지증마립간이었는데, 그가 왕호와 신라 국호를 쓰기 시작한 것은 왕 4년인 서기 503년 10월의 일이었다.

우리나라 고대에 일본에다 말을 보내 주었다. 일본 역사책 『고사기』 등에는 백제에서 근초고왕(346~375 재위)이 왜나라 오우진 천황(おうじんてんのう,4C후기~402 재위)에게 백제의 아직기 왕자편에 암수 한쌍의 말을 보내 주었다고 기록되어 있다. 그 당시의 왜나라의 지배자였던 오우진 천황은 백제인이었던 것이다.

「오우진천황은 백제인이다」(미즈노 유우,みずの ゆう)『일본고대국가의 형성』코우단샤,1978)

이렇게 오우진천황이 백제인이라는 것은 와세다대학 역사학 교수 미즈노 유우 씨 뿐 아니라 그 밖의 여러 학자들도 시인하고 있다. 상세한 것은 저자의 책인 『일본천황은 한국인이다』(효형출판사,2000)에 밝혔으므로 참고하시기 바라련다.

우리나라에서 고대 일본에 각종 농경법을 가르치면서 말 뿐 아니라 소도 건너 갔던 것인데, 초기에는 소와 말을 잡아 먹었던 것이다. 그것에 관해서 사쿠라이 슈우(さくらい しゅう) 교수는 다음과 같이 논술하고 있다.

「일본에서 고대인들이 소와 말도 잡아 먹었다. 그러나 소와 말은 조선에서 건너 온 가축이기 때문에 특히 귀하게 여겼고, 밭갈이 등에 구실한다는 것을 알게 된 뒤로는 잡아 먹기를 꺼리게 된 것 같다. 그러나 밭갈이를 시키더라도 죽은 다음에는 잡아 먹은 것 같다」(『일본식물사』 유우산카쿠,1994).

말고기를 날로 먹는 일본인들

백제로부터 왜나라의 백제인 오우진 왕실에 아직기 왕자가 암수 한 쌍의 말을 가져다 준 것은 서기 4세기 후반경이다. 아마도 소가 고대 일본으로 건너 간 것도 그와 비슷한 시기가 아닌가 추정한다.

소를 잡아먹지 못하게 명령한 텐무천황도 백제인이다. 텐무천황은 죠메인천황(じょめいてんのう,629~641 재위)의 왕자였다.

「죠메이천황은 나라(奈良)땅 백제강(百濟川) 강가에다 백제궁(百濟宮)과 백제대사(百濟大寺) 큰절을 지었고, 백제궁에서 살다가 붕어하자, 백제대빈(百濟大殯,필자주・백제식 3년상 국장)으로 모셨다」(『일본서기』).

상세한 것은 역시 졸저 『일본천황은 한국인이다』에서 참고하시기 바란다.

백제인 텐무천황이 백성들에게 짐승 고기를 먹지 못하게 명한 것은 서기 675년 4월 17일의 일이었다.

「소・말・개・원숭이・닭의 고기를 먹어서는 안된다. 그것 이외의 것은 금하지 않는다. 만약에 금하는 것을 어긴다면 처벌할 것이다」

텐무천황이 이상과 같이 소 뿐 아니라 말・개・원숭이・닭까지 포함해서 잡아먹지 말라고 엄명한 것을 본다면 그 이전까지는 왕족・귀족등 지배층을 중심으로 소 등 여러 가축의 고기를 먹었다는 것을 쉽게 알 수 있다. 그 당시 텐무천황이 5가지 동물의 금식을 명령했다는 것은, 그 5종의 동물들 중에서 개와 심지어 원숭이까지도 잡아 먹었던 사실도 아울러 살피게 해준다.

일본에서는 오늘날도 말고기를 '사쿠라'(さくら,벚꽃)로 부르면서 많이 먹고 있으며, 특히 말고기의 '육회'(ばさし, 바사시)는 고급 요리

에 속한다. 말고기를 일본에서 본격적으로 판매하게 된 것은 메이지 20년(1887년)경부터라고 한다.

「토오쿄우에서 메이지 10년(1877년)에 말고기 판매를 정부에 출원했으나, 당당하게 공식 거래가 성립된 것은 메이지 20년경부터다. 그 당시 쇠고기의 간판은 빨간색 글자를 썼고, 말고기는 간판에 검정색 글자를 썼으며, 그것이 관습이 되었다.

말고기를 '사쿠라'(さくら, 벚꽃)에 비유하는 것은 말의 얼굴 생김새가 벚꽃과 비슷하다는데서이다. 신슈우(しんしゅう) 지방에서 소위 '사쿠라 냄비' 요리가 성했는데, 말고기는 소보다 단백질이 더 많기 때문이다」(『たべものざつがくじてん』앞의 책)

개고기 즐겨 먹은 일본인들

한국사람만이 보신탕을 먹는 것은 아니고, 일본 사람도 개고기를 먹었다면 개중에는 믿을 수 없다고 할 일본인이 있을 지도 모른다. 이런 경우에는 부득이 일본인이 쓴 일본 문헌들을 제시하는 게 오해를 사지 않는 방법일 것이다.

앞에서 지적했듯이 일본의 텐무천황이 개며 원숭이까지도 금식을 칙령으로 명한 것은 그 당시 그런 동물들을 애식했기 때문인 것은 두말할 것도 없다.

후루야 미쓰토시(ふるや みつとし) 씨가 일본의 유명한 「주부와 생활사」에서 펴낸 저서인 『맛의 재미나는 탐험술』을 살펴보면 다음과 같다.

「애견가들은 펄쩍 뛸 이야기이겠으나 개를 먹는 풍습은 동아시아로

부터 태평양의 섬들에 이르기까지 광범위하다. 일본이라고 해서 예외
가 아니다. 특히 아키타(あきた, 일본 동북지방의 아키타현)며 카고
시마(かごしま, 일본 큐우슈섬 남쪽의 카고시마현)에서는 개고기를
진미로 삼아서, '겨울에는 개에게도 기름이 끼고 보온 효과가 크다'고
하면서 종종 냄비 요리를 끓여 먹었다. 곁들여 밝혀 두자면, 개고기
맛의 순서는 1. 흰 개, 2. 붉은 개, 3. 검은 개, 4. 얼룩개(카고시마
의 실예). 또한 개의 배속에 밥을 밀어 넣고 밀폐시켜 구운 것(이누
코로메시, いぬコロめし) 같은 잔혹한 요리도 있었다.」

후루야 미쓰토시 씨는 물론 한국과 중국의 보신탕에 대해서도 함께
다음처럼 쓰고 있다.

「한국이며 중국에서는 오로지 정력제의 감각으로 먹은 것 같다. …
영국을 방문했던 중국의 사신 이홍장(1823~1902) 대신에게 영국
정부에서 진귀한 개를 선물했더니, 이홍장이 그 개를 정성껏 먹어치
웠다는 에피소오드도 있다.」

이밖에도 일본인들의 일본에서의 보신탕 발자취의 기록들이 있으나
별로 유쾌한 얘기가 아니므로 이쯤 생략해 둔다.

일본 최초의 방생 법회

텐무천황이 5종의 동물을 금식시킨 배경에 대해 앞에서 살펴보았
듯이 나미카와 키요시 교수는 "불교의 영향이라고 하는 설도 있으나
그 근거는 희박하며, 일본 식품문화사의 미스테리(수수께끼)이다"고
했다. 그러나 필자는 텐무천황이 단호하게 소 등 5동물의 금식령을
내린 것은 뭇생명의 살상을 금하는 불교의 교리에 따른다고 단언하련

다. 왜냐하면 그 당시 텐무천황의 불교를 떠받드는 숭불의 발자취는 매우 두드러진 것을 살필 수 있기 때문이다.

텐무천황이 살생의 금령을 내리기 불과 12일전인 서기 675년 4월 5일에, 천황이 「승려와 여승 2400여명을 불러서 성대한 예불 행사를 거행했다」는 것이 『일본서기』에 기록되어 있다.

그 뿐 아니며, 텐무천황은 4월 17일의 살생을 엄금하는 금령을 내리면서 함부로 짐승 사냥과 물고기 잡이도 금하는 다음과 같은 칙령을 아울러 내렸던 것을 주목하고 싶다.

「지금으로부터 어업과 수렵에 종사하는 자는 함부로 짐승 잡는 '우리'며 '함정'과 '창 설치'(필자주·짐승이 건드리면 퉁겨 나오는 창에 찔리는 사냥 장치) 따위를 만들어서는 아니되노라. 4월 1일부터 9월 30일까지는 틈사이가 좁은 '어살'(필자주·냇물속 골창에다 설치하는 물고기 잡이용의 대형 대나무 소쿠리 장치)을 설치해서 물고기잡이를 해서는 아니되노라(어린 물고기의 보호)」(『일본서기』).

텐무천황은 이와 같이 살생을 함부로 해서 안되는 불교 교리의 가르침을 왕권으로서 엄명하면서 소등 5가지 가축의 도살을 금지시키기에 이른 것이다. 그 뿐 만이 아니다. 붙잡힌 동물을 본래대로 풀어주어 공덕을 쌓는 '방생 법회'도 전국에 명했다.

그것은 서기 676년 8월 17일의 칙령이었다. 이와 같은 방생은 백제로부터 서기 538년에 불교가 처음 일본에 포교된지, 138년만의 최초의 방생법회라는 역사의 시작이다. 텐무천황은 그 후 불과 3개월만인 11월 19일에도 그 당시 왕도였던 나라땅 '아스카'(あすか) 인근의 각 고을에 대해서 방생할 것을 조칙으로 밝혔다(『일본서기』).

이와 같이 거듭된 방생 등 여러 가지 사실로 미루어 보아, 텐무천황의 5가축 살생 금령은 불교 교리에 따르는 것임을 잘 알수 있다고

본다. 이 당시인 서기 7세기 후반부터, 불교 국가 일본에서는 쇠고기
등 육식이 허용되지 않았던 것이다.

물론 일본은 불교 국가이면서도 신사·신궁 등에서 '신도'(神道)의
신(神,かみ)도 함께 신앙했던 것이다.

불교의 살생을 금하는 교리에 의해서 일본 사람들은 1868년의 메
이지유신 이전까지는 누구에게나 쇠고기 육식 등은 금지되었던 것이
다. 그러나 메이지 유신에 의해서 일본 사람들은 비로소 쇠고기를 먹
을 수 있는 새시대가 열린 것이었다.

메이지 유신 이후에야 쇠고기 해금

두말할 나위 없이, 메이지유신 이전인 오랜 무사정권 시대(1192~
1867년 사이)에도 육식은 거의 없었다고 본다. 그 때문에 서양에서
기독교 포교를 위해 일본에 건너 갔던 서양 선교사들은 육식을 제대
로 할 수 없어서 고통 받기도 했다. 그런 사정에 대해서 민속학자인
카토우 토쓰도우(かとう　とつどう)는 다음과 같이 밝히고 있다.

「메이지 유신(1868년) 이후에 일본 사람에게 왕성하게 먹힌 음식
은 쇠고기 이외에는 다른 것이 없다. 본래 일본에서 쇠고기는 금기시
했기 때문에, 토요토미 히데요시(とよとみ　ひでよし,풍신수길, 153
6~1598)는 이방인들이 일본에 와서 쇠고기를 먹는 것을 보고는 분
노하면서 기독교를 나무라는 첫대목으로서, "무엇 때문에 밭갈이 하
는 데 소중한 소를 잡아 먹는 것이야?"라고 힐책할 정도였다. 토쿠가
와 무사정권 시대(1603~1867)에는 쇠고기를 먹는 자는 천벌을 받
는다고 믿었다. 토쿠가와 막부시대 말기에 일본의 개항(필자주·서양

배의 일본 입국의 허용)을 억지로 만들어 내면서까지 일본에 온 서양
인들이 가장 힘든 것은 쇠고기를 구하는 일이었다. 쇠고기를 일본에
서 살 수 없어서, 멀리 미국이다 또는 중국에서 수입하여 요코하마
(よこはま) 항구와 요코스카(よこすか) 항구의 서양 사람 거류지에서
만 쇠고기가 공급되기에 이르렀다. 그 후 케이오우 시대(1865~
1867년 사이) 초기에는 코우베(こうべ)에서 외국인 상인들이 쇠고기
를 거래하게 되었다. 토우쿄우(とうきょう)에서도 쇠고기 정육점이
등장하면서 쇠고기찌개를 끓여 먹는 가정도 생기게 되었으며, 오늘에
는 일상 생활에서 빠질 수 없는 것이 되었다. 또한 쇠고기 이외에 양
고기, 돼지고기 뿐만 아니라 말고기도 먹게 되었다.」(카토우 토쓰토
우『일본풍속지』 타이토우출판사, 1941).

　일본에서는 메이지 유신 직후부터 쇠고기를 먹기 시작했을 뿐 아니
라, 심지어 말고기까지 먹으면서, 오늘에 이르고 있다. 일본인들은 일
본소를 가리켜 '와규우'(わぎゅう)라고 자랑 삼는데 특히 맛나다는 소
는 '오우미규우'(おうみぎゅう)이다. 일본 쿄우토 북쪽의 '비와코' 호수
남쪽 지대인 '오우미'(おうみ) 지방의 '와규우'를 가리켜 최고 육질이란
다. 이른바 '샤브샤브'(しゃぶしゃぶ)라고 해서 끓는 물에 얇게 저민
쇠고기를 데쳐 먹는 것이 유명한 쇠고기 요리의 하나이기도 하다.

한국 갈비와 불고기에 매혹당한 일본인들

　지금 일본의 도시 각지에는 한국식 '가루비'(カルビ,갈비)며 '부르코
기'(ブルコキ,불고기)인 '야키니쿠'(やきにく,燒肉)가 대인기이다. 일
본인들은 한국어 글자의 '바침'을 낱말과 함께 제대로 읽지 못해서 '갈

음식점의 불고기·갈비 등의 간판

비'를 '가루비'라고 말하며 '불고기'는 '부루코기'라고 말한다. 이를테면 '안녕하십니까'는 '안녀응하시무니까'라고 발음한다.

그러기에 서울에 온다, 한국 관광을 하는 일본인들이 먹고 싶다는 한국요리는 단연 '가루비'하고 '부루코기'이다. 더구나 일본에서는 갈비며 불고기가 비싼 요리이다. 그러나 한국에 와보면 일본에 비할 수 없이 싸다. 심지어 일본인들 중에는 갈비와 불고기를 먹으러 한국 여행을 온다고 할 정도이다.

앞에 밝혔듯이 소가 일본에 건너 간 것은 한국으로부터였다. 소가 농사에 귀중하다는 것을 알고 잡아먹는 것을 고대인들은 삼갔다지만, 소를 몰래 잡아 먹던 왜나라가 불교국가가 된 것은 아이러니라고 해 둘까.

그 당시의 일본 불교에서는 '4발 달린 짐승을 잡아먹으면 말라 죽는다'는 믿음도 생겨날 정도였다. 그 때문에 독실한 불교 신자들은 현재도 쇠고기 따위 4발 달린 짐승 고기는 먹지 않는다고 한다.

그런가 하면 몸보신 약이라고 하면서 소를 몰래 잡아 먹는 사람들도 있었다고 한다. 일본 학자들의 표현을 빌리자면, 그들은 몰래 짐

승고기 거래를 할 때에 '쇠고기는 멧돼지, 멧돼지는 산고래, 말고기는
사쿠라꽃'이라는 은어로 별명까지 붙였다고 할 정도이다.

토끼도 '새'로 세어서 잡아 먹었다

더구나 재미나는 것은 '토끼'만은 4발 달린 짐승 속에 넣지 않았다
고 한다. 그러니까 토끼마져 4발 달린 짐승으로 친다면 영양가 높은
짐승고기는 어느 것도 전혀 먹을 수 없었기 때문이라는 것이다.

일본에서 4발 달린 동물은 '한 마리(一匹), 두 마리(二匹)' 하고 헤
아린다. 그러나 2발 달린 날짐승인 새는 '한 날개(一羽), 두 날개(二
羽)' 하고 그 숫자를 날개(羽)로서 센다. 그런데 토끼는 '한 마리
(いっぴき), 두 마리(にひき)'가 아니고 '한 날개(いちわ), 두 날개
(にわ)'로 현재도 조류를 세는 그런 숫자로서 토끼를 세고 있다. 토끼
고기를 먹기 위해서 토끼를 조류(새)에다 집어 넣은 셈이다.

불교 국가인 때문에 조정에서 민간이 짐승고기를 못먹게 금지시켰
으나, 이렇듯 지혜롭게 4발 달린 짐승을 새로 취급하며 잡아 먹는 사
람들도 있었다는 것이다.

쇠고기 냄비 찌개 '규우나베' 등장

일본은 '메이지 유신'(1868) 때부터 정식으로 쇠고기 냄비찌개 요
리(ぎゅうなべりょうり, 규우나베 료우리)도 등장하게 되었다. 그러
나 기록을 살펴 보면, 일본 오오사카에서는 그보다 10년전 쯤인 안세

이 시대(1854~60)에 '쇠고기 냄비집(우시나베야, うしなべや)'이 생겼고, 요코하마(よこはま)에는 1862년에 '스미요시쵸우'에 '쇠고기 냄비집'이 생겼다. 이 가게 이름은 「이세쿠마」(いせくま)인데, 본래는 목노주점이었다고 한다. 이 목노주점 주인이, 쇠고기 냄비 찌개집으로 가게를 바꾸려 했을 때, 부인이 맹렬하게 반대했다고 한다.

"그런 4발 달린 짐승으로 장사를 할 바에는 저와 이혼해 주셔요!"

이렇게 완강히 반대하는 아내를 설득시킨 주인은 가게를 절반으로 갈라서, 주인은 쇠고기 냄비집을 시작했고, 나머지 반은 안주인이 밥집을 만들었다고 한다. 이 결과 쇠고기 냄비집은 예상밖으로 손님이 들끓었으나 밥집은 썰렁했다. 이래서 부인이 굴복하여 함께 쇠고기 냄비집 장사를 해서 큰 돈을 벌었다고 한다. 뒷날 이른바 '스키야키'(すきやき)라고 부르는 '쇠고기 전골'이 등장하기까지 '쇠고기 냄비 찌개'는 전성시대를 누렸던 것이다.

일본에서는 '찌개'를 일컬어 '냄비'(なべ)라고 부른다. 찌개를 냄비에 끓이는데서 생긴 말인데, 지금도 서민들의 가정에서는 냄비찌개를 특별한 날에나 끓여 먹는다. 이 때 주로 사용하는 냄비는 토기(土器)냄비나 도기(陶器)냄비이다.

'스키야키'(すきやき)도 일종의 냄비 찌게이다. 쇠고기와 두부, 파, 양파, 설탕 등을 넣고 간장으로 간을 보는 숯불 즉석 쇠고기 요리이다. 요즘은 식탁 위에서 가스불을 가지고 직접 끓여 먹는 것이다.

「쇠고기가 금식되었던 옛날에 농민들이 몰래 소를 잡아 '쟁기'인 스키(すき)에다 고기를 구워 먹은데서 '스키구이'라는 뜻에 '스키야키'가 생겼다」(『오모시로백과』 카도카와서점,1978).

이와 같은 설이 있는가 하면, 쇠고기가 좋다는데서 '좋아서 굽는다'는 뜻에 생긴 것 '스키야키'(好き燒)가 생겼다는 등 정설은 따로 없다.

옛날에는 하루 두끼니만 먹었다.

일본에서는 에도시대(1603~1867)까지 하루에 두 번만 식사를 했다. 그러니까 아침밥과 저녁밥이 전부였다. 이것을 가리켜 일본어로 '아사유우노 오모노'(あさゆうのおもの)라고 했다. 아침 저녁의 수라, 즉 천황의 식사라는 뜻이다. 그 만큼 식사가 매우 소중하다는 표현이다. 1일 2식은 쌀 등 식량의 부족이며 경제 사정이 좋지 못한 것을 말한다.

그런데 에도 시대에 전쟁이 생겼을 때는 무사들은 전투에 참가하고 행군을 하기 때문에 점심을 먹기도 했다. 특히 전투 때며 또한 민중 피란민들은 주먹밥을 먹었다. 주먹밥은 손바닥으로 밥을 둥글게 또는 삼각형등으로 만든 것을 휴대해서 먹었다. 이것을 일반적으로 '니기리메시'(にぎりめし)라고 했으며 '오무스비'(おむすび) 또는 '오니기리'(おにぎり)로도 불렀다.

일본에서는 우리나라의 생선 초밥과 똑같은 것을 가리켜 '니기리즈시'(にぎりずし)라고 부른다. 밥에다 신선한 생선쪽이며 낙지·조개 류 등을 죄어 한입에 먹게 만든 것을 말한다

'카이세키료우리'의 2가지 구별

일본 요리에 있어서 '카이세키료우리'(かいせきりょうり)라고 말하는 두 가지로 구별되는 것이 있다.

먼저 '카에세키료우리'(會席料理, 회석 요리)하면, 이것은 연회용의 일본 요리를 가리킨다. 이 회석 요리는 글자 그대로 회식하는 요리인

데, 이 요리는 에도시대(1603~1867)에 발달했다. 특히 이 요리는 본
격적인 손님 접대 요리인 '혼젠료우리'(ほんぜんりょうり)를 약식으로
한 것이다. 그 때문에 매너며 의식(ぎしき)을 중시하지 않고 맛 본위
(あじほんい)로 속편하게 먹을 수 있는 요리이다.

'혼젠료우리'의 경우는 무로마치 시대(1336~1573)에 확립된 가
장 본격적인 접대 요리이다. 손님 1명씩 각기 따로 상차림을 갖춰서
내놓는다. 소형의 상이지만 1인당 1개의 상차림부터 많게는 자그마
치 5개까지의 상도 나온다(本膳・二の膳~五の膳). 요리의 내용도 국
물과 부식 세가지(一汁三菜)로부터 2즙 5채(二汁五菜)・3즙 7채(三
汁七菜)가 기본 상차림이며, 대형 접시에 통째로 구운 도미 구이도
나온다. 손님의 신분에 따라서 각기 상차림이 구분되는 것이다.

또 하나의 '카이세키료우리'(懷石料理,회석 요리)는 간소한 요리로
서 계절의 맛을 돋구어 준다. 간략한 식단이면서도 아름답게 계절
(しゅん, 旬)의 요리를 꾸민 것을 말한다.

이 '카에세키료우리'를 일컬어 '차가이세키'(ちゃかいせき)라고도 부
르듯이 손님에게 차를 대접하는 다회(ちゃかい) 같은 때 내는 요리이
기도 하다.

'와카시'라고 부르는 일본식 과자

일본식 과자의 특징은 와가시(わがし)라고 하겠다. 주로 '안'(あん)
이라고 하는 팥소를 과자 속에 넣어서 만드는데, 팥 뿐 아니고 고구
마의 전분질 등을 가지고 설탕을 가미시킨 것도 쓴다.

'와가시'는 '나마가시'(なまがし)와 '히가시'(ひがし)며 '아메가시'(あ

めがし) 등으로 구분한다.

'나마가시'는 찰떡 등으로 만든 과자며 구운 것도 있으나 속엔 수분이 많아서 오래 보존이 안된다.

'히가시'는 틀에 찍어서 완전히 딱딱하게 구운 과자로 '센베이'(せんべい)·'라쿠간'(らくがん) 등 건조한 과자를 말한다.

'센베이'는 '히가시'의 상징으로서, 이것도 두가지로 나누인다. 하나는 밀가루와 설탕과 달걀을 섞어서 구어내는 것이고, 또 다른 방법은 쌀가루를 간장으로 버무려 구워내는 이른바 '시오센베이'가 있다.

일본에서 '와가시'하면 특히 '쿄우가시'(きょうがし)를 으뜸이라고 말하고 있다. 즉 '쿄우토의 과자'(서울 과자)라는 명성이다. 고대 '헤이안쿄우'(へいあんきょう,平安京) 때부터의 유구한 전통을 자랑한다.

NHK-TV에서는 근년(1999~2000년 초)에 '쿄우가시' 전통을 가진 과자집을 소재로 하는 일일연속 TV극 「아스카」(あすか)를 방영해서 쿄우토의 명물 과자의 전통을 세상에 널리 알리기도 했다.

일본의 고급 생과자로 유명한 것은 이른바 '요우칸(ようかん,양갱)이다. 본래 중국에서 전래된 것인데, 이것은 팥소에다 한천(우뭇가사리 식품)을 가지고 가공하는 것이며 선물용으로 비싼 값에 팔고 있다.

'카시야 요코쵸우'로 유명한 과자 골목

일본에는 이른바 '요코쵸우'(よこちょう, 골목)라고 부르는 뒷골목 명소들이 전국적으로 유명한 곳이 있다. 뒷골목 명소로서 특히 과자 점방으로 소문난 '카시야 요코쵸우'는 '카와고에'(かわごえ) 시에 있다. 이른바 '작은 에도'(こえど,코에도)로 불리는 그 옛날 '에도땅' 분

위기가 물씬한 카와고에 시는 글자 그대로 강건너 저잣거리다.

그러기에 옛날 에도 땅의 풍정에 젖어 보려는 듯 1년에 약 350만 명의 관광객이 몰려든다는 카와고에 터전. 이 곳에서도 이름난 명소는 정답기 그지없는 과자 점방 뒷골목이다. 에도 시대에는 이 곳이 토우쿄우 땅으로 보내는 엿(アメ)등 과자 도매상(とんや, 동야)들이 처마를 잇대어 성업했단다. 엿은 본래 쌀엿·찹쌀엿·수수엿 등 조선 시대의 기호식품이 일본에 전해진 것이다.

"엿은 본래 '조셍 아메'(ちょうせんあめ)라고 말했으며, 조선시대의 조선통신사들이 일본에 초대되어 오면서 전해진 것입니다."라고 일본 사학자 오오타 준조우(おおた じゅんぞう) 교수가 내게 자세히 알려 주었다.

오오타 교수는 "과자 점방 골목인 '카시야 요코쵸우'(かしやよこ ちょう)는 19세기 중엽에 다이렌지(だいれんじ)라는 이름의 사찰 앞 길에 과자 점방 하나가 생겼습니다. 그 후, 그 문하의 제자들이 차츰 하나 둘씩 점방을 차리면서 스승의 뒤를 잇대어 엿등 과자 도매상 거리로 번창했던 것이지요."라고 내력도 들려준다.

2차대전이며 1945년 8월 15일의 일본의 패전 등, 전시와 혼란기를 거치면서 업자들은 속속 폐업하였다. 그러나 아직도 지금(2000년 9월 현재) 17곳의 과자 점방이 성업하며, 일본 각지에서 몰려드는 관광객들에게, 과자 선물 꾸러미를 싸주고 있다.

옛날 누깔사탕인 '아메타마'(アメダマ), '핫카아메'(ハッカアメ)라는 박하사탕, 센베이(センベイ) 등등, 현대의 초콜렛과 캔디 시대의 젊은이가 아닌 중고년층의 인기는 여전하다.

우리나라의 팥소 등을 넣은 붕어빵이며 국화빵 또는 계란빵 따위 "쇠틀로 불에 구워파는 밀가루 구이빵은 메이지유신(1868) 이후 서

양빵의 도입과 함께 등장한 제과법"이라고 지기인 오오타 준조우 교
수는 말한다.

먹거리도 정다운 4월 5일은 '골목의 날'

 토우쿄우 오카치마치(おかちまち)의 '아메요코쵸우'(アメよこちょ
う)는 일본 수도의 유명한 골목 장터. 각종 먹거리로부터 일용 잡화
에 이르기까지 만물 골목시장으로 유명하다. 일본 요코쵸우 상인들은
해마다 4월 5일을 '요코쵸우의 날'로 정하고, 봄 벚꽃놀이 등 행락철
에 맞춰 관광객 유치에 열을 올린다.
 일본 각지의 이름난 '요코쵸우' 중에 눈길을 끄는 것은 홋카이도우
삿포로(さっぽろ) 시의 '삿포로 라면 요코쵸우'(サッポロラーメンよこ
ちょう)이다. 이른바 '라면 시티'(ラーメンシティ) 등등 60개의 점포
가 성업중이다.
 게요리로 유명한 곳은 니이가타현 노우세이쵸우(のうせいちょう)
의 '카니야 요코쵸우'(かにやよこちょう)이다. 각지에서 모여든 관광
객들은 게를 맛나게 먹고 이 고장 명산 '큰게'를 선물 꾸러미로 꾸려
가기에 바쁘다.
 생선이며 각종 음식으로 이름난 요코쵸우는 일본 각지에 흔하지만,
젊은 대학생들이 즐겨 찾는 곳이 카고시마(かごしま)시의 카고시마대
학 부근의 '도토리 요코쵸우'(どんぐり よこちょう)이다. 값싸고 맛난
것으로 전국에 소문난 곳이다.
 일본에서 가장 많은 관광객이 찾는다는 곳은 미에현 이세(いせ)시
의 '오카게 요코쵸우'(おかげ よこちょう)이다. 이 곳은 이세신궁(い

せじんぐう)에 복을 빌려고 정초부터 모여드는 인파 덕분에 성업하고 있는 골목 장터의 명소다.

일본 각지의 '요코쵸우' 명소는 음식 뿐이 아니고, 여러 가지 토산품 등 고장 명산품을 만들어 파는 곳도 허다하다. 이를테면 식칼이며 낫을 팔아서 유명한 곳은 니이가타현의 산죠우(さんじょう)시에 있다. '산죠우 모노츠쿠리 요코쵸우'(さんじょうものづくり よこちょう) 같은 곳을 들 수 있다.

'이자카야' 대포집과 깨끗한 포장마차

일본의 서민들이 즐겨 찾는 대중음식점은 우리 나라 '대포집'과 그 유형이 비슷한 것이 이른바 '이자카야(いざかや,居酒屋)라고 하겠다.

또한 좀 아랫급의 '목노주점'격인 것을 '로바타야키'(ろばたやき)라고 해서 구운 음식 중심의 간이 주점도 거리에서 볼 수 있다.

거리의 포장 마차들은 주로 야간에 도심지에 많이 나타난다. 즉 야간 영업 위주이다.

일본의 포장마차(やたい)는 사뭇 위생적이다. 도시의 역전 광장 등 지정된 장소에 가스며 수도 전기 등의 연결 장치가 되어있어서 우선 개숫물이 매우 깨끗하다. 우리나라 포장마차도 최소한 수도 파이프 연결이 급선무가 아닌가 한다.

도로변의 이른바 '타코야키'(たこやき)라고 부르는 '낙지구이'도 젊은이들에게 인기가 큰 노점 구이 음식이다.

제4장 민속 문화

'점치기' 좋아하는 일본사람들

일본어로 '우라나이'(うらない)가 '점'이고, 점쟁이는 '우라나이시'(うらないし)라고 부른다.

일본 사람들은 '점치기'를 매우 좋아 한다. 한국 사람들도 '점치기'를 다니는 사람들이 있으나, 일본 사람 만큼은 미치지 못한다고 본다. 신사나 절에서도 점괘를 보고 부적 등을 사기에 말이다.

신사에 가면 점치고, 액막이 부적 등을 팔고 있는 '무녀'(みこ)의 모습.

일본의 수도인 토우쿄우의 번화가 '신쥬쿠'(しんじゅく)는 거리의 점쟁이들이 많은 곳의 하나이다. 특히 신쥬쿠 역전의 길거리에는 밤이 되면 점쟁이들은 촛불 등을 켜놓고 앉아서 점을 본다. 조그마한 점보는 탁자를 앞에 놓고 의자에 앉아서 손님이 오기를 기다린다.

점쟁이는 노인으로부터 젊은이들에 이르기까지 있고, 젊은 여성 점쟁이들도 많다.

이 신쥬쿠 역과 착 달라붙은 큰 백화점이 '케이오우(けいおう) 백화점'이다. 이 백화점 안에 들어가면 1층의 한구석에 '점치는 곳'이 특별히 설치되어 있다. 이 곳에는 3, 4명의 점쟁이들이 칸막이를 해놓고 손님을 의자에 앉힌 채 점을 치는 것을 늘 볼 수 있다.

번화가의 대형 백화점 1층에 이와 같이 점치는 곳이 있을 만큼, 일본 사람의 점치기 취향은 대단하다. 비싼 텃새를 내야하는 백화점 1층에 점쟁이들이 진을 치고 있다는 것은 그 만큼 손님이 많다는 것을 말해 준다고 하겠다.

유령을 믿는 일본사람들

일본인들의 점치기열 때문에 돈을 많이 벌고 인기를 모으는 점쟁이들도 적지 않다. 그 대표적인 일본의 여성 점술사 '키보 아이코'(きぼあいこ) 씨는 소문난 인기 탤런트이다. 텔레비젼에 늘 출연하여 점을 친다.

이를테면 어떤 후미진 산속의 오두막에서 유령이 나타난다는 것을 예언해서 척척 맞추기도 했다. 키보 아이코 씨는 많은 시청자들을 끌어 모으고 있고, 팬들에게 자기가 쓴 책의 사인회까지 열기도 한다.

키보 씨의 경우는 점쟁이라기 보다는 '초능력자'며 '영능력자'라는 찬사까지 듣는다. 이 '영능력자'라는 것은, 죽은 사람의 유령이 지금 어느 곳에 있는지 그 소재를 점쳐서 알아내주는 일이다.

이를테면 자기 가족 중에서 행방불명으로 죽은 사람의 유령이 지금 살고 있는 곳을 찾아내어 주는 일 때문에 인기가 크기도 하다. 키보 씨에 의해서 영혼을 찾은 가족은 기뻐하면서 후한 사례금을 내고, 혼령을 위로하는 제사도 지낸다.

일본의 호젓한 도로변을 지나가다 보면 자그만 유리병(사이다 병 같은 것)에 꽃을 꽂아 놓은 것이 눈에 띄는 것을 볼 수 있다. 이것은 대개 그 도로에서 교통사고로 사망한 자기 가족의 유령을 위령하는 꽃병이다.

일본 사람들은 사람이 죽으면 그 유령이 떠돌아다닌다고 철저하게 믿는 사람들이 많다. 그래서 어떤 집이나 대개의 가정에는 '불단'(ぶつだん)을 모셔두고 있다. 가족의 영혼을 집안에다 잘 모시기 위해서이다.

한국에서도 옛날에는 대청마루 한 구석에다 영정 사진을 놓은 '상청'(영실·궤연)이라는 것을 3년간 설치했었다. 즉 소상·대상이 지나면 상청은 없앴다. 종가집에서는 후원의 사당에 위패를 모시고 제사지낸다.

불단에는 고인의 사진을 영정으로 모셔 놓고, 가족들이 수시로 분향하고 쇠젓가락으로 쇠그릇을 '탕' 소리나게 쳐서 혼령을 부르는 것이다. 그리고는 두 손을 모아 머리를 조아리며, 집안에서 일어난 여러 가지 일들을 혼령에게 말해 준다. 죽은 사람의 혼령이 정말 살아 있어서 불단에 모셔져 있다고 생각하는 것이 바로 일본인들의 풍습이기도 하다.

점쟁이 인기 탤런트 키보 아이코라는 여성

여성 점술사이자 영능력자라는 키보 아이코 씨는 큰 재산가이기도 하다. 점(うらない, 占) 치는 책 등을 수많이 출판해서 지금도 많은 수입을 올리고 있다. 점쟁이(うらないし, 우라나이시)로 출세하기 위해서는 키보 씨의 책을 사서 공부해야 한다고 할 정도로 그녀는 권위가 있어서, 수많은 종류의 점술책을 펴내고 있다.

특히 영능력자로서의 키보 아이코 씨가 유령을 찾아내는 베스트셀러 책으로서 어린이들에게 까지 인기가 큰 것은 『공포의 원령 대백과』같은 책이다. 어린이들은 무서운 유령을 찾아내는 방법을 읽으면서, 겁에 질려 밤중에 이불을 뒤집어 쓰고 이 책을 본다고들 한다.

'원령'(おんりょう)이라는 것은 원한을 가지고 떠도는 유령이다. 행방불명이 된 채 남에게 맞아 죽었다던지, 누명을 쓰고 죽은 혼령 또는 억울한 죽음을 당한 유령들이다. 그런 원령의 영혼을 위안해 주기 위해서, 가족들은 키보씨에게 막대한 비용을 대며 그 원혼이 살고 있는 먼 고장이다, 산속의 후미진 곳을 점쳐서 찾아 낸다는 것이다.

『주역』 등으로 점치는 역술가들

점술가로서 이름난 사람들은 키보 씨 말고도 그 밖에 많이 있다. 점술가를 '에키샤'(易者, 역자)라고도 부른다. '에키샤'라는 것은 고대 중국의 옛날책인 '주역'(しゅうえき, 周易)의 '괘'를 가지고 풀이해서 점을 치는 방법이다.

이를테면 우리나라 국기의 4괘도 이 주역에 나오는 괘를 깃발에 따다 붙인 것이다.

이 괘의 기본은 8괘(はっけ, 八卦)이다. 이른바 점을 치는 '에키샤'들은 이 8괘, 즉 '건·태·이·진·손·감·간·곤'을 주축으로 삼고 '점괘'를 보는 것이다.

'점괘'가 좋다느니 어떻다고 하는 말은 이 팔괘에서 생긴 말이다. 역술가라는 점쟁이들은 '건·태·이·진·손·감·간·곤'의 8괘를 줄줄이 외우며 이리저리 돌려대면서 남의 운명이며 이른바 좋고 나쁜 길흉의 점괘를 보아 주는 것이다. 우리나라 태극기의 4괘는 8괘 중의 '건·이·감·곤'이다.

이것을 학문적으로 말할 때 '역학'이라고 부른다. 즉 주역의 '괘'를 풀이하여 음양이 변화하는 원리와 신과 인간이 서로 교감하는 신비를 연구한다는 것이다.

괴물 제왕 복희씨가 고안한 『주역』

주역의 8괘를 처음으로 만든 사람은 '복희씨'라고 한다. 그는 '고대 중국의 제왕'이라는 전설적인 인물이다.

복희씨의 생김새는 뱀의 몸둥이며 사람의 얼굴을 가진데다가 소의 목과 호랑이 꼬리가 달렸다고 『열자』라는 책에 그 내용이 전한다.

『열자』는 노나라 사람이며 중국 전국시대 초기의 철학가였던 '열어구'의 제자들이 엮은 책이다.

우리나라 일본의 점술가들은 대개 이 주역의 역술을 가지고 8괘의 점괘를 보고 있다.

일본 천황도 '음양도' 점을 쳤다.

일본 천황도 점을 쳤다.

「헤이안(へいあん) 시대(794~1192)에는 천황을 비롯해서 귀족들은 완전히 길흉에 얽매어서 살았다. 우아한 생활을 하던 그들도 일상 생활은 모두 점(うらない)에 의해 규제 당하고 있었다. 그 점은 음양도(おんようどう, 陰陽道)였다. 즉 음양과 5행(木・火・土・金・水)의 작용으로부터 점치는 것이다」(코마쓰 자쿄우, こまつ ざきょう 감수『오모시로백과』④카도카와서점).

일본 천황이며 왕족・귀족들의 점을 쳐주는 사람을 가리켜 '온요우지'(おんようじ) 또는 '온묘우지'(おんみょうじ)라고 불렀다. 왕실의 조신이었던 후지와라노 모로스케(ふじわらの もろすけ, 908~960)는 자손들에게 음양도 등을 잘 지키라는 책『쿠죠우도노유이카이』도 썼다.

「아침에 일어나면 자기가 태어난 별의 이름을 7번 외운다. 양치질을 하고나면 부처님과 신에게 기원한다. 소의 날은 손톱깎기, 호랑이 날은 발톱깎기……」

일본에 음양도를 가르쳐 준 것은 백제 스님 '관륵'이 7세기 초인 서기 602년 10월에 왜왕실에 천문책을 가지고 건너 가서부터였다(『부상략기』).

서양 점성술이 왕성한 일본의 오늘

일본에는 서양 점성술이 왕성해지고 있는게 오늘의 실정이기도 하다. 서양의 점성술이라는 것은, 하늘의 별자리에서 자기의 별자리를 따져서 점을 치는 일이다.

일본의 어른들 뿐 아니라 어린이들도 점성술로서 자신의 점을 치는 것을 즐기고 있다. 지금부터 약 5천년 전의 메소포타미아의 유목민들이 만든 점성술은 12개의 별자리를 가지고, 누구나 그 한 개의 별자리를 자기 것으로 삼게 된다.

하늘의 별과 인간의 운명의 신비한 연관성을 찾아내는 점치기가 점성술이다. 장차 어떤 별자리의 사람과 결혼하면 행복하게 살 것인가, 어떤 직업을 택하면 크게 성공할 것인가, 어떤 병에 걸리기 쉬운가, 어떤 사고를 미리 예방해야 하는가, 어떤 곳에 가서 살면 행운이 오는가 등등, 점성술도 주역의 역학과 따지는 내용은 비슷한 것이다. 다만 8괘가 아닌 하늘의 별자리를 가지고 도출하는 것이기 때문에 점치는 방법은 다른 것이다.

12개의 별자리 중의 하나가 자기 별자리

12개의 성좌 즉 별자리 중에 하나가 자기 별자리이다. 이 별자리는 생일을 가지고 구별하게 된다. 표를 만들면 다음과 같다.

별자리	생일
수양자리	3월 21일 ~ 4월 20일생
수소자리	4월 21일 ~ 5월 21일생
쌍동이자리	5월 22일 ~ 6월 21일생
게 자리	6월 22일 ~ 7월 23일생
사자자리	7월 24일 ~ 8월 23일생
처녀자리	8월 24일 ~ 9월 23일생

별자리	생일
천평자리	9월 24일 ~ 10월 23일생
전갈자리	10월 24일 ~ 11월 22일생
사수자리	11월 23일 ~ 12월 22일생
산양자리	12월 23일 ~ 1월 20일생
물병자리	1월 21일 ~ 2월 19일생
물고기자리	2월 20일 ~ 3월 20일생

각 별자리의 성공할 수 있는 장래 직업

수양자리 → 문인 · 신문기자 · 작곡가 · 탤런트

수소자리 → 디자이너 · 스튜어디스 · 계리사 · 미술가

쌍동이자리 → 외교관 · 무역상 · 엔지니어 · 매스콤 종사

게자리 → 탤런트 · 만화가 · 수의사 · 식료품점 경영

사자자리 → 스포츠 선수 · 백화점 경영 · 신문기자

처녀자리 → 학자 · 정치가 · 호텔 경영 · 요리점 경영

천평자리 → 탤런트 · 디자이너 · 식당 경영 · 스포츠 선수

전갈자리 → 과학자 · 의사 · 스포츠 선수 · 종교인

사수자리 → 무역상 · 문인 · 기술자 · 광고업 · 스포츠 선수

산양자리 → 법률가 · 은행가 · 공무원 · 원예가

물병자리 → 과학자 · 디자이너 · 스포츠 선수 · 광고업

물고기자리 → 종교가 · 의사 · 교육자 · 탤런트 · 신문기자

이와 같은 서양 점성술은 현대에 와서 독일에서 크게 발전했다. 독일의 천문학자 케플러(1571~1630)는 천문학자인 동시에 점성술사이기도 했다.

그 옛날부터 점성술은 별의 운행이며 별이 나타나고 사라지는 과정을 관측하는 데 첫째 목적이 있었다. 두 번째 목적은 별의 관측을 이용해서 지진이며 태풍·홍수·가뭄 등 자연의 재해를 예방하기 위해서 인간 사회에 알리는 일도 했고, 더 나아가서는 인간 개인의 성격 판단이며 인간의 결혼·직업·성공·건강 등등 인생 전반에 걸친 운명에 대해서 점도 치게 된 것이다. 그러므로 점성술이 발달하면서 이것은 천문학과 함께 이어져 왔던 것이다.

일본의 어른들은 물론이고 어린이들까지도 열심히 점성술의 점치기를 즐기고 있는 실정이다. 그 때문에 점성술 책들도 여러 가지 많이 나와 있고, 이 책을 가지고 저마다 점치기를 재미나게 하면서 가족들이 서로 웃어댄다.

꿈으로 여러 가지 점치기

누구나 자면서 꿈을 꾼다. 꿈은 현실 생활의 일들이 나타나기도 하고 전혀 엉뚱한 광경을 보이기도 한다. 자기 자신이 하늘을 날은다던가, 갑자기 적군이 추격해 와서 도망을 치게도 된다.

여기서 '꿈점'을 치게 된다.

일본에서는 꿈점을 치는 요령들이 있다. 그 대표적인 것을 여러분에게 소개해 본다.

꿈점을 치는데는 유효기간이 있다고 한다. 꿈을 꾼지 3일간이다. 즉 꿈을 꾸고 3일간에 어떤 일이 일어날 것인가를 해몽하는 것이다. 그러므로 아무리 나쁜 꿈이라고 하더라도 3일이 지나면 그것으로 끝이다. 더 이상 신경 쓸 필요는 없단다.

　꿈의 내용은 좋은 것을 암시하는 것이 있고, 그 반면에 나쁜 것을 암시하는 것이 있다. 그런데 나쁜 꿈을 꾸었을 때는 서둘러서 친구 등 남에게 그 얘기를 해주는 게 좋다고 한다. 즉 남에게 악몽에 대해서 말하므로써 악운을 벗어나자는 것이다.

　좋은 꿈을 꾸었다면 그 반대로 남에게 3일간은 절대로 말하지 않는 것이 역시 요령이란다.

　우리나라에서는 '꿈을 판다'고 하지 않는가. 자기가 좋은 꿈을 꾸었으니까, 어떤 대가를 치뤄준다면, 자기가 꾼 꿈얘기를 해주겠다는 것이다.

돈이 생기는 등 여러 가지 행운의 꿈

　한국에서는 보통 '돼지 꿈'을 꾸고 '복권'을 샀더니, 큰 상금이 맞았다는 그런 얘기도 어쩌다 떠돈다.

　일본에서는 '똥을 밟으면 뜻밖에 큰 돈이 생긴다'고 한다.

　그러면 일본 사람들이 좋다는 길몽을 소개해 본다.

　뱀을 밟으면 뜻밖의 돈이 생긴다.

　뱀에게 좇겨도 뜻밖의 돈이 생긴다.

　라이온을 만나면 큰 소망을 이룬다.

　바느질 바늘을 줏으면 복권이 당선한다.

　신사(사당)에 가면 돈과 명예가 생긴다.

　책을 줏으면 학문이 잘된다.

　우산을 쓰고 걸으면 돈을 주는 사람이 니타난다.

　아름다운 꽃을 보면 상을 받는다.

물고기를 낚으면 새 친구가 생긴다.

고양이와 놀면 이성에게 호감을 받는다

몸이 작아지면 큰 길몽이다.

몸이 말라빠지면 오랜 날의 소망을 이루게 된다.

음식물을 토하면 길몽. 환자인 경우에는 몸이 완쾌된다.

우동을 먹으면 선물을 받는다.

동자승(어린 스님)을 만나면 큰 부자가 되는 좋은 꿈. 즉시 복권을 살 것.

큰 화상을 입으면 큰 행운이 온다. 사업을 하는 사람은 크게 번창한다.

장례식 꿈을 꾸면 기쁜 소식이 온다.

여러 가지 좋은 꿈 기쁜 꿈

하늘을 날으는 꿈은 자기 계획이며 소망이 이루어진다.

햇빛이 비쳐 오면 고통을 벗어난다. 환자는 병이 완쾌된다.

번개치는 꿈은 뜻밖의 돈이 생긴다.

푸른 하늘 꿈은 길몽. 학문 연구가 잘 된다.

등산하는 꿈은 오랜 소망이 이루어진다.

물속에 뛰어드는 꿈은 애인이 생긴다.

소나기를 맞으면 이성의 호감을 산다.

자살하는 꿈은 소원 성취한다.

싸움에 지는 꿈은 좋은 선물을 받는다.

도둑에게 뒤쫓기면 좋은 일이 생긴다.

피가 나는 꿈은 기쁨이 닥친다.

이성과 식사하면 그 사람과 장차 결혼하게 된다.

머리를 감으면 놀라울 만큼 기쁜 일이 생긴다.

사람을 죽이는 꿈은 새로운 이성 친구를 사귀게 된다.

새옷을 입는 꿈은 밖에 나가면 좋은 일이 생긴다.

큰 집에 들어가면 좋은 일이 생긴다.

우물 속의 물이 번뜩이면 음악·미술 등의 재능을 발휘하게 된다.

꿈은 생시와 반대라는 말이 우리나라에도 있으나, 역시 일본에서도 그와 마찬가지라는 것을 이 일본 꿈점치기에서도 살필 수 있다.

나쁜 꿈은 생략한다. 모르는게 약이랄까. 공연히 기분이 언짢아지니까. 여러분도 좋은 꿈을 만날 꾸시기 바라련다.

혈액형 상성 점치기

혈액형으로 남녀간에 서로의 상성(あいしょう, 아이쇼우)이 맞는 상대는 어떤 것인가. 혈액형 상성 점치기는 여성을 주축으로 해서 남성과 따져서 점치고 있다. 여하간 남녀의 상성이 좋은 것은 남녀 상호간에 어떤 혈액형이 될 것인지 살펴본다.

가장 잘맞는 한쌍은 다음과 같다.

여 A ↔ 남 A

여 B ↔ 남 O

여 AB ↔ 남 AB

여 O ↔ 남 B

두 번째로 서로 상성이 좋은 커플은 다음과 같다.

여 A ↔ 남 O

여 B ↔ 남 AB

여 AB ↔ 남 O

여 O ↔ 남 A

여러분이 이성 친구를 사귈 때 위와 같은 일본의 혈액형 상성 관계를 참고해 보면 어떤가.

따라서 남자·여자 관계의 최고의 상성에 대한 성격이며 행동 지침 등의 설명도 기록해 두기로 하겠다.

〈여성 A형 + 남성 A형〉

신선하고 사이 좋은 한쌍이다. 둘이는 화제가 서로 풍부하고 건설적인 의견을 가지고, 서로의 꿈을 실현하는데 최선을 다한다. 그러므로 이 커플의 협조성이 뛰어나고, 남들이 보면 마치 친남매간 같은 느낌을 준다. 서로가 최선을 다하면 더욱 행복한 인생을 설계할 수 있다.

〈여성 B형 + 남성 O형〉

B형 여성은 O형 남성에게 최선을 다해주며, 남성이 원하는 것에 전면적인 협력을 아끼지 않는다. 그러므로 O형 남성에게 있어서 B형 여성은 최고의 존재이다. 따라서 서로의 상성도 최량이다. O형 남성은 B형 여성을 위해서 함께 행동하면 행복한 인생을 이어 나간다. 슬하에 천재 수재가 태어난다.

〈여성 AB형 + 남성 AB형〉

매사에 주저없는 깔끔한 커플이 AB형 여성과 AB형 남성이다. 둘이 더욱 잘 어울리기 위해서는 취미며 특기를 서로 똑같이 맞추면 상성은 최고가 된다.

자기 고집을 버리고 상대의 의견에 따라 주는 노력이 커질수록 두 사람의 관계는 더욱 원만한 가운데 인생의 행복을 추구하게 된다.

〈여성 O형 + 남성 B형〉

여성 쪽에서 볼 때, 이 한 쌍은 최고의 구성이다. B형 남성은 O형 여성이 요구하는 일은 무엇이나 잘 들어준다. 그러므로 여성이 어떤 일을 계획하던지, 리더가 되어 남성도 이끌어 간다. 남성은 여성 쪽에서 적극적으로 움직이면서, 잘 거들어 주므로 만족스럽게 인생의 행복을 추구하게 된다.

음식맛으로 점치는 일본인들

음식에는 5미가 있다. 즉 단것·매운것·짠것·신것·쓴것이 그것이다. 자기가 특히 좋아하는 5미에 따라서 일본 사람들은 자신의 '성격점'도 치고 있다.

과연 5미에서는 각기 어떤 성격의 점괘가 나오는지 살펴보는 것도 매우 흥미롭다 하겠다.

□ 단 것 좋아하는 사람.

몸이 피곤해지면 자연 단 것이 먹고 싶어진다. 단 것을 서둘러 먹는 사람의 성격은 어리광을 잘 부린다. 남에게 기대는 의타심이 강하고, 제멋대로이며, 독점욕이 또한 강하다. 낙천적인 사람으로 장차 무기력한 인생을 살게될 염려가 크다. 전적으로 단점만 있는 것은 아니고, 남의 일을 잘 돌보고 사교적이고 명랑한 장점도 있다. 단 것을 너무 많이 먹지 말 것. 치아에도 좋지 않고 건강에도 나쁘다.

ㅁ 매운 것을 좋아하는 사람

매운 것은 땀을 나게 만들며, 맛을 자극해서 몸에 활기를 심어주는 작용을 한다. 그러나 너무 매운 것을 많이 먹으면, 성격이 흥분을 잘 하고, 명랑한 면도 생기지만, 끈기가 없는 사람이 되기 쉽다. 매운 것은 너무 먹지 말 것.

ㅁ 짠 것을 좋아하는 사람

소금은 온도를 내리는 작용을 한다. 염분은 우리 몸에 절대 불가결한 것이다. 그러나 너무 짜게 먹고 있으면 몸이 산성 체질이 된다. 따라서 근육이며 뇌의 작용이 약화되어 일하기가 싫어지고 움직이기도 싫어진다. 이래서 차츰 성격이 급해지고 남과 잘 다투며 난폭해지기 쉽다. 계산은 잘 따지지만 나쁜 사람에게 속기 쉽다. 짜게 먹는 습관은 반드시 고칠 것.

ㅁ 신것을 좋아하는 사람

신 것은 몸안의 피로소를 없애준다. 그 뿐 아니라 몸에 쌓여 있는 지방이며 단백질을 녹여서 흡수하기 쉽게 만들어 준다.

그래서 두뇌 회전이 빠르며, 성격상 원만하고 속이 깊은데다 행동은 민첩해지니, 신 것이야말로 적당히 먹어 둘 필요가 있다.

그러나 대부분의 사람은 신 것을 좋아하기는커녕 피하는 경향이라고 본다. 식초를 드세요.

□ 쓴 것을 좋아하는 사람

쓴 것도 맛이다. 이를테면 맥주나 커피같은 것은 쓴 맛에 마신다. 그런데 일반적으로 음식물 속에서 쓴 것은 드물다. 쓴 것을 좋아하는 사람의 성격은 낭만적이다. 그러면서도 의지가 강하다. 자기의 활동 분야에서 성공한다.

셋이 사진 찍으면 가운데 사람 죽는다

일본인들이 불길하다고 여기는 일은 여러 가지 많다. 불길하다고 금기로 삼는 일중에 전형적인 것은 3명이서 사진을 찍지 말자는 것이다. '3명이 사진 찍으면 가운데 선 사람이 일찍 죽는다'고 한다. 그래서인지 일본인들이 어쩌다 사진을 찍는 것을 보면 3명이 함께 찍는 일은 별로 눈에 띠지 않는다. 미신이지만 좋지 않다는 것을 굳이 할 필요는 없을 것 같다.

일본의 사진관에서는 인형들을 준비하고 있다. 이것은 3명이 사진을 찍을 때 그 중에 한 두 사람은 자기 마음에 드는 인형을 들고 찍으라는 것이라고 시게카네 히로유키(しげかね ひろゆき) 씨가 해설하고 있다.

「사진관에서 가족 사진 같은 것을 찍을 때, 3명인 경우에 가운데에는 노인이 의자에 앉고, 양쪽에는 젊은 가족이 서기 마련이다. 즉 가운데 앉은 노인은 장차 먼저 세상을 떠나는데서 그런 불길하다는 터브(금기)가 생긴 것 같기도 하다」(『풍습사전』1978).

'임부(애기를 밴 여자)가 사진을 찍으면 일찍 죽는다'라고 임부의 사진 찍기도 금기시 했다고 시게카네 씨는 지적한다.

　서양에서 일본에 사진 기술이 들어 온 것은 1880년대라고 한다. 그 당시, "사진을 찍은 사람은 혼이 빠져나간다!"고 겁을 먹고 도망을 쳤다는 에피소오드도 있다.

　'임부가 게를 먹으면 손발이 더 많은 아이가 태어난다'라고 금기시했다. 게가 10개의 다리가 있기 때문이라는 미신인 것 같다.

　아침에 구두를 신을 때 구두끈이 끊어지면 불길하다는 일본 사람들. 한국에서는 그 반대로 '구두끈이 끊어지면 돈이 생긴다'고 하는데.

　'거울이 깨지면 불길한 징조'라는 게 일본인. '집안에서 우산을 펴면 불길하다'고도 말한다. 서양에서 일본에 새까만 박쥐우산이 처음 들어 온 것은 1870년의 일이었다.

일본의 불길한 일 등 터부우(taboo) 사항

　특히 일본에서는 밤과 관계되는 불길한 것들이 많다. 이를테면 '밤에 방안에서 돈을 세면 불길하다'고 하고, 또한 '밤에 돈을 세면 도둑이 든다'고 하는 등 금기 사항이다.

　'빨래를 밤에 널면 불길하다'

　'밤에 손톱을 깎으면 부모가 돌아가신다'

　'밤에 휘파람을 불면 불길하다'

　'밤에 휘파람을 불면 유령이 찾아온다'

　'밤에 머리를 감으면 불길하다'

　'베게를 북쪽에 베고 자면 불길하다'

　이 이야기는 석가여래 부처님의 열반 때, 즉 세상 떠날 때, 머리를 북쪽으로 두고 누운데서 생긴 속담이라는 설이 있다. 일본은 불교 국가였기 때문이다.

'저녁밥을 먹고 곧 자면 소가 된다'고 하는 속담도 있다. 이 말은 우리나라에도 있다.

'영구차(장례 자동차)를 보면 빨리 엄지 손가락을 호주머니 속에 넣어라!'

엄지 손가락을 숨겨야 한다는 것도 일종의 미신이 아닐 수 없다.

우리나라에서는 '아침에 길에서 영구차를 만나면 재수가 좋다'고 한 것과는 대조적이라고 할까.

하얀 손수건은 불길한 선물

'하얀 손수건을 주면 불길하다'라고 하기도 한다.

우리 한국에서도, '애인에게 손수건을 주면 이별한다'는 속담이 있다.

옛날 서양에서는 남자가 어여쁜 여성의 앞에서 발쪽에다 흰 손수건을 떨어 뜨려서, 그 여성이 그 손수건을 줍는다면 사랑을 승락한다고 했으니, 한일 양국은 서양과는 정반대의 생활 철학을 가졌다고나 해둘까.

'장갑 한 짝을 잃어버리면 애인과 헤어지게 된다'고 한다.

영국의 유우머가 문득 생각난다. 어떤 어머니와 아들이 길을 걸어가고 있었다. 어린애가 길에 떨어진 장갑 한짝을 줏었다. 이 때 어머니는 아이를 나무랬다.

"길에 떨어진 장갑 한 짝을 줏어 가지면 안된다. 사람은 정직해야 해!"

그러자 아이는 "예, 잘 알겠어요, 엄마" 하더니 길 옆의 담장에다 얹어 두었다.

어머니와 어린이가 얼마 동안 걸어 가려니까, 이번에는 아까 그 장갑의 짝인 장갑 한 짝이 길에 떨어져 있었다. 이 때 아이가 엄마에게 말했다.

"엄마, 여기 장갑 한 짝이 또 떨어져 있어요. 줏으면 안되지요."

이때 어머니는 아이에게 말했다.

"얘야, 그 장갑은 내게 주고, 얼른 돌아가서 담장에 얹어 둔 그 장갑을 집어 오거라."

집마당에 버드나무 심으면 불길하다

일본에서는 정원에 나무를 심는 데도 터부우가 많다. 그러므로 아무 나무나 심으면 안된다는 것이다.

'버드나무를 정원에 심으면 불길하다'

밤에 어두운 정원에 들어설 때, 버드나무의 늘어진 가지들이, 흡사 산발한 여자 귀신처럼 보이기 때문이 아니냐는게 한 일본 학자의 얘기이기도 하다.

역시 '등나무를 정원에 심으면 가난뱅이가 된다'고 불길하게 여기기도 한다. 보라빛 예쁜 꽃들이, 시렁에서 늘어지는 모습이 아름답건만, 미신은 여기에도 곁들이고 있다. 이 등나무 줄기들이 정원에 늘어지는 광경이 버드나무처럼, 밤에는 무슨 산발한 귀신처럼 보이는데서 생긴 미신인 것 같다는 게 역시 일본 학자의 견해이기도 한다.

'비파나무를 정원에 심으면 집이 망한다' 또는 '집에 환자가 계속해서 생긴다', 그 밖에도 '누가 죽으려면 비파나무의 열매가 열린다'고 하는 미신도 있다.

비파나무는 장미과에 속하는 상록 교목으로서, 11월경에 아름다운 향기의 흰 꽃이 핀다. 열매는 그 이듬해 여름에 노란색으로 열린다. 열매는 한약재로 쓰인다.

역시 '정원에 단풍나무를 심으면 불길하다'는 것이 일본의 미신이다.

각종 나무에 얽힌 미신

일본의 '치바현 야치요(やちよ)의 쿠와바시(くわばし)'라는 고장에서는 절대로 단풍나무를 심지 않는다고 한다. 지금부터 약 3백년 전에, '쿠마노신사(くまのじんじゃ)'라는 큰 사당을 이 고장에 세울 때, 어떤 사람이 이 사당에 쓸 물건을 운반해 오던 도중에 단풍나무 밑에서 이유없이 죽어서 단풍나무를 멀리하게 되었다.

그 이후 이 고장 사람들은 집을 지을 때 단풍나무는 정원에 심지 않게 되었다고 한다.

대나무는 60년에 한 번 꽃이 핀다고 한다. 꽃이 피고나면 그 대나무는 말라 죽는다. 여기서 생겨난 미신이, '대나무 꽃이 피면 불길한 일이 생긴다'는 것. 그 때문에 좀처럼 정원에는 대나무도 심지 않는다는 얘기다.

'감나무에서 떨어지면 죽는다'

'감나무에서 떨어지면 바보가 된다'

이와 같은 감나무의 미신도 일본 각지에 퍼져 있다. 이것은 아마도 아이들이 몰래 감나무에 올라가서 잘 익은 감을 따먹지 못하게 하기 위해 옛날 노인들이 지어낸 것 같다. 하기는 높은 감나무 가지에서 떨어져 죽지 말라는 법도 없겠으니, 귀여운 손자에게 목숨의 위험이 생기는 것을 막자는 인자한 어떤 옛날 할아버지의 말에서 생겨난 미신인지도 모른다.

그릇을 두둘기면 귀신 나온다.

'뱀을 향해 손가락질을 하며는 손가락이 썪는다'는 미신도 있다.

이것 역시 미신이라기 보다는, 아이들이 독사같은 것을 멋모르고 잡으려고 손을 내밀다 위험에 처하는 것을 막기 위해 지어낸 말인 것 같다.

'그릇을 두들기면 귀신 나온다!'

이와 같은 미신도 있다.

일제 때 이전 옛날부터 일본에서도 배고픈 사람이 많았다. 그래서 아이들은 배가 고프면 "엄마! 밥줘요, 빨리 빨리!"하고 졸라대는 게 흔한 일이었다.

이래서 아이들이 그릇을 두드리거나 한데서, 그런 말이 생겨난 것 같다고 한다.

또한 가정에서 불단에 모신 영정 앞에서 고인에게 상식을 올릴 때 놋그릇을 쇠젓가락으로 쳐서, 신위를 부르는 데서 아이들이 함부로 그릇을 두드리지 못하게 하는 것이라는 설도 있다.

우리나라에도 여러 가지 불길하다는 미신이 있거니와, 일본에서도 여러 가지 미신이 이어져 오고 있다.

빗자루 거꾸로 세워서 손님 내쫓기

일본 사람들의 가정 생활에서, 재미있는 관습들이 있다. 이를테면 먼 친척이거나 아는 사람이 찾아 와서 여러날 묵으면서 좀처럼 돌아가지 않는다. 이런 때는 이 불청객 퇴치법이 있다. 즉 거실 등 방의 벽에다 기다란 빗자루를 거꾸로 세워 놓는 것이다.

그것을 문득 발견하게 된 손님은 낯이 벌겋게 달아오르게 될 것이다. 창피하고 부끄러운 마음에 얼른 보따리를 싸들고 그 집을 떠나갈 수 밖에.

오래 묵는 손님한테 말로서 "제발 돌아가 주세요"라고 말 할 수 없으니 빗자루를 거꾸로 세우는 게 풍습이다. 여러분은 일본집에 찾아가 묵을 일이 없으실런지요.

이렇게 빗자루를 거꾸로 세우는 짓은 일종의 '빗자루 귀신'에 얽힌 미신이라는 얘기다. 즉 빗자루 귀신한테 부탁해서, 손님을 비질해서 밖으로 내보내달라는 그런 소망이 담겨 있다니, 어쩌면 재미나는 생활 풍습인 것 같다.

청소 도구인 비를 신으로 받드는 신앙

빗자루를 거꾸로 세우는 것은 손님 쫓기인 동시에 일본에서는 빗자루 자체가 고장에 따라서 일종의 신인 것이다.

시게카네 히로유키 씨는 그것을 이렇게 밝히고 있다.

「일본에서는 옛날부터 비를 신성한 것으로 삼았다. 지방에 따라서는 비를 '카미사마'(かみさま, 신)로서 신앙의 대상으로도 삼고 있다.

」(『풍습사전』1978).

그 이유는 무엇일까. 일본의 사당인 신사등에서 볏짚 새끼줄을 '시메나와'인 금줄로서, 신성시 하고 있듯이, 청소 도구지만 비도 볏짚으로 만드는데서였다고 한다.

「볏짚을 겹쳐서 묶어서 비로 사용했던 시대가 있었으며, 그 비가 신의 자리를 나타내주는 '시메나와'(금줄)와 마찬가지로, 신성시된 것 같다. '빗자루를 넘어가면 벌을 받는다'는 속담이 있는 것도 그와 같은 배경에서 생긴 말이다. 행동에 대한 예절을 가르치는 뜻이며 비를 함부로 다루지 못하게 했던 뜻이 있는 것 같다」(앞의 책).

어쩌면 우리나라의 빗자루 귀신 얘기도 일본으로 건너 간 것이 아닌지 모르겠다. 왜냐하면 「일본의 벼농사는 고대 조선으로부터 건너 왔다」(『일본미식사』1913)고 일본의 오카자키 케이이치로우(おかざき けいいちろう) 교수 등 여러 학자들이 지적하고 있기 때문이다.

오줌싸게는 이웃집 가서 소금 얻어와라

'아이가 자다가 오줌을 싸면, 이튿날 아침에 그 젖은 요를 들고 이웃집에 가서 소금을 얻어 와야 한다'

이것은 일본의 경우이지만, 한국에서도, '오줌싼 아이는 머리에 키를 씌워, 이웃집에 가서 소금을 얻어 와야 된다'고 했다. 어쩌면 요즘 젊은이들은 "그게 대체 무슨 소리지?"하고 고개를 갸웃할지도.

소금은 옛날부터 매우 귀중한 조미료 식품이다. 그런가 하면 소금은 불길한 것을 막아주는 신성한 것으로 삼아왔다. 이를테면, 가게에 온 첫 손님이 물건을 안사고 그냥 가면 뒤에서 소금을 뿌리기도 한다. 과거에 우리나라에서도 '재수없는 손님은 소금을 뿌려서 쫓아버려 라'고 했다. 이와 같은 소금뿌리기는 일본에서도 마찬가지다.

일본에서는 누가 남의 집 장례식에 갔다 돌아 오면, 집안에 들어서 기 전에 몸에다 소금을 뿌려준다. 일종의 미신이지만, 소금을 뿌려서 죽은 사람의 귀신이 붙어 온 것을 쫓아낸다는 마귀 제거법이다.

그와 같은 가장 전통적인 것은 지금도 일본 씨름판에서 늘 볼 수 있 다. 씨름꾼(りきし, 역사)이 서로 대결하기 전에 '도효우'(どひょう)라 고 부르는 씨름판 한 귀퉁이에 놓인 소금 그릇에서, 소금을 한 줌 쥐어 제 앞길에다 휙 뿌린다. 일종의 '마귀쫓기'이다. 재수없고 불길한 마귀 를 제 앞에서 멀리 쫓아버려야 씨름에 이긴다고 믿는 것이다.

또한 실제로 씨름판(도효우) 한 복판의 흙더미 속에는 신에게 바치 는 제물도 묻어 두고 있다(제1장의 '스모우' 항목 참조바람)

소금이 썩는 것을 막아주는 일종의 방부제 구실을 하는 것은 과학 적으로 입증되고 있다. 그러나 소금이 마귀를 쫓고, 재수 없고 불길 한 것까지 막아 준다는 것은 미신이라 본다.

손재를 막는 예방법은 소금놓기

일본의 상점거리에서 보면, 어쩌다 가게 출입구 옆에 소금이 소복 히 놓인 것을 볼 수 있다. 이런 소금을 가리켜 '모리지오'(もりじお, 소북히 싸놓은 소금)라고 부른다. 말하자면 그 날 마귀다, 불길한 것, 또는 좋지 못한 사람들이 가게에 오지 말고 재수좋게 장사가 잘되라 는 것을 비는 뜻이 담긴 소금이다.

앞에서 지적했지만 '모리지오'는 우리나라 음식점 등에서도 재수없는 사람을 내쫓고 소금을 뿌린다는 옛 풍습과 유사한 것이다.

집안에 마귀가 들지 못하게 '동짓날 팥죽'을 쑤어 먹는 게 한국의 옛풍속이다. 귀신은 붉은 색을 싫어한대서, 동짓날 죽었다는 전설의 공공씨의 아들 귀신이 집에 들지 못하게 붉은 팥죽으로 액막이를 한다는 동짓날 풍습이다.

이와 같은 풍습은 일본에도 있다. 일본에서는 1월 15일에 팥죽을 쑤어 먹는다. 이 때 팥죽을 먹으면 1년내내 병에 걸리지 않는다고 한다. 그러니까 붉은 팥죽이 질병을 옮기는 마귀를 미리 막아 준다는 미신이다. 그러나 팥에는 특히 비타민 B^1이 많아서 건강 식품이니 몸에 좋을 수밖에. 팥죽 먹을 때는 소금을 약간 넣으면 맛이 더욱 좋아지는 데, 그것을 뭐라고 하는지 아실테지요. 대비효과.

마귀 쫓는 '마메마키'라는 콩 뿌리기

일본에서는 '입춘' 전날 사찰등에서 '콩 뿌리기'(まめまき, 마메마키) 행사를 거행한다. 콩을 뿌리면 귀신이 도망친다는데서이다. 콩을 뿌려 사악한 귀신이며 재액을 막는다 해서, 이 '마메마키' 행사는 일본 각지에서 입춘 전날 축제 행사 못지 않게 큰 성황이다.

일본에도 우리나라와 똑같은 형태의 사자춤(ししまい, 시시마이)을 춘다. 특히 1월에는 고장마다 사자춤 춤패들이 마을의 집집을 돌며 다닌다. 사자가 그 집의 마귀를 쫓아내어 일년내내 액막이를 한다는 뜻의 민속 행사이다.

이 사자춤은 7세기 초에 고구려 사자춤이 그 당시 왜나라에 전해진 것이다. 이 사자춤을 고구려에 가서 배운 사람은 백제인 음악무용가

인 '미마지'(味摩之, みまし)이다. 미마지는 이 고구려 사자춤과 백제 음악을 일본에 전해서 가르친 분이다. 일본에서는 지금도 백제인 '미마지는 일본 아악(かがく, 궁중음악)의 아버지'로 존경하고 있다(제1장의 '노우가쿠' 항목 참조 요망).

일본에서는 사찰 등 큰 건물의 기와지붕에 '귀와'(おにがわら, 오니가와라)라고 하는 기와가 있다. 머리에 뿔이 솟고 송곳니가 삐친 도깨비 얼굴로 만든 그런 '도깨비기와' 한 두장을 용마루 위에다 장식한 것을 어쩌다 볼 수 있다. 이 '도깨비기와'는 두 말할 것도 없이 마귀가 오지 말라는 액막이용이란다.

이런 '도깨비기와'에 한자어로 '물'을 가리키는 '수'(水)자를 새긴 기와도 간혹 있다. 어째서 물수자까지 이런 기와에다 새겼을까. 이것은 불을 일으키는 불귀신을 물로 막는다는 것이다. 이런 도깨비 기와는 일본의 에도시대(서기 1603~1867년)부터의 미신이다.

□ 일본 화장실 귀신은 두 명의 여자 귀신

한국에서는 변소의 귀신을 '뒷간 귀신'이라고들 했다. 일본에서도 역시 뒷간 귀신이 있는데, 우리나라하고 다른 것은 여자 귀신 두명이다. 버젓한 이름도 있다. 하나는 '하니야노히메'(はにやのひめ)라는 처녀 산귀신이고, 또하나는 '미즈하노메'(みずはのめ)라고 하는 여자 물귀신이다.

어째서 변소에 물귀신이 있느냐고 하면, 옛날에는 냇가의 냇물위에다 변소를 만들기도 했기 때문이다. 그러니까 자연의 수세식 변소인 셈. 처녀 산귀신의 경우는 대개의 변소가 산 언덕바지에 만든데서란다.

그런데 더욱 두드러진 것은 지금도 일본에서는 이 두 뒷간 귀신에게 제사를 지내는 고장이 있다는 한 일본 민속학자 야나기타 쿠니오(やなぎた くにお, 1875~1962) 씨의 이야기이다. 즉 「변소에는 자그만 장난감 집처럼 만든 신단(かみだな, 카미다나)을 윗쪽에 마련해 두고, 1월에는 여기다 고사떡인 찹쌀떡을 바친다」(『민속고』1921)고 한다.

하기는 우리나라에서도 10월 상달 제사 때 할머니가 변소간이며 곡간 장독대 우물가 등등 집 안팎에 시루떡과 술을 뿌리는 것을 지금도 시골에 가면 더러 볼 수 있다.

귀신이 드나든다는 동북 쪽 방향

일본에서는 그 집의 동서남북 네 방향중의, 동북 쪽을 가리켜 이른바 '귀신문'(きもん, 키몬)이라고 부른다. 집에서 동북 방향은 온종일 햇볕이 잘 들지 않아서 어둡고 습한 쪽이다. 바로 이 방향에서 귀신이 집으로 드나든다는 게 일본 사람들의 미신이다.

옛날부터 그 때문에, '동북 쪽에 변소와 현관을 만들면 불길하다'고 해왔다.

현관은 집의 출입처이니까 역시 해가 잘드는 밝은 쪽이 좋겠고, 변소 역시 어둡고 습한 방향은 아무래도 냄새가 안좋고 위생상 문제가 없지 않다고 보겠다. 집의 동북 쪽이 귀신문이라는 것은 민속학자 사쿠라이 토쿠타로우(さくらい とくたろう) 씨의 설명이다.

학문으로서의 '요괴학'의 발자취

유령을 믿고 있는 게 일본인 일반의 사고방식이다. 따라서 유령하고는 또 다른 일종의 도깨비(생물·물체등)의 하나로서의 '요괴'(ようかい, 요우카이)에 대한 것도 일본인들은 믿고 있는 실정이다.

「요괴는 현실에 존재하지 않는 이상한 모습의 생물이며 물체로서 유령과는 다르다. 요괴는 불특정한 사람앞에 나타난다고 한다」(앞의 책『일본어대사전』).

여기서 더 나아가 일본에서는 이른바 '요괴학'(ようかいがく)이라고 일컫는 학문까지도 성립되어 왔다면, 독자 여러분은 "그게 사실이냐?"고 하실지도 모른다.

「요괴학」(ようかいがく)은 토우쿄우대학 철학과 출신의 불교철학자 이노우에 엔료우(いのうえ えんりょう,1858~1919) 교수에 의해서 대학 강의가 성립되었다. 이노우에 엔료우 씨는 일본 토우요우대학(とうようだいがく) 창설자이기도 하다. 그는 그의 강의 내용을 편집해서 1896년(메이지 29년) 6월에 최초의『요괴학 강의록』6권을 합본해서 출판했다.

이어서 1919년에 작고하기까지 모두 10권의 요괴학 저서를 남겼다. 그 중에는『요괴불멸론』(ようかいふめつろん, 1900)을 비롯해서『철학 점치기』(てつがくうらなひ, 1901), 『텐구론』(てんぐろん, 1903), 『도깨비의 정체』(おばけのしょうたい, 1914), 『미신과 종교』(めいしんとしゅうきょう, 1916) 등등이 있다.

'텐구'(てんぐ)라고 부르는 괴물은 「사람에 흡사한 상상의 괴물이다. 복장은 '야마부시'(やまぶし, 산속에 살면서 혼자 수도하는 스님) 같은 옷차림이고, 새빨간 얼굴에 코가 매우 크게 뻐쳐나왔고, 날개도

있어서 자유자재로 하늘도 날으며, 신통력을 가졌다」(『일본어대사전』
코우단샤, 1992).

토우요우대학의 「요괴학」 학술 대회

이노우에 엔료우 교수의 「요괴학」은 일본에서 계속 발전했다. 특히
토우요우대학의 「이노우에 엔료우 기념학술센터」(いのうええんりょ
きねん がくじゅつセンター)에서는 해마다 요괴학에 관한 사계 전문
가들의 심포지움이 개최되고 있다.

1999년도의 토요우대학의 심포지움에서는 「요괴와 일본인」이라는
주제로 미우라 세쓰오(みうら せつお) 교수 사회로 강연과 질의응답
이 거행되었다. 주제 강연에는 오오시마 타테히코(おおしま たてひ
こ) 교수를
비롯해서 오
카자키 마사
오 (おかざき
まさお) 씨,
시마다 시게
키(しまだ し
げき) 씨, 키
타하라 테루
히사(きたは
ら てるひさ)
씨, 나다 이

아가씨 '요괴'의 모습. 쓰키오카 요시토시 그림

나다(なだ いなだ) 씨 등이 연구발표를 했다. 한국에서는 좀처럼 찾아볼 수 없는 「요괴학」의 대규모 학술대회였다.

요괴도 신으로서 제사를 지낸다.

오오시마 타테히코(도우요우대학 문학부) 교수는 「민속학에서 본 요괴」라는 제하에 다음과 같이 밝힌 것이 주목받았다.

「제2차대전 직후까지는 일본 국토의 태반은 농업 중심의 촌락이 차지하고 있었다. 그 때문에 인가의 배후며 경계 등에는 요괴의 활동 무대로서 알맞는 무서운 어둠의 공간을 갖추고 있었다.

촌락이 도시화되면서 어둠의 공간이 사라지게 되었으나 대도시 한 구석에는 여전히 요괴의 활동의 여지가 유지되고 있는 것은 주목된다.

일반적으로 요괴라고 하는 것은, 자연의 이법을 초월하는 존재로서, 사람의 마음 속에서 만들어지는 것인데, 이른바 신에 해당하는 것과, 반드시 뚜렷하게 구별이 되는 것은 아니다.

일본의 민속 종교의 신은 결코 유일 절대자에 한하는 것은 아니며, 여러 가지 인간 생활과 관련지어 다루어지는 것이었다. 실제로 요괴는 신으로서 제사지내게 되고, 또한 신도 요괴로서 제사지내 오듯이, 그 양자 사이에는 매우 복잡한 관련을 갖고 있다.」

오오시마 타테히코 교수는 민속학자로서, 주요 저서는 『이야기의 전승』(はなしのでんしょう, 1970)을 비롯해서 『역신과 그 주변』(やくがみとそのしゅうへん, 1985), 『도우소과 지장보살』(どうそじんとじぞう, 1992) 등 주목되는 민속 연구를 해오고 있다.

암약하는 정객은 현대의 요괴이다.

저명한 요괴 연구학자며 극작가인 오카자키 마사오(おかざき まさお) 씨는 심포지움에서 「자료로 본 요괴」라는 제하에 풍자적으로 현대 요괴의 존재에 관해 규명했다.

그는 일련의 일본 정치가들을 요괴로 비유해서 밝히므로써 큰 관심을 이끌었다. 이를테면 1960년 일본의 '안보파동' 당시의 수상 키시 노부스케(きし のぶすけ, 1896~1987)를 가리켜 요괴 만화에 등장하는 '쥐 사나이'와 그 주둥이의 생김새가 똑같다는 것을 지적하기도 했다.

그러면서 오카자키 마사오 씨는 현대의 정객이라는 요괴를 다음처럼 신랄하게 들추어 냈다.

「미워할 수 없는 요괴인 '쥐 사나이'하고 키시 노부스케를 동등하게 다룬데서야 '쥐 사나이'가 오히려 불쌍하다. 정치며 사회의 어둠의 세계 속에서 정상배들이 꿈틀대는 이 깊은 밤의 어둠의 밑바닥이야말로, 마쓰모토 세이쵸우(まつもと せいちょう)의 소설은 아무것도 아니다. 현대의 요괴들이 탈을 쓰고 날뛰고 있다는 것은 이미 상식이다.」

오카자키 마사오 씨의 주요 저서는 『시모우사의 노래』(しもうさのうた, 1985)를 비롯해서 『오이데케보리』(おいてけぼり, 1993), 『치바의 민화・수수께끼의 난자몬자』(ちばのみんわ・なぞのなんじゃもんじゃ, 1996), 『에도의 어둠・마계 순례』(えどのやみ・まかいめぐり, 1998) 등등 요괴 연구 등 저서들이 주목되고 있다.

시마다 시게키(しまだ しげき) 씨(도우요우대학 문학부)는 「요괴와 불교」에 대한 강연을 했다.

「특히 일본에 있어서 요괴와 불교를 고려해 볼 때, 민속학이며 문학의 분야등과는 결코 서로가 따로 떼어낼 수 없는 사이라고 본다.······ 인도·티벳 밀교의 만다라 상에 나타나고 있는 다수면 다벽의 여러 신(요괴라고 이름을 붙이지는 않겠으나?) 등은 마치 일본의『백귀야행 두루마리그림』의 수많은 도깨비들을 연상시킬 것이다.」

지기인 오카자키 마사오 씨는 필자에게 보낸 편지(2000. 5. 1)에서, "한국에「요괴학」이 학문으로서 다루어지고 있지 않다는 것은 뜻밖이다"라고 밝히고 있었다.

혹시 연구하는 독자가 계시다면 필자에게 연락주시가 바라련다.

화장실에 침뱉으면 벌을 받는다

일본인들은 '재수가 없다'(えんぎがわるい), 또는 '재수가 좋다'(えんぎがよい)는 말을 늘 입버릇처럼 쓰고 있다.

일본말로 '재수 없다'는 것은 '엥기가 와루이'이다. 물론 우리나라 사람들도 곧잘 '재수 없다' 소리를 한다.

한국에서는 누가 자기집 방문의 문지방을 밟으면 '재수 없다'고 말한다.

예전에는 아침에 대문밖에 나갔을 때 여자가 남자의 앞길을 가로질러서 지나가면, 그 남자는 '에잇, 재수 없다!' 하면서 땅에다 침을 탁 뱉았다. 이런 것은 재수 없는 일이 아니고, 좋지 못한 '남존여비'의 난폭한 표현이다.

더구나 길에다 침까지 함부로 뱉는 비위생적이고 비도덕적인 잘못된 행동이었다.

요즘에 와서는 다행스럽게도 그런 일은 좀처럼 찾아 볼 수 없게 되었다. 그러나 예전에는 그런 광경을 곧잘 목격할 수 있었다.

여자가 남자의 앞을 지나가는 데 도대체 무엇 때문에 재수가 없다는 것인가. 일본의 택시 운전기사들이 '아침의 첫 여자 손님은 재수가 좋다'고 하는 것과는 사뭇 대조적이다.

그런데 '재수없다'고 하면서 침을 뱉는 버릇은 본래부터 한국인만의 행동은 아닌 것 같다. 옛날부터 서양에서는 마귀를 쫓는 방법으로 침을 뱉었다고 한다.

고대 그리스·로마시대부터 타액(침)에는 재수가 나쁜 화를 쫓아내고 재수가 좋은 복을 부르는 힘이 있다고 믿었다. 어쩌면 '재수없다'라고 침을 뱉는 버릇은 언제부터인가 서양 사람들한테서 우리가 배운 나쁜 버릇이 아닌지 모르겠다.

타액이 마귀를 쫓는 것인지 어떤지는 모르겠으나, 침속에는 세균을 죽이는 살균 효과가 약간 쯤 있는 것은 확실하다. 매우 작은 분량이지만 타액 속에는 '청산'이 들어 있고, 이것이 입안에서 '효소'와 합쳐서 살균 작용을 한다는 것은 의학자들의 연구이다.

그래서 아이들이 뛰어가다 길에 넘어져 무릎에서 피가 날 때 소리내어 우는 대신에 손바닥에다 침을 탁 뱉어서 상처에 문지르는 그런 현명한 어린이도 있는 것 같다.

일본에는 이런 속담이 있다.

'변소에다 침을 뱉으면 벌을 받는다'

일본에서는 옛날부터 침을 깨끗지 못한 부정한 것으로 보았다는 게 한 일본 학자의 견해이다. 그 당시에는 침속에 살균 효과가 있다는 것을 아직 몰랐던 것 같다.

까마귀가 매우 많은 일본땅

여러분은 요즘 혹시 까마귀를 보신 일이 있는지 모르겠다. 지금 서울 등 도심지에서는 까마귀가 잘 보이지 않는다. 그런데 옛날부터 우리나라에서는 까마귀를 보면 '재수없다'고 미워 했고, 그런 말을 하면서 심지어 침을 뱉는 사람도 있었다. 요즘은 도시 주변에서 까마귀가 좀처럼 눈에 띠지 않지만 먼 시골에 가야 더러 볼 수 있다.

일본에는 까마귀가 매우 많다. 토우쿄우 같은 큰 도시 한복판에서도 까마귀 떼가 '까악까악!' 소리치며 울고 있을 정도이다.

일본인들도 대개는 까마귀를 불길한 새로 보고 있다. 그렇다고 해서 까마귀를 향해서 침을 뱉는 사람을 필자가 본 일은 아직 없다.

일본에서는 '까마귀가 울면 사람이 죽는다'는 속담이 있다. 그 만큼 까마귀를 불길한 새로 보고 있는 셈이다. 일본의 민속 학자 가토우 토쓰도우(かとう とつどう,1870~1949) 씨는 이런 글을 썼다.

「옛날부터 '까마귀가 울면 사람이 죽는다'고 했는데, 그 이유는 까마귀의 모습은 검은 상복을 연상시키는 검은 생김새에, 듣기 싫은 고약한 소리를 내며 울기 때문인 것 같다. 까마귀는 썩은 고기며 쥐 따위 아무 것이나 잡아 먹으며, 또한 사람의 시체 냄새를 맡아도 재빠르게 날아 온다고 한다」(『일본민속고』1942).

까마귀는 몸뚱이가 검은데다, 우는 소리마져 시끄러워 미움을 사는 것이 가없은 일인 것 같다.

우리가 '동물 기록 영화' 같은데서도 보지만, 까마귀는 고마운 청소원들이지 않은가. 죽은 동물의 썩은 시체를 깨끗이 먹어치워 주니까.

더구나 까마귀는 매우 영리한 동물이다. 사람이 새끼 때부터 집에서 키우면 주인의 말도 잘 듣는다. 이를테면 『구약성서』(열왕기 상)

에 보면 까마귀가 위기에 처해 피신한 선지자 엘리야에게 빵과 고기를 물어다 먹여 목숨을 도와주었다는 일화도 유명하다.

사람을 괴롭히는 까마귀

일본에서도 한국에서 처럼 '재수없다'고 더러 핀잔을 사는게 까마귀들이다. 더구나 요즘은 도시의 까마귀들이 사람들을 몹시 괴롭히고 있다.

특히 마을의 쓰레기장 같은 곳에서는 사람들이 내다버린 쓰레기 봉투들을 까마귀들이 함부로 들쑤셔서, 도로를 온통 지저분하게 더럽히고 있는 실정이다.

필자도 일본에 오랜 세월을 살면서 까마귀가 마을의 쓰레기장을 들쑤셔 놓는 것을 늘 지켜볼 수 있었다. 이래서 요즘에는 고장에 따라서 까마귀 방지책으로 쓰레기장을 무슨 닭장처럼 쇠그물로 만들어서 까마귀가 날아들지 못하게 하거나, 쓰레기장 지붕 쪽 공간을 그물을 덮어 씌워 두는 곳도 생겼다.

일본에는 워낙 까마귀가 많아서, 호젓한 산길에서 심지어 사람에게도 까마귀가 달려들어 쪼아대는 바람에 몸에 부상을 입거나 자전거 탄 사람이 또한 까마귀로부터 기습받은 사건도 있을 정도이다.

일본에서 까마귀에 의한 큰 피해로는 심지어 달리던 기차가 탈선할 뻔한 사건도 있었다. 까마귀들이 철로의 레일 위에다 자갈을 물어다 주욱 늘어 놓기도 하는 것이다.

그것이 무슨 장난인지 원인 규명은 아직 되지 못하고 있다. 그러나 이것이 자칫하면 열차 탈선도 부를 수 있는 위험한 짓이다. 그런데 까마귀들은 호도따위 껍질이 단단한 열매를 레일 위에 얹어 놓고 기차 바퀴가 지나간 다음에 그것이 바스라진 뒤 알맹이를 쪼아 먹는 일이 목격되기도 했다.

노래에도 나오는 귀염받는 까마귀

일본에서 까마귀가 전적으로 미움만 사고 있는 것은 아니다. 일본에는 오래전부터 까마귀를 가지고 동요를 지은 유명한 노래들이 여러 곡이나 있다.

그 대표적인 것이 「저녁 노을 작은 노을」(ゆうやけこやけ)이고, 그 밖에도 이름난 동요는 「7마리의 새끼」(ななつのこ), 「까마귀의 편지」(からすのてがみ), 「까마귀와 지장보살」(からすとじぞうさん) 등을 들 수 있는데, 매우 재미있는 내용의 노래는 다음과 같은 것이다.

「7마리의 새끼」를 먼저 살펴보자.

까마귀야 왜 우니
까마귀는 산에
귀여운 7마리
새끼가 있기 때문이어요

귀여워 귀여워하고
까마귀가 울어요
귀여워 귀여워하고

까마귀는 우는거여요

산속의 헌 둥지에
한 번 가보셔요
동그란 눈을 가진
착한 아기여요

한국 속담에 '고슴도치도 제 새끼가 귀엽다'고 했지만, 이 동요야말로, 재수없고 불길하다고 미움받는 까마귀의 새끼를 이렇듯 귀엽고 사랑스럽게 노래를 지어, 일본 어린이들의 애창곡이 된 것이다.

일본인의 애창곡 까마귀 노래

「저녁 노을 작은 노을」(ゆうやけこやけ)의 경우는 일본인의 애창곡 까마귀 노래다. 심지어 까마귀를 정다운 친구로서 다루고 있는 서정적인 노래로서 매우 유명하다.

저녁 노을 작은 노을 해가 저물어
산속의 절에서 종이 울리니
손에 손에 손잡고 모두 돌아가자
까마귀랑 다함께 돌아갑시다

이 동요는 1923년 7월에 발표된 곡이며, 「7마리 새끼」는 그 보다 2년전인 1921년 7월에 지어진 명곡 동요이다.

이렇듯 옛날부터 까마귀를 귀엽게 노래하거나 까마귀를 아끼는 마음씨도 있어서, 일본 사람들이 까마귀를 보면 누구나 미워하거나 '재수없다'고 핀잔준다고는 말할 수 없다.

일본은 지진이 많은 나라인데, 까마귀가 살던 곳에서 떼지어 딴 곳으로 날아가면 사람들은 잔뜩 겁을 먹는다고도 한다. 왜냐하면 살던 고장의 까마귀가 어디로인지 떼지어 날아가버린 뒤에 그 고장에서 지진이 났던 일이 있다는 기록도 있다. 즉 이런 경우 까마귀의 행동이 지진 같은 무서운 천재지변을 예고해 주는 고마운 존재가 된 셈이다.

동물학자들의 연구로는 까마귀 뿐 아니고 동물들에게는 천재지변을 미리 감지해서 알아차리는 특수한 감각 기관을 가진 종류들이 있다는 얘기도 있다. 지진을 예고해 주어 마을 사람들이 무사히 피난할 수 있었다면 까마귀는 불길한 새가 아니라 오히려 은혜로운 길조라는 논리조차 성립될 수 있지 않을까.

고려시대의 까마귀 시조 논쟁

까마귀 얘기가 나왔으니 한 가지 더짚고 넘어가자. 여러분이 잘 알고 계실 우리나라 옛 시조에 보면 까마귀를 비유해서 고려왕조 말기 시대에 정치적인 찬반론이 크게 벌어지고 있기도 하다.

까마귀 싸우는 골에 백로야 가지마라
성낸 까마귀 흰빛을 새오나니
창파에 조히 씻은 몸을 더럽힐까 하노라

이것은 15세기 중엽에 고려조신인 정몽주 어머니가 아들 정몽주를 위해서 지었다는 시조이다.

이런 시조에 대해서, 고려말기의 학자 이 직(1362~1431)이 그것을 반박하는 다음 같은 시조로 응수한 것은 매우 유명한 정치적 사건의 배후로 보게도 된다.

까마귀 검다하여 백로야 웃지마라
겉이 검은들 속조차 검을소냐
겉희고 속검은이는 너뿐인가 하노라

사실 까마귀를 검은 색깔만 보고 불길하다느니 재수없다고 침뱉는 일은 인간의 어리석은 행위가 아닌가 한다.

'간통죄' 없는 일본의 성문화

일본에는 '간통죄'(かんつうさい)가 없다. 즉 법률적으로 간통죄는 성립되지 않는다. 따라서 간통이 발각되면 부분간에 이혼을 하거나 화해하고 있는 실정이다.

일본에서 간통에 대한 해석은 우리나라와 다소 차이가 있다. 간통 성립 요건을 남성보다는 여성 쪽에다 크게 비중을 두고 있는 점이다. 즉 다음과 같다.

「간통이란 남녀가 옳치 못한 육체적인 관계를 맺는 일이다. 특히 남편이 있는 여성이 다른 남성과 정을 통하는 일이다.」(『일본어대사전』코우단샤, 1992).

우리나라의 경우는 다음과 같이 간통과 간통죄를 해석하고 있다.

「남녀 사이에 옳치 못한 밀통. (법)배우자 있는 사람이 그 배우자 이외의 사람과 맺는 간음 행위. 간통죄는 배우자 있는 자와 배우자 아닌 자와의 화간에 의하여 구성되는 죄. 배우자의 고소에 의하여 성립되는 친고죄로서 쌍벌죄임」(이희승『국어대사전』민중서관, 1978).

성범죄 많은 일본의 풍토적 성향

성범죄가 없는 사회는 없다. 일본의 경우 성범죄가 일반 사회범죄에 비해 볼 때 어떤 것인지 일본 경찰청의 통계를 살펴보자.

일본에서는 하루에 약 5천건의 각종 범죄(교통사고 관계를 제외한 형법 범죄)가 발생하고 있다. 범죄 발생 인지 건수의 내역을 살펴보면, 절도범이 가장 많다.

1990년에 발생한 형법범 총수는 163만6628건이며 흉악범 5930건, 절도범 144만4067건, 강도범 1653건, 풍속범 5824건, 외설죄 4411건, 강간죄 1548건, 살인죄 1238건, 방화범 1491건 등등이다.

5년 뒤인 1995년에는 형법범 총수는 178만2944건이었다. 주요 범죄는 흉악범 6768건을 비롯해서 절도범 157만0492건, 강도범 2277건, 풍속범 6157건, 외설죄 5455건, 강간죄 1500건, 살인죄 1281건, 방화범 1710건 등등이다(일본 경찰청『범죄통계서』1997).

1955년의 범죄 통계를 살펴 볼 때 풍속범과 외설죄 및 강간죄 등 모두 1만3112건은 성범죄에 해당하는 것이다.

그러기에 일본의 치안 당국에서는 성범죄 예방에 부심하고 있다.

즉 후미진 골목을 비롯해서
공원의 화장실, 사찰이며 신
사의 한적한 곳에는 성범죄
예방 경고판이 서있는가 하
면, 방범 카메라가 돌아가는
곳도 흔히 볼 수 있을 정도
다.

「치한이 잘 나타나는 곳이
니 경계하시오.」

이와 같은 성범죄 예방 경
고판은 부녀자층에게 주의를
환기 시키고 있는 것이다.

또한 5년간 간격의 범죄
추이를 보면 각종 범죄가 증
가하고 있는 경향이다. 총기

으슥한 곳에 있는 경찰서의 입간판
「여자는 혼자서 다니지 마세요」

에 의한 범죄가 많이 발생하고 있는데, 경찰이 압수한 총기수는
1990년의 963정에서 1995년에 1880정을 압수하게 되었다.

근년의 총기 사건은 토우쿄우 한복판 치요다(ちよだ)구에서 폭력조
직과 극우단체 간에 금전 이권을 둘러싼 총격전의 발생(2000. 8. 7)
이었다. 2명의 사망자와 다수 부상자가 발생했었다. 이와 같은 극우
정치조직이며 폭력배들간의 암투는 적지않은 사회 불안 요소라는게
시민들의 여론인 것 같다. 2000년 8월 현재 7개월간 66건의 총격사
건이 발생했다고 한다.

특히 1995년 3월 20일 아침의 이른바 「토우쿄우의 지하철 '사린'
사건」이 주목되고 있다. '사린'이라고 하는 첨단 화학 독극물을 살포

해서, 지하철에 탄 시민들을 무차별 공격하는 끔찍한 집단 살인사건
은 일본 뿐 아니라 세계 시민들을 경악시켰다. 사상자 약 3,800명이
었던 이 엄청난 범죄는 신흥종교 '옴진리교'의 교주 아사하라 쇼우쿄
우를 배후 조정 혐의자로 검거했다. 이 사건의 피해자 62명을 인터뷰
한 작가 무라카미 하루키(むらかみ はるき)는 넌픽션 『언더그라운드』
(アンダーグラウンド,1997)를 집필한 바 있기도 하다.

'야마구치쿠미' 등 엄청난 숫자의 폭력 조직

일본의 야쿠자(やくざ,八九三)라는 폭력 조직은 오랜 전통을 가지
고 있다. 이들이 극우 세력 등 정치 조직과도 결탁되어 있다는 것은
오늘날 공공연한 현실이다.

일본의 공영방송(NHK)의 다음 같은 보도를 보면 일본의 '야마구
치쿠미'(やまぐちくみ) 등 폭력단 조직은 그 숫자도 엄청난 것을 살피
게 해주고 있다.

「폭력단 '야마구치쿠미'는 1만8700명이고 '스미요시카이'(すみよし
かい)는 6300명, '이나가와카이'(いながわかい)는 5800명 등이다」
(NHK · TV보도 · 2000. 1. 2).

이와 같은 폭력 조직은 극우 정치 세력과 종횡으로 연결되어 있다
는 것이 식자들의 걱정인 것 같다. 폭력배들은 조직으로부터 결코 벗
어날 수 없는 끔찍한 연결 고리가 배후에 도사리고 있다는 것이 가장
큰 문제라고 한다.

일본의 천민 집단 '에타'와 '히닌'

일본에는 '에도'(えど) 시대(1603~1867)에 이르기까지 천민들이 많았다. 에도 막부의 신분제도는 유교적인 '사농공상' 제도밑에 천민(せんみん)의 계급도 두었다.

천민은 '에타'(えた)와 '히닌'(ひにん)으로 불리었다. 천민은 직업과 거주지의 가혹한 제한을 받았다.

「'에타'라는 천민 계급은 에도 시대 초기의 거센 사회변동 속에서 몰락한 사람과 또한 그 이전부터 길가에 쓰러져 죽은 송장·소·말을 처리한다, 청소며 가죽 세공 등 남이 싫어하는 천한 일을 하거나, 구걸하며 떠돌이 예능으로 입에 풀칠을 했다.」(『일본사사전』카도카와 판,1976)

'에타'라는 천민계급은 처음에 '히타'(ひた)로 불리우는 등 여러 가지 명칭이 얽혀졌으며, 에도시대 초기에 최하층민으로 자리를 매겼다. 17세기 말에서 18세기 초에 '에타'로 총칭하게 되었다.

'히닌'은 '에타'와 명확하게 구분이 된 천민 계급이다. 이들은 범죄와 빈곤 등에 의해서 상위 신분으로부터 전락한 자도 있었다. 그러나 그 대부분은 17세기 후반 이후 빈농 및 도시 빈민으로부터 몰락한 사람들이다.

천민 '해방령' 아랑곳 없는 현실

에도 막부에서는 1720년에 그들에게 결발(けっぱつ), 즉 머리를 묶지 못하게 하는 등 풍속상의 차별을 했다. 그들은 일상적으로 걸식

을 했으며, 부역으로는 죄인을 다루거나 송장을 치우게 했다.

'메이지유신' 직후인 1871년에 '해방령'(かいほうれい)에 의해 '에타'와 '히닌' 등이 '평민과 똑같아야 할 것'으로 포고되었다. 그러나 21세기인 오늘에도 아직 '히닌' 등은 천민으로서 '부락'(ぶらく)이라는 명칭으로 천대와 차별을 받고 있는 실정이다.

따라서 '에도시대' 이후의 천민 '해방령'은 말 뿐인 형식에 그쳤다는 비판을 면치 못하고 있다. 이를테면 천민의 정황에 대해서 오토우 마사히데(おとう まさひで) 교수는 다음과 같이 지적하고 있다.

「'에타'와 '히닌' 등 천민의 존재는 에도막부 밑에서 혹심한 지배를 받고 있던 농민들의 불만을 해소시키는 효과를 가지고 있었다고 평가되고 있다」(『일본사』토오쿄우서적, 1991).

말하자면 에도 막부는 고통받는 농민들의 불만 회유 대책으로서 농민들 밑에는 쓸모 없는 또 하나의 천민 계급이 있다는 것으로서, 농민들이 아래를 내려다 보면서 우월감마저 갖게 작용시키는 데 천민 학대가 자행되었다는 것이다.

결혼 · 취업에 고통 받는 21세기의 천민들

「현재 일본에는 약 3백만명의 부락민이 살고 있다」고 오오사카의 '부락해방센터'(ぶらくかいほうセンター) 관계자는 주장하고 있다. 그러나 정확한 숫자는 알길 없다. 부락민의 동화 사업을 추진하고 있는 일본 정부측에서는 '전국에 약 60만명을 헤아린다'고 발표하는 등, 양측의 주장은 현격한 인원차를 보이고 있다.

오오사카부(인권평화실)에서는 부락 차별을 철폐시키기 위한 '조례'

를 만들어 계몽 운동을 펴고 있기도 하다. 이곳에서 발행한 선전 전단을 살피면, 부락민들은 결혼이며 취업에 막대한 피해를 입고 있는 현실을 뚜렷이 살피게 해준다.

「오오사카부에서는 『오오사카부 부락차별 사항에 관한

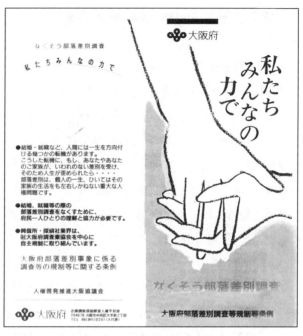

천대받는 일본의 '부락민' 차별을 없애자는
오오사카부청의 계몽 선전 홍보 전단

조사 등의 규제 등에 관한 조례』를 소화 60년(1985년) 10월부터 실시하고 있습니다. 이 조례는 지금 도우와(同和) 지구에 거주하고 있거나, 과거에 거주했다고 하는 것을 이유로, 결혼에 반대하거나 약혼을 파기시키는 등 결혼 차별, 채용 시험에서 불리한 취급을 하는 등 취직 차별 등의 발생을 방지시킬 것을 직접 목적으로 삼고 있습니다」

이와 같은 오오사카부의 부락 차별 조사등에 관한 규제 조례가 얼마 만큼의 실효를 거두고 있는지는 알길 없다. 다만 일본의 천민들이에도 시대부터 겪어오고 있는 가혹한 차별 때문에 지금도 결혼과 취업 등에 젊은 부락민들이 겪는 21세기 천민들의 고통은 상상을 초월할 정도라고 한다.

침략 전쟁에 이용한 부락 해방 운동

호적의 기재사항에 '부락'민 출신의 기록이 말소되지 않는 한 결혼
이며 취업에 차별과 천대를 벗어날 길 없는 것 같다.

'부락해방센터'에 의하면 일반인에 비해 부락민들의 자녀는 대학 진
학률이 60%정도라고 한다. 또한 그들이 현실적으로 얼마나 가혹한
천대를 받는가 하면, 심지어 상인이 부락민의 돈을 직접 받지 않고
막대기를 내밀어 그것으로 대신 돈을 받을 정도라는 것이다.

부락민들에 대한 차별을 철폐시키고 정당한 인권을 찾기 위한 '부
락해방운동'을 시작한 것은 메이지 시대(1867~1912) 중기인 19세
기 말경부터였다.

부락의 지식 청년층에 의해 자주적인 '부락개선운동'이 일어났다.
1871년에는 오오에 타쿠(おおえ たく,1847~1921)가 「에타·히닌
폐지 건백서」를 메이지 정부에 제출하였고, 천황의 「해방령」이 포고
되기도 했다.

1913년에 오오에 타쿠는 정부와 융화하는 부락해방 관변단체 '제
국공도회'(ていこくこうどうかい)를 만들었다. 그런 테두리 안에서
계몽운동이 일어나기도 했으나, 기만성을 파악한 미해방 부락민들 자
체에 의해서 자각적인 본격적 부락해방운동이 일어난 것은 1922년의
'전국수평사'(ぜんこくすいへいしゃ)였다.

「정부는 수평운동을 관제 융화단체로 이끌면서 이윽고 그들을 침략
전쟁 협력으로 몰고가는 역할을 다했다. 1946년에 부락해방전국위원
회가 결성되었다. 1955년에는 부락해방동맹으로 개칭했다. 1960년
의 제15회 대회에서는 미일 독점자본을 차별의 원흉으로 삼고, 부락
해방운동을 평화·독립·민주주의를 실현시키는 통일 전선의 일익이

라고 하는 새강령을 결정했다. 그러나 운동이 노선을 둘러싸고 대립
이 생겨, 1970년에 부락해방동맹 정상화 전국연락회의가 결성되었다
」(앞의 책『일본사사전』).

 오늘에까지 부락민들의 차별이 철폐되지 못하고 있는 현실은 민주
주의 국가를 표방하고 있는 일본의 치부라는 소리가 높다.

제5장 청소년 문화

'차바쓰' 갈색 머리, '킨바쓰'는 노랑 머리

일본 청소년의 '차바쓰'(ちゃばつ) 즉 갈색머리는 한국땅에서도 흔히 볼 수 있는 모습들이다. '차바쓰'라는 말은 마시는 차의 '차머리'라는 뜻이다. 일본의 어른들이 곱게 흘기면서 붙여준 달갑지 않다는 표현이다. 또한 노랑머리는 '킨바쓰'(きんばつ)이다.

"서양 문화가 좋다하여 멀정한 검은 머리를 갈색으로 물들이고 다니는 데서 비아냥대는 표현이 '차바쓰' 즉 '차머리'가 되고 말았습니다."라고 의학 교수 시미즈 토오루(しみず とおる) 박사가 내게 귀띔해 주었다.

서양 풍조를 보고 배우는 것도 좋지만 멀정한 머리를 노랗게 물들인다고 해서 코 큰 서양인으로 변신할 수 없다는 얘기였다. 요즘에는 갈색머리며 노랑머리 뿐만 아니라 심지어 빨강머리인 '아카바쓰'(あかばつ)까지 등장해서, '하라쥬쿠'(はらじゅく)며 '신쥬쿠'(しんじゅく) 거리를 누비고들 있다. 청소년 문화는 그와 같이 속보다는 거죽, 거죽보다는 눈에 띠는 것에 가장 민감하게 작용한다는 얘기다.

"따지고 보면 유행이란 알맹이 없는 쭉정이입니다"

이렇게 말하는 시미즈 토오루 박사는 못내 안타깝다는 표정이었다.

'하라쥬쿠' · '신쥬쿠' · '시부야'

일본 토우쿄우에서 '양구'(ヤング, Young) 즉 젊은 청소년의 거리 하면, '하라쥬쿠'를 비롯해서 '신쥬쿠', '시부야'(しぶや), '이케부크로' (いけぶくろ), '롯뽕기'(ろっぽんぎ), '시모키타자와'(しもきたざわ), 그리고 '죠우지'(ジョージ)로 약칭하는 '키치죠우지'(きちじょうじ) 등 지역을 들 수 있다.

이들 지역은 오늘날 서울의 압구정동, 강남역, 신천동(잠실)등 강남지역이며 강북의 '대학로' '명동', '종로', '동대문' 등 지역에 몰리는 젊은이들을 방불케 하는 곳들이다.

'하라쥬쿠'는 토우쿄우에서 가장 발랄한 청소년 거리라고 하겠다. 서울의 대학로와 압구정동과 이태원을 합친 분위기라고 한다면 비교가 될는지 모르겠다. '양구'(Young)라는 청소년들이 몰려와 넘치는 대표적인 지역이다.

이 하라쥬쿠가 청소년들을 흡수하기 시작한 것은 벌써 지금부터 30년전인 1970년대부터이다. 일본의 경기가 좋아지면서부터, 구미 각국의 유행하는 옷이며 청바지에 이르기까지 또한 각종 신발과 부우츠 따위며 음악, 그리고 음식으로는 피자(pizza, ピザ)며 페이스트 후우드(paste food, ペースト・フード) 따위 서구식의 가게들이 몰려들기 시작했다.

여기에 귀걸이며 목걸이 팔찌에 반지 등등 액세사리(accessory, アクセサリ)와 인형이며 각종 장난감 등등과, 거기에 영어와 프랑스어, 이탈리아어, 스페인어 등 외래어가 입에서 입으로 범람하게 되었다. 상점의 이름들도 이에 걸맞는 곳이 아니면 이른바 '양구'들이 찾아들지 않게 되었다.

하라쥬쿠는 전철역인 '하라쥬쿠' 역에서 내리면 된다. '신쥬크' 역에서 '시부야' 역으로 가는 사이에 '하라쥬쿠'역이 있다.

이 터전의 유행의 첨단을 달리는 대표적인 각종 의류·액세사리 등 가게 이름을 살펴 보면, '리모오네'(リモ―ネ)를 비롯해서 '온리 로오즈'(オンリ―ロ―ズ), '파나마보오이'(パナマボ―イ), '라이브'(ライブ), '고로스'(ゴロス), '파레후랑스'(パレフランス), '시카고'(シカゴ), '비이 바이 쓰리'(BX3, ビ―バイスリ―), '비요롱'(ビヨロン), '미루쿠'(ミルク), '체스토'(チェスト) 등등, 이쯤 만 써두자.

'제이 아르'(JR) '야마노테센' 전철

하라쥬쿠·신쥬쿠·시부야·이케부크로 등등, 젊은이의 거리는 쉽게 말해서 토우쿄우의 순환선(중심지역을 빙돈다) 전철 '제이 아르'(JR)의 '야마노테센'(やまのてせん)이 돌아가는 중요한 역거리이다. 즉 '덴샤(でんしゃ) 문화권'이다. '덴샤'란 '전철'을 가리킨다. 일본에서는 전철이라고 부르지 않고 '덴샤'(전차)라고 말한다. 전철은 한 칸 짜리도 '덴샤'이고 10칸을 달아도 역시 '덴샤'다.

일본 사람들은 누구나 덴샤를 애용한다. 재벌 회장도 타고 대학총장이며 장관도 타고 국회의원도 탄다. 우리네 전철처럼 일반 시민용과는 격이 다르달까. 지위 고하를 막론하고 실제로 필요해서 덴샤 승객이 되는 것이다. 한국에서는 동력자원부 장관이 에너지 절약 묘책을 짜내느라 골머리를 앓지만, 일본은 공공기관이며 각 회사에 직원용 주차장이 없어서 그 만큼 에너지 절약(しようエネ, 쇼우에네) 성과를 보는 셈이다.

'야마노테센' 전철은 토우쿄우 시민의 발이다. 서울의 지하철 제2호
선 처럼 순환선으로서, 토우쿄우의 중심부며, 외곽부까지 돌아가는
(내회선·외회선) 덴샤이다.

세계 제1 전투적이라는 일본 여고생

『학교해체신서』(TBSブリタニカ, 1999)의 저자로 유명해진 나가야
마 히코사브로우(ながやま ひこさぶろう) 씨는 "일본 여고생들은 세
계 제1의 전투적인 존재"라고 지적하고 있다. 도대체 그들 여고생들
이 무엇 때문에 세계 제1 전투적이라는 것일까. 직접 다음과 같은 나
가야마 히코사브로우(우쓰노미야 시립 요우코우소학교) 교사의 글을
살펴 보기로 한다.

「얼마 전의 일이다. 각국의 여고생들의 '밧쿠'(バック, bag), 즉 책
가방 속에 과연 무엇들이 들어 있는지 서로 비교해 보는 텔레비전 프
로가 방영된 일이 있었다. 일본 대표는 두말할 것도 없이 토우쿄우
'시부야' 번화가 타입의 여고생들이었다. 머리는 '차바쓰'(갈색머리)에
미니스카(ミニスカ, 미니스컷트)에 '루우즈 솟쿠스'(ルーズソックス,
헐렁하고 새아얀 두꺼운 7부짜리 목양말)이고, 눈썹은 '호소마유'(ほ
そまゆ, 매우 가느다란 눈썹)인 그런 유형의 소녀들이 나왔다. 뻔한
노릇이지만, 가방 속에서는 '키티'(キティ, 일본 고양이의 애칭)며 '비
통'(ヴィトン, 프랑스의 루이비통)의 제품 따위를 꺼내 보이며 자랑하
고 있었다.」

이와 같은 일본의 여고생의 모습을 나가야마 교사는 '전투복'을 입
은 것처럼 다음과 같이 비유하고 있었다.

「그녀들은 얼핏 보기에 젊음을, 삶을 구가하고 있는 듯이 보인다. 자유분방하게 살고 있듯이 보인다. 그러나 과연 그게 정말일까. 나에게는 그 반대로 그녀들은 뒤쫓겨서 몰리고 있는 것처럼 보인다. 그래서 어쩔 수 없이 무장하고 반격을 개시한 것처럼 보인다. 그러므로 뒤쫓긴 애무로·레이가 모빌 수으쓰(モビルスーツ) 속에 잠겨들 듯이, 내게는 그녀들이 '차바쓰'와 '루으즈 솟쿠스'와 '미니 스카'라고 하는 전투복 속으로 도망친 것처럼 보인다. 저렇게 무장하는 것으로서, 그녀들은 간신히 이 일그러진 일본의 학교 사회에서 기품을 지니고 있는 것처럼 보인다. …… 도대체 그녀들은 무엇을 두려워하며 무엇에 대하여 반격하려 하고 있는 것일까」(『학교해체신서』)

홈페이지 『여고통신』의 교실 풍경

나가야마 씨는 한 여고 교사가 『여학교통신』(女子校通信)이라고 하는 홈페이지에 올린 일본 여고생들의 모습을 다음과 같이 인용하고 있다. 몇 대목만을 필자가 다시 인용해 본다.

「생도들은 우리 교원들에게 있어서 미지의 생물이다. 종종 질리게도 되지만 뭐랄까 미워할 수 없는 묘한 녀석들이다.

우리 학교에서는 '루우즈 솟쿠스'는 금지이지만, 최근에는 '맨발'이 새로운 유행이 되고 있다. 나도 이따금씩 직원실에서 양말을 벗기도 하지만 그녀들의 경우, 단지 쾌적하다기 때문은 아닌 것 같다. 멋부리기에 민감한 생도들 만이 양말을 신고 있지 않다. 학생지도부에서는 이번에 '맨발'을 금지시켰다. 그것을 생도들에게 알려주었더니 애들 말인즉 "어머나! 그럼 어떻게 하라는 거지?" 하고 성내기 시작했다. 보통 양말을 신으면 되는 거야.

내가 교실 문앞에까지 와도 생도들은 일제히 교실에 들어가려고 하지 않는다. 교실에서는 애들이 몇몇씩 뭉쳐서 얘기를 하거나 잡지 따위를 보고 있다. 공부는 결코 하고 있지 않다. 일사분란하게 만화(マンガ)를 읽는 애도 있다.

"시작하겠다"고 말해도 아랑 곳도 하지 않는다. 큰 소리로 "자리에 앉아!"하고 버럭 고함을 쳐야 겨우 이 쪽을 알아차리고 서둘러 자리로 향한다.

처음에는 일부러 무시하는거구나 하고 생각했으나, 그녀들은 수다떨기에 열중한 나머지 다른 것에는 신경이 쏠리지 않는 것이다. 그 증거로 성을 내면 씻은 듯 조용해진다(다음 날이 되면 또 잊어버리지만).

제멋대로식의 여고 교실 생태

여고생들을 바라보고 있자면, '몸가짐'이라는 게 무엇이냐는 생각이 들고 만다. 지금 시대에 결코 '청초한' 여고생을 기대하고 있지는 않으나, 그렇다쳐도 너무 지독하다. 화장에는 누구한테 질새라 신경을 쓴다. 한참 도시락 먹는 시간에도 화장을 하고, 수업중에도 방심하고 있으면 거울을 꺼내 든다. 입버릇 나쁜 나로서는 "지금 새삼스럽게 못생긴 제 얼굴을 잔뜩 들여다본들 어쩔거야?" 정도로 공박을 주고 싶지만, 여자의 원망은 정말 겁이나서, 그냥 보통식으로 주의만 준다. 화장품 종류는 잘 모르지만, 실제로 고급 화장품을 쓰고 있는 게 아닌가 추측한다. '데파아트'(デパート, 백화점)의 화장품 매장에서 흔히 볼 수 있는 마아크가 있는 화장품을 쓰는 아이들이 적지 않게 있다. 어떻게 구했느냐고 묻고 싶지만 겁이나서 물어 볼수 없다. 반면에 '팃슈'(ティッシュ, 팃슈 화장지)는 갖고 있지 않고, '토일렛 페이퍼'(トイレットペーパー)를 '로올'(ロール, 두루말이 뭉치)째 변소에서 가지고 와서 개인용으로 쓰고 있다. 덕분에 교실 이쪽 저쪽에 '로올'이 제멋대로 진열되어 있다. 나는 알아차리면 변소에 다시 갖다 두지만, 곧 다시 가져오므로 끝장이 없다. 이래 가지고는 자원도 공적인 비용도 낭비이다. 그러나 휴지종이는 각자가 준비하거나, 어쨌든 스스로 준비하기 싫다면 인도(インド)처럼 손으로 닦거나 새끼줄을 변소에 매두어서 그것으로 일을 보면 만사 해결이라고 생각하는데 어떨까」(앞의 책).

'이지메'라고 부르는 일본의 '왕따'

'이지메'(いじめ)라고 하는 말은 일본에서 약자에 대한 가혹한 행위를 가리키는 말이다. 일본 사전을 살펴 보면 '이지메'에 대해서 다음과 같이 규정하고 있다.

「자기보다 약한 처지에 있는 사람에게 대해서, 심리적·육체적 공격을 되풀이하여, 상대방에게 심각한 고통을 주는 행동. 특히 교육 현장인 학교에서 일어나는 일을 가리킨다」(『일본어대사전』코우단샤, 1992).

학교 폭력을 가리키는 것이 '이지메'의 내용이다. 우리나라 학교 폭력인 소위 '왕따'와 비슷한 내용이다. 남을 괴롭히는 그런 아이들을 '이지멧코'(いじめっこ)라고도 부른다. 자기 보다 약한 아이를 괴롭히므로 그런 비굴한 아이를 나무라는 말이다.

앞에서 살폈듯이 일본에서 현재 청소년 문제 연구로 주목받는 것은 우쓰노미야의 소학교 교원인 나가야마 히코사브로우 교사이다. 그는 이지메에 관해서 이렇게 말하고 있다.

"이지메 때문에 학교를 결석하고 그만두는 아이들이 날이 갈수록 늘어나고 있다. 한 연구 조사 통계에 따르면, 전국에서 이지메로 시달리는 아이들은 약 10%가 넘는 실정이다."

14세 전후가 가장 위험한 나이다

나가야마 히코사브로우 씨는 근년(1999년 6월)에 『학교해체신서』 라는 책을 내놓으므로써, 일본의 학부형들을 깜짝 놀래게 한 장본인 이다. 이 책의 부제목은 '세기말의 교육현장으로부터의 보고서'이다. 그는 가장 위험한 것이 14세 전후의 나이 즉, 소학교 4, 5학년부터, 중학교 1, 2학년 때라고 다음과 같이 지적하고 있다.

「14세 전후라고 하는 것은 어떤 의미에서이던지 가장 위험한 연대 이다. 어떤 고장에서이던지 반드시 예외없이 그 나이또래가 나쁜짓을 거치는 과정(통과 의례)이다. 그렇기 때문에 어떤 공동체(학교 등 집 단)에서거나 이와 같은 불안정한 시기를 어떻게 지내가느냐 하는 것 이 중요한 과정이라고 본다.

따지고 본다면 흡사 군대의 막사나 진배 없는 학교 건물안에 하루 온종일 틀어 박혀서 수험 공부며 부서 활동따위로 시달린다. 선생은 선생대로 생활 지도로 아이들을 위축시키고, 교칙은 자유마져 빼앗는 지금까지의 학교 교육 방법이 뜻밖에도 타당하다는 견해도 있을 수 있다. '어린애들을 한가하게 내버려두면 못된 짓을 저지른다'고 하는 옛말대로는 아니겠으나, 여름 방학 때가 되면 아이들이 비행에 손이 물들 확률이 높아진다. 그런 경향이 해마다 늘어나고 있다. 이 녀석들은 아직 불완전한 존재니까 가능한한 꽉 묶어두는 것이 안전하다는 생각에 기울기 쉽다.

그렇지만 그와 같은 방법이 시달리는 아이들로 하여금 곧 큰 사고를 저지르기 직전으로 몰고 간다는 것은 뻔한 노릇이다.

아이들과 교사를 서로 적대시킬 수밖에 없는 현행 교육 제도를 과감하게 타파시켜야 하는 것이 바로 지금이라고 본다. 그리하여 생도와 교사가 서로 연대해서 신뢰 관계를 맺을 수 있도록, 학교 안에서 모두 안심하고 지낼 수 있는 그와 같은 새로운 제도가 오늘의 교육에 절실하게 요청된다고 본다」(『학교해체신서』1999).

나가야마 교사는 그의 저서를 통해서, 다각적으로 청소년 비행 문제와 또한 직면한 현재의 학교의 위기, 학교의 해체를 분석 고발하고 있다. '이지메'라고 하는 문제 발생 자체도, 교사 등 학교 당국의 아이들에 대한 지나치고 과격한 단속에서 심리적 폭발요인을 일으켜, 약자를 괴롭히는 것으로서 스트레스를 풀게되는 현상 등이 나타난다고도 보고 있다.

그런데 교육심리학자 스즈키 요시오(すずき よしお) 교수는 다음처럼 청소년 진로지도에 대해 밝히고도 있다.

"14세 전후의 청소년들이야말로 성년을 향해 마악 성장하기 시작하는 시기인 만큼, 학교 폭력뿐 아니라 자칫 청소년 비행내지 사회 범죄로에의 비약마저 일으킬 위험천만한 연령층인 것입니다. 따라서 학교나 가정에서 심리적으로 아이들을 안정시키고, 깊은 이해와 애정으로 감싸주면서 위험한 고비를 무사히 넘겨 줄 때라고 봅니다."

어린이 인권 110번 전용 신고 전화

우리나라 검찰청에서도 어린이들을 위한 신고 전화를 받고 있지만, 일본에서도 똑같다. 일본의 법무국에서도 각 지방 법무국에 '어린이의 인권 110번'이라고 하는 신고 전화를 설치하고 있다. 이를테면 토우쿄우 법무국은 03-3214-0424이고, 니이가타 지방 법무국은 025-229-0110이다. 반드시 모든 지방 법무국이 110번은 아니지만 전용 신고 전화를 설치하고 있다.

문부성 · 경찰청의 이지메 규정

일본 문부성에서는 '이지메'(いじめ)에 대해 다음과 같은 정의를 내리고 있다.

「①자기보다 약한 자에 대하여 일방적으로, ②신체적 · 심리적인 공격을 계속 가하므로써, ③상대방이 심각한 고통을 느끼고 있는 것. 또한 발생한 장소는 학교 안팎 어디고 따지지 않는다」(『생도 지도상의 제문제의 현상과 문부성 시책에 관해서』헤이세이 8년 12월).

또한 일본 경찰청에서는 다음처럼 규정하고 있다.

「단독 또는 복수로, 단수 또는 복수의 특정인에 대해서, 신체에 대한 물리적 공격 또는 언동에 의한 협박, 들볶기, 무시 등의 심리적 압박을 계속 반복하는 것으로서, 고통을 주는 일(단, 중고 학교내의 비행집단〈ばんちょうグループ〉과 폭주족(ぼうそうぞく)들 상호간의 대립항쟁 사항은 제외한다)」(헤이세이 6년 『경찰백서』).

중학교 1·2학년에 가장 심한 이지매

일본의 경우 '이지매'가 가장 심한 것은 중학교 1·2학년이라고 한다.
「1999년도의 이지매 발생 건수는 초중고 합쳐서 5만9867건이었
다. 이중에서 2만9069건을 중학교가 차지해서 전체의 48.6%였고,
초등학교는 44.4%, 고등학교는 불과 7.0%였다. 이상과 같은 결과
를 분석하면 초등학교 고학년부터 많아지며, 중학교 1·2학년에서
급격히 증가하며, 중학교 3학년부터 고교에 걸쳐 감소현상을 보이고
있다」(문부성 『생도지도상의 제문제』).

일본 청소년 폭주족의 실태

요즘 우리나라에도 이따금씩 심야에 폭주족이 나타나 말썽을 부리
고 있으나, 일본은 단연 그보다 몇 수 위라고 하겠다. 단속하는 경찰
관들을 비웃듯이, 큰 도로에서 집단으로 난동을 부리는 것이 이른바
'보우소우조쿠'(ぼうそうぞく)라고 부르는 일본의 폭주족이다. 『일본
어대사전』을 펼쳐보자.

「폭주족이란 오토바이며 자동차의 엔진소리와 크랙슨을 거세게 울
리면서 도로를 제멋대로 질주하며 돌아대는 젊은이 집단이다. 지난
날은 '번개족'(かみなりぞく) 등으로도 불렀다.」

주로 청소년층으로 구성된 것이 이들 폭주족의 구성원들이다. 나이
어린 경우에는 15세 정도의 소년도 끼여 있고, 대개 20세 안팎이라
는 것이 일본 경찰의 보고이다.

일본 경찰청에서 발행한 「범죄통계서」(1996년 발행)에 의하면 청

소년 범죄가 인구 전체 연령층의 62.8%를 차지하고 있다. 그러니까 청소년 범죄가 전체의 약 63%인 셈이다. 이것을 다시 나이에 따라서 나눠 보면 다음과 같다.

14세와 15세는 18.2%, 16세와 17세가 17.1%, 18세와 19세 8.0%, 그리고 20세에서 29세까지 19.5%라는 내용이 된다. 그러므로 14세로부터 19세까지의 범죄 검거인 비율은 전체 연령층에서 자그마치 43.3%라는 것이 일본 경찰의 보고이다.

폭주족이 젊은 청소년층이기 때문에 그들의 대담성이 강하다고 보는 게 일본 전문가들의 견해이다. 폭주족은 일종의 기분풀이로 저희들 마음껏 방종을 일삼아, 지역 사회 주민들을 불안과 공포에 떨게 하는 애들이다.

심야에 떼지어 나타나는 폭주족

이들은 난폭하기 이를 데 없다. 주로 심야에 20명 30명씩 떼지어 고성능 오토바이를 몰고 어두운 대로에 나타나서 횡포를 부린다.

오토바이 뒤에는 더러 여자애들이 매달려 앉았다. 이들이 집단으로 거리에 나타나기 때문에 통행하던 차량들은 행선 방향이 강제로 제지당한다. 폭주족은 나무라거나 대항하는 사람에게는 가차없이 주먹질 발길질등 폭력을 행사하고, 자동차를 짓부수는 등, 거리의 난폭자요 무법자인 것이다.

그러므로 폭주족에게 제지당한 차들은 거의 누구나 꼼짝없이 이들의 난동에 아무 소리도 못내고, 이들이 길을 열어 줄 때까지 몇 10분이나 또는 몇 시간씩 시달리게 된다.

이 때문에 폭주족이 나타난 심야의 도로는 어느새 차량이 수백대 이상 도로에 막힌 채 오도가도 못하는 횡포를 당하는 것이다.

그 뿐 아니라 그 지역 주민들은 이들 폭주족들이 기세 등등해서 울려대는 시끄러운 경적 소리에 곤히 자다가 놀래 깨어나서 불안에 떨면서 이들이 사라져 주기만을 기다릴 수밖에 없다.

경찰차보다 훨씬 더 빠른 고성능 오토바이

주민들 중에는 경찰에 전화로 110번(ひゃくとうばん) 신고도 한다. 이래서 경찰 백차가 나타나면 이 때 폭주족들은 도망치기 시작한다. 폭주족이 탄 오토바이는 고성능의 좋은 오토바이라서 좀처럼 경찰이 따라 잡지 못한다. 또 이들을 몇 명 쯤 붙잡았댔자 범죄 행위가 없는 한 '도로교통법' 위반 정도의 경범으로 다룰 수밖에 없어, 경찰 당국도 골치를 앓고 있는 실정이다.

폭주족 청소년들 중에는 등에 '하마야'(はまや)라고 하는 부적 구실을 하는 화살을 꽂고 오토바이를 붕붕 몰아댄다. 이 '하마야'라는 화살은 신사에서 수험생 등에게 돈을 받고 파는 것이다. 재수생들이 입시에 붙고 싶어 돈으로 신의 힘을 빌리려고 신사에서 판매하는 부적 화살이다.(제1장 마쓰리 문화에 상세하게 다루었음).

「폭주족 청소년이 등에 꽂고 다니는 '하마야' 화살은 입시 합격보다는 우선 경찰에게 붙잡히지 말자는 소망을 신에게 도움받자는 것이 아니냐」고 어떤 학자는 비아냥 대기도 했다.

이들 폭주족은 가정이 부유층이거나 비교적 환경이 좋은 청소년들이라고 한다. 그러나 이들은 학업 성적이 나쁜 재수생들이 주축을 이루고 있다.

일본의 재수생이라는 것은 사립 중학 입시에 낙방한 소년들로부터 고입, 단기대입(2년제 대학), 대입 낙방생 등 우리 한국과는 재수생의 내용이 좀 다르다.

사립 유치원부터의 입시 전쟁

일본의 학부모들도 아들 딸의 입시 때는 적극적으로 나선다. 자식이 지망하는 학교에 꼭 합격하라고 한국에 못지 않은 여러 가지 미신이 동원된다. 그 열기는 우리나라 보다 더 세면 세지, 못한 것 같지가 않다.

우선 우리나라에서 보면, 입학 시험을 치루는 학교의 교문에다 엿을 붙인다. 찰떡을 붙여서 자식의 합격을 기원하는 진풍경이 벌어진다. 엿이며 떡을 붙여 합격한다면 오죽이나 좋겠으랴.

일본에서는 우리나라와 달리 대학 입시 뿐이 아니고, 사립학교는 유치원부터 입시가 시작이 된다. 이래서 일본은 사립 유치원과 초등학교, 중학교, 고등학교 입시가 입시철 마다 시끌버끌하다. 그래서 합격을 소망하는 학부모들의 미신도 다양하다.

세칭 명문 사립 유치원부터 입시 경쟁이 치열한 것이 일본의 입시 현황이다. 시험을 치뤄야 입학이 가능한 것이 각급 사립 학교이니, 일본 어린이들이 이른바 명문학교에 입학하기 위해서 얼마나 공부에 시달리는지는 여러분도 쉽게 짐작될 것이다.

한국의 어머니들이 한밤중에 장독대 앞에다 정안수를 떠놓고, 촛불을 켜고 두 손 모아 자식의 합격을 터주신에게 싹싹 빈다. 그런 시간

에 일본 토우쿄우의 어머니들은 시내 한복판 이케부크로(いけぶくろ)의 대형 묘지인 '조우시가야 레이엔'(ぞうしケやれいえん)이라는 공동 묘지에 간다.

도둑 묘지에 합격 빌러가는 어머니

대도시 한 가운데라지만 워낙 규모가 큰 이 조우시가야 공동묘지는 한밤중이면 여기저기서 유령이 나온다는 소문마저 자자한 을씨년스러운 곳이다. 그러나 수험생의 어머니는 도깨비의 출현 따위 아랑곳하지 않고 대담하게 큰 묘지의 비석들 사이를 이리저리 누벼서 한 유명한 도둑의 무덤을 찾아 간다고 지기인 노구치 타다시(のぐち ただし)씨는 내게 다음처럼 예를 들어 이야기 해주었다.

"저희 아들 호리오(ほりお)가 부디 '카이세이(かいせい) 중학'에 합격하게 해주시옵소서!"

호리오의 어머니는 어둠속에서 처음에 묘지 어귀에 들어 섰을 때는 괜스레 겁이 나서 등골이 오싹했으나, 괴도로 이름난 '세이키치'의 빗돌만을 찾아 내려 열성껏 헤매는 순간 이마에 흐르던 식은 땀마저 어느듯 말라붙은지 오래이다.

호리오를 입학시키겠다는 토우쿄우의 '카이세이중학'은 명문중의 명문이다. 옛날 같으면 서울의 '경기중학'격이라고나 해둘까. 이 중학만 다닌다면 장차 토우쿄우대학 진학은 기대할 만한 것이다. 물론 카이세이에 못지 않는 명문은 '아자부(あざぶ) 중학' 등등도 있다.

호리오의 어머니는 드디어 어둠 속에서 큰 비석 하나를 찾아 냈다. 그 근처에 갔을 때 아무도 인적은 없으나 향내음이 자욱했다. 아직도 타다 남은 향이 연기를 띄우고 있는 것을 보면 호리오 어머니보다 한 발 앞서 다녀간 다른 아이의 어머니가 있었던 것 같다. 아니 향재가 향그릇에 그득한 것을 보면 오늘 밤에도 수많은 어머니들이 자식의 합격을 빌기 위해서 도둑 '세이키치'의 묘지에 다녀간게 분명하다.

존경받는 이 괴도의 이름은 빗돌에 또렷이 새겨져 있다. '오니아자 미노 세이키치'(おにあざみの せいきち)라는 옛날 도둑으로서의 명사 의 이름이 아닐 수 없다. 한국의 '임꺽정'은 가난하고 불쌍한 사람들 을 돕자고 도둑질을 했다는 의도로서의 명인이지만 오늘까지도 무덤 은 찾을 길조차 없다.

세이키치는 도둑인 자기를 뒤좇는 관원들을 교묘하게 빼돌리면서 도망 다니는 솜씨가 빼어났다는 괴도일 따름인데도 버젓한 비석까지 우뚝 서 있다. 그 옛날 에도(지금의 토우쿄우)의 밤을 내 마음껏 누 비며 뒤좇는 순라군들을 농락했다는 뺑손이의 명인이다.

호리오의 어머니처럼, 무수한 어머니들이 한밤에 이 괴도 세이키치 의 무덤앞에 찾아 와서, 오늘도 자식의 합격을 기원하고 있으니 입시 미신치고는 세계에 유례없는 일이라고 하지 않을 수 없다. 이 공동묘 지에는 나쓰메 소우세키(なつめ そうせき,1867~1916) 같은 유명한 소설가의 묘지도 있다.

무엇 때문에, 일본 어머니들은 괴도 세이키치의 무덤 앞에 찾아 가 서 향불을 피우며 손모아 합격을 기원한다는 것인가. 한 학자의 기록 을 살펴보면 이렇다.

「세이키치는 도둑질을 계속했으며, 그를 뒤좇는 관원들을 교묘하게 빼돌려 법망을 빠져 다니면서, 큰 에도땅(오늘의 토우쿄우)의 밤을 여보란 듯이 누비며 암약했다. 그러한 악운(잘못된 짓이나 좋은 운) 의 큰 힘을 빌려보자고 하는 것이 인기의 비밀이다. 입시며 취직·신

병 회복 등 자기 소망을 적은 종이쪽지들을 써서 이 묘에다 주욱 세
워 놓고 있다. 그런데 선거철이 되면, 입후보자의 것도 갖다 놓을 정
도로, 이 곳에는 향피우는 연기가 연일 끊이지 않으니, 도둑의 도움
마저 빌리겠다는 그 심정들이 아무래도 딱하다는 얘기이다」(시게카네
히로유키『풍습사전』1978).

토우쿄우의 입시 명문 신사

입시 때다 취직이며 승진·선거 등등 점쟁이를 찾아가서 부적을 사
오는 한국의 실정과는 다른 이색적인 풍경이라고 해둘까. 그렇지만
일본에도 부적을 사서 몸에 지닌다, 집의 벽에 건다, 자동차 유리창
옆에 매달고 다니는 것은 흔히 볼 수 있는 일이다(제1장「마쓰리 문
화」참조 바람).

입시에 합격하겠다는 수험생이며 그 학부모들의 애타는 마음은 어
찌 부적을 사려고 신사며 사찰등에 찾아 가 간절히 소원을 빌며 기원
을 하지 않겠는가. 우리나라에서도 사찰이며 교회등에 가서 기원하고
기도드리는 것은 일본이나 매한가지이다.

일본에서 입시 때 합격 기원 부적이며 소원 성취를 글씨 쓴 '에마'
(えま)라는 나무패 또는 '하마야'(はまや)라고 부르는 소원을 비는 장
식용의 예쁘장한 화살 따위를 파는 곳으로 유명한 신사(사당)와 사찰
은 여러 곳이 인기가 있다. 이를테면 토우쿄우의 입시 명문 신사랄까
'유지마텐진'(ゆじまてんじん)이며 '카메이도텐진'(かめいどてんじん)
같은 학문신의 신주를 모시고 있는 신사들이 유명하다.

이 학문신이란 '스가와라노 미치자네(すがわらの みちざね,845〜

903)라는 일본 고대의 대학자이다. 이 일본 학문신이 된 스가와라 미치자네는 혈통이 신라인으로서, 신라왕자 천일창 왕자의 후손이다 (『신찬성씨록』815년 편찬).

입학철에 날뛰는 이색적인 문패 도둑

일본 오오사카의 사찰인 '슈우겐지'(しゅうげんじ)라는 절은 수험생들이 찾아가서 합격을 기원하는 절로도 유명하다. 수험생들은 이 절에 가서 낙서를 하면 부처님의 불력으로 합격한다는 소문에 찾아가서 마음껏 낙서를 한다.

「부처님, ××고교에 꼭 합격하게 해주시기를 간절히 비옵나이다. ××××」

이래서 이 슈우겐지는 낙서투성이의 '라쿠가키데라(らくがきてら, 낙서절)'로 이름나 있다.

일본에서는 지난 날 입시 때는 문패 도둑들이 극성을 부렸다고 한다. 남의 집 대문에 붙어 있는 문패 4개를 도둑질하면, 입학 시험에 합격한다는 터무니없는 미신 때문이었다.

어째서 남의 집 문패 4개를 훔쳐오면 입학 시험에 합격한다는 것인가. 일본어로 '시험'을 '시켄'(しけん)이라고 말한다. 그런데 이 '시켄'이라는 일본말은 '네채의 집'이라는 말로도 통한다. 그래서 네채의 집의 문패 4개를 훔쳐오면, 시험에 이긴다는 터무니없는 미신이 한 때 나돌았다.

'시험'이라는 것이 이런 도둑질 때문에 인간 사회를 아귀들이 들끓는 죄많은 '시험 지옥'으로 전락시킨 것은 아닌지 모르겠다.

우리나라의 일본 대중 문화 개방

물은 항상 흐르기 마련이다. 맑은 물이 있는가 하면 불결한 물도 있다. 물은 소독할 수는 있어도, 물 그 자체만을 가지고 씻을 수는 없다. 만약에 오염된 물이 밀고 흘러 들어 온다면 정화시켜야 할 것이다.

일본 대중 문화가 개방되기 시작했다. 일본의 대중 문화가 모두 다 나쁘다거나 그릇된 것 뿐이라는 것은 결코 아니다. 그 중에서 우리가 받아들이기에 좋지 못한 것들이 있다면, 그것을 식별해서 걸러내야 할 것이다. 잘못된 것은 응당 수용해서는 안된다. 우리는 그 열쇠를 쥐고 우리의 양식과 지성으로서, 단호하게 대응해 나갈 일이다.

그런데 일본의 대중 문화에는 과연 어떤 것들이 있고, 어떤 부분이 우리를 벌써부터 긴장시키고 경계하게 만드는 것인가. 그것부터 살펴 보자.

일본 대중 문화의 문제점

일본의 대중 문화로서 우선 손꼽히는 것에 '만화'가 있다. TV나 비디오 및 극장용 애니메이션(アニメイション, animation·動畵)을 비롯해서 만화책과 만화잡지(월간 및 주간) 등을 꼽을 수 있다. 일본의 전철을 타면, 일부 청소년들의 손에 쥐어진 책은 '코믹'(コミック, 만화책)이다. 그들은 '만화'(マンガ)라는 말 대신에 외래어인 '코믹'(comic)을 입으로 뇌인다.

간혹 보면 30~40대 청·중년층의 사람들도 코믹을 손에 쥐고 그 책갈피를 넘기기 바쁘다. 내용은 '폭력·섹스'물이 많은 편이다. 대학

교수가 자기 아들의 여자 친구를 자신의 농락 대상으로 삼는 것도 살
필 수 있었다.

하학 시간에 전철역에서 여중고생들이 우르르 몰려서 탄다. 학교
책가방 삼아서 들고 다니는 소형백(バック,둥근형의 세칭 보스턴백)
에서 코믹을 꺼내서 펴드는가 하면, 어쩌다 화장품도 나온다. 10대
전반의 소녀들이 입술에 루즈를 칠한다. 심지어 마스카라를 바른다.
물론 모든 여학생들이 그렇다는 것은 아니고, 가끔씩 그런 광경을 목
격할 수 있다.

"저런 것도 나쁜 만화의 영향 탓이죠." 이렇게 오오타 준조우(おお
た じゅんぞう) 교수는 화장하는 소녀를 전철 안에서 지켜 보면서 필
자에게 말했었다.

일본 대중 문화는 기본적으로 반윤리적이다

토우쿄우(東京) 시내에서 만화 전문서점은 도처에서 목격할 수 있
다. 서점거리로 유명한 칸다(神田)며, 번화가인 신쥬쿠(新宿)·이케
부크로(池袋)·시부야(しぶや) 등 지역에는 코믹(コミック) 전문서
점들이 진을 치고 젊은이들을 맞아준다. 건전한 코믹도 없지 않으나,
그런 것은 초중등학생 학습용의 역사·과학·교양물 등의 만화들이
다.

근년에 「한일문화 심포지움」('98. 9. 18. 서울)에서, 일본측 기조
발제자(基調發題者) 쓰쓰미 세이지(つつみ せいじ,提淸二) 씨는, 진
솔하다고 할까, 「일본의 대중 문화는 기본적으로 반윤리적(反倫理的)
이고, 비역사적(非歷史的) 성격이 강하기 때문에, 악화(惡貨)가 양화

(良貨)를 몰아낼 우려가 있다」는 주목할 만한 발언을 했다.

따지고 보면 이 세계 어느 나라 어느 계층이고 간에, 그 곳에 반윤리적이고 악화적인 요소가 깃들이지 않은 곳은 없다고 본다. 다만 쓰쓰미 씨의 발언에서는 그런 경향이 강한 것이 일본 대중 문화의 성격이라고 받아들여진다.

기본적으로 따진다면 대중 문화는 TV와 영화 등 연예 오락 매체에 그 뿌리를 두고 있다고 본다. 바로 이들의 프로그램의 내용에서 우리는 얼마든지 반윤리적이거나 또는 섹스 산물과 부단하게 맞닥뜨리게 된다. 나는 일본에서 오랜 기간을 살았던 사람이다. 저녁 시간에 TV를 켜면, 드라마가 많이 나오고, 순간적으로 선정적인 장면은 대수롭지 않게 화면에 비치기 마련이다. 이것이 심야 방송 시간대로 옮겨가면 남녀간의 정사 등 상당히 노골적인 장면들이 이어지기 마련이다.

폭력 · 살인 · 매춘 난무하는 TV 화면

일본에도 우리나라와 마찬가지로 각 지역마다 TV방송 채널들이 있거니와, 토우쿄우의 민방(民放)은 「아사히 TV」를 비롯해서 5개 채널이 있다. 공영방송인 NHK의 2개 채널과 위성방송(3개 채널)등을 합치면 토우쿄우지방에서 10개의 채널을 대하게 된다.

일본에는 약 9백개의 방송물 제작소(プロダクション,프로덕션)가 있다. 방송국 자체가 제작하는 것 이외에, 이 많은 프로덕션이 위탁계약이다, 또는 자유 경쟁 등으로 프로그램을 만들어 TV 각사에 제공하고 있다. 교양 프로그램으로 훌륭한 내용을 담는 것들도 많으나 역시 오락물 등 대중 문화가 그 근간을 이룬다.

폭력·살인·마약·매춘 등등 범죄물에 이르기까지 여과 없이, TV 화면에 비치고, 비디오의 테입들이 돌아가고 있다. 요컨대 이와 같은 TV·비디오 프로그램에서는 오히려 만화책 이상으로 우리를 위협하는 '악화'가 범람하고 있다.

이미 서울을 비롯한 전국 대도시의 뒷골목에서는 일본제 비디오며 만화책 등이 나돌고 있다는 것이 어제 오늘의 얘기가 아니다. 그러나 영화·TV·비디오 프로그램이 이미 개방되었다. 따라서 과연 어디까지 속속들이 그 내용을 우리가 선별해서, 이른바 건전한 오락물만을 대중 문화로서 즐길 수 있느냐는 문제점도 일단 지적해두지 않을 수 없다.

일본의 '가요'도 대중 문화로서 빼놓을 수 없는 분야이다. 일본 청소년층도 우리나라 젊은이들과 마찬가지로 팝송이며 록과 포크 등을 즐긴다. 특히 10대에서는 댄스 뮤직이 수많은 댄스 그룹의 활동으로 큰 인기를 모으는 경향을 보이고 있다. 그러나 가사(歌詞)는 일본어가 주축을 이루고 있고, 노래말의 부분에는 영어 등 외래어도 들어 있으나 일본식의 외래어 발음이라서 우리나라 청소년층에서 알아듣기가 좀처럼 쉽지 않다고 본다. 일본의 전통적인 가요 즉 민요조의 것이거나 풍작류의 노래의 경우는, 한국 청소년층에게 별로 어울리지 못할 것으로 보고 싶다. 물론 50~60대 기성층의 경우는 다르다고 하겠다.

퀴즈로 공부하는 일본 어린이들

일본하면 퀴즈(クイズ)를 매우 좋아하는 '퀴즈 천국'(クイズてんご

〈 〉이라고 일본인 스스로 말하고 있다. 그 만큼이나 퀴즈는 일본인의 생활속에 파고 든다. 그러기에 서점에 어른책 퀴즈 코너가 있고, 특히 '어린이 문고'는 퀴즈책으로 그득찰 정도이다.

'일본 어린이들은 퀴즈로 재미나게 공부한다'고들 말한다. 딱딱한 주입식 외우기 공부보다는 재미나게 말놀이를 하면서 학습 성과를 이루고 있다.

그 아이가 수재냐 바보냐는 퀴즈 감각이 있느냐 없느냐에 달렸다고들 말하고 있다. 퀴즈 감각이란 재치이고, 재치가 있다는 것은 동시에 아이큐가 높다는 것, 즉 두뇌 회전이 남보다 빠르다는 것을 말해 준다. 과학이며 산수, 심지어 한자와 국어 공부도 퀴즈책으로 재미나게 꾸며진 참고서들이 서점에 그득히 쌓여 있다.

일본의 어린이 도서 출판사치고 퀴즈책을 내지 않는 곳은 없다. 그만큼 아동 도서와 퀴즈식 책자의 출판은 큰 성과를 거두는 것 같다. 퀴즈는 재미가 있기 때문에 공부가 싫은 아이도 퀴즈를 통해서 모르는 것을 배우게 하는 것이다.

공부가 싫다고 하는 일본의 어린이들에게 '어째서 공부가 싫으냐?'고 물은 데 대해서 어린이들의 공통적인 대답은 다음과 같았다.

1. 공부가 재미없다.
2. 재미없는 것은 '모르기 때문'이다.
3. 어려운 것을 '엄마가 억지로 시키기 때문'이다.

일본 어린이들의 공통적인 불만은 엄마가 '공부해라!'·'숙제해라'·'빨리 밥먹고 학교가라' 등등 엄마의 잔소리며 지나친 간섭이라고들 한다.

꼬치 꼬치 엄마 잔소리는 싫다.

니시하라 유우코(にしはら ゆうこ)라는 여자 어린이가 1984년에 쓴 '어머니'(おかあさん,오카아상)이라는 동시를 『아시히신문』에서 읽은 일이 있다. 지금쯤은 숙녀가 되었을 것이다. 그 당시 소학교 2학년생이었다.

어머니
니시하라 유우코

숙제해라
한자 연습해라
산수 과외집에 가거라
해라 해라 뿐
그치만
한꺼번에
할 수 없는데도
내 손은
두 개 밖에 없어
괴수도 아니고

다음과 같이 엄마에게 불만을 터뜨린 한 어린이의 「엄마는 시끄러워」라는 유명한 동시도 있다.

아침에 내가 학교갈 때까지
엄마의 말은 늘 똑같아
내가 일어나 옷을 입고 있으면

"빨리 세수해야 돼"
내가 세수하고 있으면
"빨리 밥먹어라"
라고 말한다.
학교에 가려고 하면
"시간표 잘 맞췄니?"
"손수건 가졌니?"
"휴지 넣었니?"
"숙제 갖고 가니?"
"빨리 가거라, 지각한다"
내가 다음에 하려는 것을
반드시 엄마가 먼저 말한다

우리나라 가정에서도 어머니가 아이들에게 학교가기 전에 어떤 잔소리를 하시는지 궁금하다. 비슷할테지.

엄마와 퀴즈로 공부하는 어린이

내가 잘 아는 이노우에 스미레(いのうえ すみれ) 씨는 아들 '시게히사'(しげひさ) 군과 늘 재미나는 「천재·수재·바보」라는 퀴즈를 한다고 한다.

엄마가 아들 시게히사군에게 「천재·수재·바보」 퀴즈를 하자고 하면서 다음과 같이 퀴즈를 묻고 답하며 서로가 재미나게 지냈다고 한다.

「학교에서 선생님이 아이들에게 다음과 같이 물었을 때, 천재와 수재는 그 퀴즈에 답했다. 먼저 선생님의 질문부터.

선생님 : 너희들 간 밤에 무엇을 했지?

천 재 : 네, 산수 문제를 풀었습니다.

수 재 : 네, 국어 공부를 했습니다.

시게히사의 엄마가 "그럼 바보는 뭐라고 대답했겠니?" 하고 물었다. 그러자 시게히사가 바보 대신에 퀴즈의 답을 댔다.

바 보 : 네, 저는 만화책을 재미나게 보았습니다.

엄 마 : 맞았어! 너는 진짜 천재·수재보다 그 위의 최고야!」

시게히사는 3학년 때까지만 해도 공부가 재미 없었는데, 4학년 때부터 엄마와 퀴즈를 하면서 공부가 재미나게 되었다고 한다. 특히 「한자」 공부가 가장 어렵고 힘들었으나 퀴즈로 한자를 재미나게 배우게 되었다고 한다. 시게히사의 엄마가 한자 퀴즈를 내고 시게히사군이 맞추는 장면을 살펴보자.

엄 마 : 시게히사야, 한 개의 힘으로 열식구를 먹여 살린다는 한
        자는 무슨 자니?

시게히사 : (머리를 극적극적) 한 개의 힘으로 열식구를 먹여 살린
        다고요?

엄 마 : 힌트 줄까?

시 게 : 아아뇨! 우선 한 개의 힘이니까 힘력(力, ちから, 치카라)
        자가 들어 가겠죠?

엄 마 : 물론이지.

시 게 : 열식구라면 입이 열 개라는 뜻이겠지요?

엄 마 : 두 말하면 잔소리.

시 게 : 그러니까 입구(口, くち, 쿠치)자 속에 열십(十, じゅう,
        쥬우)자가 들어 있겠지요! 맞았어. 남(男, おとこ, 오토
        코) 즉 '사나이 남'자에요.

엄　마 : 만점! 그럼 또 하나! '좋아' 하면 떠오르는 글자는?

시　게 : 엄마같은 여자(女子, じょし, 죠시)!

엄　마 : 그 글자를 가리켜서 뭐라고 하는 것이지?

시　게 : 좋을 호(好, よい, 요이)자겠지요.

엄　마 : 만점!

퀴즈로 배우는 한자 공부책은 서점에 많이 나와 있어서, 일본 어린 이들은 재미나게 한자 퀴즈를 풀고 있다. 그런가하면 퀴즈도 여러 가 지가 있는데, 특히 요즘 일본 어린이들은 '추리 퀴즈'(すいりクイズ) 가 붐을 이루고 있기도 하다.

'21세기는 두뇌 회전이 빠른 사람의 성공 시대! 추리 퀴즈에 도전 하자!'

추리 퀴즈는 방송과 어린이 잡지에 그득그득 실리고, 소형 책자도 서점마다 많이 나와서 베스트셀러가 되고 있다는 아동도서 출판계 소 식이기도 하다.

"장차 명문 대학에 가려는 수재들은 지금 초등학교 때부터 추리 퀴 즈로 두뇌를 개발하자. 보드라운 뇌수와 회전력이 빠른 머리가 필요 하다. 돌대가리는 부모속만 태우는 진짜 골치꺼리. 추리 퀴즈를 통해 서 관찰력·주의력·판단력을 고루 갖춘 추리력을 일궈낸다"

이와 같은 주장이 일본 추리 퀴즈 전문가들의 견해이기도 하다.

어린이의 두뇌 회전 키우는 추리 퀴즈 붐

추리 퀴즈는 다양한 내용을 가지고 엮어지고 있다. 이를테면, 머리 의 체조(あたまのたいそう, 아타마노타이소우)로서 두뇌 회전 퀴즈·

그림꼴 퀴즈·탐정 퀴즈·스파이 퀴즈·에스 에프(S·F) 우주과학 퀴즈·마술 퀴즈·과학 퀴즈 등등 다양한 내용이다.

탐정 퀴즈 한 문제를 예로 들어보기로 한다.

「양계장을 하던 K씨가 최근에 거위를 50마리 샀다. 거위가 이익이 많이 난다는 프랑스의 거위수입회사의 광고 선전을 보았기 때문이다. 그런데 이상한 일이 생겼다. 거위를을 사들인지 며칠 지난 뒤부터 매일 밤 거위가 2, 3마리씩 죽었다. 더구나 거위는 예리한 칼로 목이 잘려 있었다. 그 동안에 거위가 모두 12마리나 죽었다. 이 무렵 신문 기사에 보니까, 프랑스의 한 갑부가 메추리알 크기의 다이아몬드를 도둑 맞아서 막대한 현상금을 내걸고 범인을 찾는다는 기사였다.

그런데 더욱 이상한 일은 양계장에 있는 거위가 더 이상 목이 잘리는 사건이 뚝 그치고 말았다. 또한 그 무렵 양계장 마을 근처 사람들은 프랑스말을 쓰는 사람이 차를 몰고 마을을 돌아다녔다는 것이다. 타케오는 그 말을 들었다.

'앗! 그러면 프랑스인이 범인이닷!'

하고 타케오 군은 즉각 범인의 정체를 알아냈다.

프랑스의 수출회사가 일본으로 50마리의 거위를 수출했고, 거위를 사들인 뒤에 거위 12마리가 목이 잘렸다는 데 어째서 타케오군은 마을을 배회했다는 프랑스말을 쓰는 사람을 범인이라고 단정했을까? 메추리 알크기의 값비싼 다이아몬드와 목이 잘린 거위와는 무슨 연관이 있다는 것일까.

타케오군은 거위의 목이 잘렸다는 데서 범인을 지적한 것이었다. 범인은 값비싼 다이아몬드를 훔쳐서 안전하게 숨기느라고 한 프랑스 농장의 거위에게 먹였던 것이다. 그런데 농장에서 한 수출회사에다 거위들을 팔아버리는 바람에 거위들이 일본으로 건너 왔던 것이다. 범인은 거위들이 일본으로 수출된 것을 알고 부랴부랴 달려와서 거위의 행선지를 찾아낸 것이었다.

그런데 어째서 거위들의 목을 잘랐던 것인가? 닭이며 거위에게는 입속에 이가 없어서 그대신 '모래주머니'가 있다. 모래주머니 속의 잔돌이며 모래는 먹이를 잘게 부수는 것이다. 그와 같은 거위의 생태를 잘 아는 범인은 일단 훔친 보석을 한 농장의 거위에게 먹인 것이었다. 그런데 그만 그 농장 주인이 수출회사에다 거위들을 몽땅 팔아버리는 바람에 범인은 낭패하여 행선지를 추적해서 일본의 한 농촌 양계장까지 찾아 온 것이었다.

범인은 12마리 째의 거위의 모래주머니에서 다이아몬드를 찾아 냈으나, 경찰에 덜미가 잡혔다. 한 민완 형사도 타케오군과 똑같은 추리를 해서 프랑스말을 쓰는 외국인을 체포했던 것이다.

1백만원 짜리 일본 투구풍뎅이

일본 어린이들 중에는 갑충 채집이며 사육에 열중하는 어린이들이 많다. '투구풍뎅이 클럽'(かぶとむしクラブ, 카부토무시쿠라부) 같은 모임을 만든 어린이들은 봄부터 숲속으로 갑충의 애벌레를 찾아 나선다. 갑충 애벌레는 상수리나무 숲에 가면 찾아낼 수 있다.

봄에 상수리나무에서 윤기있는 새잎이 돋아날 무렵이 애벌레를 찾기에 알맞은 때이다. 봄바람이 살랑살랑 불 때, 상수리나무의 새잎들이 흔들거릴 무렵 나무 밑둥을 파보면, 거기에 갑충의 애벌레가 꿈틀거리고 있기 마련이다. 갑충 애벌레 뿐 아니라 매미(유지 매미)의 애벌레도 나온다.

갑충 애벌레는 지난 해 여름부터 살기 시작한 땅속에서 기어나와 올 여름에는 숲속을 날아다닐 것을 기다리면서 성장하고 있는 것이다. 그러나 매미의 애벌레는 벌써 5년전 여름부터 땅속에서 애벌레로 성장하면서 올 여름에는 숲에서 시원스럽게 목청을 돋우워 노래할 준비를 하며 성장하고 있는 것이다.

쓰러져 있는 썩은 상수리나무며 밤나무 둥치 속에서도 여름을 기다리면서 성장하고 있는 갑충이 있다. 멋들어진 2개의 낫같은 억센 갈퀴를 가진 '투구풍뎅이'(カブトムシ)이다. 이 투구풍뎅이는 2년전의 여름 끝무렵에 어미가 나무속에다 낳은 알에서 깨어나 썩은 나무 속에서 자라온 것이다.

썩은 나무를 먹으면서 자랐다. 이제 곧 투구풍뎅이는 번데기로 몸을 바꾸고, 아무것도 먹지 않으면서 제가 판 구멍 속에 움추린 채 어른이 될 날을 기다리는 것이다. 약 3주일이 지나면 번데기의 마지막 껍데기를 벗고 나무 밖으로 으젓하게 나타나는 것이다.

일본에서는 종류에 따라서 투구풍뎅이 한 마리에 한국돈으로 따져 50만원, 60만원짜리, 심지어 1백만원짜리도 팔고 있다. 사육기에다 넣고 집에서 기르고 싶으나, 잡을 수 없는 나이의 어린 아이들이 부모를 졸라서 사간다고 한다.

한밤중에 숲에서 갑충 잡는다

여름방학이 되면 '투구풍뎅이클럽' 어린이들은 서둘러 숲으로 달려 간다. 훌륭한 투구풍뎅이를 손수 잡아서 집에서 기르기 위해서이다.

우선 상수리나무에서 진이 나오는 곳을 잘 살펴둔다. 봄에 유충을 발견했던 썩은 상수리나무가 있는 근처의 상수리 나무들이 가망이 있다. 아니면 상수리나무의 진이 많이 나오는 나무 둥치들을 미리 잘 조사해 둔다. 왜냐하면 투구풍뎅이는 낮에는 행동하지 않는 야행성이기 때문이다.

대개 낮에는 보드라운 땅속에 기어들어가서 자거나 나무 가지 위에서 엎혀 지내며, 또는 나무 틈새에 들어 박혀있다가 밤이 되면 나무 진을 빨러 몰려든다. 그 때에 손전등을 갖고 가서 진을 빨고 있는 투구풍뎅이를 잡는 것이다. 밤이 무서운 아이들은 날이 새기 시작하는 새벽에 일찍 간다고 한다.

일본 어린이들은 투구풍뎅이가 좋아하는 먹이를 상수리나무의 구멍이 팬 곳에 갖다가 잔뜩 발라 놓기도 한다. 먹이는 사과나 호박에다 꿀을 잔뜩 이긴 것을 쓰면 좋다. 투구풍뎅이를 기를 때도 먹이로 쓰면 좋다.

채집 때는 잡을 갑충을 한 마리씩 각기 다른 병에 넣어가지고 와야 한다. 서로 물어 뜯고 싸우면 상처가 생겨 죽기 쉽다. 오래 잘 길러서 4~5년도 생존시킨 기록이 있다.

곤충 사육하는 일본 어린이들

사육기는 클수록 좋고, 썩은 나무를 넣어주어야 한다. 사육기가 없다면 큰 유리병 속에 넣고 기르는데, 역시 썩은 나무를 넣어 주도록 한다.

한 마리씩 따로 길러야 하며, 암수의 경우는 한쌍을 넣어도 된다.

그런데 썩은 나무는 건조하지 않도록 가끔씩 분무기로 물을 뿌려서 눅눅하게 해준다. 먹이는 사과며 호박에 꿀을 이겨서 한옆에 넣어 주도록 한다. 사육기나 유리병의 뚜껑은 망을 씌워서 도망가지 못하게 해야 한다.

매일 사육 일기를 자세하게 쓰면서 생태 연구를 하면 오래도록 잘 기를 수 있다.

아이들이 몸소 숲에서 잡아 온 갑충들 중에는 그야말로 1백만원 짜리도 있다고 한다. 그 만큼 희귀한 종류의 딱정벌레도 있는 것이다. 벌레의 값보다 더 중요한 사실은 곤충에 대한 애착과 자연 과학 학습 태도이다.

곤충의 종류에 따라서 키우는 방법이 각기 다르지만, 아이들은 사육기를 몸소 만들어서, 곤충을 부화시키기도 한다.

백제에서 건너 간 학자 왕인 박사

일본 사람들은 '한자'(漢字, かんじ, 칸지)를 가리켜 심지어 '일본 글자'라고 주장하기도 한다. 본래 한자는 중국에서 만든 그야말로 '한나라 문자'이다. 그런데 일본 사람들은 한자 글자의 획수를 자기들 뜻대로 줄여서 간단하게 만든 글자들이 제법 많다.

그 때문에 한자가 일본 글자라는 것은 아니다. 그들의 주장은 '한자를 일본말로 읽고 쓰니까 일본 글자이다'라는 주장이다.

일본에서 한자를 처음으로 쓰기 시작한 것은 4C말 부터이다. 그 당시 백제의 왕인박사가 한자 배우는 책인 『천자문』(千字文, せんじもん, 센지몽)을 가지고 왜나라에 건너 가서 왜나라의 백제인 오우진천

황의 왕자들에게 한자를 가르치는 스승이 되었던 것이다(『일본서기』). 그 때부터 왜나라에는 왕실을 중심으로 한자가 처음으로 쓰이게 되었다.

일본 글자 '카나'는 한국 고대인이 만든 것

일본에서 쓰는 일본 글자를 '카나'(かな)라고 부른다. 이 일본의 카나 글자를 만든 사람은 백제의 왕족이었던 "아직기 장관과 왕인 박사의 후손들이었다"(『일본어의 세계』)라고 일본의 저명한 일본어학자 오오노 스즈무(おおの すずむ) 교수 등이 밝혔다(P.416 참조).

일본에서는 유치원에서부터 한자를 가르친다. 어느 마을이거나 '한자학원'이 있을 정도이다. 소학교(초등학교) 1학년 국어 교과서를 살펴 보면 약 1백자의 한자가 나온다. 일본에서는 소학교 6학년까지 반드시 한자 485글자를 배워야 한다.

'카나' 글자는 여자 글자라고 천대받았다.

사립 중학교 입학 시험 때는 어김없이 한자가 시험 문제에 나온다. 일본에서는 고등학교 3학년까지 모두 1945 글자의 한자를 배워야만 한다. 2천자에 가까운 이 수많은 한자를 잘 알아야만 명문 대학에도 들어 갈 수 있는 것이다. 그러기에 한자 학습 책자도 여러 가지 많다.

1945 글자의 한자가 곧 일본의 '상용 한자'(じょうようかんじ, 죠우요우칸지)이다. 일본에서 상용 한자를 제정한 것은 1981년부터의 일이다. 일본에서 최초로 상용 한자를 제정한 것은 일찍이 일제하였던 1923년의 일이다. 그 당시의 상용 한자는 1962자였다.

그 후 1931년에는 1858자로 상용 한자수를 약간 줄였었다. 그러나 그 후 제3차로 1981년에 지금처럼 1945 글자가 되었다.

우리나라에는 훌륭한 '한글'이 있다. 그러나 우리가 쓰는 말에는 한자어로 이루어진 낱말이 거의 대부분이라고 할수 있다. 학교, 책, 학생, 교실, 책상, 친구, 남자, 여자…… 모두가 한자어로 이루어진 우리말이다.

논술 잘 하려면 한자 배워라

대학 입시에서는 '논술' 시험을 보게 된다. 대학을 졸업할 때는 '졸업 논문'을 써야 하고, 회사 입사 시험 때도 '입사 논문'을 쓰는 곳이 많다. 남 앞에서 논리 정연하게 조리있는 말을 하려면 구어체가 아닌 글의 문장을 짓는 문어체의 말을 써야 할 것이다. 더구나 앞으로 일본어나 중국어를 공부하겠다는 사람은 지금부터 반드시 한자어 공부를 잘 해야할 것이다.

특히 일본어에서는 한자어 한 개 글자를 가지고 보통 3가지 발음으

로 읽는다. 이른바 '소리'(おん, 음)로 읽고 '새김'(くん, 훈)으로도 읽
는다. 이를테면 우리나라에서는 한자어 '김'(金)을 '김'과 '금'으로 읽는
것과 같은 경우이다.

일본 소학교의 시문학 교육

일본 소학교에서 역점을 두고 가르치는 것은 한자어 만이 아니고
'동시'도 열심히 지도하고 있다. 그래서 1학년 『국어』 교과서부터 동
시가 많이 들어 있다.

'동시'는 어린이들의 정서를 순화시키는 것 뿐 아니라, 언어 표현의
기교를 가르쳐 준다. 동시는 말을 함축시켜서 압축된 글을 쓰게하며
서정적인 아름다운 말을 시어로 쓰게되므로, 매우 중요한 언어 수련
이 된다.

이 때문에 일본에서는 동시 짓기를 가르치는 책도 많이 출판되고
있다. 그 뿐 아니라 일간 신문에서 어린이들의 시를 모집해서 매일같
이 뽑힌 시를 시인이 강평해주고 있다. 어머니와 함께 동시를 공부하
는 어린이들도 많다.

지바현 타테야마(たてやま)의 하다케(はだけ) 소학교 2학년 소녀
이시이 쥰코(いしい じゅんこ) 양의 「물방울」(しずく)이라는 시를 함
께 살펴 보기로 한다.

비가 그쳤다.
빨랫줄에 물방울이
예절 바르게

한줄로 줄짓고 있다.
아침해가 비쳐서
다이아몬드처럼 빛났다
어느틈엔가
이웃끼리 서로가 들러 붙어서
홀쩍 떨어진다
떨어지면서 다시 빛나고 있다.

이 동시에서 보면 어린 소녀의 해맑은 마음씨가 잘 담겨 있는 것 같다. 빨랫줄에 줄지은 물방울이 '예절 바르게/한줄로 줄짓고 있다'는 대목이 청순한 어린이의 도덕심을 잘 나타내고 있기도 하다. 또한 비록 물방울이 마지막으로 떨어지지만 '떨어지면서 다시 빛나고 있다'는 시의 맺음에서 소녀의 밝은 마음씨가 서정적으로 빛나고 있다.

이번에는 4학년 남자 어린이 모리시타 시게카즈(もりした しげかず) 군의 동시 「사마귀」(カマキリ)에 대한 것을 읽어 보자.

사마귀는
먹이를 사냥할 때 숨어 있다가
휙 나꿔챈다
아주 빠르게 잡는다
마치 앗하는 순간에 잡는 것 같다
대체로 잎사귀 뒤쪽이며
꽃 줄기에 숨어 있다가
접근하려고 할 때
낫으로 잡는다

내가 보고 있노라니 파리가 날아 왔다
보고 있던 사마귀가 휙 잡았다
사마귀는 움직임새가 재빠르다고 생각했다

이 동시는 곤충에 대한 뛰어난 관찰력이 잘 묘사되어 있다. 사내 아이답게 곤충의 생태에 대한 적극적인 묘사가 매우 재미난다. 일본 소학교에서는 야외 학습이며 자연 관찰등에 크게 힘을 기울이고 있다. 그러기에 모리시타 군과 같은 「사마귀」의 동시가 나온 것 같다.

어린이들의 관찰 · 실험 · 토론 교육

일본의 문부성(교육부)에서는 1998년 6월에 '21세기의 교육개혁'을 위해서, 「교육개혁안」을 만들었다. 그 내용을 살펴보면, 학생들의 창의력을 드높이기 위해 관찰 · 실험 · 토론을 위주로 하는 〈종합학습 시간〉을 '소학교 3학년생부터 고교 졸업때까지 316시간 이수시킨다'고 되어 있다.

식물 채집 · 곤충 채집 · 새의 탐조회 등등 야외 과학 학습에 청소년 교육을 강화시키고 있는 실정이다.

그 때문에 곤충 채집에 관한 책이며 곤충 사육에 관한 책도 서점가에 여러가지 많이 나와 있다. 더구나 일본 어린이들은 자기집에서 직접 '곤충 사육'을 하면서 곤충의 생태를 스스로 공부하는 어린이들이 많다.

손수 곤충 사육기를 만들거나 문방구에서 사다가 여러 가지 곤충을 종류별로 기르고 있다. 나비를 비롯해서 갑충(딱정벌레)이며 개똥벌레·잠자리·개미 등등 자기가 좋아하는 곤충 사육을 하고 있다.

곤충사육기에는 곤충에 따라서 흙을 넣거나 물을 담는다. 곤충의 종류에 따라서 잘 먹는 먹이를 넣어주며, 곤충의 알이 부화하는 과정이며 번데기가 되는 과정, 벌레가 태어나서 성충으로 자라나는 과정 등, 사육 일기를 쓰기도 한다.

모르는 것은 담임 선생님이나 과학반 선생님에게 지도를 받으면서, 곤충 사육을 하고 있다. 서점에 가면 여러가지 곤충을 사육하는 책이 많이 있어서 자기가 기르고 싶은 곤충을 마음껏 사육할 수 있다.

공룡에 관심이 큰 일본 어린이들

일본의 어린이 도서에는 공룡(きょうりゅう, 쿄우류우)에 관한 책들이 매우 많다. 물론 학자들의 공룡 연구 서적도 많으나, 일본 어린이들이 공룡에 대한 흥미며 관심이 매우 크다는 것을 주목하고 싶다.

그런 뜻에서 우리나라에도 공룡에 관한 어린이 도서가 많이 출판되어, 한국 어린이들도 공룡에 대한 지식을 많이 익히고, 장차 공룡 연구 학자들도 많이 나와주기 바라는 것이다.

일본에서는 공룡에 관심이 큰 한 소년이 화석을 발굴하러 다니다가, 끝내 '수장룡'의 화석을 발견해서 유명해진 일이 있다.

일본 후쿠이현 이와키(いわき) 시에 살던 소년 스즈키 타다시(すずき ただし) 군은 소학교 6학년 때부터 화석 발견에 나섰던 어린이 과학도였다. 스즈키 소년은 학교에서 학급 화단을 만들다가 '규화목'이라는 고대 식물의 화석을 발견했다.

스즈키 어린이가 사는 고장인 이와키 일대는 '쌍엽층'의 지층이 퍼져 있는 고장이다. 이 쌍엽층 지층은 지금부터 약 8천만년 전의 '백아기'의 지층이다. 이 지층에는 조개며 안모나이트(바다 동물)의 화석이 발견되는 곳으로 유명하다.

스즈키 군은 일요일이면 발굴 도구인 해머(쇠망치)며 강철끌 따위를 배낭에 넣고 화석을 찾아 다니게 되었다. 1968년 10월의 어느 일요일이었다. 스즈키 소년은 이와키 시 북쪽의 '오오히사강'(おおひさかわ) 기슭에서 발굴 조사를 하던 중에 바위 속에서 검은 화석을 발견했다. 그것은 상어의 이빨이었다.

소년은 계속해서 바위 속을 강철끌로 파들어 갔다. 이 때 바위 속에서 동물의 등뼈 같은 것의 파편이 발견되었다. 스즈키군은 이것을 서둘러 토우쿄우의 국립과학박물관에 알렸다. 그러자 고생물학자인 오바타 이쿠오(おばた いくお) 박사와 하세가와 요시카즈(はせがわ よしかず) 박사가 달려와서 동물 등뼈의 파편을 조사했다.

공룡 화석 발견한 소년의 영예

두 박사는 크게 기뻐했다. 이 동물 등뼈 화석은 8천만년전에 바다에 살던 파충류인 '수장룡'의 등뼈의 일부였기 때문이다. 이래서 소년이 이 화석을 발견한 바위를 본격적으로 발굴 작업하게 되었다.

1968년부터 1969년까지 계속 발굴하는 가운데 수장룡의 등뼈와 골반, 뒷다리, 그리고 머리뼈 등이 계속해서 나타났다. 발굴은 계속되었다. 1970년에는 수장룡의 몸체의 가슴뼈며 늑골들까지 찾아내는데 성공했다.

그 결과 이 수장룡의 화석을 기본으로해서 원형을 복원하는 작업을

하게 되었다. 그리하여 마침내 전체 길이 약 6.5미터의 큰 수장룡의
전신 골격이 이루어지게 되었다.

이 수장룡의 이름은 쌍엽층의 발견자인 소년의 이름을 넣어서 '후
타바스즈키류우(ふたばすずきりゅう, 쌍엽스즈키룡)'이라고 1975년
6월에 명명했다. 이 수장룡 골격상은 스즈키 소년의 고향인 '이와키
시 문화센터'에 전시하게 되었다. 한 소년의 화석 발굴의 집념이 열매
맺은 감동적인 실화가 아닐 수 없다.

한국에서 발견된 공룡 화석지

우리 한국에도 근년에 계속해서 공룡알이 발견되고 있다. 지난
1996년에 전라남도 해남군 우항리에서 '공룡'과 '익룡' 새발자국 화석
이 세계에서 최초로 동일 지층에서 발견돼, 중생대 백악기(9천 5백만
년전)의 생태 환경 이해에 중요한 유적이라는 것도 여러분이 기억하
실 줄 안다.

그 이듬 해인 1997년 9월(3일~6일)에는 우항리 공룡 화석지에
대한 국제학술회의가 전남대학교에서 열려 미국·캐나다·스위스 등
각국 학자들이 참가했다.

그 후 경상남도 고성과 하동 등에서는 공룡알의 껍데기가 발견되기
도 했다.

더구나 지난 1999년 5월에는 마침내 공룡알들이 대량으로 발견되
어 큰 화제를 모으게 되었다. 전라남도 보성군 득량면 비봉리 선소마
을 해안에서 약 1억년전 백악기의 1백여개의 공룡알이 무데기로 발
견된 것이다. 전남대학교 허민 교수 등 발굴팀에 의해서 10여개의 공

룡알 둥지와 함께, 보존 상태가 완벽한 1백여개의 알이며, 또한 수백 개의 알 파편이 함께 발견된 것이다. 그리고 보면 우리나라에서 공룡의 뼈대 화석도 발견이 가능한 것이다.

공룡이 지구에서 살던 전성기는 중생대이다. 이 중생대는 3시기로 다시 나뉘는데, 그것을 '삼첩기'·'주라기'·'백악기'로 구분한다. 또한 그 연대는 지금부터 2억3천만년전부터 6천5백만년전까지의 1억6천5백만년 사이이다.

이 시기인 중생대의 지구는 그야말로 파충류의 시대로서 공룡과 비길 수 있는 동물은 존재할 수 없었던 것이다. 그러기에 중생대를 가리켜 '공룡시대'라고 부르는 것이다. 전남 보성에서 공룡알이 완벽하게 발견된 것이 중생대 백악기말로 추정되는데, 백악기의 기간은 지금부터 약 1억4천만년 전부터 약 6천4백만년전을 가리킨다. 독자 여러분들 중에서도 누군가가 백악기의 공룡의 뼈대 화석을 찾아낼 수 있을 것이다. 그 시대의 수많은 공룡알이 발견되었기 때문이다.

공룡도 육식 초식 등 종류가 많다

공룡은 여러 종류가 있다. 대부분의 공룡의 이름 끝에는 '사우루스'라는 것이 붙는다. 이 '사우루스'라는 것은 '도마뱀'이라는 뜻이다. 본래 공룡이라는 이름은 그리스어로 '다이노 사우르스' 즉 '무서운 도마뱀'이라는 데서 생겼다. 1842년에 영국 생물학자 오웬 박사가 지은 이름이다.

공룡은 서로 비슷하게 보이지만 뼈대의 생김새에서 2가지 형태로 나누게 된다. 즉 '용반목' 종류와 '조반목'으로 크게 나눈다. '용반목'

공룡은 그 뼈대가 '파충류의 허리'를 가진 종류이고, '조반목' 공룡은 '새의 허리'를 가진 종류이다. 즉 허리 뼈대의 골격이 서로 다른 것이다.

용반목이거나 조반목이 든지 간에 식성은 풀을 먹는 '초식' 공룡이 있는가 하면 고기를 먹는 '육식' 공룡도 있다. 그런가 하면 2발로 걷는 공룡과 4발로 걷는 종류로도 나뉜다.

공룡하면 우선 거대한 동물이라는 인상을 준다. 그렇다고 해서 모두다 대형은 아니다. 가장 큰 공룡 종류는 몸길이 약 30미터에 체중 약 10톤반이나 되는 '디이프로도쿠스'를 들 수 있다. '브론트사우루스'는 몸길이가 약 25미터의 대형이며 체중도 무거워서 약 30톤을 헤아렸다. '브라키오사우루스'는 몸길이 약 25미터, 체중은 가장 무거운 78톤이나 되었다. 셋 모두가 4발로 걷는 초식 공룡이다.

'아로사우루스'는 육식 공룡이고 몸길이 약 10미터, 체중 약 10톤이다. '티노사우르스'는 지구상에서 가장 강력한 육식 공룡으로서 목길이 약 15미터, 체중은 약 15톤이다. 아로사우루스와 티노사우루스는 2발로 걷는 매우 빠른 공룡이다.

그 밖에도 '코리토사우루스'·'스테고사우루스'·'켄트로사우루스'·'앤키로사우루스' 등등 여러 종류가 있다.

일본에서는 서기 2000년 2월에 '공룡 엑스포'를 열었다. 일본에서 발견된 공룡 뿐 아니라, 세계 각국에서 출품하는 공룡 화석들을 큰 규모르 전시하였다.

'공룡엑스포'를 열게 된 곳은 일본 '후쿠이'(ふくい)이다. 이 지역은 일본 중부지방의 북서쪽이며, 많은 공룡 화석이 발견된 명소이기도 하다.

'호타루'라는 '개똥벌레'의 큰 인기

일본에는 '호타루'(ホタル)라고 일컫는 개똥벌레가 여러 고장에서 서식하고 있어서 청소년과 주민들의 사랑을 받고 있다. 개똥벌레 꽁무니에서 반짝이는 물질인 '인'의 불빛 즉 반딧불은 여름밤 냇가의 풍물시라고 칭송된다.

반딧불이 빛나는 것은 짝짓기 등과 관계가 있다고 한다. 개똥벌레의 종류에 따라서 반딧불이 번쩍이는 몸의 부위가 각기 다르다고도 한다.

야마가타(やまがた)현의 요네자와(よねざわ)에 있는 '오노카와'(おのかわ) 온천 지대는 '호타루'의 대표적인 명소이다. 6월 하순부터 7월말까지 이 곳은 요네자와 시가 지정한 천연기념물 지정지이다. 이 고장에서는 개똥벌레들 중에서 이른바 '켄지보타루'(ケンジボタル)며 '헤이케보타루'(ヘイケボタル), '히메보타루'(ヒメボタル) 등 3종류를 모두 구경할 수 있어서 개똥벌레를 자랑삼는 명소중 명소로 꼽힌다.

미야기(みやぎ) 현의 '켄지보타루' 서식지인 마스부치강(ますぶちかわ) 일대는 국가의 천연기념물 지정지이기도 하다. 토우쿄우 변두리인 훗사(ふっさ) 시에는 공원인 '호타루 코우엔'(ほたるこうえん)이 있고, 6월 중순부터 1주일간 이 공원에서

'헤이케 보타루'(ヘイケボタル)라는 종류의 개똥벌레

는 '호타루 마쓰리'(ほたる まつり)라는 반딧불 잔치로 인파가 붐빈다.

일본에는 24개 지역이 개똥벌레의 천연기념물 지정지로 보호받고 있기도 하다.

고교 야구의 메카는 니시노미야 '코우시엔' 구장

해마다 8월의 태양이 작열하는 오오사카만(おおさかわん) 바다를 향한 니시노미야(にしのみや) 시의 '코우시엔'(こうしえん) 구장은 고교 야구로 청소년들의 가슴을 불태운다. 2000년 8월의 '여름철 코우시엔 대회'(제82회 일본 고교 야구선수권 대회)에는 전국 4119개 고

프로야구 경기장 '후쿠오카 돔'.
'다이에이'팀의 본터이다.

프로야구 오오사카 돔 '한신 야구팀' 본구장

교 중에서 지역 결승에 우승한 49개교가 참가해서 8월 8일부터 자웅을 겨루었다.

1924년부터 문을 연 이 '코우시엔 구장'은 봄·여름의 일본 전국에서 선발된 고교 야구 선수권대회와 함께, 프로 야구도 시합을 갖는다. 프로 야구는 이 고장 프로팀인 '한신 타이거즈'(はんしんタイガース)와 방문팀과의 경기를 거행한다.

오오사카(おおさか)와 코우베(こうべ)를 연결하는 전철 회사인 '한신전기철도주식회사'가 이 야구장과 프로 야구팀도 운영하고 있다.

일본 고교 야구 선수는 평생에 한번 이 야구장의 베이스를 밟기를 소망한다. 지역 사회 4천여 고교에서 선발된 49개 팀만이 출전하기 때문이다.

첫 출전 팀은 경기에 지면 이 야구장의 흙을 퍼서 자루에 담아 가지고 귀교하는 것이 관습이기도 하다. 승리한 고교 팀의 교가가 합창

되는 소리를 등뒤로 패배한 고교 팀 선수들은 비분의 눈물을 뿌리면
서 야구장의 시커먼 흙을 퍼담으며 아마도 다음 날의 승리를 가슴속
에 새기는 것 같다.

선동열 · 이종범 · 마쓰이 · 마쓰사카 등

이 코우시엔 선발고교 선수권을 통해서 일본 프로 야구에 진출하여
각광받는 4번 타자에 자이언트(ジャイアンツ)팀의 '마쓰이'(まつい)
선수가 있는가 하면, 지난 1999년에 라이온즈(ライオンズ)팀에 입단
한 투수 마쓰사카(まつさか) 선수도 인기가 크다.

일본 프로야구는 센트럴 리이그(セントラルリーグ)의 6개팀과 페
시픽 리이그(パシピックリーグ)의 6개팀, 합쳐 모두 12개팀이 있다.
타자로 활약하는 이종범 선수는 '나고야 · 드래곤(なごやドラゴン)에
서 각광받고 있고, 조성민 선수는 자이안트에서 투수 생활을 하고 있
다(2000. 9 현재).

선동열 선수는 드래곤에서 대인기 투수로서 '나고야의 태양'(なごや
のたいよう)이라는 찬사를 받았던 명투수였고, '삼손'(サムソン)이라
는 애칭을 받으며 각광 받은 것은 이상훈 선수. 둘은 1999년 시이즌
을 마지막으로 일본에서 귀국했다.

선동열 · 이종범 · 이상훈 선수는 1999년 일본 프로야구 센트럴 리
이그에서 '나고야 · 드래곤' 팀을 우승시키는데 결정적으로 기여했다는
것이 일본 프로야구 전문가들의 일치된 찬사이기도 했다.

시부야 역전 명물 '하치코우' 동상

토우쿄우 번화가 제2번지격인 시부야의 JR전철역 앞은 청소년들로 붐비는 터전이다. 이곳에 유명한 개의 동상이 있다. 그 주인공은 충견인 '하치'(ハチ)라는 개다.

이 동상을 일컬어 '하치코우'(ハチこう)'라고 한다. 토우쿄우대학 농학부 교수였던 우에노 히데사브로우(うえの ひでさぶろう) 씨가 기르던 개 '아키다견'(あきだけん)이다.

이 개는 매일처럼 저녁이면 이 역에 나와서 우에노 히데사브로우 씨를 마중해서 함께 집으로 돌아가는 것이 하루도 빠뜨리지 않는 일과였다. 그러나 주인이 근무처에서 사망한 것도 모르고 그 후에도 10여년 동안이나 매일 역앞으로 나왔다.

충견 '하치'의 유해는 박제로 만들어 우에노의 과학박물관에 보존되고 있다.

'기다리는 사람 오지 않는다'(まちひときたらず)는 이 '하치코우' 동상 앞에는 언제나 약속한 사람을 기다리는 사람들이 북적대는 아이러니를 보여주고 있다고 할까.

제6장 교육·역사 문화

'텐노우'라고 부르는 일본 천황의 위치

일본 천황에게는 '호적'(こせき)이 없다.

천황이 살고 있는 곳은 황거(こうきょ, 코우쿄)라고 부르며, 주소는 토우쿄도의 치요다구(ちよだく) 치요다(ちよだ) 1~1이다.

천황 및 황족은 황실 전범 제26조의 규정에 의해서, 호적이 아닌 황통보(こうとうふ)에 등록된다(『오모시로백과』카도카와문고⑧).

이 황통보는 대통보(だいとうふ)와 황족보(こうぞくふ)로 나뉘어 있다. 천황과 황후는 대통보에, 기타 황족은 황족보에 기재된다.

황통보는 정·부 2권이 있으며, 그 하나는 황거를 관장하는 일본 정부의 관청인 궁내청(ぐないちょう)에 보관하는 정본이고, 부본은 법무성에 보관되어 있다.

천황은 성씨가 없다. 황족들의 경우도 이름만 2글자를 쓰고 있다.

일반 국민이 황거와 똑같은 주소로 본적을 정할 수도 있다. 1982년 현재 557명이 본적지로 삼고 있다.

국산품 양복만을 입는 일본 천황

천황의 일과는 어떤가를 자세히 살펴보기로 한다.

「천황은 거의 양복만을 입는다. '유카타'(ゆかた・浴衣)며 '와후쿠'(わふく・和服)는 입지 않는다. 양복은 대개 국산품으로 한 벌에 10~20만엔의 주문복이며 이름을 새겨 넣지 않는다.

식사는 일본식(わしょく) 또는 양식이며, 밥에는 보리를 두고, 때로는 배아미(현미) 식사이다. 술・담배는 전혀 입에 대지 않는다. 오전 10시부터 오후 5시까지 궁내의 '어좌소'(ござしょ)에서 집무한다.

황거에는 궁내청 직원・황거 경찰관이 185명, 그 밖에 시종 8명・여관 7명이 직원으로 근무한다. 사적 사용인 25명 또한 황실의 의사인 시의는 4명이 있고 '오토오'(御東・대변) 검사 등 건강 체크를 하고 있다. 양식 침대를 황후와 함께 사용한다. 황후는 천황을 '오카미'(御上, おかみ)라고 부르고, 천황은 황후를 '나카미야'(中宮, なかみや)라고 일컫는다.

지금의 일본 천황은 '헤이세이'(へいせい, 1933~   )천황이다. 천황이 된 것은 '쇼우와'(しようわ, 1926~1989 재위)청황에 뒤이어, 1989년 1월 7일이었다. '헤이세이'는 한자어로 '평성'(平成)이다. 이 말은 중국의 고대 역사책 『사기』(사마천 지음)의 '내평외성'(內平外成) 등에서 따왔다고 한다.」(앞의 책)

천황은 일본 국민 통합의 상징이다.

현재의 『일본 헌법』에 의하면 천황의 존재는 '일본국과 일본 국민

통합의 상징이며, 일정한 국사(나라 일)행위를 행하고, 그 지위는 국
민의 총의에 기본을 둔다'고 되어 있다. 그러므로 지금의 일본 민주
헌법에서 천황은 통치권을 전혀 갖지 못한다.

1999년 11월 12일에 지금의 아키히토(あきひと) 천황은 재위 10
년 기념식을 가졌다. 그는 2000년 여름까지 7번이나 해외 각국을 방
문해서 60여년간 단 두 번(1971·1975) 해외 방문을 한 아버지 쇼
우와(しょうわ)천황을 능가하고 있다.

쇼우와 천황은 1971년의 덴마아크·벨기에·프랑스·영국·네덜
란드·스위스·독일(당시 서독)을 방문했고, 1975년에는 미국 방문
을 했을 뿐이다.

쇼우와 천황의 제1황자로서 1989년 1월 7일에 등극한 아키히토
천황은 재위 불과 10년간에 7번이나 외국방문을 하므로써, 주목받고
있다. 그가 방문한 국가는 1991년의 태국·말레이지아·인도네시아,
1992년에 중국, 1993년 이탈리아·벨기에·독일, 1994년에는 미
국·프랑스·스페인이었다. 이어서 1997년에는 브라질과 아르헨티나
를 방문했고, 1998년에는 영국과 덴마아크에 갔었다. 2000년에는
네덜란드와 스웨덴을 돌았다. 그런데, 2001년에는 우리나라를 방문
한다는 설이 있다.

일본의 『아사히(あさひ)신문』은 천황의 방한설에 대해서 다음과 같
이 보도한 바 있다.

「현재 현안이 되고 있는 것은 한국 방문이다. 특히 김대중 대통령
이 취임한 뒤로 한국측은 재삼 천황의 방문을 요청하고 있다. 한국측
은 "신세기의 제1보를 내딛기 위해서도 부탁드리고 싶다"(김종필 총
리)고 하고 있으며, 「과거의 청산」의 마무리라고 못박고 있다. 그러
나 일본측은 「천황에 대한 항의 행동 등이 있으면, 일한 관계에 오히

려 마이너스이다,(외무성 간부)라고 신중한 자세를 취하고 있다(『아
사히 신문』1999. 11. 12, 14판 2면 기사)」.

1945년 8월 15일에 '일본제국주의 국가'가 제2차 대전에 패망하기
이전의 일제 헌법에서는 일본 천황은 '통치권을 갖는 국가 원수의 지
위'에 있었다.

어디 그뿐인가. 그 당시의 일본 군국주의자들이 '쇼우와'천황을 살
아 있는 '현어신'(あきつみかみ, 아키쓰미카미)으로 조작하여 국민들
이 절대자로서 떠받들도록 천황을 '인간신'으로 만들었던 것이다.

"나는 신이 아니다"라는 천황의 인간 선언

일제가 패망한 직후인 1946년 1월 1일에 그 당시의 '쇼우와'천황
은 '신'의 위치에서 스스로 '인간'의 위치로 내려 앉고야 말았다. 그는
그날 일본 국민들에게 다음과 같이 '조서'를 발표했다.

「천황을 가지고 '현어신'(저자주·사람의 모습을 하고 있는 신)으로
삼고, 또한 일본 국민을 가지고 다른 민족보다 우월한 민족으로 삼
고, 나아가 세계를 지배해야할 운명을 갖고 있다는 가공된 관념을 본
으로 삼았던 것은 아니되노라,(『관보』1946.1).

이와 같이 일본 천황은 "나는 신이 아니고 여러 국민과 똑같은 인
간이다"라는 '인간 선언'을 했던 것이다.

일본 군국주의자들은 일제 치하에서 천황을 광신적으로 신격화시키
고, 일본 국민 뿐아니라 조선 등 아시아 각국 식민지 사람들에게까지
'신국 일본'을 외쳐대며 징병과 징용, 젊은 여성들의 위안부 징발이며
각종 물자 탈취, 양곡 공출 등을 강행했던 것이다.

더구나 일제는 3.1독립 운동을 평화롭게 외치던 조선 민중들을 학
살·투옥하는 만행을 서슴치 않았던 것은, 아직도 우리의 기억에 생
생하다.

천황도 세금을 내고 있다.

천황도 일반 국민처럼 세금을 내고 있다. 즉 토우쿄도에 거주하기
때문에 도민세(都民稅)와 구청(くやくしょ)에 구민세(區民稅)를 정
확하게 내고 있다. 물론 치요다구(千代田區)의 구청에는 천황 내외의
이름이 과세 대장에 실려 있다.

천황가의 생활비는 '내정비'(ないていひ)라고 부른다. 이 내정비는
국가 예산에서 지급되고 있다. 이 내정비는 국가가 지급하기 때문에
세금이 붙지 않는다고 한다. 또한 천황가의 주택 등은 세금이 붙지
않는다. 즉 황거(こうきょ)며 황태자의 궁인 동궁 어소(とうぐご
しょ)며 나스(なす)며 하야마(はやま)의 별장 등에는 고정 자산세 따
위 세금이 부과되지 않는다.

'삼종의 신기'(さんしゅのしんぎ, 거울·검·옥)은 고대부터 역대
천황에게 상속되어 오고 있다. 역시 천황의 상징인 삼종의 신기는 상
속세의 대상이 아니라고 한다. 천황가의 가문(かもん)은 국화 무늬
(きくもん)이다.(컬러 화보 참조)

일본의 가문은 주요한 집안 약 3백 가문의 것이 있다. 서민도 에도
시대에 큰 상인 등 돈많고 부유한 사람은 정문(じょうもん)이라고 해
서 자기 집안에서 만들었다.

실재 인물이 아닌 초대 '진무천황' 등 9명

일본의 천황 연대표를 보면, 제1대라는 '진무'천황(じんむてんのう)부터 지금의 천황인 '헤이세이'천황이 제125대째로 되어 있다. 그러나 일본 역사학계에서는 제1대 '진무천황'부터 제9대 '카이카천황'(かいかてんのう)까지는 역사에 실재하지 않는 천황, 즉 꾸며서 만들어 넣은 실재하지 않은 '궐사천황'으로 천황의 존재를 인정하지 않는 실정이다.

1924년에 와세다대학 역사학자 '쓰다 소우키치(つだ そうきち, 1873~1961) 교수는 다음과 같이 중요한 연구 발표를 해서 세상사람들을 깜짝 놀라게 했다.

『일본서기』 등 역사책이 거짓된 역사를 만들었다는 저서 때문에 기소된 와세다대학의 쓰다 소우키치 교수 관계 신문 기사(1940.3.9)

「일본의 초대 천황이라는 '진무'천황을 비롯하여 제9대 '카이카'천황까지는 역사에 없는 실재하지 않은 천황이었는데 마치 실제로 있었던 것처럼 꾸며서 거짓으로 만들어 넣었다」(『고사기 및 일본서기의 신연구』).

이와 같은 중요한 연구를 했던 쓰다 소우키치 교수를 일제 군국주의자들은 가만 둘리 없었다. 군국주의자들은 쓰다 소우키치 교수에게 1940년 '출판법위반'이라고 하는 죄를 씌워 재판에서 유죄판결(금고 3개월)했다.

현대의 저명한 역사학자 나오키 코우지로우(なおき こうじろう, 1919~)교수 역시 쓰다 소우키치 교수와 똑같은 연구를 하면서 더욱 구체적인 사실을 다음과 같이 밝히고 있다.

「고대 역사책『고사기』와『일본서기』의 편자가 천황의 기원을 되도록 오랜 옛날로 늘려놓기 위해서, 실재 존재하지도 않았던 천황의 이름들을 거짓으로 만들어 넣었다. 제1대 진무천황의 이야기 역시 천황가의 기원을 설명하면서 권위를 만들기 위해서 조작한 것으로서, 역사의 사실로 볼 수 없다.……진무천황이 실재 인물이 아니라고 하는 것은 오늘날 일본 학계의 상식이라고 말하기 보다는 일본 국민들의 상식이라고 말해도 좋을 것이다. 그것은 제2차대전 이전부터 쌓아 올린 과학적인 역사 연구의 당연한 결과이며, 동시에 제2차대전 이후에 있어서 올바른 역사교육의 성과의 하나라고 본다」(『일본 신화와 고대 국가』코우단샤, 1993).

에도시대의 역사 고증학자였던 토우 테이칸(とう ていかん, 1732~97) 씨는 일찍이 그의 저서『슈우코우하쓰』에서 일본 역사책을 다음과 같이 비판했다.

「일본 고대 역사는 600년을 아래로 내리지 않으면 조선과 중국역사와 부합할 수 없다」

즉 일본 고대사는 600년이나 위로 조작하면서, 초대 진무천황 등 역사를 거짓으로 꾸며서 만든 것을 비판했다. 그 후 역사학자 무라타 하루미(むらた はるみ, 1746~1811) 씨며 메이지 유신 이후 역사학자 나카 미치요(なか みちよ, 1851~1908) 박사 등도 일본 역사가 600년을 위로 허위 조작한 것을 비판하면서, 사실 그대로 600년을 아래로 끌어내릴 것을 주장했다.

텐치 천황 때 처음 등장한 '천황'호

일본 역사에서 '천황'이라는 왕호를 처음 쓰기 시작한 것은 텐치천황(てんちてんのう, 661~671 재위)이었다. 그 이전의 천황들은 우리나라 삼국시대 왕들처럼 '왕' 또는 '대왕'이라고 불렀다고 일본 사학자들은 밝히고 있다.

텐치천황이 '천황'(天皇) 호를 썼다는 사실은 금석문에 의해서 입증이 되고 있다. 텐치천황의 천황호가 새겨진 구리쇠로 만든 묘지명(무덤 속의 매장자의 신상 기록)이 발견되었기 때문이다.

그 점을 토우쿄우외국어대학 동양사학자 오카다 히데히로(おかだ ひでひろ) 교수는 다음과 같이 지적하고 있다.

「구리쇠로 만들어진 동판은 『선수왕후묘지명』이라는 것으로서, 오오사카의 마쓰오카산 고분에서 발굴된 것이다. 거기에는 서기 668년에 해당하는 '무진년 12월'의 날짜도 새겨져 있다」(『왜국』 1977).

'사무라이'라는 긴 칼을 찬 무사의 존재

일본에서 '사무라이'(さむらい) 하면 일반적으로 긴 칼을 허리에 찬 무사를 가리킨다.

따지고 본다면 '사무라이'라는 개념은 시대적으로 볼 때 그리 단순하지는 않다. 다만 사무라이라고 일컫는 무사는 일본의 옛날 어느 시대이고 간에 신분이 일정 수준 이상 높은 상위계급의 무사를 말한다고 보면 된다.

이를테면 일본 역사상 최초의 무사 정권인 '카마쿠라 막부'(かまく

らばくふ) 시대(1192~1333)의 사무라이 하면, 매우 신분이 높은
무사였다. 즉 그 당시의 사무라이는 자기가 관할하는 영지를 갖고 있
으며, 무사 정권인 막부에 참여하는 지체 높은 신분인 '고케닌'(ごけ
にん)을 가리켰다.

두 번째 무사정권인 '무로마치 막부'(むろまちばくふ) 시대(1336~
1573) 역시 마찬가지였다.

뒷날인 '에도막부' 시대(1603~1867)에도 사무라이의 신분은 매
우 높았다. 즉 사무라이는 '오매미에(おめみえ) 이상'이라고 부르는
고위 무사로서 '하타모토'(はたもと) 등의 무사를 가리켰다. '오매미에

이상'이라는 것은 무사정권
의 최고 집권자인 주군(쇼
우군,しょうぐん)을 직접
만나볼 수 있는 상급 무사
를 가리킨다. 즉 '하타모토'
는 막부의 신하다. 사무라
이인 하타모토가 영유하는
농토는 5천석 이상 1만석
이하의 큰 땅이었다. '쇼우
군'이란 무사 정권의 최고
수뇌인 '정이대장군'(せい
いだいしょうぐん)이다.

이 당시의 천황은 실권
이 없이, 다만 왕도인 쿄우
토(きょうと) 땅에 살면
서, 상징적인 국가 수뇌일

허리에 2개의 칼을 차는 사무라이의 모습.
'우키요 그림'이다. 쿠니사타의 명화.

따름이었다. 에도 막부의 무사정권은 그 당시 에도성(지금의 토우쿄우의 천황궁인 '황거' 터전)에 자리하고, 천하의 정권을 에도 막부의 '쇼우군'이 거머 쥐고 있었던 것이다.

토쿠가와 이에야스의 막번 체제

1603년에 에도 막부를 수립한 토쿠가와 이에야스(とくがわ いえやす, 1542~1616)는 토요토미 히데요시(とよとみ ひでよし, 1536~1598)의 잔당을 물리치고 천하 통일을 하기 위해서, 1605년에 쇼우군(せいいだいしょうぐん, 정이대장군) 자리를 그의 셋째 아들 토쿠가와 히데타다(とくがわ ひでただ, 1579~1632)에게 물려 주었다.

도쿠가와 이에야스는 아들에게 넘겨 준 쇼우군(しょうぐん)의 호칭 대신에 '오오고쇼'(おおごしょ, 大御所, 대어소)라는 존칭을 갖고, '슨뿌'(すんぷ, 현재의 시즈오카 시)로 옮겨가서 실권을 장악했다.

이어서 그는 군비를 갖추기 시작했다. 그 후 그는 1614년 겨울과 1615년 여름에 걸쳐 오오사카의 진에서 전쟁을 진두 지휘했다. 도쿠가와 이에야스는 토요토미 가문의 마지막 남은 군사들을 끝내 물리치고 천하 통일을 완성한 것이었다.

토쿠가와 무사 정권은 '막번 체제'를 잘 유지시키면서, 토쿠가와 가문의 자손들이 쇼우군직을 계승하여 갔다. 막번 체제라고 하는 것은 막부(ばくふ)의 쇼우군이 전국 각지의 '번'(はん)마다 '다이묘우'(だいみょう, 대명)라는 직위의 무장을 그 지역의 집권자로 두었다. 즉 다이묘우라는 무장들을 각 지역의 영주로서 군림시켰던 것이다.

중앙의 쇼우군은 스스로가 장악하고 있는 중앙의 무사 정권인 막부와 각 지역 다이묘우들을 통괄하면서, 영지의 농민들로부터 쌀 등 농작물과 견직물 등 각종 생산물의 연공을 받아들인 것이었다.

에도시대 사무라이의 특권의 하나는 제 기분에 거슬리면 일반 민중이나 농민은 제멋대로 칼로 쳐죽일 수 있었다. 그 권리를 '키리스테고멘'(きりすてごめん)이라고 했다. 무사에게 주어진 면책 특권이다. 그러기에 사람들은 벌써 저만치서 사무라이가 나타나면 아녀자는 재빨리 도망치거나 땅에 엎드려 부복하고, 다 지나갈때까지 감히 고개를 쳐들지 못했다고 한다.

일반 민중은 감히 자기의 성씨(姓氏)를 지을 수 없었다. 그 뿐 아니라 칼을 허리에 차지 못하도록 엄중한 금령이 내려져 있었다. 어기면 엄격한 금령(名字帶刀の禁令, みようじたいとうのきんれい)로 처벌했다.

'하타모토'라는 상급 사무라이

막부의 쇼우군은 전국의 번(はん)의 영주인 다이묘우(だいみょう)들을 철저하게 관장하면서, 중앙 집권의 전제 정치를 행했던 것이다. 그런데 그와 같은 막번 체제를 효율적으로 유지시키기 위해서는 쇼우군의 지위를 단단하게 갖추어야만 했다. 행여 지방의 다이묘우들 중에서 반역 세력이 나타나는 것을 미연에 방지해야만 했다.

따라서 주군인 쇼우군은 측근에 우선 하타모토(はたもと) 5200명을 배치시키고 있었다. 즉 상급 무사인 사무라이 5200명이 막부 내부는 물론이고, 막부를 중심으로 각 지역에 그들의 무장 세력들을 주둔시켰다.

만일 전쟁이 일어나면, 쇼우군의 주둔지에서 하타모토들은 주군을 위한 '직위 무사단'(ちょくえいぶしだん) 즉 직속 호위군단을 편성하는 것이었다.

「하타모토는 자신의 심복(けらい, 케라이)들도 거느렸는데, 속칭 '하타모토 8만기'라는 8만명의 기병을 이끌었다. 이들은 에도막부의 군사적 기초를 이루고 있었다」(카토가와판 『일본사사전』1976).

각 지역의 다이묘우의 경우, 어느 지역의 다이묘우냐고 하는 위치가 그 사람의 서열을 말해 주었다. 즉 쇼우군이 있는 에도땅에서, 지리적으로 근접하는 등, 기타 중요한 지역을 맡긴 다이묘우를 일컬어 '신팡'(しんぱん, 친번)이라고 불렀다. 그러므로 쇼우군과 친소 관계를 따져서 가장 가까운 다이묘우를 가리켜 신팡(친번)이라고 했던 것이다.

그 다음 서열은 '후다이'(ふだい, 보대)이고, 마지막은 '토자마'(とざま, 외양)이다. 그러므로 신팡 다이묘우와 후다이 다이묘우, 그리고 토자마 다이묘우로 세 가지 서열의 구별이 되는 것이었다.

신팡의 경우는 토쿠가와 이에야스 이후에 토쿠가와 가문의 자제들이 다이묘우직을 맡았던 지역을 가리킨다. 더구나 그 중에서도 지역적으로는 특히 '오와리'(おわり, 지금의 나고야시 등 아이치 현 서반부 지역)와 '키이'(きい, 현재의 와카야마 현과 미에 현 남부지역) 그리고 '미도'(みど, 미도시 등 이바라키 현 중부 지역)를 가리켜 으뜸으로 쳤다.

또한 오와리와 키이 및 미도 세 지역을 일컬어 '고상케'(ごさんけ, 어삼가)라고 높이 떠받들었다.

'다이묘우'의 참근 교대라는 감시 제도

이와 같은 세 지역의 '신팡 다이묘우'(しんぱんたいみょう)는 쇼우군의 유고시에는 쇼우군을 계승하는 토쿠가와 가문의 자제들의 존재였기 때문에 늘 각광을 받고 있었다. 특히 '미도' 다이묘우는 쇼우군의 막부와 가장 가까운 사이로서, 에도땅에 상근하느라 늘 에도에 들락거렸다.

「신팡 다이묘우와 후다이 다이묘들은 막부와 손을 굳게 잡고 있는 그야말로 울타리 안쪽의 존재였다. 그러나 변두리의 토자마 다이묘우들은 신팡과 후다이 다이묘들로부터 견제받고 있었다」(앞의 책).

에도막부는 먼 고장에 있는 토자마 다이묘우 등의 반역을 늘 경계했다. 그 때문에 '상킨코우타이'(さんきんこうたい, 참근 교대)라는 제도를 두었다. 즉 각 지역 토자마 다이묘우들은 항상 감시받으면서 1년간은 반드시 에도막부에 와서 근무해야 했고, 1년간은 자기 영지로 내려가서 근무했다. 또한 토자마 다이묘우의 처자는 막부에서 에도땅에만 한정시켜서 살도록 하는 인질로 삼았던 것이다.

이 참근 제도는 제3대장군 토쿠가와 이에미쓰(とくがわ いえみつ, 1604~1651)가 1635년부터 시행했다.

『7인의 사무라이』의 감독 쿠로사와 아키라

사무라이 영화를 가장 제대로 영화화시킨 명감독으로 칭송받는 사람이 있다. 『7인의 사무라이』(七人の侍)의 감독 쿠로자와 아키라(くろざわ あきら,1910~198)다. 그는 이미 1951년에 아쿠타카와 류

우노스케(あくたがわ りゅうのすけ,1892~1927)의 역사소설 『라쇼
우몬』(羅生門)을 영화화시켜 베니스 국제영화제에서 ‘그랑프리’(クラ
ンプリ)상을 받으며 스타덤에 올랐다.

그는 이 때부터 일본 영화계의 각광받는 명장으로 계속해서 사무라
이 영화의 명작을 스크린에 옮겨 놓았다. 즉『7인의 사무라이』이외
에도 『요우진 보우』(用心棒)·『쓰바키산쥬우로우』(椿三十郎)·『카게
부샤』(影武者)·『스가타 산시로우』(姿三四郎) 등등 의로운 사무라이
들의 리얼한 영상을 영화 팬들의 가슴에 아로새기는 것이었다.

그밖에도 그의 명작은 『이키루』(生きる)·『스바라시키 니치요우
비』(素晴しき日曜日)·『아카히게』(赤ひげ)·『텐코쿠토 지고쿠』(天國
と地獄)·『도데스카덴』(どですかでん) 등이 유명하다.

그는 일본 현대 영화의 대명사와 같은 거장으로서 국제 시장에까지
명성을 떨쳤다.

사무라이로서 실재한 유명한 인물은 미야모토 무사시(みやもと む
さし,宮本武藏,1584~1645)이다. 쿠마모토(くまもと) 땅의 다이묘
우였던 호소카와 타다토시(ほそかわ ただとし,1586~1641)를 도와
주었던 뛰어난 칼 솜씨의 검객이었다. 평생 60여차례의 칼싸움 시합
에 한 번도 진일이 없었다는 검호였다. 그는 수묵화 등 그림 솜씨 또
한 뛰어났다.

토우쇼우 궁의 제신이된 도쿠가와 이에야스

1603년에 일본 토우쿄우 땅에다 이른바 에도(江戶) 무사 정권을
수립한 인물이 도쿠가와 이에야스(とくがわ いえやす, 1542~1616)

다. 그는 이른바 '에도 막부'(えどばくふ)의 초대장군(しょうぐん)으로 천하를 움켜 쥔 명장이었다.

1586년 토요토미 히데요시(とよとみ ひでよし, 1537~1598)와 손잡고 전국 통일을 꾀했으며, 1590년에 호우죠우 씨(ほうじようし) 군대를 오다와라(おだわら)에서 멸망시킨 공로로 토요토미로부터 칸토우 지방 8개국(かんはっしゅう)을 받고 에도땅에 거성을 이루었다. 지금의 천황궁인 황거 터전이다.

토요토미가 죽은 뒤, 1600년에 '세키가하라'(せきケはら) 싸움에서 우키다(うきた)·시마쓰(しまつ) 등등의 강력한 서군(西軍)을 무찌르고, 고요우세이 천황(ごようせいてんのう,1586~1611)으로 부터 1603년에 '정이대장군'으로 임명된다. 그는 쇼우군직을 1605년에 아들 도쿠가와 히데타다(とくがわ ひでただ, 1507~1632)에게 넘겨 주고 '오오고쇼'(おおごしょ)로 존칭된다.

그는 은퇴한 뒤 스루가(しゅんぷ)에 살면서 1614~15년에는 오오사카의 겨울·여름의 전쟁터에서 토요토미 씨를 멸망시키고 마침내 일본땅 전체의 천하통일을 이루었다.

그의 묘지는 닛코우(にっこう)의 토우쇼우궁(とうしょうぐう)에 있다.

이 곳에서 그를 제신으로 제사지내고 있다. 더구나 이 고장 닛코우는 경승지로서 '츄우센지코'(ちゅうせんじこ) 호수며 '난타이산'(なんたいさん, 2484m)과 '케곤노타키'(げこんのたき, 97m)는 유명한 폭포이다.

집안 대대로 잇는 '시니세'라는 점포 계승

일본에서는 집안에서 아들 대대로 몇대씩 가업으로 계승해서 이어오는 가게들이 있다. 이른바 '시니세'(しにせ)라고 부르는 점포이다. '시니세'는 우리말로 하면 '노포' 즉 오래된 해묵은 가게라는 뜻이 된다.

이를테면 증조 할아버지부터 자기까지 그 가게를 계속하여 이어 왔다면, 벌써 4대 째가 되는 '시니세'이다. 4대씩 계속해 온 가게라면, 그 동안 남에게 좋은 물건들을 팔아 신용이 좋아서 번창한 것을 말해준다.

그 때문에 일본 사람들은 일부러 그런 이름난 '시니세'에 찾아가서 물건을 사게 된다.

그 고장에서 이 물건은 어떤 '시니세'에 가서 사면 좋고, 저 물건은 또 어느 '시니세'에 찾아 가면 값싸고 좋은 물건을 장만할 수 있다는 고객들의 흐름이 있다. 따라서 그 가게가 '시니세'라면 가본 일이 없는 사람도 누구나 일단 믿고 찾아 가게 되는 것이다.

기술자 존중하는 '장인정신'의 생산적 의식 구조

우리나라에서는 장사하는 사람을 업수히 여겨 온 좋지 못한 습성이 있었다. 조선 왕조 시대부터 장사하는 사람 뿐 아니라 물건을 만드는 장인들도 경멸했던 것이다. 이른바 '사농공상'이라 하여, 네가지 직업적인 서열을 정해 놓고, 부지런히 일하고 물건을 만든다, 상거래하는 계층의 사람들을 밑바닥에 깔아뭉갠 것이 이른바 사농공상 중의 아랫쪽의 공인(장인)과 상인이었다.

따라서 상업
하는 계층의
사람들을 얕잡
아 '장사꾼'이
다 '장사치'라
고 비하하는
가 하면, 기술
자인 장인들
또한 '대장쟁
이'니 '땜쟁이'
며 '갓쟁이'라
는 둥 몹시 천
대시했다.

그 때문에
우리 나라에는
일본 같은 '시

장인 정신의 대장간의 옛날 그림.
아버지의 가르침을 받는 젊은이. 부엌창으로 내다보는 며느리.

니세'가 생겨날 겨를이 없었다. 일본에서 처럼 기술인을 떠받들어줄
줄을 몰랐기 때문이다.

오늘날과 같은 고도 성장 시대에 와서야 비로소 산업의 중요성과
그 고부가 가치를 깨닫게 된 것은 뒤늦게나마 다행한 일이었다.

일본에서는 이미 17세기초인 에도시대(1603~1867)부터 벌써 기
술직을 존중하는 생산적 의식 구조가 이루어지기 시작한 것이었다.
그 무렵이란 우리나라의 조선왕조 광해군(1608~1623 재위) 시대
가 마악 시작되었던 시기이기도 하다.

우리는 서양의 산업 사회를 모르는 채 깊이 잠들어 있었고, 일본은

깊은 잠에서 깨어나 자리를 툭툭 털고 일어서서 서구의 기술자 시대를 눈을 동그랗게 뜨고 부러워하기 시작했던 것이다.

그 때문에 칼을 들고 백성들을 수탈하고 서민들을 괴롭히던 지배층인 사무라이 보다는 땀흘려 일하는 부지런한 장인과 장인의 물건을 서민들에게 제대로 공급시켜 주는 시니세의 상인들을 존중하게 되었던 것이다.

더구나 아들 손자로 기술을 계승시키는 데서 이른바 '장인정신'을 기리는 풍조가 싹트게도 되었다.

'동야'의 '산다이메'의 위기설

일본에서는 '산다이메'(さんだいめ, 3대째)라는 말이 있다. '동야'(とんや)라고 일컫는 도매상의 상인으로서 성공한 집안의 3대째가 흔

그 옛날 '카와치' 터전인 '오오사카' 역전 광경

히 '아키나이'(あきない, 장사) 즉 상업에 실패하는 사례가 많다. 그 때문에 이른바 '산다이메' 위기설이 나왔다. 이를테면 한국 속담에도 '부자가 3대 대물림 못하고, 가난이 3대 대물림 못한다'는 말이 있기도 하다.

일본의 '산다이메'가 마침내 번창시킨 큰 도매상(とんや)의 가업을 계승하는 데 실패한다는 설은 전혀 고생을 모르고 유복하게 잘 큰 3대째는 경영 능력이 취약하다는 뜻이다.

첫대째는 가난 속에서 피땀 흘려서 가업을 창업하게 된다. 2대째는 아버지에 뒤를 이어 더욱 노력해서 마침내 가업을 궤도에 올려 놓게 된다. 그러나 3대째는 유복해진 집안에 태어나 귀염을 받으면서 고생도 모르고 컸기 때문에 가업을 경영할 신념과 굳센 의지도 없다. 다만 온실에서 곱게 자란 식물처럼 나약하기 그지 없어 거칠게 자라난 다른 야생의 우악스러운 식물들에게 짓밟히게 되는 사례와 같다. 여기에 이른바 '산다미메'가 고비라는 말이 생겨 난 것이다.

오오시카역 구내

그러기에 에도 시대부터 일본 제일의 상업 도시로 손꼽히던 오오사카(おおさか) 땅에서 널리 상인들의 입에 오르내리던 유명한 속담이 있다.

「팔집(매가)이라고 당나라 글씨체로 쓰고 있는 3대째」

이것은 무능한 산다이메인 삼대째를 풍자하는 소리다. 가업을 잇기는 커녕, 할아버지, 아버지로 이어온 가게를 유지하지 못하고 끝내 남에게 팔아 넘기기 위해서 팔집(매가)이라는 쪽지를 당나라식 한자 글씨체로 멋들어지게 쓰고 있다고 비아냥대는 말이다.

일본의 대상업도시 오오사카는 예부터 번창해 온 가운데 토요토미 히데요시(とよとみ ひでよし)의 시대에는 '오오사카성'(おおさかじょう)을 쌓았다. 그 후 에도시대(えどじたい, 1603~1867)에는 '천하의 부엌'(てんかのだいどころ) 소리를 듣는 경제 중심지가 되었다.

이 고장의 지명은 고대에 처음 '나니와'(なにわ, なんば)로 부르다가 백제인 닌토쿠 천황(にんとくてんのう, 5C)때 '카와치'(かわち)로도 함께 부르며 번영하게 되었다. 그 후 지명이 오오사카(大坂)라고 바뀌었고, 메이지유신(1868년) 이후에 한자의 지명이 지금처럼 오오사카(大阪)라고 한자 글씨만 바꿔 쓰게 되었다. 현재 도심지 큰 지명으로 '난바'(難波, なんば)는 오오사카의 유명한 번화가이다. 그 옛날부터의 백제인의 본터전이다.

'코지키'라는 거지와 '야쿠자'라는 폭력배

일본 사람들은 여러 가지 물건을 만드는 기술자인 장인을 가리켜, 흔히 '쇼쿠닝'(しょくにん)이라고도 부른다.

일본의 장인, 즉 '쇼쿠닝'들은 자신의 기술직을 아들은 물론이고 손자 대대로 이어간다. 바로 여기에 직업에 귀천이 없는 성실한 장인정신이 계승되는 미덕이 있다.

아버지가 대장깐을 한다면 나와 내 자식도 대장깐을 잇는다. 옷감을 짜면 직조를 가업으로 이어나가고 활을 만든다면 궁시의 장인 직업을 손주대로까지 계승해 나간다.

결코 직업에는 귀천이 없다. 다만 놀고 먹고 빌어 먹는 거지인 '코지키'(こじき)를 경멸해서 생긴 말에는 '코지기 콘죠우'(こじきこんじょう) 즉 '거지 근성'이 있다.

폭력배는 '야쿠자'(やくざ)라는 이름으로 경원시되고 있다. 일본에서 오늘날도 각종 폭력과 총기 사건 등으로 여러 가지 흉악 범죄를 일으키는 것이 '야쿠자'들이다. 폭력배가 없는 나라는 없겠으나, 일본 사람들이 가장 경멸하는 대상은 '야쿠자'이다.

'야쿠자'라는 말은 일본의 화투(はなふだ, 하나후다) 놀이 도박에서 생긴 말이다. 화투놀이에 '산마이'(さんまい, 석장)라는 도박이 있다. 이 때 화투의 숫자(달력의 달수)인 8·9·3(달·국화·사쿠라) 3장을 잡게 되면 점수가 없는 최하의 실패가 된다. 즉 '8·9·3은 '쓸모가 없는 것·인간(やくにたたないもの·ならずもの)이다'라고 하는데서 8·9·3을 읽는 말인 '야쿠자'라는 게 생겼다. 폭력배야말로 사회에서 쓸모 없는 존재라고 멸시하는 것이다.

군국주의 전범들도 위령하는 '야스쿠니 신사'

현재 일본의 군국주의를 지향하는 극우 단체에 야쿠자가 많다는 것

은 공공연한 사실이다. 이들의 배후에는 일본 군국주의 전범들을 위령하는 소위 '야스쿠니 신사'(やすくにじんじゃ)에 참배하는 일부 정객들과 연결 고리가 이어져 있다는 것 또한 공공연한 비밀이라고 한다. '야쿠자'들이 폭력조직을 몰고 지역 사회 선거 운동에서 득표에 적지 아니 기여한다는 소리마저 들린다.

야쿠자들이 앞장 선다는 군국주의자들은 토우쿄우의 번화가인 '신쥬쿠'며 '시부야'등 길모퉁이에 시커먼 대형 선전 차량을 세워놓고 일본의 군국주의를 찬양하는 시끄러운 마이크 선전으로 시민들의 미간을 찌프리게 하고 있는 게 오늘의 실정이다. 토오쿄우 뿐 아니라 지방 도시에서도 마찬가지로 가두 선전에 열을 올리고 있다

그들은 소위 '신국 일본'(しんこくにっぽん)이며, '천황폐하 만세'와 '군국주의 부활' 등의 선전 간판을 차량에 부착하고 일본의 군국주의를 상징하는 '육군기'를 펄럭거리고 있다. 육군기는 깃발의 중심에 붉은 동그라미를 가운데 놓고, 사방 팔방으로 붉은 줄이 사선으로 뻐친 생김새다.

'야스쿠니 신사'는 토우쿄우의 한복판인 치요다(ちよだ)구의 '쿠단'(くだん)이라는 언덕배기에 서있는 큰 사당이다. 이 사당이 생긴 것은 1869년의 일이다. 그 당시의 명칭은 '토우쿄우 초혼사'였다. 그후 1879년에 명칭을 지금처럼 '야스쿠니신사'로 개칭했다.

평화에 대한 죄인 토우죠우 히데키

이 곳에서는 약 250만명의 영을 제사지낸다고 한다. 메이지유신을 전후해서 제2차대전까지 국사로 목숨을 잃은 사람들이라고 한다. 그

런데 일본의 양식있는 시민들은 이 곳에 위패를 둔 군국주의 전쟁 범죄자 '토우죠우 히데키'(とうじょう ひでき, 1884~1948) 등이 있다는 데에 혐오하고 있는 실정이다.

「토우죠우 히데키는 A급 전범으로 체포되어, 극동 국제군사재판에서, 최고의 전쟁 책임을 물어 1948년 12월 23일 교수형에 처형당했다. 그의 독재력은 육군을 배경으로 삼았다」(『인명사전』산세이도우, 1978).

전쟁 범죄에 대해서 일본의 역사 사전은 다음과 같이 규정하고 있다.

「A급은 평화에 대한 죄, B급은 통례적인 전쟁 범죄, C급은 인도에 대한 죄이다. 일반 민중에 대한 대량 살인·노예화·기타 비인도적인 행위 등이 전쟁범죄이다」(카도가와판 『일본사 사전』1976).

제2차대전 당시 일본 군국주의자들이 저지른 전쟁 범죄는 우리가 여기서 새삼 논할 것도 없이, 세계 자유 시민에 대한 막대한 인명 재산의 손실과 비인도적 살인 만행이 저질러졌다는 것을 쉽게 살필 수 있다. 특히 당시의 조선인들은 식민지의 비참하기 그지없는 노예 생활이 강요되었던 것이다.

'일본'과 '왜국'이라고 부르는 국호

'일본'(日本, にほん, にっぽん)이라고 부르는 일본의 국호는 언제부터 시작이 되었을까. '일본' 국호는 서기 670년 이후에 부르게 되었으며, 그 이전에는 '왜국'(倭國, わこく, 와코쿠) 즉 '왜나라'였던 것이다.

오카다 히데히로(토우쿄우 외국어대학 동양사학) 교수는 그의 저서

『왜국』(倭國,1977)에서 다음과 같이 밝히고 있다.

「일본의 국호가 실제로 사용이 된 것은 서기 670년 이후의 일이며, 그이전까지는 왜국이었다.」

그런데 서기 720년에 편찬이 된 일본의 관찬 역사책인 『일본서기』에는 일본 국호가 언제 어떻게 채용이 된 것인지 기사가 전혀 밝혀져 있지 않다. 일본의 국호에 대해서는 오히려 우리나라의 역사책 『삼국사기』의 신라 문무왕 10년(서기 670년) 12월조에 그 발자취가 다음과 같이 자세하게 나와 있다.

「왜국이 국호를 일본으로 바꿨다. 스스로 밝히는데 따르면 해가 뜨는 곳에 가깝기 때문에 이것으로서 이름을 삼았다고 하는 것이다」

이와 같이 왜국의 국호 개정에 관해서 『삼국사기』(「신라본기」)가 처음으로 왜국의 국호 '일본'을 불러주고 있는 실정이다.

그런데 일본의 국호를 정식으로 '닛폰'(ニッポン)이라고 하는 표기로 부르기 시작한 것은 1934년 3월 22일부터이다. 그 당시 일본의 「국어조사회」에서 정했던 것이다.

일본의 국가 「키미가요」의 발자취

일본의 국기 「히노마루」(ひのまる, 태양을 상징하는 빨간 동그라미)와 국가 「키미가요」(きみがよ)가 법적으로 일본 국회에서 처음 제정이 된 것은 바로 지난 1999년 8월이다.

그러므로 그 이전까지는 일본 국법에 의한 국기와 국가가 아닌 것이었다. 물론 일본에서는 그 동안 국법의 규정이 없이 일제치하 등에서 「히노마루」와 「키미가요」를 국기와 국가로 사용해 왔던 것이다.

『아사히 신문』의 국기·국가법이 제정되었다는 기사(1999.8.9)

그런데 국가인 「키미가요」의 가사는 그 발자취가 어디에 있는 것인 가. 이 일본 국가가 된 「키미가요」의 가사는 와카 (わか)시집인 『고 금와카집』(こきんわかしゅう, 905년)에 들어 있는 343번의 와카(わ か,일본의 정형시)가 그 원시이다.

이 시의 작자는 미상이다. 이 『고금와카집』을 편찬한 사람은 키노 쓰라유키(きのつらゆき, 872~945)라는 와카의 가인(かじん, 시인) 이며 학자였다. 키노 쓰라유키가 백제인이라는 것은 일본 왕실 족보 인 『신찬성씨록』의 키씨(紀氏) 가문의 계보 등으로 살필 수 있다.

이 『고금와카집』의 서문인 「카나서」에는 백제인 박사 왕인(わに)의 일본 최초의 와카 「매화송」(ばいかしょう)도 들어 있으며, 키노 쓰라 유키의 「매화송」에 대한 해설이 상세하게 써있다.

그 당시 일본 왕족과 귀족들은 백제인들이 주축이었으며, 그들이 와카를 즐겨 읊어 온 것으로 보아, 「키미가요」의 원시의 가인(시인) 역시 백제인이었을 것이라는 것이 추찰된다.

새로 법제정된 일본의 국기와 국가

일본 국기로 제정된 「히노마루」는 본래 에도 시대 말기인 1811년
에 일본 선박에 외국배와 일본배를 구별하기 위해서 선박의 국가 표
시인 '선인'(ふなじるし)이라는 명칭의 붉은 동그라미로서 등장했던
것이다. 그 후 1868년 메이지유신 이후 정부의 태정관 포고 제57호
(1870)로서, 「상선기 규정」을 만들어 「히노마루」를 일본배에 게양한
것이 관례가 되어 일본 국기 구실을 해온 것이다.

일본 국가와 국기가 새삼스럽게 일본 국회에서 법으로 제정된 것
은, 그 동안 다수 일본 국민들이 일본 국가와 국기를 인정하지 않았
으며, 또한 배격했기 때문이다.

어째서 일본 국민들 다수가 자기네 국가와 국기에 대해서 반대했던
것인가. 그 이유는 일제의 군국주의 정권이 노일전쟁(にちろせんそ
う, 1904・2~1905・9)이며 청일전쟁(にっしんせんそう, 1894・
8~1895・4), 제2차세계대전(だいにじ せかいたいせん, 1941・1
2~1945・8, 독일이 1939・9에 폴란드 침공으로 개시) 등 전쟁에
수많은 일본 국민들을 시달리게 했기 때문이다. 「키마가요」와 「히노
마루」는 군국주의자들이 상징적으로 썼던 데서 다수 일본인이 진저리
를 쳐온 대상이 된 것 이라고 한다.

일본인의 일제 치하의 고백

일본 국기와 국가가 제정된 1999년 8월의 일본 『아사히신문』
(1999. 8. 12)에 투고된 야다 젠이치(やだ ぜんいち, 79세・토우쿄

우 시부야) 씨는 일제 치하를 악몽으로 회상하는 다음 같은 글을 썼다.

「12월 23일, 천황 생일 이른 아침에 누가 현관문을 시끄럽게 두드렸다. 잠이 덜깬 눈으로 나가보니 동회 임원이 나를 부르러 온 것이었다. "오늘 아침 국기게양식에 우리 동회 지역에 사는 모든 사람이 모여 있어. 오지 않은 것은 당신 뿐이요"하고 무서운 얼굴로 야단쳤다. 가지 않으면 이웃으로부터 비국민 취급을 받을 것이므로 떨떠름하게 나갔다.

식 순서는 히노마루 게양, 황거 요배(こうきょようはい, 필자주·전황의 황궁 쪽을 향해 허리굽혀 큰 절하는 것), 키미가요 제창, 마지막으로 동장의 선창으로 '천황폐하 만세'였다.

국기·국가법이 성립되자 이런 악몽을 꾸었다. 전쟁 때에 전국 각지에 국기 게양대가 세워졌다. 높이 15미터 정도의 대로서 내집 근처에도 아직 그 터전이 남아 있다. 이제 법제화되었으니, 약 60년만에 나라에 구실할 날이 돌아온 것이다.」

야다 젠이치 씨의 이와 같은 일본 군국주의에 대한 공포감을 비단 일본인들 뿐아니라, 일제 치하에 시달렸던 우리나라 사람들은 또 어떻게 느낄 것인가.

'죠우몬'과 '야요이' 그리고 '코훈' 문화

일본의 고대 문화를 말하는 3가지 단계가 있다.

지금부터 약 1만년전부터 BC 3세기경까지를 가리켜 '죠우몬'(じょうもん) 시대라고 부르고 있다.

일본 각지에서 돌을 갈아서 신석기가 만들어졌으며, 주로 사냥과 물고기 잡이 등으로 동굴 생활을 하던 미개한 시대이다.

그 다음 단계는 BC 3세기로부터 AD 3세기 경까지를 가리키는 '야요이' 문화 시대이다.

이 시기야말로 우리나라 삼국으로부터 벼농사법이며, 철기등 금속 문화가 전해진 시기이다. 미개한 일본 선주민들의 터전에, 큰 배를 가지고 삼국시대의 한반도 문화인들이 건너 가서 그 곳에 지배의 터전을 이루기 시작한 시대이다.

야요이 문화는 곧 한반도 문화

일본의 역사학자며 고고학자들은 '야요이 문화는 한반도 문화시대' 라고 시인하고 있다.

쿄우토대학의 카도와키 테이지(かどわき ていじ) 교수는 그의 역사 책에서 다음과 같이 밝혔다.

「야요이 문화 발생 당초부터 등장하는 철제 도구는 조선을 거쳐 들어 온 선진적인 금속 문화이다」(『일본역사』1967).

요시다 아키라(よしだ あきら) 교수도 다음처럼 말했다.

「벼농사와 철기 문화를 가진 키가 큰 조선인들이 건너 와서, 선진국 문화로서 야요이 문화를 일으키게 되었던 것이다. 결론적으로 밝힌다면 '야요이 문화'라는 것은 분명히 조선으로부터 들어온 것이다」 (「심포지움·키비의 성쇄」 1974).

'야요이시대'는 벼농사 짓기 시대 즉 '이나사쿠(いなさく) 문화시대 라고도 부른다.

아오키 미치오(あおき みちお) 교수 등도 역시 다음처럼 똑같이 지적하고 있다.

「조선 남부로부터 건너 온 도래인의 피를 받아서 비로소 야요이인이 생겼다고 본다」(『일본사』산세이도우,1993).

세번 째 단계인 코훈문화(こふん ぶんか)는 고분문화, 즉 옛날 무덤 문화 시대이다. 즉 일본 각지의 무덤속에서 한반도의 철기며 각종 문화재가 쏟아져 나오게 되었는데, 그 문화재들이 매장된 시기가 AD 3세기경 이후부터이다. 그러므로 고분문화 시대야말로 본격적으로 우리나라 삼국시대인들이 일본을 지배한 시대를 가리키는 것이다.(홍윤기『일본문화사』서문당, 1999).

'사쿠라'는 일본 최고의 '하나미'라는 꽃구경

일본의 나라꽃이 '사쿠라'(벚꽃)이기에 역시 꽃구경은 사쿠라가 으뜸이다. 소위 '하나미'(はなみ)라고 말하는 꽃구경 중에서 사쿠라 꽃구경의 명소는 일본 도처에 유명한 곳들이 줄서 있다.

사쿠라 꽃구경을 하면서 걷는 것을 가리켜 '사쿠라 사냥'(さくらがり)라고 말한다. 짐승 사냥이 아닌 꽃을 눈으로 사냥한다는 익살이다.

이른 봄인 3월의 남쪽 큐우슈우로부터 화신은 동북 방향으로 일본 열도를 북상하면서, 4월에는 토우쿄우 일대가 사쿠라 꽃구경의 중심이 된다. 그리고 다시 북상하면서, 5월에는 북쪽 끝인 홋카이도 섬 여기저기서 마지막 사쿠라의 꽃동산들이 계절의 끝을 장식하는 것이다.

사쿠라가 일본 국화라지만, 일본 학자들도 사쿠라는 한반도에서 처음으로 일본에 건너 온 꽃이라는데는 애써 부인하려 들지 못한다. '일

본사쿠라회' 회원인 타카키 키요코(たかき きよこ) 교수는 그의 저서
『사쿠라』(쥬우오우공론사,1995)에서 다음과 같이 사실대로 밝혔다.

「한국에는 사쿠라가 매우 많았다. '소메이 요시노 사쿠라'(そめい
よしの さくら)의 원산지는 제주도이다」

마키노 카즈히로(まきの かずひろ) 교수 역시 그의 저서『사쿠라
의 정신사』(마키노출판사, 1978)에서 다음과 같이 밝혔다.

「일본의 사쿠라 나무는 제주도가 원산지이다.」

'소메이 요시노 사쿠라' 하면 오늘날 일본이 최고의 품종으로 세계
에 자랑삼는 사쿠라의 으뜸인 제주도의 '왕벚꽃'이다.

일본 사쿠라의 총본산은 나라땅의 '요시노산'(よしのやま, 표고
455m)이며, 이 곳의 자랑은 역시 '소메이 요시노 사쿠라'로서 4월은
이 요시노산이 사쿠라 꽃구경 인파로 휘덮이는 계절이기도 하다.

오래 전부터 벚꽃이 한국 제주도가 원산지라고 밝힌 일본학자는 한
두사람이 아니다. 일찍이 1933년에 일본 식물학자 코이즈미 켄이치
(こいずみ けんいち) 씨가 일본 벚꽃의 원산지는 제주도라고 주장한
것이 알려지고 있다. 그러나 20세기 초에 카톨릭 포교차 우리나라에
왔던 프랑스인 타케신부가 1901년에 한라산에서 '소메이요시노 사쿠
라'의 원종 고목을 발견해서 한라산이 그 자생지임을 밝혔고, 베를린
대학의 쾨네가 1912년에 한라산 '왕벚꽃'의 학명을 'Prunus
yedoenesis'라고 붙였다.

이와 같이 사쿠라 나무가 일본에 건너 간 것은 고대에 한국 불교가
일본에 포교되던 서기 6세기 경부터로 보고 싶다. 왜냐하면 요시노산
이 있는 나라땅은 서기 538년부터 백제 성왕에 의해서 백제 불교가
일본에 포교된 나라땅의 터전이며, 사쿠라 나무는 우리나라 불교와
끊을 수 없는 밀접한 연관을 갖고 있기 때문이다.

'신쥬쿠 교엔'은 토우쿄우의 대표 사쿠라

일본 토유쿄우의 사쿠라 명소는 한 두곳이 아니다. 4월이면 토우쿄우의 우에노 공원(うえのこうえん)등 각 공원들만 해도 사쿠라는 계절의 열기를 내뿜는다.

천황궁인 황거의 큰 도랑을 끼고 남쪽으로 돌고 있는 '치토리가후치(ちとりがふち) 공원'의 사쿠라는 역시 토우쿄우에서 손꼽히는 명소이다.

그런가하면 '신쥬쿠'의 부도심 초고층 빌딩들을 바라 보면서 꽃구경을 즐길수 있는 곳이 바로 '신쥬쿠교엔'(しんじゅくぎょえん)의 사쿠라 꽃구경이다. 이 곳에는 50품종을 헤아리는 벗꽃나무 약 2천 그루를 헤아려서, 토우쿄우의 대표 사쿠라 꽃밭이 된다.

이 터전은 58·3 헥타르나 되는 광대한 터전으로서, 회사가 파한 직장인들과 가족 모임등 꽃구경하기에는 알맞는 곳. 지하철로는 '신쥬

토우쿄우의 유명한 '신쥬쿠교엔'의 사쿠라

큐교엔역'에서 도보 약 3분거리이다. 입장료(어른 150엔, 어린이 50엔)를 받을 뿐 아니라 술병을 갖고 들어갈 수 없다는 제한 때문에 애주가들은 '치토리가후치'등 공원으로 몰려든다.

'치토리가후치'에는 포장마차들이 줄짓기 때문에 술꾼들의 꽃놀이는 전철 노선이 떨어지기 전인 11시경까지 대성황을 이룬다. 사쿠라 꽃구경 때면 회사의 말단 사원들은 비닐천이며 빈상자들을 차로 실어다 벚꽃나무 밑에 자리를 잡는다. 그들은 자리를 빼앗기지 않기 위해서 돌아가지 않고, 저녁에 회사가 파하여 직원들이 몰려 올 때까지 자리를 잡고 온종일 해질 때를 기다리는 광경도 꽃구경 때의 이색적인 풍속도이다.

'요시노산'이 으뜸가는 사쿠라 명소

토우쿄우에서 급행 열차로 '이즈고원역'(いずこうえんえき)까지 2시간 10분을 달리면 태평양 연안 '이토우'(いとう)의 '사쿠라노사토'(さくらのさと, 벚꽃마을)에 당도한다. '이즈 반도'(いずはんとう)의 고원 지대 4만 재곱 미터의 큰 터전이다. 오오무로산(おおむろさん) 기슭으로 전개되는 이 사쿠라의 명소는 36종 3천 구루의 벚꽃나무를 자랑삼는 공원이다.

더구나 흥미있는 사실은 이 곳의 사쿠라는 한 여름이 지난 9월부터 피기 시작하는 지각생 품종을 비롯해서, 봄부터 초여름인 6월까지 여러 종류의 사쿠라꽃이 핀다. 이 곳의 꽃구경도 역시 봄철 4월이 으뜸이다.

일본의 동북지방인 아키타(あきだ)현에는 벚꽃 가로수길 명소가 있다. 성밑거리인 '카쿠노다테'(かくのだて)의 옛날 무사 저택 지대에 천연 기념물로 지정된 '시다레 자쿠라'(しだれ ざくら) 153그루를 비롯해서 벚꽃 가로수길은 너무도 인상적이다. '시다레 자쿠라'는 수양 버들처럼 벚나무 가지가 늘어지는 가지에 꽃이 피는 것으로서 일본인들에게 인기가 크다.

일본의 사쿠라의 대표지역 하면, 나라현의 '요시노산'(よしのやま)을 빼놓고는 명소를 결코 논할 수 없다. '요시노야마'라고 부르는 이 산은 사쿠라의 대명사이며, 위치는 나라현 중부인 '요시노쵸우'의 남쪽 산이다. 표고 455미터이지만 험한 특징도 있다. 그래서 옛날부터 불교 수도자들이 입산하는 명산으로도 꼽히고 있다.

쉬고 있는 최고봉의 화산 후지산

5월경까지 정상 부분에 흰눈을 쓰고 있는 산, '후지산'(ふじさん, 부사산)을 모르고 일본의 산천을 말할 수 없다. 일본의 상징 마아크는 후지산이다. 일본에서 가장 높은 산이다. '시즈오카'(しずおか)현과 '야마나시'(やまなし)현 두 곳에 걸치는 일본 최고봉(표고 3776미터)이다.

백두산처럼 정상에 큰 화구가 있으나 물은 없다. 화구는 지름 약 8백미터, 깊이 420미터이다. 화구벽의 최고점의 이름은 '쓰루기가 봉우리'(つるぎケみね)이다.

역사상 10여 차례의 분화로 불을 뿜었으나, 쉬고 있는지 약 3백년이다. 지난 1707년에 마지막 화산 활동으로 불길을 내뿜었다. 그러나 언제 다시 분화할런지는 예측할 수 없다.

일본은 화산대의 열도이기 때문에 각지에서 지금도 간단 없이 화산 활동이 나타나고 있으며 지진 또한 심심치 않게 위협적인 존재이다. 후지산 등산은 해마다 7월 1일에 시작된다. 그것을 가리켜 산을 연다는 '야마비라키'(やまびらき)라고 한다. 등산할 때는 전문 산악인의 지도와 안내를 받으며 올라가야 한다. 등반 사고가 늘 발생하고 있기 때문이다.

후지산 산간 도로 옆에는 산림이 울창하다. 그 풍경은 우리나라 제주도의 한라산 산간 도로와 흡사하다. 이 산림지대에는 결코 발을 들여서는 안 된다. 주의하시기 바란다. 한번 잘못 들어가서 산림속에서 길을 잃고 목숨을 잃는 사고가 해마다 이따금씩 발생하고 있기 때문이다.

'후지고코' 아름다운 다섯 곳 호수 지대

후지산(ふじさん) 일대는 일본의 관광지로서 늘 인파가 밀려 든다. 일본 관광길에 장비도 제대로 갖추지 않은 채, 함부로 후지산 등산길에 오르지 말 것을 권고해 둔다.

후지산 관광도 반드시 관광버스로 안내원의 지시에 따라서 행할 일이다. 높은 산이어서 항상 날씨의 변화가 심하며, 여름철 후지산 관광 때도 두터운 옷 등을 준비해서 갑작스런 비바람과 추위에 대비할 일이다.

후지산은 관광 버스나 택시(タクシー) 또는 승용차 편으로 가야만 하는데, 겨울철과 초봄 등에는 눈 때문에 적설로 3부(さんごうめ) 능선 이상은 올라가지 못하게 제지되고 있다는 것도 알아 둘 일이다.

택시로 후지산을 관광하는 경우에는 후지산 지역의 택시를 대절(か しきり)할 수 있다. 비용이 다소 들지만 운전기사로 부터 안전하고 친절한 안내(カイド)도 받을 수 있다. 실예를 들어본다.

1992년 여름에 필자의 두 딸(인아·수아)이 일본에 왔을때, 나는 처와 함께 후지산의 택시를 대절했다. 그 당시 요금은 후지산 1주 왕복에 1만 2000엔이었다. 운전기사의 안내를 받으며 여유만만하게 즐거운 관광을 했다. 운전기사 스즈키 요시오 씨의 사진도 찍어서 택시회사로 보내주었다. 그랬더니 뜻밖에도 택시회사 사장이 정성껏 쓴 감사하다는 정중한 편지를 내가 근무하던 센슈우대학으로 보내주기까지 했다.

후지산 근처의 명승지는 역시 산 주변의 호수 지대이다. 이른바 '후지 5호'(ふじごこ, 후지고코)라고 부르는 아름다운 호수가 후지산을 끼고 다섯 지역에 펼쳐져 있다.

이 다섯 곳의 호수는 명칭이 '야마나카' 호수(やまなかこ)를 비롯해서, '카와구치' 호수(かわぐちこ), '사이' 호수(さいこ), '쇼우지' 호수(しょうじこ) 그리고 '모토스' 호수(もとすこ)이다.

이 지역에도 토우쿄우 등 각지로부터 직행 관광버스가 운행되고 있어서, 아침에 갔다 저녁에 돌아올 수 있다. 이른바 '히가에리 쓰아'(ひがえりツアー) 즉 하루 관광 코오스이다.

신쥬크의 전철역 '니시구치'(にしぐち, 서쪽 출입구)의 지하도 건너쪽 전기상(でんきがい) 골목에 '지방 버스 회사 건물'이 있다. 물론 각 버스회사며 관광 여행사 등이 각지에 산재하고 있다.

'한신 대지진'과 '홋카이도' 연안 지진

이를테면 근년에 가장 큰 지진은 '한신 대지진'(はんしんだいしんき
い)이었다. 지난 1995년 1월 17일에, 이 큰 지진은 코우베(こうべ)
시를 중심으로 아와지시마(あわじしま) 섬을 강타한 보기 드문 것이
었다.

이 지진으로 코오베 지역 등에서 목숨을 잃은 사망자만 무려 5502
명을 헤아렸다. 가옥 전소 9만3162동에 이르는 가운데 코우베 시는
하루 아침에 대참변을 당하는 폐허가 되었다.

진도는 매그니튜드(magnitude) 7·2라는 높은 것이었다. 이것은
1948년 6월 28일의 '후쿠이(ふくい)' 대지진 이후의 가장 큰 지진이
었다. 후쿠이 대지진에서는 매그니튜드 7.1이었으며, 사망자 3848
명, 가옥 전소 3만5420동의 큰 피해가 났었다.

이 두 큰 지진 사이에도 작지 않은 지진이 그동안 몇 번 발생했었
다. 이를테면 지난 1993년의 '홋카이도 남서연안 지진'도 대지진으로
서 수천명의 사상자(사망자 230명)를 내는 큰 규모의 지진이었다.

이 당시는 '해일'의 피해가 매우 컸다. 수십 미터의 거대한 물기둥
이 해안 지대 주택가를 기습하는 끔찍한 파도가 밀어 닥쳤었다. 이
지진으로 '오쿠시리토우'(おくしりとう) 섬이 가장 큰 피해를 입었다.

지진의 나라와 안전 대책

일본은 지진이 워낙 많아서, 늘 방재 훈련을 하고 있다. 일본인들
은 지진 대비책을 게을리하고 있지 않다.

지진은 발생 즉시 방송중인 텔레비·라디오에서 그 내용을 속보하
고 있다.

지진이 알려지면 지체없이 가옥의 문들을 급히 열어서 가옥이 붕괴
되었을 때 피난 출구로 삼아야 한다는 것이 그 첫째 안전 대책이다.
문들을 연 다음에 식탁이나 책상 밑으로 머리를 드밀면서 몸을 도사
려 천장 등의 붕괴에 대비해야 한다.

지진은 사람이 수면중인 야간 시간대와 특히 부엌에서 주부들의 저
녁 식사 준비 시간대의 가스불 등에 의한 화재가 무섭다.

'선샤인' 빌딩과 '토우쿄우 타워'

직접 산에 올라가는 맛도 좋겠으나 짧은 기간의 일본 관광 여행이
라면, 산을 멀리서 바라다 보는 것도 좋을 것이다. 후지산은 토우쿄
우의 '이케부크르'며 '신쥬크' 등의 고층 빌딩 전망대에서도 날씨 좋은
날은 그 곳에 설치된 망원경 등으로 바라볼 수 있다.

'이케부크로'의 높이 240미터 고층 빌딩인 '선샤인'(サンシャイン)
빌딩 60층의 전망대는 후지산(ふじさん) 뿐 아니라 '탄자와'(たんざ
わ) 산악 지대며 가깝게는 토우쿄우 시내와 근교 일대를 조망하기에
좋은 곳이다. 아침 10시 입장이다.

토우쿄우의 고층 명물로는 드높은 철탑인 '토우쿄우 타워'(とうきょ
うタワー)도 유명한 곳이다. 아침 9시부터 입장이 되고, 여름에는 밤
8시까지 올라가 야경을 즐길 수 있다. 겨울에는 저녁 6시까지이다.

이 철탑은 높이 333미터로서 1958년에 세웠다. 지상 150미터 지
점에 대전망대가 있고, 250미터 지점에는 특별전망대도 있다. 역시

이 곳에서도 후지산 조망이며, 또한 '지바' 쪽의 '보우소우'(ぼうそう) 반도며 태평양과 토우쿄우만 등의 바다 경치가 볼만하다.

'와'(和)자로 표현하는 일본 명칭들

일본에서는 일본을 나타내는 글자로 '와'(わ, 和)자를 쓰고 있다. 그렇기 때문에 일본 음식을 말할 때 '와쇼쿠'(わしょく, 和食) 즉 우리 말로는 '화식'이다.

비단 음식뿐 아니라 무엇이든지 일본식을 두고 말할 때는 '와후우' (わふう, 和風) 즉 '화풍'이라고 쓴다. 그러므로 우리나라에서 흔히 말 하는 '일본식'이라는 말은 요즘 잘 안쓰고, 역시 '와후우'라는 말로서 대치하고 있다. 그 만큼 일본인들은 '와'자를 아끼고 좋아한다.

그래서 일본에서 옛날식 제지법인 '닥나무'를 짓이겨서 만드는 종이 인 한국의 화선지, 창호지 같은 일본 종이들을 일컬어 '와시'(わし, 和 紙) 즉 '화지'라고 말한다.

고구려의 거문고처럼 생긴 6줄의 현을 가진 악기는 '와곤'(わごん, 和琴) 즉 '화금'이라고 부른다.

일본 춤은 '와마이'(わまい, 和舞) 즉 '화무'이다. 이 '와마이'를 '야마 토마이'(やまとまい)라고도 읽는다.

개는 아키타견(あきたいぬ) 등이 본래 일본개라면서 '와켄'(わけん, 和犬) 즉 '화견'이라고 말한다.

일본의 전통 시가로서 자랑삼는 것이 이른바 '와카'(わか, 和歌) 즉 '화가'이다.

일본식 '다다미'(たたみ) 방은 '와시쓰'(わしつ, 和室) 즉 '화실'이라고 하는데, 이 말은 가장 적절한 일본식 방이라고 한다. 일본 옷도 '와후쿠'(わふく,和服) 즉 '화복'이라고 하며 또한 '와소우'(わそう,和裝) 즉 '화장' 등의 말로도 일본 옷을 표현하고 있다.

그 밖에도 '와'(화,和)자가 붙는 말은 일본제를 '와세이'(わせい,和製) 즉 '화제' 또한 '와카시'(わかし,和菓子) 즉 '화과자'라는 일본식 과자가 있고, 일본 소는 '와규우'(わぎゅう,和牛) 즉 '화우' 등으로 쓰고 있다.

'와'(和)는 백제 무령왕의 성씨인 왕성

이 '와'(和)자가 다름아닌 백제 무령왕(501~523 재위)의 성씨라는 것은 쿄우토대학의 역사학 교수 우에다 마사아키(うえだ まさあき) 씨 등이 이미 시인한 바 있다(『일본신화』이와나미서점, 1970).

백제 무령왕은 동성왕의 왕자로서, 두 사람 모두 일본의 백제인 왕실에 살고 있다가, 귀국해서 각기 백제왕이 되었다(홍윤기 『일본문화사』서문당, 1999).

'와'자가 붙는 말들 중에서 중요한 것은 모두 우리나라 백제나 고구려와 관계가 크다. 이를테면 '와카'라고 하는 일본 고대시의 최초의 시작품인 「매화송」은 서기 405년에 백제인 왕인박사가 왜나라의 백제인 왕실에서, '닌토쿠천황'(にんとくてんのう,5세기)의 등극을 권유해서 지은 것이다.(홍윤기 『현대문학』1997.2월호에 연구 논문 발표).

왕인의 일본 최초의 와카인 「매화송」을 우리말로 번역하면 다음 같다.

「난파진(なにはづ, 오오사카 나루)에는 피는구나 이 꽃이 겨울잠자고 지금은 봄이라고 피는구나 이꽃이」

일본 고유의 종이라는 '와시' 역시 일본에서 최초로 만든 사람은 고구려의 승려 담징(6~7세기)이었다.

「담징이 서기 610년에 고구려로부터 일본에 건너 와서 종이와 먹과 그림 물감과 맷돌 만드는 법을 일본에 가르쳐 주었다」고 일본 역사책 『일본서기』(서기 720년 편찬)에 기사가 자세하게 나왔다.

왜나라 왕실에서 제사지낼 때 쓰는 "6현의 악기인 '와곤'은 고구려의 6현의 거문고가 그 원형이다"라고 일본의 저명한 음악 교수 타나베 히사오(たなべ ひさお, 1883~1968) 씨가 그의 연구론 「음악으로 본 고대 일본과 조선」(1973)으로 밝혔다.

일본의 저명한 국문학자 쓰치하시 유타카(つちはし ゆだか) 교수는, 「일본춤 '와마이'는 본래 조선인 씨족인 '화씨 가문의 춤'에서 생겨난 말이다」(「고대가요」1959)라고 그의 연구론으로 입증했다. 즉 백제 무령왕의 가문의 춤이라는 뜻이다.

이 쯤 해두겠다. 이러다가는 공연히 내 전공인 일본 문학과 역사책이 되겠으니까.

'하이쿠'와 '센류우' 등 대중 시가

'와카'는 모두 '31글자'(みそひともじ)로 되었고, 글자의 규정이 5·7·5·7·7자로 각 행의 글자가 정해져 있다. 와카가 순수한 시가 문학이라면 하이쿠(はいく)나 센류우(せんりゅう)는 대중 시가 문학이다.

'하이쿠'의 경우는 와카의 앞쪽 부분인 5·7·5자의 17글자로서 시를 짓는 형식의 시가이다. 하이쿠는 계절을 노래하는 짧은 시이라고 보면 좋다.

하이쿠에서는 계절을 나타내는 말이며 내용 등, 이른바 '키고'(きご, 계어, 계제)며 '키레지'(きれじ, 시의 의미를 단락짓는 말. 조사·조동사 등 영탄의 의미를 갖는다. 예컨대 や·かな·けり 한국어로는 …구나, …이런가, …노라 등)로서 읊는다.

'키고'라는 계절의 표현을 실예로 들어보면 다음과 같다.

「오랜 못이구나 개구리 뛰어드는 물튀는 소리」

여기서 '구나'는 '키레지'이고, '개구리'는 '봄'을 나타내는 '키고'이다.

그런데 와카나 하이쿠 등의 모임에서는 시를 지을 제목을 미리 정해서 내놓는다. 그 제목을 가리켜 '켄다이'(けんだい)라고 부른다.

'하이쿠'라는 표현은 1880년대 후반부터 마사오카 시키(まさおか しき, 1867~1902)가 제시한 새로운 시형식의 말이다. 그는 전통적인 하이쿠였던 '하이카이'(はいかい)라는 것에 대립해서, '하이쿠'를 내세웠다. 즉 하이쿠에서는 구어체를 쓰는 것을 비롯해 비정형(자유로운 글자수의 율조)과 계절을 빼도 되는 '무계 하이쿠' 등을 주창했다.

하이쿠 이전의 '하이카이'는 서민 시가의 일종으로서, 본격적인 와카의 '렌카'(れんか, 연가, 와카를 길게 엮은 긴 와카)에 대해서 우스꽝스럽고 기지가 넘치는 특색을 가진 해학적인 5·7·5 글자의 대중 시가를 말한다.

이 하이카이를 발전시킨 것은 마쓰오 바쇼우(まつお ばしょう, 1644~1694)이다.

세상살이 풍자하는 서민의 노래

'센류우' 역시 5·7·5의 17글자로 쓰는 대중 시가이다. 이 센류우는 에도시대에 서민층에서 세상을 풍자하며 인정과 기지가 넘치게 노래한 대중 시가이다. 글자수는 '하이쿠'와 똑같다.

이 '센류우'가 '하이쿠'와 다른 점이 있다. 즉 센류라는 것은 이른바 '키레지'며 계절을 나타내는 '키고' 따위를 쓰지 않고, 구어체로 '속어'까지 마음껏 쓰는 그야말로 짧막한 대중 시가의 전형이다.

지금도 일본의 대표 신문인 『아사히신문』에서는 매주 일요일마다 독자들의 '센류우'를 투고 받아서 선자의 평을 달아 발표해 주고 있다.

근년에 발표(2000년 5월 7일)된 '센류우'를 2편만 살펴보자. 선자는 오오토모 칸지(おおとも かんじ) 씨이다.

「버스 안내양 타고 있던 무렵이 그립움구나」(카도가이 히사오, かどかい ひさお).

「지금까지는 세금 낼수 있어서 매우 행복해」(타쓰자와 요시코, たつざわ よしこ).

이와 같은 센류우는 세태를 풍자하고 있는 것을 볼 수 있다.

구조 조정으로 버스 안내양이 사라진 관광버스며, 경제가 어려워져 앞으로 세금낼 게 걱정스럽다는 등, 서민들의 애환이 담긴 재치있는 풍자시랄까.

'카나'라고 부르는 일본 글자

일본 글자는 '카나'(かな)라고 부른다. 이 '카나' 글자는 두 종류가 있다. 즉 '카다카나'(カタカナ)라고 하는 문자와 또 다른 '카나' 글자는 '히라가나'(ひらがな)이다.

'카타카나'는 기본적으로 48문자가 있다. '아이우에오'(アイウエオ)로 시작해서 '은'(ン)까지이다. 48글자이나 현재는 46자만을 쓰고 있다.

이 카타카나 문자는 주로 '발음'이나 '외래어' 표기에 쓰인다. 따지고 보면 별로 많이 쓰이지 않는 것이 '카타카나' 글자이다.

일본어 표기에서 늘 쓰이는 것은 바로 '히라가나'이다. '히라가나' 역시 '아이우에오'(あいうえお)로 시작하는 46문자만을 현재 쓰고 있다. 마지막으로는 역시 '은'(ん)이다.

이 히라가나는 일본어의 기본 글자인 셈이다. 그런데 여기서 알아둘 것은 일본어에는 한자가 많이 쓰이고 있다는 사실이다.

따라서 일반문의 글에서는 '히라가나'와 한자가 함께 혼용되고 있다('한자어'는 별개 항목을 참조하실 것).

이상과 같이 오늘의 일본 글자인 '카타카나'와 '히라가나' 글자는 지금부터 약 1천2백년 전인 9세기 경에 한자의 초서체(草書體)를 본떠서 완성된 일본 글자이다.(예:安以宇衣於→あいうえお). 또한 '카다카나'는 한자의 쪽을 떼어서 만들었다(예:阿伊宇江於→アイウエオ, 즉 앞의 한자의 일부분씩 딴 것임).

이 글자들을 만든 것은 일본사람인가. 그렇지가 않다. 고대에 일본에 건너 간 왕족·귀족이었던 백제인들이 만들었다는 사실을 다음과 같이 일본의 저명한 국어 학자가 진솔하게 밝히고 있다.

한자어를 이용해서 만든 일본 글자

일본의 '카나' 글자를 백제인 지식인들이 만든데 대해서, 일본의 대표적인 국어학자인 오오노 스즈무(おおの すずむ, 가쿠슈우인 대학) 교수는 다음과 같은 내용을 그의 저서에서 밝혔다.

「일본의 카나 글자는 박사 왕인(かふちのふみのおびと,西文首, 카우치노후미노오비토)과 아직기(やまとのあやのあたひ,倭漢直 야마토노아야노아타히)와 그들의 후손들이 한자를 가지고 만든 일본글자이다.」(『일본어의 세계』① 츄우오우공론사, 1980)

왕인은 4세기 후반에 백제로부터 일본에 『천자문』과 『논어』를 가지고 왜나라 왕실에 건너가 왕자들을 가르친 교육장관(카우치노후미노오비트)이며, 아직기는 백제 근초고왕의 왕자로서 왜나라 백제인 오우진천황 왕실에 건너 가서 역시 교육장관(야마토노아야노오비토)을 지냈다. 왕인은 닌토쿠천황(にんとくてんのう) 때의 교육장관이었다

와세다대학의 저명한 역사학자 미즈노 유우(みずの ゆう) 교수는 이렇게 밝혔다.

「오우진천황(おうじんてんのう)과 그의 왕자 니토쿠천황은 백제인이다」(『일본 고대의 국가 형성』 코우단사, 1978).

이 두사람의 왜나라 교육장관의 후손들은 대대로 장관직을 세습하면서, '카나' 글자를 만드는 일을 완수한 것이었다.

앞 항목에 예시한대로 '카타카나' 글자는 한자어의 쪽(편)을 떼어서 만들었고, '히라가나'는 한자어의 흘림체인 초서를 본떠서 만든 글자이다.

이와 같은 문자문화를 보더라도 4세기 경부터의 고대 일본을 백제인 왕족들이 지배한 것을 잘 알 수 있을 것이다. 신라인왕의 일본 지

배는 2, 3세기를 전후하는 시대였다(필자의 앞책,『일본문화사』).

'카나'는 여자 글씨라고 천시했다.

'카나' 글자하면, 일본의 고대 여류 소설가 등 작가를 탄생시킨 것을 살피게 해준다. 헤이안 시대(794~1192)에 글자를 읽고 쓸 수 있는 것은 왕족·귀족과 승려 등 상류 계급 사람들 뿐이었다.

그 당시 귀족 남자들은 누구나 한자 글자만을 썼다. 우리나라 고대에 한자를 쓴 것과도 같다. 그 반면에 귀족 여성들은 새로 생긴 '히라가나' 글자를 즐겨서 썼다.

그 때문에 '카나' 글자는 여자용 글씨라고 업수히 여기는 경향도 생겼다. 우리나라에서도 '한글'이 생겼을 때, 선비들은 한자 만을 쓰면서, 한글은 '언문'이라고 여자들이 쓰는 글씨로 비하고 배척했던 것과 흡사하다.

나카다 노리오(なかだ のりお) 교수는 그 당시의 상황에 대해서 다음과 같은 내용의 것을 지적했다.

「여자는 헤이안 시대에 누구나 글자를 배우는 초보 단계에서 '히라가나'만 배우는 것으로 끝나고, 한자는 배우지 않았다. 그 때문에 여자는 일반적으로 '히라가나'로 쓴 글을 애용하게 되었다. 그러나 '히라가나' 그 자체가 여자의 글자이며 남자가 써서 안된다는 것은 일종의 독단이다. 또한 문자에 대해서, 남녀 어느 한 쪽에서만 쓴다는 따위는 기묘한 관념의 유희가 아닌가 생각한다」(「헤이안 시대의 국어」 1597)

나카다 교수는 이와 같이 '히라가나'를 여자들의 글씨로 비하한 것은 큰 잘못임을 지적하면서, 실제로 그 당시에 저명한 남자 귀족들이 '히라가나'로 쓴 일기들이 있었다는 것을 예시하고 있다.

그는 저명한 가인이며 학자였던 '키노 쓰라유키'(きの つらゆき, 872~945)가 쓴 일본 최초의 일기문학인 『토좌일기』(とさにっき, 935년) 등을 예시했다.

무라사키 시키부의 명작 소설 『겐지 이야기』

헤이안시대의 궁녀였던 '무라사키 시키부'(むらさき しきぶ, 출생미상~1016경 몰)는 여자 글씨라고 천대했던 '히라가나'로 일본 고전의 최고 걸작 장편 소설을 쓴 여인이었다.

『겐지이야기』(げんじものがたり, 1011년경 완성)는 왕의 4대에 걸친 70년의 인생살이를 소설로 엮었다.

『겐지이야기』 작가 무라사키 시키부의 모습. 옛그림.

주인공인 '히카루 겐지'(ひかる げんじ)의 사랑과 영달, 그리고 그의 파탄과 곤경, 또한 '히카루 겐지'의 사후의 이야기며, 그의 아들 '카오루'(かおる)와 남녀의 사랑의 비극 등을 담고 있다.

'히라가나'의 여류 문학은 그 밖에도 궁녀 세이쇼우 나곤(せいしょう なごん, 96

무라사키 사키부의 『겐지이야기』 두루말이 그림.

6~1027경 몰)의 수필집 『마쿠라 소우시』(まくらそうし)며, 스가와라노 타카스에노 무스매(すがわらのたすえのむすめ, 1008~몰년 미상)의 일기문학 『갱급일기』(さらしなにっき)며 또한 후지와라노 토코야스노 무스매(ふじわらのとこやすのむすめ, 935~995)가 쓴 일기문학 『청령일기』(かげろうにっき) 등이 너무도 유명하다.

『겐지이야기』며 『마쿠라 소우시』등이 '카나'로 쓴 궁중문학인 것처럼, 조선왕궁에서 혜경궁 홍씨(1734~1815, 사도세자의 빈)가 한글로 쓴 『한중록』역시 궁중문학으로서 한일간 궁중여류 문학으로서 비교된다고도 본다.

조선시대의 서당과 일본의 '테라코야'

일본에서는 서당을 '테라코야'(てらこや, 寺子屋)라고 부르고 있다. '테라'(てら, 寺)는 불교 사찰인 '절'이고, '코야'(こや, 子屋)는 '아이의

일본 최초의 서당 '테라코야' 와타나베 카산 그림.

집'이다. 그러므로 옛날부터 일본 어린이들이 다니던 '서당'은 다름아
닌 '절아이집'이다. 우리나라 조선 왕조 시대의 '서당'과는 달리 명칭이
특이한 '테라코야'이다.

　그렇다면 어째서 옛날 일본 아이들은 서당이 아니고 절아이집인 테
라코야에 다녀야 했던가.

　조선에는 글을 잘 가르치는 선비들이 마을마다 많이 있었다. 그래
서 마을에다 서당을 차리고 마을 아이들이 찾아 가서 글공부를 하게
했다.

　일본에는 글을 잘하는 선비들이 없었다. 일본은 무사(さむらい.상
급 군인)들이 실권을 가진 시대가 오래도록 계속 되었다.

　무사들은 글씨 쓰는 '붓' 대신에 '칼'을 허리에 차고 다녔다. 그러므로
칼은 잘 쓰지만 공부를 하지 못해서 무식했다. 그러므로 왕족이다 귀족
의 아이들도 늘 칼쓰기만 배웠고, 붓을 쥐고 공부하는 아이가 없었다.

장차 아버지처럼 칼을 잘 써서 무사가 되는 게 꿈이었다. 조선에서처럼 시를 지어서 '과거'를 보는 일이 없었다. 아버지가 무사이면 그 아들도 세습해서 무사가 되었다.

그러는 가운데 일본의 무장이었던 토요토미 히데요시(とよとみ ひでよし,풍신수길)가 우리나라를 침략하게 되었다. 그 당시는 조선왕조 선조 25년(서기 1592년)이었다.

토요토미는 조선의 훌륭한 문화가 매우 탐이 났던 것이다. 그는, 또한 농업과 산업이 발달한 조선의 국토를 빼앗아서 왜나라로 삼으려고 20만명의 왜군을 한반도 침략에 내보낸 것이었다.

고려자기 탐낸 토요토미 히데요시

왜나라 최고 무장 집권자(かんぱく, 칸파쿠)였던 토요토미 히데요시가 무엇보다도 탐나는 물건은 '고려청자기'(こうらいせいじ)와 '조선 백자'(ちょうせんはくじ) 그릇들이었다. 또한 이런 훌륭한 청자 백자를 만들줄 아는 조선의 도공들이었다.

그 뿐이 아니다. 조선에 있는 옛날부터의 활자 인쇄술과 훌륭한 책들도 몹시 탐났다.

조선에 침입한 왜장 코니시 유키나가(こにし ゆきなが, 소서행장, 생년미상~1600망)며 카토오 키요마사(かとう きよまさ, 가등청정, 1562~1611) 등은 왜군들로 하여금 닥치는 마을마다 선량한 주민들을 잔인하게 살해했다. 그리고 집들을 뒤져서 도자기며 책들을 훔치고 나서는 집들을 불지르는 것이었다. 왜군들은 부녀자들을 강제로 폭행한다, 차마 입에 담지 못할 온갖 만행을 저지른 것이었다.

왜군들은 이와 같이 무도한 침략을 저지르면서 우리나라의 귀중한 책이며 각종 문서, 활판인쇄술 기구와 불상·범종·나전칠기·유기·도자기 등 각종 문화재를 약탈했다.

그 뿐 아니라 건장한 청년과 부녀자들이며 도공 각종 기술자들도 납치해서 계속해서 일본으로 강제 연행하는 것이었다.

이와 같은 사실은 일본의 역사학자 오토우 마사히데(おとう まさひで) 교수 등의 일본 역사책(『일본사』토우쿄우서적, 1991)이 그 사실을 밝히고 있다.

일본은 1592년 임진왜란 때부터 1598년까지 7년간이나 잇달아 한반도를 침략하여 모든 귀중한 문화재며 학문 서적과 각종 왕실문서 등을 계속해서 약탈해 갔다.

그 당시 왜군이 약탈해간 한국 문화재며 서적들은 현재 일본 각지에 숨겨져 있다. 이를테면 일본 나고야(なごや)의 '호우자문고'(ほうざぶんこ)며 요네자와(よねざわ)의 '진쇼문고'(ちんしょぶんこ) 등등 그 밖의 여러 곳에 조선 고대의 문서며 책자들이 간직되어 있다. 고려 청자기며 조선 백자기등은 일본 각지의 박물관과 개인 소장품 등이 매우 많이 있으나 일반에게 공개하고 있지 않다.

조선 활판 인쇄술로 찍은 『동감』

이와 같이 큰 죄악을 저지른 최고 책임자였던 토요토미 히데요시는 1598년에 병들어 죽었다. 그무렵 왜군들은 한반도에서 마지막으로 도망쳐 갔다. 그 이후에는 무장 토쿠가와 이에야스(とくがわ いえやす,덕천가강)가 새로운 집권자가 되었다.

토쿠가와는 지금의 토우쿄우에다 성을 새로히 만들고, 이름을 '에도성'(えどじょう)이라고 지었다. 그리고 서기 1603년 2월에 쇼우군(장군)으로서의 도쿠가와 이에야스의 '에도막부'가 시작되었다.

바로 이 당시 일본은 임진왜란 때 조선에서 납치해 온 활판기사들을 통해 활판인쇄술로서 처음으로 활판 인쇄한 책을 만들게 되었다. 그 책은 『동감』(とうかん, 1605·3)이다.

왜나라에서는 그 이전까지 모든 책이 붓으로 쓰는 '필사본'(ひっしゃぼん)이었던 것이다. 조선에서는 이미 고려시대부터 '금속활자'로 세계 최초의 활판 인쇄를 해왔던 것은 여러분이 잘 아실줄로 안다.

왜나라의 새로운 최고 집권자인 장군(しょうぐん) 토쿠가와 이에야스는 선진 문명국인 조선에 대해서 왜나라가 임진왜란을 일으킨 사실을 반성하는 태도를 보이기 시작했다. 그것은 조선의 각종 선진국 문화를 후진국인 일본에 수입하기 위한 목적이었다.

조선책 가르칠 스승 찾은 일본

토쿠가와 막부는 조선에 대해 사죄하는 뜻에서 임진왜란 때 납치해 간 조선사람들을 다시 조선으로 보내주는 것이었다.

그 뿐 아니라 조선왕조와 국교를 다시 맺고자 해서, 승려 유정(惟政)을 일본에 보내 조선인 포로들을 계속 돌려보내게 한 뒤 다시 국교를 맺었다(선조40년,1607). 이에 도쿠가와 막부는 일본땅으로 '조선통신사'(회답겸쇄환사,回答兼刷還使)들을 모셔 오기로 한 것이었다. 조선통신사들은 일본에 건너 갔다

일본 각지의 지방 장관격인 무장(다이묘우, だいみょう)들은 조선

통신사 일행에게 이르는 곳마다 융숭한 대접을 아끼지 않았다. 그들
은 좋은 음식과 숙소를 마련해 주었다. 그리고 조선통신사에게 글공
부를 가르쳐 달라고 책을 들고 왔다.

그 책은 다름아닌 임진왜란 때 왜병들이 조선에서 약탈해 간 책들
이었다. 그들은 조선에서 훌륭한 책을 훔치고 빼앗아 갔으나 그것을
가르쳐줄 선생이며 학자가 없었던 것이다. 이래서 조선통신사들은 주
자학 등 각종 책을 들고 오는 그들에게 글을 가르쳐주는 것이었다.

학문이란 그처럼 소중한 것이다. 남의 책을 훔쳐오고 힘으로 빼앗
아 갈 수는 있었으나 그 정신 내용 만은 약탈할 수 없었던 것이다. 또
한 그 동안 선비가 없으니 공부가 하고 싶어도 불가능했던 것이다.

그들 각지의 지방 장관(다이묘우)들은 조선통신사들에게 글을 배우
며 크게 기뻐했다. 조선통신사는 그 당시 조선왕조의 관리들이었다.
조선의 관리는 과거에 급제한 선비들이다. 조선통신사로 왜나라에 다
녀온 관리들은 조정의 문서를 다루는 승문원(承文院) '제술관'을 비롯
해서 '서기'며, 규장각(奎章閣) '사자관'등 벼슬아치였다.

「1719년 4월에 일본에 파견된 제9차 통신사 일행은 475명이었
고, 8백여명의 일본인들이 통신사 일행을 수행하며 선도역을 맡았다」
(오토우 마사히데, 앞의 책).

서당 스승이 된 절깐 스님들

그들은 각지의 다이묘우들에게 타일렀다. 이제 아이들에게 무술을
가르치는 '칼' 대신에, 글공부를 하도록 '붓'을 쥐게 하라고 충고했다.
그러자 왜인들은 걱정을 했다.

"붓을 쥐더라도 누가 제 자식들의 글공부를 가르쳐 줄 수 있습니까? 조선 선비 어른들이 가르쳐 주시겠습니까?"

조선 선비들에게 조선의 서당에서 처럼 제 자식을 가르쳐 달라고 애원하는 지방장관이 하나 둘이 아니었다고 한다. 그러자 조선통신사 선비들은 이렇게 방법을 가르쳐 주었다.

"우리가 가르쳐 주고 싶지만, 우리는 곧 나라에 돌아가야 합니다. 그대신 여러분의 자식들을 절간으로 보내면 어떻겠소?"

"절간으로 보내다니요? 그러면 제 자식들을 중으로 만들라는 겁니까?"

"이런 답답한 사람같으니! 누가 댁의 아이들을 스님으로 만들라고 했소. 내가 그동안 왜나라에 와서 살펴본즉 이 나라에서 글씨를 아는 것은 절에 있는 스님들 뿐이더군요. 스님들은 조선에서 건너 온 불경을 가지고 글씨를 읽고 있으니, 그분들에게 여러분이 갖고 있는 책을 들려 보내어 글공부를 시키는게 어떻겠소?"

"옳거니! 절에 있는 스님에게 보내서 조선 선비님들의 서당에서처럼, 저희 자식들의 글공부를 부탁하기로 하겠습니다. 감사합니다."

이래서 이 때부터 일본 각지에서는 새로운 서당인 절간의 '테라코야'(てらこや,寺子屋)가 생기게 된 것이다.

스님들은 무사들의 자식에게 글공부를 시키는 스승 노릇까지 떠맡게 된 것이었다.

일본의 불교는 본래 백제에서 건너 가 가르쳐 주었다.

즉 서기 538년에 백제의 성왕(523~554 재위)이 왜나라 킨메이 천황(538~571 재위)에게 불경과 불상을 보내어 처음으로 포교시킨 것이었다.

조선통신사와 에도의 일본 문화

조선통신사들은 임진왜란을 일으킨 후진국 일본을 다시금 가르치게
된 것이다. 그러기에 그 당시 조선통신사들의 행렬의 그림들을 살펴
보면, 수많은 왜인 병졸들이 조선통신사가 탄 가마를 어깨에 떠메고
다니는 것이었다. 조선통신사가 탄 말도 왜인들이 고삐를 끌고, 왜인
들이 조선통신사의 짐고리들을 앞뒤에 메고 서서 걸어 다녔다.

조선통신사는 한 번에 약 5백명이 왜나라에 초대 받아 갔다. 모두
12번이나 일본에 건너 갔는데, 1607년 12월에 최초의 조선통신사가
갔고, 맨 마지막인 12번째는 1811년 8월의 일이었다. 조선통신사들
이야말로 선진국 조선의 문화를 임진왜란 이후에도 후진국 일본에 가
르쳐 주었던 일본의 스승들이었다. 그 당시에 관해서는 자세한 것이
일본에 기록과 그림들로서 남아 있다.

일본의 서당인 '테라코야'도 이렇듯 조선의 선비들에 의해서 생겨난
것이다. 테라코야의 그림(앞에 제시한 컷 그림)이 일본에 있는데, 우
리나라 서당과 비슷한 광경이다. 그 당시의 화가 와타나베 카산(わた
なべ かさん,1793~1841)이 그린 유명한 그림이다. 하품하는 아이

조선통신사의 일본에서의 행렬도(對馬島 宗家 소장)

며 싸우는 녀석들도 보인다. 우리나라의 화가 신윤복(조선후기의 풍
속 화가)이 그린 서당 풍경과 비슷하다고 하겠다.

일본의 도서 출판의 현황

책을 많이 읽는 것이 일본인들이다. 그러기에 일본의 서적 출판은
활발한 현상을 보이고 있다. 약 8000곳의 출판사에서 하루에 약 2백
권의 신간 서적이 출판되고 있다. 최근 조사 통계를 보면, 1998년의
신간 서적은 6만 8천종을 헤아리고 있다(일본『출판연감』1999.)

출판물의 내용을 살펴보면 사회과학 부문이 약 23%로서 가장 많
은 책을 출판하고 있다. 제2위는 문학으로서 약 19%이며, 제3위는
기술서적, 제4위 자연과학서적, 제5위 예술서적, 제6위가 어린이 서
적이다. 역사 서적은 제7위를 차지하고 있다. 제8위는 철학 서적 등
의 순이다.

일본에는 조그마한 마을에도 서점이 있다. 전국에 약 2만6000곳
의 서점이 있다는 것이 근년의 통계이다. 이렇듯 서점이 많다는 것은
독서 인구가 많다는 것을 말해준다.

서적 출판은 사회 과학과 문학의 순

일본에서 출판되는 서적은 사회과학 부문의 책이 가장 많고 그 다음
이 문학 부문이 되며, 제3위 기술 서적등으로 나타나고 있다. 그것으
로 보아, 인문과학 분야 출판이 왕성한 것을 알 수 있다. 아동 도서가

제6위라는 것도 결코 적은 숫자는 아니다.

아동 도서는 약 7% 정도인데, 따지고보면 결코 적은 것은 아니라는 게 전문가들의 견해이다. 왜냐하면 아동 도서는 주로 아동 문학을 위주로 하고 있기 때문이다.

제7위 역사 서적, 제8위 철학 서적에 이어서 제9위는 산업 서적이며 제10위가 학습 참고서이다. 약 4%의 산업 서적의 경우는 약 10%의 기술 서적과 합친다면 14%의 비중이어서 산업 기술 분야의 책 출판도 적지 않다고 본다.

약 4천 종류의 잡지가 출판된다

일본의 서점 풍경

잡지의 발행도 많은 편이다. 월간지며 주간지 총발행 부수는 약 50억권을 헤아리고 있다. 1998년도 잡지 종류만 해도 만화잡지를 포함해서 약 4천 종을 헤아리고 있다.

말하자면 일본의 이와 같은 잡지 발행은 구미 각국에 뒤이어 아시아에서 가장 많은 잡지 발행을 보여주고 있다고 하겠다.

많은 도서 출판과 잡지 간

행으로 여기에 종사하는 사람도 적지 않다. 최근 통계를 보면 글을 쓰는 문인과 저술가는 약 3만5천명이다. 또한 각종 책을 편집하는 종사자도 약 8만명을 헤아리고 있다.

특이한 것은 출판에 종사하는 편집자는 7대3 정도로 여성 종사자가 압도적으로 많다는 점이다. 즉 출판사 잡지사에 근무하는 기자며 편집자의 대부분은 여성이라고 한다. 역시 책을 꼼꼼하게 잘 만드는 것은 손이 큰 남자보다 보드라운 손을 가진 여성이라는 것일까.

실은 한국의 경우도 오늘날 출판사·잡지사의 남녀 비율은 역시 7대3 정도라는 통계가 나오고 있으므로, 그와 같은 것은 세계적인 추세가 아닌가 한다.

일본 전철은 달리는 도서관

일본의 전철에 타보면 책을 보는 사람들이 많아서 한국과는 대조적이다. 일반적인 독서 풍경과 또한 만화를 열중해서 보는 청소년층, 그리고 신문을 읽는 사람들. 남의 얼굴 쳐다볼 사이없이 저마다 무언가 한가지씩 들고 읽고 보느라 바쁜 광경이 전개되고 있다.

출퇴근길의 아저씨들은 대개 신문을 열중해서 읽는다. 우리나라 전철과 달리 일본 전철에서 눈에 많이 띠는 것은 '경제신문'이다. 물론 청년층의 '스포츠신문' 애독의 경우는 한국의 전철과 마찬가지이나, 기성 사회인들은 '경제신문'을 많이 읽는다. 1970년대 일본의 경제발전을 연상시킨다는 느낌을 준다고 할까. 그러나 1990년부터는 일본 경제도 침체 일로속에 2000년대를 맞이했다.

일본 전철에서 우리가 특히 배울 만한게 몇가지 있다. 일본인들은

신문을 읽을 때, 거의 누구나 신문 지면을 반으로 뚝 접어서 들고 본
다. 앞사람의 시야를 가리지 말자는 것이요, 또한 지면을 작게 접으
므로써 옆사람을 저도 모르게 툭툭 치지 않으려는 배려이다.

휴대용 전화벨 소리가 별로 자주 들리지 않는다. 물론 전화를 걸거
나 받는 사람이 전혀 없는 것은 아니다. 대부분의 사람은 휴대용 전
화가 진동하면 살며시 꺼내서 송신자의 번호만을 살피고는 다시 거둬
넣고들 있다. 일본에 휴대 전화가 등장한 것은 우리나라와 거의 비슷
한 시기였다.

'휴대 전화 사용맙시다' 호소 등의 고충

여기서 일본 전철 대중 교통의 고충이 어떤 것인지 직접 구체적으
로 알아보자. 근년(서기 2000년 1월)의 '일본민영철도협회'(日本民營
鐵道協會)에서 발행한 소형 홍보 책자를 살펴보면 역시 가장 큰 문제
점은 차안에서의 휴대 전화(けいたいでんわ) 사용이란다.

이 기관에서 독자들에게 '앙케트'(アンケート,설문조사)로 받은 편
지는 모두 1553통이었다. 그 중에서 402통은 휴대 전화 사용의 불
만의 소리였다.

잘못된 매너 제2위는 전철 좌석에 앉는 방법으로서, 139통의 호
소. '7인 좌석에 5~6명이 느슨하게 앉는다. 다리를 길게 뻗는다, 책
상다리의 문젯점이다. 또한 어린애들이 신발을 신은 발(どそく)로 좌
석에 올라서 있어도 부모가 야단치지 않는다는 따위의 지적이었다.

기사는 다음과 같다.

「휴대 전화 사용. 예상대로 워스트(ワースト) 제1위. 편지를 보내

온 4명 중 1명은 휴대 전화가 가장 방해가 된다고 지적하고 있다.……큰 목소리로 일방적으로 대화하는 것이 귀에 거슬린다. 착신음(멜로디와 전자음)이 시끄럽다. 병원 등에서 금지시키고 있는 것처럼, 공

일본 전철회사의 설문조사보고에 나타난 승객의 고충은 휴대전화 사용이 제1위였다는 기사.

공장소인 전철 안에서도 금지시켜야 한다」(일본민영철도협회『さんぽけっと』제8호, 2000. 1. 15).

전철안에서 화장하는 여고생들

계속해서 살펴보자. 워스트 제3위는 '짐을 들고 있는 방법과 놓는 방법'이 117통의 불만의 편지란다. 큰 짐보따리를 출입문 근처나 통로 한복판에 놓아서 통행 방해가 된다. 비에 젖은 우산을 선반 위에 놓지 말라는 것 등등.

제4위는 역구내며 통로에서 담배를 피우거나 금연장소 등에서 버젓이 담배를 피우고 있다는 점등을 지적하는 편지가 102통이다. 제5위는 98통의 편지인데, 가래침이며 껌을 함부로 내뱉는 사람, 쓰레기를 버리는 일등이다. 먹다버린 캔을 버리는 따위.

9位
女性の化粧　28通

この頃バスや電車の中で、OLや女子高校生がメイクする姿を見かけます。迷惑行為ではないけれど、お化粧を公共の面前でするのはマナー違反。特に、学生さんが勉強道具ならぬメイク道具でふくらんだカバンから、次々に化粧品を取り出してメイクを始めるのには、あきれたり、悲しくなったり。マナー違反というより、品性を疑ってしまいます。そんなイケテナイ行為はやめて、マナー美人になりませんか？

일본 전철의 승객의 불만은 얼굴 화장하는 여고생과 젊은 여사원들이란다.

제6위는 94통의 불만의 소리이다. 고교생들이 출입문 근처 바닥에 집단으로 몰려 앉아서 다니기에 방해가 크다고. 또한 여고생이 속옷이 통째로 보이는 데도 태연히 앉아 있어서 보기에도 칠칠치 못하고 불쾌하다는 것.

제7위는 여성들이 시끄럽게 떠든다는 불만이다. 75통의 편지는 중년 여성 그룹이 전철에서 큰 소리로 수다를 부리는데, 그것도 남을 욕하는 소리 뿐이란다. 어린애들이 전철안에서 뛰놀면서 남에게 부딪쳐도 부모가 주의시키지 않아서 전철안에서 소동이 빚어지고 있는 것.

제8위는 전철 승강의 매너가 나쁘다는 70통의 편지. 전철에서 승객이 내리는 도중인데도 밀고 탄다는 것. 승객이 타고 내리건만 출입구에 버텨선 채 비켜주지 않는단다. 줄서서 차를 타는데 새치기까지 끼어든다는 볼멘 소리이다. 다음은 28통으로서 전철의 화장하는 광경을 나무라고 있다.

「요즘 버스며 전철 안에서 OL(여성 회사원)이며 여고생들이 메이크(メイク, 화장)하는 모습을 보게 된다. 남에게 방해가 되는 것은 아니지만, 화장을 공공장소에서 남의 면전에 하는 것은 매너 위반.

특히 여학생들이 공부 도구가 아닌 화장용 도구로 부풀은 가방에서 차례차례로 화장품을 꺼내서 메이크를 시작하는데는 질려버리거나 슬퍼지게 된다. 매너 위반이라기 보다 품성이 의심스럽다. 그런 되먹지 못한 행동은 그만두고 매너 미인이 되지 않겠어요?」(앞의 책).

제10위는 21통의 시끄러운 헤드폰 소리. 복잡한 전철안에서 헤드폰의 볼륨이 커서 새어나와 곁사람이 시끄러워 견딜수 없다는 고정이다.

이상 일본 전철 풍경에서 우리나라와 유사한 것들을 잘 살필 수 있다. 그러나 승객들이 너나없이 일본 전철에서는 신문을 반으로 뚝 접어서 좁게 펴고 읽는 모습들은 보기 좋다. 우리도 보고 배웠으면 하고 거듭 생각해 본다.

남이 보다 버린 신문 건드리지 않는다.

서기 2002년 5월에는 서울과 토우쿄우에서 동시에 '월드컵 축구대회'가 열린다. 이 때 세계 각국 사람들이 한일 양국을 드나들게 될 것이다. 두 나라의 전철을 탈 것이다. 세계인들은 한일 양국 전철의 풍경을 어김없이 비교하고 평가하게 될 것이다.

그런 것이 두렵다는 얘기가 아니다. 부끄러운 모습을 보이지 말도록, 지금부터 우리는 전철에서 뿐아니라 공중 도덕을 잘 지키도록 해야겠다. '88 서울올림픽' 때처럼 자가용 승용차도 자제하고, 온 국민이 봉사요원이 된 심정으로 선진국 한국의 모습을 보여야만 할 일이 아닌가 한다.

일본 전철 안의 풍경 중에 더러 눈에 띄는 것은 '도시락'의 나라다운 모습이다. 좌석에 다소곳하게 앉아 도시락을 무릎 위에 얹어 놓고 조용히 식사하는 아가씨의 얌전한 모습도 보인다. 돋보기를 쓴 할머니가 열심히 책을 읽기도 한다.

전철에서 누가 저도 모르게 팔로 옆사람을 건드린다. 그러자 서로가 사과하는 목소리가 거의 동시에 나온다.

"고멘나사이"(ごめんなさい, 죄송합니다)

건드린 사람은 당연하지만, 부딪침을 당한 사람도 사과한다. 남이 건드리도록 자신의 위치가 원인 제공이 되었다는 뜻이다. 툭툭 치고 지나치면서, 사과할 줄 모르는 그런 풍경과는 사뭇 대조적이 아닐 수 없다.

일본 전철의 선반에는 읽다버린 신문들이 많이 얹혀 있다. 그러나 누구도 남이 보다가 휙 버려둔 신문을 누구이건 집어서 읽는 사람은 전혀 찾아 볼 수 없다. 우리나라 전철과는 너무도 대조적이다.

남이 보다가 내버린 것을 집어서 다시 읽는 것을 결코 필자가 나무라려는 것은 아니다. 다만 일본 사람의 그런 태도를 웬지 위생 관념이나 자존심 만으로만 돌리고 싶지는 않다.

전철에서 많이 읽는 책은 만화

일본은 어린이들 뿐아니라 어른들도 만화를 매우 좋아한다. 만화를 좋아하는 데는 '노소동락'이라는 말이 어울리는 나라가 일본이 아닌가 한다.

아침 저녁 전철로 출퇴근하는 아저씨들 중에도 만화책을 즐겨 보는 모습이 적지 아니 눈에 띈다. 가장 많이 만화를 보는 것은 어린이들과 중고교생 등 청소년층이다. 물론 대학생들도 많이 본다.

일본에서는 만화라는 일본어 '망가'(マンガ) 대신에 입버릇처럼 쓰는 말이 있다. 즉 영어의 '코믹'(コミック, comic)이다. 그들은 누구나 일본식 영어 발음을 써서 '코믹크'라고 만화를 일컫고 있다.

일본의 토우쿄우·오오사카·나고야 등 큰 도시에는 번화가마다 만화 전문 서점들이 많이 있다. 만화서점 안에서는 특히 청소년층의 독자들이 바글댄다.

단행본 만화 뿐이 아니고 연속물 만화들이 어떤 것은 제1권부터 시작해서 자그마치 제50권이 나가는 것도 있을 정도로 인기 연재물 만화책들도 허다하다. 그러기에 만화 독자들은 그런 인기 만화의 연속물 출판을 매달 기다리고 있는 실정이다. 가히 '만화 천국' 소리를 들을 만한게 일본 만화의 현황이다.

역사며 위인전·과학 이야기 등 흥미 오락이 아닌 교육 만화책도 많이 나오고 있다. 그런가 하면 어린이들에게 이롭지 못한 선정적인 내용의 만화, 또는 폭력 만화 등도 활개치고 있는 게 현실이다.

서민의 건전한 생활 만화 '사자에상'

일본에서 가족이 함께 즐겨보는 가정 만화로 유명한 것이 「사자에상」(さざえさん)이라는 만화이다.

일본 국민들의 사랑을 받는 이 「사자에상」은 '사자에'라는 평범한 한 주부를 주인공으로 해서 그 가족들이 등장하고 있다. 서민적인 소박한 일상에서 일어나는 사소한 일 등 하루하루의 생활을 소재로 해서 다정다감하게 엮고 있는 인기 만화이다.

'사자에'(さざえ)라는 말은 일본어로 바다에서 잡는 조개류인 '소라'를 가리키는 명칭이기도 하다. 성실하게 열심히 살아가는 수더분한 소시민들을 만화로 묘사해서 성공한 작가는 여류 만화가인 하세카와 마치코(はせかわ まちこ, 1920~   )씨이다.

이 만화는 처음에 하세카와 씨가 고향인 일본 '후쿠오카'의 일간신문『석간 후쿠니치』(ふくにち)에 1946년 5월부터 연재 만화로 그리기 시작했다. 그러자 이 「사자에상」은 독자들의 인기가 폭발하면서 전국적인 인기를 모으기에 이르렀다. 이 만화는 1949년 12월부터는 수도 토우쿄우의 일간 신문인 『아사히 신문』(あさひしんぶん)에 옮겨서 연재하게까지 되었다.

인기만화 『무쇠팔 아톰』과 『도깨비 큐우타로우』

일본 만화의 인기물은 한 두가지가 아니다. 어린이들에게 장기간 인기를 끌어오는 대표적인 만화를 하나 들자면, 『무쇠팔 아톰』(てつわんアトーム)이다.

일본 만화의 최고 인기작가는 '데츠카 오사무(てづか おさむ, 1928~1989) 씨이다. 애니메이션(アニメイション,움직이는 그림)에 의한 텔레비전 만화를 개척해서 발전시켰다. 그의 대표작은 「무쇠팔 아톰」·「리본의 기사」 등등이다. 그는 의학박사이기도 했다.

유령을 좋아하는 유치원생과 저학년 초등 학생들의 텔레비전 최고 인기 만화인 『도깨비 큐우타로우』(オバケのQたろう)가 「텔레비·아사히」(テレビあさひ)의 어린이 연속극 만화다. 만화 작가는 '후지코 후니오'(ふじこ ふにお) 씨이다.

▲ 데츠카 오사무의 LD 만화집

▶ 후지코 후니오의 LD 만화집

일본의 만화 출판은 엄청난 발행부수를 보이고 있다. 최근 통계를 살펴 보면 약 20억권을 헤아린다(1998). 만화 잡지(월간지 및 주간지)만 해도 모두 500종이 넘는다(『출판연감』1999).

만화야말로 일본인의 오락 문화에서 차지하는 비중이 얼마나 큰 것인지 우리로서는 상상하기 조차 힘들다. 신문 잡지에는 어김없이 연재 만화가 등장하고 있을 만큼 만화는 일본인들의 생활과 밀접한 존재이다.

특히 일본의 애니메이션(アニメイション)하면 다종 다양하다. 소위 LD(레이저 디스크) 오리지날 애니메(オリジナル・アニメ)를 비롯해서 극장 공개 애니메・TV애니메・SFX특수촬영 애니메 또한 외국 애니메 등등이 LD판으로 수록되어 청소년층 뿐 아니라 성인들에게도 어필하고 있다. 만화책이며 잡지, TV, 비디오 등등 오늘의 일본 코믹(コミック)며 애니메(アニメ) 시장은 경쟁 또한 치열하여, 사활을 걸고 있는 양상이다.

유명한 토우쿄우 '칸다'의 고서점 거리

일본 토우쿄우의 '칸다'(かんだ)하면 고서점 거리로서 유명하다. 옛날 책을 비롯해서 현대 서적에 이르기까지 모든 종류의 헌책이 모인 곳이 '칸다'이다.

이 일대에는 약 1백여개의 서점이 헌책을 팔고 있다. 일본 사람들은 헌책도 정가를 매겨서 팔고 있다. 대개 새책의 3분의 1가격이다.

그러나 오래된 귀한 고본은 오히려 당초의 가격보다 몇 배이상 비싼 것도 있다. 헌책 책값은 책의 맨 뒷장 또는 판권이 있는 윗쪽에다 연필 글씨로 '1,000'엔이다, '500'엔이다 표시하고 있다. 에누리가 통하지 않는다는 것도 미리 알아 둘 일이다.

헌책도 서점에 따라서는 전문서점이 있다. 이를테면 미술 서적 고서점, 음악 서적, 의학 서적 고서점 등등, 전문 서적들만 별도로 팔고 있는 곳이 있기도 하다.

칸다 서점거리는 정확하게 '칸다 진보쵸우'(かんだ じんぼうちょう)라고 부른다. '후루혼'(ふるほん)이라는 '헌책' 거리가 이 곳에 등장한 것은 메이지 10년(1877년)경부터 한 채 두 채씩 나타나게 되었다고 한다.

그 이유는 이 칸다 일대가 일본의 명문 대학들이 밀집하게 된 지역이기 때문이다. 그 때문에 한 때는 고서점이 3백 곳이 넘을 때도 있었다고 한다.

가을의 헌책 축제인 '후루혼 마쓰리'

이 칸다 진보쵸우의 서점거리에서는 해마다 10월 하순에서 11월초에 걸쳐 1주일간의 헌책 축제 '후루혼 마쓰리'(ふるほんまつり)가 거행된다. 이 헌책 축제 기간에는 거리에 '꽃등불'을 환하게 켜는 둥등, 책을 특별히 싸게 파는 행사를 비롯해서 갖가지 축제가 볼만하다.

진귀한 옛날 책이며 구하기 힘든 희귀본도 이 때에 잘 찾으면 살 수 있다. 그러나 그런 귀한 책일수록 엄청나게 책값이 비싼 것도 감안할 일이다.

이 지역 메이지대학의 뒤쪽 공원터에서는 헌책 노점들이 장선다. 이른바 '아오조라 후루혼이치'(あおぞらふるほんいち)라고 부르는 '노

점 헌책 장터'가 등장하는 것이다. 산더미처럼 헌책을 싸놓고, 있어서
몰려드는 손님들의 눈빛이 마냥 뜨거워진다.

자신이 찾고 있던 귀한 책을 이 때에 찾아내려는 열기 속에 심지어
어린이 독자도 엄마의 손을 잡고 몰려드는 것은 참으로 보기 좋은 풍
경이다.

일본의 명문 대학거리 '칸다'

칸다는 메이지 시대(1868∼1912)에 명문 대학들이 등장하면서
자연스럽게 고서점들이 나타난 것이다. 이 일대의 대학이 등장한 사
정을 마쓰모토 시로우(まつもと しろう) 교수는 그의 저서에서 다음
과 같이 지적하고 있다.

「칸다의 학사회관이 있는 일대에는 1877년에 토우쿄우대학이 생
겼다. 그 당시 '카이세이학교'(かいせいしょ)와 '의학교'(いがくしょ)
가 합병해서 토우쿄우대학이 되었다.

1893년에 나온 『토우쿄우 유학 안내』를 살펴보면 토우쿄우 '5대법
학교' 중에서 '와세다대학(わせだ)'이 '우시코메'(うしこめ)에 소재한
것을 제외하고는, 칸다에 모두 있다. 즉 '메이지대학'(めいじ)·'센슈
우대학'(せんしゅう)·'호우세이대학'(ほうせい)·'츄우오우대학'(ちゅ
うおう)·'니혼대학'(にほん)이 있다. 이 대학들은 1880년 이후부터
설립이 되었다.

지금 칸다에 수많은 고서점이 처마를 맞대고 줄지어서게 된 것도
이러한 지역의 역사를 말해주고 있다」(『토우쿄우의 역사』이와나미서
점, 1988).

토우쿄우대학의 정문은 붉은 '아카몬'

토우쿄우(とうきょう)대학을 흔히 '붉은 문'인 '아카몬'(あかもん)이 라고 속칭한다. 그 이유는 정문이 옛날 저택의 붉은 문을 지금도 정 문으로 그냥 놓아 두고 있기 때문이다. 어째서일까.

이 '아카몬'은 에도시대의 큰 부호 '마에다'(まえた)가문의 저택의 대문이다. 1828년에 이 마에다 씨 집안으로 시집 온 것은 에도막부 의 제11대 '쇼우군'(장군) 토쿠가와 이에나리(とくがわ いえなり ,1773~1841)의 딸이었다.

그 당시 풍습은 일본 최고의 집권자인 장군의 딸이 시집갈 때에는 시집에서 붉은 문을 세워서 며느리를 맞이했다. 그 때문에 토쿠가와 이에나리 쇼우군의 딸을 맞으면서 마에다 가문이 세운 것이 지금까지 의 '아카몬'이다.

「토쿠가와 이에나리 쇼우군은 소실이 40명이 있었으며, 그 사이에

토우쿄우대학의 붉은 문(아카몽)

자녀는 모두 55명이었다」(『인명사전』산세이도우, 1978).

그에게 딸은 모두 몇 명이었는지. 여하간 그 시절에 일본 각지에
붉은 문이 적지 아니 섰다는 것을 쉽게 알 수 있다.

케이오우대학과 설립자 후쿠자와 유우키치

오늘날 사립 명문으로 꼽히는 대학들 중에서는 특히 두드러진 것이
와세다(わせだ)대학과　케이오우(けいおう)대학이다.　와세다대학은
1882년에 섰고, 케이오우대학은 1868년에 설립되었다.

일본에서 최초로 선 대학은 케이오우대학이다. 그 당시 민간 계몽
주의자였던 후쿠자와 유우키치(ふくざわ ゆうきち, 1835~1901)가
'미타'(みた)에 세웠다.

후쿠자와 유우키치는 서구 계몽서적인 『서양사정』(1866)을 저술
해서 이름이 났고, 이어서 『학문의 권유』(1872), 『문명의 개략』
(1875) 등을 썼다.

그는 1885년 3월 16일에는 이른바 「탈아론」(だつあろん)을 신문
(『時事新報』)에다 발표해서, 세상 사람들을 깜짝 놀라게 했다.

「일본은 아시아를 떠나서 유럽으로 들어가야 한다… 아시아 동방의
중국과 조선이라고 하는 악우(나쁜 친구)와 교제하는 것을 거절한다」

이와 같이 후쿠자와 유우키치는 「탈아론」에서 조선과 중국을 나쁜
친구이므로 결코 그들과 상종치 말자고 고의로 일본인들을 선동했던
것이다. 그 뿐 아니라 1890년대 후반부터는 일본의 제국주의를 내세
우더니 조선 침략 흉계에 가담하는 등 갈팡질팡했다.

센슈우대학과 와세다대학

앞에서 살펴 보았듯이 일본에서 세워진 두 번째 대학은 '토우쿄우 대학'(とうきょう)이었다.

세 번째 대학은 칸다(かんだ)에 있는 센슈우(せんしゅう)대학이다. 센슈우대학은 1880년에 소우마 나가타네(そうま ながたね,1850~ 1924) 씨가 설립한 대학이다

소우마 나가타네 씨는 선각자로서 저명한 법률 학자였다. 그는 메이지유신 이후 일찍이 미국 컬럼비아대학과 예일대학 대학원을 마친 법률가로서 뜻한 바 있어 귀국하여 동지들을 규합해서 일본 제3번 째의 센슈우대학을 설립한 것이었다.

센슈우대학에 뒤이어 1881년에 키시모토 타쓰오(きしもと たつお, 1852~1912) 씨가 역시 칸다에 설립한 것이 일본 제4번 째의 메이지대학이다.

센슈우, 메이지에 뒤이어서 '우시코메'에 선 것은 와세다대학이다. 와세다대학은 1882년에 정치가였던 오오쿠마 시게노부(おおくま しげのぶ, 1838~1922) 씨가 세운 일본 제5번 째의 대학이 되었다.

역시 이 시기에 '호우세이대학'·'츄우오우대학'·'니혼대학' 등 토우쿄우의 명문 대학이 칸다에 잇달아 선 것이었다.

'혼네'(본색)와 '다테마에'(표면적 원칙)

일본 사람들의 마음가짐에 관한 유명한 상대적인 표현이 있다. 소위 '혼네'(ほんね)와 '타테마에'(たてまえ)라고 일컫는 것이다.

'혼네'라는 것은 본심 즉 거짓없는 속마음을 가리키는 것이다. 그러므로 본색을 나타내는 것을 혼네라고 하는 것이다. 그러나 그 '혼네'를 남에게 좀처럼 들어내서 알려주지 않는 게 일본인이라는 얘기다.

더더구나 일본인이 외국인에게 대해서 깡그리 혼네를 모두 말하여 주리라는 것을 기대한다면 그것은 어리석은 일일런지도 모른다. 철저하게 남에게 감추어 방어해서 자기를 지키는 심리가 '혼네'의 기본틀이라고 해도 과언이 아닐 것이다.

그러기에 '혼네'가 본심에서 울어나오는 말인데 반해서, '타테마에'는 표면적인 원칙이며 형식적인 말이다. 즉 대체적인 말, 보통 상식의 표현이 곧 '타테마에'이다. 그저 대략 그럴싸하게 남에게 대응하는 표현 태도이며 그런 자세인 것이다.

둘러대는 '엔쿄쿠' 즉 '완곡' 표현

따지고 본다면 일본 사람들의 '혼네'와 '타테마에'라는 것은 의식의 2중구조를 가리킨다. 어쩌면 쉽사리 남의 말이나 기분에 충동되기 쉬운 사람은 신중하게 대처할 일이 아닌가 한다. 그와 같은 의식의 2중구조가 결코 대인 관계에 있어서 만만치 않은 것임을 알아둘 필요가 있다고 본다.

일본 지식인들이 서로 말을 주고 받는 대화를 주시할 필요가 있다. 그들은 되도록 직접적이거나 단정적인 표현을 삼가고 있다. 우선 그것은 뛰어난 화술이라고 본다.

"아닙니다"(いいえ, ちがいます)라는 말대신에 "그렇군요"(そうですね)하고 우선 긍정적인 표현을 하는게 일본사람들의 화술이다. 긍정

적인 표현을 한 다음에, 비로소 다시금 그렇다, 아니다를 구별해서
말한다.

일본인들은 직설적인 표현대신에 완곡(えんきょく)하게 멀리 둘러
대서 말한다는 것을 우리는 알아둘 필요가 있다. 즉 다른 말로는 '토
우마와시'(とおまわし)라는 '둘러댐'인 것이다. 때문에 글을 쓸 때도
'……하다' 또는 '……이다' 라는 단정 대신에 '……인 것 같다'고 곧잘
여운을 남긴다.

일본 최초의 서양 물건은 총 2자루

'화투'는 어디서 온 오락용 카아드 놀이인가. 흔히들 화투하면 일본
에서 만든 것으로 알 고 있다. 화투는 일본어로 '하나후다'(はなふだ,
花札)라고 부른다. 그 발자취는 서양배가 처음으로 일본 열도에 찾아
들던 시기와 연관이 된다.

일본에 가장 먼저 들어 온 서양 물건은 '서양총' 2자루였다. 서기
1543년 9월 23일에 포루투갈 상인 '프란시스코'(Francisco) 등이
탄 배가 태풍 때문에 일본 '카고시마'(かごしま)의 '타네가시마'(たね
がしま) 섬으로 밀려 왔다.

이 포루투갈의 상선은 중국 '닝포'로 가던 배였다. 그러나 태풍으로
엉뚱하게도 프란시스코 등이 생전에 전혀 알지 못한 낯선 일본 땅으
로 거센 파도가 몰아다 준 것이었다. 이 당시 우리나라는 조선 중종
(1506~1544) 말기였다.

그 당시 타네가시마의 영주였던 '토키타카'(ときたか)는 파란 눈에
큰 코를 가진 괴물같은 서양 사람으로부터 그들의 총 2자루를 샀다.

이것은 일본 사람이 그냥 제자리에 앉아서 서양과 역사상 첫 상거래를 한 중대한 역사의 발자취다.

그 당시 토키타가는 프란시스코에게 총값으로 많은 분량의 '은'을 돈 대신에 내주었다.

이 총 2자루는 현재 타네가시마의 '종합개발센터'에 소장되고 있다. 총의 길이는 불과 1미터가 채 못되는 99.8센티이다.

이 총은 그로부터 50년 만인 1592년에 조선 침략의 흉기로 바뀐 셈이다. 즉 일본의 토요토미 히데요시(とよとみ ひでよし,1536~1598)가 '조총'을 들고 임진왜란을 일으키게 한 동기가 된 것을 우리가 잊어서는 안될 것 같다. 왜냐하면 프란시스코의 총 두 자루가 일본에 들어 온 뒤로부터 일본에서는 계속해서 서양총을 사들였고, 총을 연구해서 이른바 '조총' 따위도 차츰 일본에서 대량 생산하게 되었기 때문이다.

포루투갈 상인들은 엄청나게 비싼 값어치의 '은'을 받고 일본에다 총 2자루를 판 것을 계기로, 계속해서 총이며 각종 서구의 상품들을 일본에 갖다 팔면서 톡톡히 재미를 보게 되었다.

그 시대의 서양에서는 '금'보다 '은'이 더 값이 훨씬 비쌌고, 은이야 말로 세상에서 가장 귀중한 보배였던 것이다. 이를테면 은행(銀行)이라는 말도 은이 금(金)보다 비싼 값어치에서 생긴 표현이다.

일본에 온 서양 최초의 선교사 '사비에르'

포르투갈 사람들은 계속해서 일본에 많은 총을 갖다 팔았다. 여러 가지 진기한 서양 물건도 가지고 일본으로 몰려왔다. 그런 소문이 스

페인에도 알려졌다. 그러자 포루투갈에 뒤이어 40년만에 일본에는 스페인 무역선도 나타나게 되었다. 스페인 배는 1584년에 큐우슈우의 '히라도'(ひらど)에 처음으로 서양 물건들을 팔러 왔다.

포루투갈 배가 일본 타네가시마에 태풍으로 밀려 온 1543년은 앞에서 지적했듯이 조선왕조 중종(1506~1544 재위) 말기였고, 스페인 배가 일본 히라도에 처음으로 온 1584년은 조선왕조 선조(1568~1608 재위) 중기였다. 그 후 8년만에 일본으로부터 임진왜란(1592~1598)을 겪은 조선왕은 다름아닌 선조(1567~1608)였다.

서양의 그리스도교 선교사가 일본에 처음으로 온 것은 1549년이기도 했다. 그 당시 '예수회'(Society of Jesus)의 스페인 선교사 프란시스코 사비엘(Francisco de Xavier, 1506~1552)이 일본 남쪽 섬 큐우슈우의 '카고시마'(かごしま)에 배를 타고 찾아 왔다.

그 무렵 캐톨릭 국가였던 스페인과 포루투갈은 일본에 대한 무역과 동시에 카톨릭교(천주교) 포교를 위해 선교사들도 보내기 시작한 것이었다. 프란시스코 사비엘은 일본에 온 최초의 서양 선교사였다.

포루투갈의 '카르타'에서 생긴 일본 '화투'

일본의 '화투'는 '하나후다'(はなふだ)라고 부른다. 이 '하나후다'라는 오락물 카아드 놀이는 서양의 '카르타'(carta, カルタ)에서 생겼다. '가르타'라는 말은 포루투갈어이다.

'하나후다'인 일본 화투의 발자취에 대해서 일본에서는 다음과 같이 밝히고 있다.

「16세기 중엽부터 17세기 초엽에 걸쳐서, 그리스도교 선교사들에 의해 여러 가지 서양 문화가 일본에 들어왔다. '하나후다'(화투)도 그 당시 전해 온 서양 '카르타'에서 파생된 것이다.

'하나후다'(꽃 카아드) 또는 '하나 카르타'(はなカルタ, 꽃 카르타) 는 1년 12개월을 모두 꽃으로서 나타내며, 카아드의 꽃을 맞추는 게 임이다.

1월부터 12월까지 소나무, 매화, 벚꽃, 등나무, 제비붓꽃, 모란, 싸리, 참억새(달), 국화, 단풍, 버들(비), 오동의 12종류이다.

각기 4장씩으로 합계 48매의 카아드가 있으며, 그 그림에 따라서 점수의 높낮이 있다(『세이카쓰노다이지텐』, 1982).

일본에서 '처음부터 끝까지'라고 쓰는 관용어에 '핀부터 키리까지' (ピンからキリまで)라는 것이 있다. 이것은 화투에서 생긴 말로서 여기서 '핀'은 1월의 '솔'을 가리키며 '키리'(きり)는 12월의 '오동'을 말한다.

처음을 가리키는 '핀'이라는 말은 역시 화투의 본국인 포루투갈의 말로서, '점'을 가리키는 '핀타'(pinta)에서 생긴 말이다. '키리'는 '오동'을 가리키는 일어이다.

'쪽발이'라는 일본 사람의 별명

한국어를 알아 듣는 일본 사람에게 만약에 누가 '쪽발이'라고 부른다면, 그 사람은 당장 화를 버럭 낼 것이다. 누구나 남에게 별명을 듣는 것은 기분이 언짢기 때문이다. 더구나 일본인들이 싫어하는 말은 '쪽발이'이다.

그런데 일본 사람을 '쪽발이'라고 가리키는 별명은 어디서부터 생겨

난 말인가. 일본인들은 '게타'(げた)라고 부르는 일종의 나막신을 신는다. 이것은 나무판에다 끈을 꿴 것으로 즉 나무로 만든 신이다.

신의 생김새(컷 그림)는 나무판에다 3개의 구멍을 세모꼴 방향으로 뚫고, 끈을 시옷자 모양으로 꿰었다. 이 게타를 신을 때에 엄지 발가락과 둘째 발가락 사이의 발샅에다 게타끈의 꼭지끈을 꿰서 신는다.

그러므로 자연히 두 발가락 사이가 벌어지는 '쪽발'이 되는 것이다. 이 게타의 나무판 밑에는 대개 2개의 나무쪽을 덧대서, 신의 운두를 높게 만든다.

'조우리'는 여자의 신이자 짚신

이와 같은 일본식의 나막신 뿐이 아니고, 흔히 여자들이 많이 신는 '조우리'(ぞうり)라는 것도 생김새는 게타와 비슷하다. 즉 엄지 발가락과 둘째 발가락 사이를 끈으로 꿰어 신는 형식은 게타와 똑같다.

단지 조우리는 신바닥의 운두가 낮고, 예쁘장하며 둥그스럼하게 만든다. 재료도 나무대신에 볏짚이거나 대나무 껍질, 또는 가죽이며 고무등 여러 가지를 가지고 만든다.

거듭 말하자면 조우리도 엄지 발가락과 둘째 발가락 사이의 발샅에다 꼭지 끈을 꿰어서 쪽발로

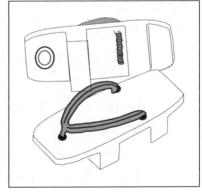

「게타」

신기 마련이다.

일본 사람의 버선도 이와 같은 게타나 조우리에 어울리도록 버선 앞부리를 쪽발식으로 만든다. 이것을 '타비'(たび)라고 부른다. 그것 뿐이 아니고, 일본의 노동자들이 작업할 때 신는 신발도 '타비'처럼 만들어 신는다. 이 작업용의 신을 '지카타비'(ちかたび)라고 부른다. 두말 할 것 없이 쪽발식으로 만들어진 작업화이다.

이와 같이 일본사람들은 게타 따위 신이며 타비에 의해서 쪽발식으로 신과 버선 따위 또는 양말 따위까지도 만들고 있다. 여기에서 생겨난 일본인에 대한 별명이 '쪽발이'가 되고 만 것이다.

일본 농촌에 가보면 '짚신'인 '와라지'(わらじ)를 신는 사람이 있다. 일본 '와라지'는 우리나라 짚신과 신바닥의 생김새는 똑같고, 위쪽만은 새끼줄로 발등을 쪽발식으로 묶게 되어 있다.

일본의 조선 침략과 '쪽발이' 별칭

일본식 신발과 버선·양말 등의 특징에서, 우리나라 사람들이 붙인 별명이 언제부터인가 '쪽발이' 소리를 만들고야 말았다. 그런데 그와 같은 별명이 붙여진 시기는 아무래도 일제 침략 당시부터가 아닌가 한다.

서기 1910년에 일본이 대한제국(1896. 8. 16부터의 국호)을 강제로 '한일합방' 하여 침략한 뒤에 36년간이나 우리나라 사람들을 탄압하며 지배했을 때, 불쑥 누군가의 입에서 일본인에 대해서 '쪽발이'라고 하는 별명을 부르기 시작했으리라는 추측을 하게 된다. 만약에 그 때가 아니라면, 서기 1592년의 '임진왜란' 때로 그 시기가 훨씬 더 많이 위로 거슬러 올라가게 된다고 본다.

일본의 무장 '토요토미 히데요시(풍신수길)'가 명령을 해서 그의 부하 무장들과 약 20만의 왜군이 1592년에 한반도로 쳐들어와 7년간 온갖 침략 만행을 저질렀던 것이 임진왜란이다. 그 당시에도 왜군들은 짚신의 일종인 '와라지'며 '조우리' 따위를 신고 다녔던 것이다. 새끼줄로 엄지 발가락과 검지 발가락을 꿰는 쪽발의 발모습이었다. 그들이 그런 신을 신고 있었던 것은 그 당시의 옛날 그림으로 확인할 수 있다.

'센징' 따위의 차별식 별칭

일본 사람들은 일제 때 조선 사람을 가리켜 무엇이라고 별칭을 부르고 있었을까. 일제 치하에서 일본인들 중에는 조선인을 '센징'(せんじん)이라고 차별하면서 천대시했던 것이다

이 '센징'이라는 것은 '조선사람'을 가리키는 '조우센징'(ちょうせんじん)에서 앞글자는 떼어버리고 그 반만 '센징'으로 별칭을 삼았던 것이다. 더구나 조선사람에게 심한 욕설을 서슴치 않는 일본사람들도 적지 않았다. 그들은 조선인을 경멸하면서 소위 '후테이 센징'(ふていせんじん) 즉, '무법자 조선놈'이라는 뜻의 욕설을 했다.

그런가하면 '조우센징!'하고 억양을 높여서 감정을 섞어 손가락질도 했다. '조우센징'이라는 것은 '조선인'을 가리킨다. 본래 조선왕조 당시의 그 당시 우리나라 국호가 '조선'이었기 때문에, '조선인'은 당연한 표현이라고 여기기 쉽다. 그러나 조선 사람을 멸시하면서, '조우센징!'이라고 감정을 섞어 차별시 했던 것이다.

더구나 독립투사들에게 '센징!'이라고 버럭버럭 고함치며, 고문했던 것이다. '센진노야쓰'(せんじんのやつ) 즉 '조선놈의 새끼'이라는 뜻으로 욕설을 퍼붓기도 했다. 그와 같은 것은 일제하의 재판 기록문에도 나타나 있다.

'재팬'은 옻칠한 나무 그릇이라는 뜻

우리 한국 사람은 '쪽발이' 대신에 '왜놈'소리도 했다.

'왜'란 물론 일본의 옛날 국호이다. 그래서 일본 역사책에서도 일본이라는 국호가 나오기 전에는 '왜인'(わじん, 倭人)이라고 표현했다. '일본'이라는 국호는 신라에서 서기 770년에 처음 불러준 국호이다 (『삼국사기』(신라본기)).

영어로는 일본을 '재팬'(Japan)이라고 하며, 일본에서는 '자판'(ジャパン)으로 표기하고 있다. 여하간 영어 단어의 이 '재팬'은 나무 그릇의 일종인 '칠기'를 뜻한다.

일본 사람들이 옻칠을 해서 만든 나무 그릇을 식기로 사용하는 것을 본 서양 사람들이 18세기 경부터 그렇게 불러주게 된 것이다. 그러나 칠기를 일본에다 가르쳐 준 것은 고대 신라이다. 오늘날도 충무(통영)가 나전칠기의 명산지거니와 이 고장의 칠기공예가 고대 왜나라로 전수된 것으로 추찰된다.

일본 나라땅의 '호우린지'(ほうりんじ) 사찰에는 일본에 건너가서 칠기를 가르친 신라 스님 도창율사(道昌律師)가 모시던 '허공장보살'의 불상이 있어서 매우 유명하다. 신라스님 '도창율사'가 서기 622년에 나라땅에 건너 가서 세운 것이 호우린지(法輪寺) 사찰이다. 쿄우

토 시(右京區)에도 '호우린지'가 있으며 산문에는 '일본칠기조상 허공
장보살'로 편액을 달고 있는 이른바 '옻절'(漆寺)로서 유명하다.

사노 켄지(さの けんじ) 교수는 그 발자취를 다음과 같이 밝혔다.

「도창율사 등 신라계 불교가 칠공조신(漆工祖神)인 허공장 신앙을
일본에 들여왔다」(「칠공조신 허공장보살」,1981)

매년 11월 13일에 호우린지에서는 옻제(漆祭) 마쓰리의 예불 행사
가 거행된다. 또한 토우쿄우(東上野)에 있는 '쇼우운인'(宋雲院)에서
도 '허공장보살' 앞에 모인 전국의 칠기업계 인사들이 같은 날 칠기
공예 축제 행사를 거행하고 있다.

바둑은 '고', 장기는 '쇼우기'

일본에서는 대중 오락으로서 바둑과 장기가 성행하고 있다.

바둑은 '고'(ご) 또는 '이고'(いご)라고 부르고 있다. 일본에서는 지
금 '바둑은 고대 인도에서 발생한 것이 중국을 거쳐 일본에 들어 왔
다'는 설과, '약 3천년 전에 고대 중국에서 발생해서 한국을 거쳐 일
본으로 건너 왔다'는 설이 나돌고 있다.

따라서 바둑의 발생지는 일본이 아니라는 것 만은 확실하다. 그러
나 바둑이 일본에서 발전한 것은 틀림없다.

바둑을 많이 두게된 시기는 헤이안시대(794~1192)이다. 그 첫
시기는 백제인 칸무천황(781~806 재위)시대부터이며, 백제인 왕족
과 귀족들이 즐기던 오락이었다. 어쩌면 바둑을 즐기던 백제인들이
일찍이 왜나라로 바둑을 들여 온게 아닌가 한다. 그 당시 노동에 시
달리는 왜나라의 선주민 일반 민중은 바둑 따위 오락을 즐길 만한 시

간이 없었으리라고 본다.

헤이안시대를 이룬 칸무천황의 아버지는 코우닌천황(770~781)으로서, 코우닌천황이 백제인이라는 사실은 고대 문헌인 『후쿠로소우시』(袋草子, 1158년 성립)에 밝혀져 있다. 또한 칸무천황의 모후인 어머니 화씨부인, 즉 타카노노 니이카사(たかのの にいかさ, 생년 미상~789)도 백제 여성이며, 그녀의 아버지인 백제조신 화을계(やまとの おとつぐ)가 백제인이라는 것 등은 역사책 『일본서기』(720)에 자세하게 밝혀져 있다.

이 당시의 백제인 왕족이며 귀족들은 일본 왕실 등에서 '와카'(わか)를 읊고, 바둑을 둔다, 장기를 즐겼던 것이다.

바둑은 본래 길흉을 점쳤다는 설

바둑은 본래 길흉을 점치던 것으로서 바둑 돌이 희고 검은 것은 음과 양을 가리킨다고 한다. 바둑판 361개의 점에서 그 한 가운데의 점은 하늘의 중심이고, 네 변의 네 개의 점은 춘하추동을 가리키는 것인데, 이것이 뒷날 오락이 된 것이란다.

일본의 장기인 '쇼우기'(しょうぎ)의 경우도 그것이 인도에서 발생해서, 중국에 들어왔다가 조선을 거쳐 일본에 건너 왔다는 것이 다음과 같이 지적되고 있다.

「장기의 원형은 인도의 '차우트랭거'이다. 이 장기는 중국으로부터 조선에 전해졌고, 일본에는 나라시대(710~784)에 들어왔다」(『세이카쓰노 다이지텐』, 1982).

일본 장기판은 81개의 집이 있고, 36개의 말을 가지고 게임을 행

한다. 일본에서 장기는 무로마치(むろまち) 말기인 16세기 때에 지금 같은 형태가 등장했고, 전국시대의 무장 오다 노부나가(おだ のぶなが, 1534~1582)가 즐겨 두었다고 한다.

토쿠가와 막부에서 무장들에게 전쟁에 도움이 되는 놀이로서 바둑과 장기를 장려했을 정도인데, 에도시대에는 서민들 사이에도 서서히 뿌리가 내리게 되었던 것이다.

일본 민중은 성씨(묘우지)가 없었다.

일본 여성들은 결혼하면 남편의 성씨를 따라서, 지금까지의 자신의 본성을 바꾼다. 이와 같은 것은 메이지 시대의 민법에 의해서 규정되었던 것이다. 물론 일본의 일반 민중은 본래 성씨가 없었고, 왕족과 귀족 무사 등만이 성씨를 썼던 것이기도 하다.

일본은 메이지유신 이후 1875년에 모든 사람이 성씨를 짓는 의무 법령인 이른바 '명자 필칭 의무령'(みょうじひっしょうぎむれい)이라는 것을 시달했다. 만약 누구거나 어긴다면 국가에서 처벌한다는 것이었다.

이에 대해 사쿠마 에이(さくま えい) 박사는 그의 저서에서 다음과 같이 쓰고 있다.

「1875년 이전의 일본인들은 극히 일부 상류층을 제외한 모든 사람이 성씨도 없이 살았던 것이다. 그 당시 메이지 정부가 법령으로 '명자필칭 의무령'(1875. 2)을 내려서 강제로 창씨를 시킨 것은 조세와 징병 등을 위해 호적을 만들기 위한 것이었다」(『일본인의 성』1975).

메이지유신 이후에 강제 법령에 의해서 성을 갖게된 일본 민중들은 세금이며 징병에 시달리게 되었던 것이다. 만약 그런 법령이 내려지지 않았더라면, 일본인들이 언제 쯤 성씨를 갖게 되었을지는 모를 일이다. 여하간 19세기 말엽에 가서야 그들은 겨우 성씨가 생긴 것이다.

아내의 성씨는 남편의 성씨로 바꾼다.

일본에 「민법」이 생긴 것은 1896년의 일이다. 이 민법에 의해서, 결혼하는 여성은 반드시 자기 본성을 포기하고 남편의 호적에 입적하면서 남편 가문의 성씨로 바꾸게 되었다.

일본이 1945년 8월 15일, 제2차대전에 패배한 뒤에 민법은 개정되었다. 새 민법에서는 남편의 성씨로 바꾸라는 강제 규정이 사라졌고, 다만 부부가 합의하에 어느 쪽을 택하던지 자유롭게 되었다. 그러나 오랜 관습 때문에 아직도 옛 그대로 남편 성씨를 따르는 경향이 크다고, 지기인 타나카 시게히토(たなか しげひと) 변호사는 내게 자기 처에 관해서 이렇게 말한다.

「저의 처도 제 성씨를 따라서, 타나카 요시코(たなか よしこ)입니다. 옛부터의 관습이라서 좀처럼 친정집의 자기 본성을 지키는 여성은 많이 볼 수가 없습니다. 지금이라도 바꾸고 싶다면 본성으로 고칠 수는 있습니다. 물론 요즘 결혼하는 여성들 중에선 자기 성씨를 지키는 사람들이 늘고 있는 실정입니다. 직장 여성의 경우 결혼하면서 성씨를 바꾸면 사무실에서 호칭에 혼란이 오게 되더군요. 맞벌이 부부가 늘면서, 본래의 자기 성씨 고수가 증가하고 있습니다.」

여자는 과거・현재・미래에 집이 없다.

타나카 시게히토 변호사는 일본의 속담을 넌지시 꺼내면서 다음과 같이 말하는 것이었다.

"여자는 삼계(과거・현재・미래)에 집이 없다고 하는 일본의 속담이 있습니다. 그러나 그런 속담은 지나간 시대의 어리석은 유물이지요."

"어리석은 유물이라면?"

"보십시오. 부부 싸움하면 2박3일 정도 친정으로 보따리 들고 가버립니다. 남편이 출장 가면 이게 웬 떡이냐 하고 친구랑 여행도 갑니다. 아이들이 제법 커지면 문화센터로 가는 것입니다. 자유 분방하게 지내는 아주머니들이 많아진 시대 아닙니까?"

그렇다. 일본 뿐 아니라, 한국에서도 벌써부터 문화센터는 성업중이다.

다나카 변화사의 '여자는 삼계에 집이 없다'는 일본 속담은, 그 뿌리가 유교의 '삼종지의'에 있는 것 같다.

"유교의 가르침이 무엇입니까? 여자가 시집가기 전에는 아버지를 따라야 하고, 결혼하면 남편을 따르고, 늙어서는 자식을 따르라고 했으니, 옛날 여성들이야말로 문화센터도 없고 여행에 타고 다닐 자가용 자동차도 없고……"

그러므로 과거・현재・미래에 안주의 터전이 없으니, 성씨나마 시집 쪽을 따라서 정신적인 소속감 만들기에라도 힘써야 했다는 것이다.

그런데 여성은 또 얼마나 억울한 봉사를 해야만 했던가. 다시 변호사 타나카 시게히토 씨에게 귀를 기울여 보자.

"옛날의 일본 민법은 1898년에 정해졌으나, 2차대전 후인 1947년까지 따랐던 것이지요. 이 구민법을 보면 남편이 딴 여자의 몸에서

낳은 아기도 입적시켜 본가에 데려다가 키울 수 있었던 것입니다. 물론 아내가 거절하려면 이혼이라는 방법은 있었습니다만, 여성에게 일 방적으로 가혹했지요."

여성은 삼계에 집이 없다는 일본 속담은 옛말이 되었다지만 아직도 시가의 성씨를 따르고 있는 것이 일본 여성들의 현주소이다.

일본 고대의 명문 '켄 페이 토우 키쓰'

일본 천황가에서 군림했던 귀족 4대 명문이 있다. 4가지 성씨로서 이른바 '켄 페이 토우 키쓰'(けんぺいとうきつ, 源平藤橘)의 4가문이다.

4명문의 대표적인 인물은 미나모토노 요리토모(みなもとの よりとも, 源賴朝, 1149~1199)・타이라노 키요모리(たいらの きよもり, 平淸盛, 1118~1181)・후지와라노 카마타리(ふじわらの かまたり, 藤原鎌足, 614~669)・타치바나노 모로에(たちばなの もろえ, 橘諸兄, 미상~757)가 각기 조정의 최고 대신으로서 자기 후손들에게 영달을 누리게 해주었던 인물들이다. 이들은 모두 백제인 후예들이었다. 성씨 학자인 사쿠마 에이 박사는 이렇게 말한다.

"저마다 '켄 페이 토우 키쓰' 4가문 중에 자기 가문이 속한다고 합니다만……. 그 이유는 이 가문들이 일본 천하를 누볐기 때문이죠."

일본 군국주의 '카미카제' 특공대의 개죽음

일제가 제2차대전 중에 계속 패전하게 되자, 다급한 나머지 소위

'카미카제'(かみかぜ) 특공대를 편성하게 되었다. 17세, 18세의 일본 젊은이들을 연습기 따위 보잘 것 없는 비행기에 태워 전선에 보내서, 미군 군함에 비행기채로 직접 하늘위에서 바다로 내리 곤두박히는 육탄 박치기 공격을 시킨 일이었다. 두 말 나위없이 '카미카제' 특공대로 끌려나가서 희생당한 조선인 청소년들도 적지 않았다.

일제는 처음에 '소년항공병'(しょうねんこうくうへい)이라는 미명아래, 청소년들에게 해군의 카미카제 특공대로 편성했던 것이다. 육군 등에서도 해군 카미카제 특공대로 많은 젊은이들이 뽑혀갔다고 한다.

이들 청소년들에게 약 1주일간의 항공기 조정 훈련을 시키면, 곧 전선에 출격시킨 것이었다. 그러므로 '조정간'만 쥐고 비행기가 뜨고 내리고 할 수 있는 극히 간단한 조정법만 익히면 1인승 소형 비행기에 타게한 뒤, 적군의 군함이며 수송선 등 각종 선박이 다니는 태평양 바다에 날아가서 내리꽂히는 잔혹한 곤두박질을 명령한 것이었다.

'텐노우헤이카 반자이!"(てんのうへいかばんざい, 천황폐하 만세)

천황을 위해 아낌없이 목숨을 깨끗이 바치고 꽃으로 진다는 것이었다.

그것은 참으로 비인간적인 개죽음(いぬじに)이었다. 그러기에 그들 청소년 특공대의 가족들은 훈장과 함께 '전사통지'를 받으면 어디다 호소할 데도 없이 어깨를 들먹이며 비통한 눈물만 흘릴 뿐이었다.

개죽음 당하는 특공대 연습기의 소년병

일본의 작가 노사카 아키유키(のさか あきゆき) 씨는 특공대의 그와 같은 죽음을 개죽음이라고 통박하면서 전쟁 동화를 엮어서 유명하다. 일본 NHK 텔레비젼에서 지난 1996년 8월 17일 아침 8시에 카미카제 특공대 「붉은 잠자리」(あかトンボ) 이야기를 성인 동화로서 방영해서 주목 받았다. 필자가 직접 시청했는데 그 내용을 요약하면 다음과 같다.

「카미카제 특공대에 뽑힌 소년은 비행기를 몰고 기지를 떠나 무작정 태평양 바다를 향해 날아가고 있었다. 미군의 배만 나타나면 무조건 내리꽂혀 박치기 하는 것 만이 그의 유일한 임무였던 것이다. 비행기도 일개 소형 연습기였다. 태풍만 불어도 종이장처럼 날아 부서져버릴 것 같았다. 이것이 이른바 해군항공대 연습기인 별명 '붉은 잠자리'였다.

소년은 중학교에서 공부하던 양순한 학생으로서 카미카제 특공대에 끌려나온 것이었다. 그는 1인용 연습기 '붉은 잠자리'에 폭탄을 동료 삼아 가득 실은채 날아가고 있었다. 더욱 긴장되는 것은 처음부터 연습기에는 연료인 가솔린이 목적지까지 갈 분량 밖에는 탱크 속에 넣어주지도 않았다. 죽음으로 가는 길은 이렇듯 정해져 있었다. 다른 특공대 소년들도 각기 붉은 잠자리의 편대를 이루어 함께 날아가고 있었다.」

'카미카제'와 몽고군의 일본 대습격

'카미카제'(かみかぜ)란 무엇인가. '신의 바람'이라는 뜻이다. 이 '카미카제'라는 소리가 일본에 나타난 것은 1274년 겨울의 일이었다.

몽고의 대군이 바다를 건너와 일본을 공격했다. 몽고군은 큐우슈우의 하카타만에 상륙까지 했다. 일본은 위기에 직면했다. 이날 밤 거센 태풍이 몰아쳤다. 이 큰 태풍 때문에 몽고군의 선박들은 순식간에 파선이 되면서 몽고군은 참패당하고야 말았다.

이 때 일본 조정은 터주신이 도와주어 몽고군을 물리쳤다고 기뻐하면서, 그 날의 태풍을 신의 바람 즉 '카미카제'(神風)라고 찬양하게 된 것이다. 그 때 우리나라는 고려 충렬왕(1274~1303 재위) 때였고 일본은 '고우타천황'(ごうたてんのう, 1274~1287 재위)의 시대였다.

이 때부터 일본에서 '카미카제' 소리가 나기 시작한 것이고, 급기야 2차대전 말기에는 '카미카제 특공대'까지 등장시킨 것이었다.

여기에 부기해 두자면 '바람의 신'(かぜのかみ)은 『일본서기』의 「신공황후」(じんぐうこうごう)편에 나온다. 신공황후가 바람의 신의 힘을 얻어 배를 몰아 바다 건너 신라 침공에 성공했다는 황당무개한 역사 조작 기사이기도 하다.

'삿카'라는 일본 축구와 '제이리이그'

한일축구 경기 때, 일본 응원단석에는 '카미카제'(神風, かみかぜ)라는 한자 글자판을 든 일본 응원단원들이 눈에 띨 때도 있다. 그 때문에 식자들의 입맛을 씁쓰레 하게 만들기도 한다.

일본에서는 축구를 가리켜 '삿카'(サッカー)라고 부른다. 이것은 영어의 '소커'(soccer)를 일본식으로 발음하고 있는 것이다. 일본 축구는 한일전에서 연패를 거듭한 것이 1990년대 초까지의 일이다.

소위 일본 '삿카'가 기운을 다시 차리게 된 원동력은 무엇인가. 그것은 두말할 나위없이 프로 축구의 활성화이다. 일본에서는 1990년대 초반부터 이른바 '제이리이그'(Jリーグ)를 대대적으로 활성화시키게 되었다. 그것이 크게 주효해서 한국 축구가 일본 축구에 뒤좇기는 형세가 되기에 이른 것이다.

일본 프로축구 '제이리이그'는 전국 18개 지역팀을 가지고 1부 리이그가 운영되고 있다. 한 팀의 경기에 3명의 외국인 선수까지 당일 시합의 경기 출전이 가능하다. 일본 프로축구 외국인 용병들은 브라질선수들이 압도적으로 많다. 현재 1백명 정도가 일본 프로팀에 와있다.

한국선수도 홍명보·주증윤·유상철·하석주·윤정환 선수 등등 여럿이 제이리이그에 진출하여 찬사를 받으며 뛰고 있다(2000. 9 현재).

제이리이그의 2부리이그 팀들 중에서 그해 경기 성적 상위 1위와 2위는 이듬 해 1부 리이그로 승진하게 된다. 물론 1부 리이그에서 최하위 2팀은 탈락하여 2부 리이그로 전락하는 것이다. 1부 리이그 진출은 바늘구멍이라는 소리가 나오기 마련이다.

2002년 월드컵과 일본의 축구 열기

일본은 제이리이그의 붐을 타고 브라질 열기가 뜨겁다. 브라질 축구 선수들이 일본 진출과 동시에 동시에 수많은 일본 청소년들이 브라질로 축구 유학을 떠나고 있다.

일본 축구협회 관계자에 의하면, 현재 약 2천명의 일본 어린이들이 브라질에서 축구를 배우고 있다고 한다.

브라질의 상파울로 등 각 지역에는 크고 작은 축구학교가 5백 곳이 넘는다고 한다. 학교라기 보다는 이름난 선수들이 저마다 다투어 축구교실을 운영하고 있는 것이다.

아침에 눈을 비비고 깨어나면 공을 차기 시작해서 하루 해가 지도록 축구장을 뛰달리는 훈련의 나날인 것이다. 일본의 열성 어머니들

은 내 자식의 축구 영웅 탄생을 꿈꾸며 이른바 '삿카 마마'(サッカー
ママ)라는 '축구 엄마' 소리를 듣는 게 마냥 기쁘다는 얘기다.

필자의 제자인 나카무라 야스코(なかむら やすこ) 양도 이제는 결
혼해서 6살 짜리 아들 타케시군을 두었다. 나카무라 부인은 내게 "타
케시가 소학교 3학년만 되면 브라질로 축구유학을 보내겠다"고 한다.
그녀의 말로는 "유치원 축구대회에서 타케시는 골케터로 인기가 큽니
다." 해서 얼마전 우리는 재미나게 웃었다.

일본 축구의 스타아였던 '카즈'(かず)도 6살 때 브라질로 축구 유학
을 떠나, 그 곳에서 성장한 뒤에 일본 삿카로 귀국해서 히어로가 된
선수이다. 그의 이력서는 지금도 2천명을 헤아린다는 브라질 유학 일
본 청소년들이 똑같이 쓰고 싶은 것인데 과연 몇 명이 제2, 제3의
'카즈'(みうら かずよし)로 출세할 것인지도 눈여겨 볼 만하다.

'와르도 캇프 니센'(ワルドカップ 2000) 즉 '월드컵 2000년'을 앞둔
일본의 축구 열기는 날로 더욱 거세지고 있는 게 오늘의 현실이다.

그것을 잘 알고 있는가.

'붉은 악마'들이여, 화이팅!

토우쿄우 올림픽과 '신칸센' 철도 건설

1964년 10월 1일에는 이른바 토우카이도우 신칸센(しんかんせん)
철도가 개통되었다. 10일부터의 제18회 토우쿄우 올림픽(とうきょう
オリンピック)을 앞두고 토우쿄우와 신오오사카(しんおおさか)를 잇
는 길이 552.6km의 새 간선 철도의 등장이었다.

이 해에는 토우쿄우 올림픽이 열리는 데 맞춰, 일본의 중심 지역을

연결시키는 일개 구간의 신칸센 철도가 개통된 것이었다.

토오쿄우 올림픽은 아시아 지역 최초의 대회였는데, 당시 94개국에서 참가했다. 아시아 지역 두 번째는 제24회 서울 올림픽(1988년)이며, 이 때는 160개국이 참가했었다.

1988년에 일본 본토의 북단인 아오모리 현의 쓰가루(つがる)반도하고, 홋카이도우의 오시마(おしま) 반도를 연결시키는 해저 터널이 개통되었다. 길이 53.9km의 이 세이칸 터널(せいかんトンネル)은 1988년 3월부터 일본 국철(JR) 해협선의 운행도 시작되었다.

또한 같은 해인 1988년에 일본 내해(內海)에는 대규모의 다리인 세토오오하시(せとおおはし,瀨戶大橋)가 건설되었다. 길이 9.4km로서, 일본 본토와 시코쿠(しこく,四國)섬을 연결시키는 혼시(本四) 연락교의 하나로서 바다 위에 떠있는 5개의 섬을 6개의 큰 다리로서 상호 연결시키는 대교이다.

일본사에서 '현대'라는 시기 구분

일본 역사에 있어서 '현대'라는 시기를 어디에 두느냐 하는 구분을 짓는 것은 매우 어려운 일이다. 메이지 유신(1868년) 이후까지가 일본의 근세 시대였다. 따라서 먼저 노일전쟁(1904. 2~1905. 9) 이후 1907년, 또는 1920년 이후로 보는 설이 있다. 이 설은 다 각기 경제 공황을 겪었던 시대를 지적하는 일본의 경제사적인 관점에 입각하고 있다.

더구나 이 시기는 일본이 1910년(한일 합방)에 조선을 침략하여 식민지화가 한창 진행되던 조선의 수난기에 해당한다. 물론 일본의

조선 식민지화는 그리 만만한 것이 아니었다. 특히 1919년 3·1운동은 일본의 식민지 지배에 대한 우리 민족의 단합된 강력한 저항이며 민족 자결의 독립운동이었다. 그러기에 야마베 켄타로우(やまべけんたろう) 교수는 그 당시의 일본의 식민지 통치에 대해서 다음과 같이 밝히고 있다.

「일본 식민지에서도 화태(사할린섬)며 남양(南洋)제도에는 유력한 민족이 없었기 때문에 식민지 통치상 어려운 문제는 우선 발생하지 않았다. 그러나 조선이며 대만에서는 사정이 다르다. 조선은 옛날에 일본의 선진국이었으며, 대만도 일본의 선진국이었던 중국에서 건너온 민족이 살았다. 식민지 통치라는 것은, 이 식민지의 이민족(異民族)을 어떻게 지배하고, 그 민족의 독립 운동을 탄압하느냐 하는 데 귀착된다.(「일본제국주의와 식민지」『일본역사』현대2. 이와나미서점, 1972)

이와 같이 옛날에 일본의 선진국이었고, 일본의 모든 문화를 심어준 조선을 식민지화했던 시대를 일본사의 '현대'로 보는 시대 구분이 있다.

그런 반면에 일본의 제국주의 군사 국가가 패망한 1945년 8월 15일 이후를 '현대'로 구분하는 시각이 일반적이다. 이것은 패전한 일본 군국주의와 체제가 다른 미국식 자본주의 체제가 미국 점령하에 서서히 이루어지기 시작한 정치와 경제 체제에 입각한 구분이기도 하다.

일본이 패전한 1945년 8월부터 '현대'

이노우에 키요시(いのうえ きよし) 교수는 다음과 같이 지적하고 있다.

「일본의 〈현대사〉의 시작을 규정한다면, 그것은 일본이 제2차 세계 대전에 패배하여 항복한 날이 된다. 그 이유는 미군(米軍,저자 주: 米國 등으로 일제하부터 지금까지 써오고 있다)에게 점령당한 피점령 기가 있고, 그 후에도 민족이 완전 독립하고 있지 못하며, 국토의 일 부분인 오키나와 현은 전부가 지금도 아직 아메리카의 군사 독재에 지배되어, 피점령기에 잇따라 계속 일본 각지에 미군기지가 있고, 강 력한 미군이 주둔하여, 정치·경제·사회·문화, 그 밖의 국민 생활 의 온갖 방면에 아메리카 제국주의의 강력한 영향이 미치고 있다.」(「 현대사개설」,『일본역사』현대1, 이와나미서점,1972)

이와 같이 이노우에 키요시 교수는 일본 패전 이후의 시대를 「현대 사」로 구분하면서 특히 미국의 일본에 대한 군사적 지배력을 강력하 게 지적하고 있다. 또한 그것은 자못 주목되는 일본 현대사의 한 단 면이 아닌가 한다.

미일간에는 1971년에 「오키나와 반환협정」이 체결되었다. 그러나 미군의 오키나와 주둔 기지는 상존하고 있다. 일본의 사학자들은 일 본의 현대사의 시기 구분을 일제의 한반도 침략 당시, 또는 일본 패 전에 의한 미군 점령하 이후의 두 시대로 크게 개략적인 구분을 하고 있다.

일반적인 관점에서는 일본의 「현대」라는 시기 구분을 일본이 패전 한 1945년 8월 15일 이후로 보는 설이 지배적이다. 그와 같은 견지 에서 일본 현대 문화사의 배경이 될만한 두드러진 사항들을 살펴보기 로 한다.

1945년 8월 30일에 연합국군 최고사령관 맥아더(D.MacAr-thur,1880~1964)는 일본 점령을 시작했다. 이어 9월 30일에 토우

쿄우만의 미국 전투함 미조리호 선상에서, 일본이 '항복 문서'에 조인
했다. 이 조인식에는 맥아더 사령관 앞에서 시게미쓰 마모루(しげみ
つ まもる, 1887~1957) 등이 전권으로 참석해서 정식으로 항복했
다. 이에 따라 맥아더는 일본의 군정을 실시하게 되었다. 물론 천황
과 국가의 권한은 연합국군 최고사령관 맥아더에게 종속되었다.

연합국군 총사령부 GHQ의 등장

일본 점령 관리의 최고 결정 기관은 미국 워싱턴 DC에 설치된 극
동위원회였으나, 실질적인 권력 행사는 '연합국군 최고사령관 총사령
부'(GHQ, General Headquaters)가 관장했다. 그리고 점령 통치는
일본인 내각의 간접 통치로 하기로 했다.

패전으로 일제의 마지막 행정 책임자였던 스즈키 칸타로우(すずき
かんたろう, 1868~1948) 수상의 내각은 당연히 물러났다. 그리고
간접 통치자로서 히가시쿠니 나루히코(ひがしくに なるひこ, 1887~
1990) 수상의 내각이 맥아더 군정 통치하에 새로 등장했다. 그는 황
족(아사히코친왕의 제9왕자이며, 그의 처는 메이지천황(めいじてん
のう)의 제9황녀)이며, 일제 때는 군인(방위총사령관)이었다.

히가시구니 내각은 당연한 일이지만 육해군을 해산시켰고, 일본의
전쟁 책임에 대해서 온 국민이 잘못을 뉘우치자고 하는 '1억 총참회'를
외쳤다. 그러면서 슬며시 일제하에서와 똑같은 천황제의 존속을 중핵
으로 하는 과거의 정치 체제를 계속시키려고 했다. 그러나 GHQ는 그
것을 용납지 않았으며, 10월 4일에 지금까지는 상상조차 할 수 없는
강력한 민주화지령을 내렸다.

그 내용은 누구나 천황에 대해서 자유로운 비판과 토론을 할 수 있고, 일제 치하의 정치범의 석방, 사상 경찰의 전면 폐지, 내무대신을 비롯해서 특별고등경찰 전원의 파면, 통제 법규의 폐지 등이 담긴 것이었다. 즉 그 동안의 일본 군국주의와 국가주의를 단호하게 제거시키는 등, 세계 각국의 반(反) 파시즘(fascism, 이탈리아의 뭇솔리니의 독재정치에서 생긴 용어. 지금은 반공적·독재적이며 전체주의의 국가주의적인 사상·운동·체제의 총칭이다) 요구에 부응해서, 일본의 비군사화와 민주화를 강력하게 명령한 것이었다.

이 결과 히가시쿠니 내각은 총사퇴했다. 그 대신에 전쟁 전의 영국과 미국 등 각지의 외교관을 지낸, 이른바 친영미파인 시데하라 키쥬우로우(しではら きじゅうろう,1872~1951)가 새 수상직에 등장했다. 시데하라 내각에 의해서 비로소 패전 일본은 미국 지배하의 비군사 민주화 작업이 시작되었다.

1945년 10월 11일에 GHQ는 새 수상 시데하라를 소환해서, 「5대 개혁지령」을 내렸다. 그 첫째는 '선거권 부여에 의해서 일본 여성들을 해방시킬 것'이라는 여성 참정권의 지령이 가장 괄목할 만했다.

둘째는 노동조합 결성의 장려, 셋째는 자유로운 교육을 위한 각급 학교의 개설, 넷째는 지금까지 국민을 공포에 시달리게 한 비밀 검찰과 그 제도의 폐지, 다섯째는 재벌의 독점적 산업 지배의 개선과 경제 기구의 민주화였다.

'나도 신이 아닌 인간'을 선언한 히로히토 천황

1946년 1월 1일에는 천황의 '인간 선언'의 조서가 발표되어 세계의 큰 이목을 끌었다. 일제의 군국주의하에서는 천황을 살아있는 '현인신'으로 조작하며 국민을 탄압했던 것이다. 그것에 대한 히로히토 천황 (1901년생, 1926~89 재위)이 스스로 신격을 부정한 것이었다.

『……천황을 가지고 현어신(現御神,あきつみかみ,아키쓰미카미,저자 주: 사람의 모습을 하고 있는 이 세상의 거룩한 신)으로 삼고, 또한 일본 국민을 가지고 다른 민족보다 우월한 민족으로 삼고, 나아가 세계를 지배해야 할 운명을 갖고 있다는 가공된 관념을 본으로 삼았던 것은 아니되노라』(「관보」1946.1)

이와 같이 GHQ의 지배하에서 군국주의의 잔재는 말끔히 제거되어 갔다.

1946년 10월 17일, 일본 국회에서 헌법이 성립되었다. 이 새 헌법은 지난 날의 '대일본제국 헌법'의 천황 주권을 근본적으로 부정하고, 국민 주권의 원리에 입각한 '민주·평화헌법'이다. 즉 전쟁을 하지 않으며, 군비를 갖지 않겠다는 원칙을 담았다.

1950년 6월에 한국동란이 일어나자 재일 미군이 유엔군의 주력부대가 되어 한국에 파병되었다. 이 때 맥아더 사령관은 요시다 시게루 (よしだ しげる) 수상에게 부득이 일본의 재군비를 지시하게 되었다. 즉 경찰 예비대 7만 5000명의 설치와 해상보안청에 8,000명을 증원시키라고 지시했다.

이로써 일본의 재군비가 시작이 되자 전쟁의 악몽에 시달려 온 일본인들의 비판의 목소리가 터져 나오게 되었다. 많은 일본 국민들은 헌법 정신대로 '평화·비무장·중립'의 이념을 지키라는 것이었다. 오늘의 일본의 군조직인 자위대(じえいたい,自衛隊)는 이런 과정에 의해서 시작된 것이었다.

노조와 학생들의 격렬한 '안보투쟁'

1959년부터 1960년에 걸쳐 일본의 혁신 정당과 노조와 학생들의 '안보 투쟁'이 격렬하게 전개되었다. 이것은 1960년 1월에 키시 노부스케(きし のぶすけ,1896~1987) 수상의 내각이 미국과 신안보조약을 체결하고 조인한 데 대한 반대 데모였다.

1957년 2월에 성립된 것이 보수 합동의 자유민주당(자민당)이었다. 이것은 일본에 보수와 혁신 2대 정당 시대를 가져 왔었다. 키시 내각은 혁신 세력의 반대를 무릅쓰고 1960년 1월에 「일미상호협력 및 안전보장조약」(신안보조약)을 조인했던 것이다.

이 새 조약은 종래의 「일미안전보장조약」(1951. 9)을 개정한 내용이었다. 먼저 번의 조약은 일본의 방위는 미군이 전적으로 도맡아서 행한다는 일본의 미국에 대한 종속적 경향이 큰 것이었으나, 이번 새 조약은 구조약의 내용을 고쳐 상호간에 다소 대등한 입장으로 바꾼 것이었다.

좀 더 구체적으로 살펴 보면 미국은 일본 방위의 의무를 가지며, 일본의 방위력 증강과 재일 미군의 군사 행동을 미일이 서로 사전에 협의한다는 것, 또한 이 조약은 발효한 뒤 10년이 지나면 한 쪽 국가에서 폐기 통고를 할 수 있다는 것 등이 그 골자였다.

이 새 안보조약은 야당 등의 반대를 무릅쓰고 1960년 5월에 국회(중의원·상원)에서 승인을 강행해서 채택했다. 그러자 조약 저지를 위한 혁신 세력과 학생, 문화인 등이 국회로 몰려가서 강력하게 반대하는 등, 이른바 '안보투쟁'이 날로 격렬하게 이어졌다. 그 와중에 이 조약은 국회(참의원·하원)의 승인조차 받지 않은 채, 같은 해 6월에 자연 성립이 되었고, 키시 내각은 신조약 발효 직후 총사퇴하는 소동을 빚었다.

이 안보투쟁은 제2차 세계대전 이후 가장 격렬한 대규모의 이른바 '대중적인 정치 투쟁'이었다. 그 때문에 키시 내각이 사퇴했으며 또한 그로 인해서 그 당시 예정되었던 아이젠하워 미국 대통령의 일본 방문이 중지되는 사태마저 빚어냈다.

금당벽화 화재 사건과 50년만의 공개

1949년 새해 벽두에 나라(奈良) 호우류우지(ほうりゅうじ,法隆寺) 사찰의 본전인 '금당 화재사건'이 발생했다. 그 때문에 고구려 스님 담징의 벽화 그림 12점, 즉 '금당벽화' 12면이 모두 불탄 것은 통탄스러운 큰 사건이었다. 1949년 1월 26일의 일이었다. 이 화재의 원인은 50년이 지난 오늘날까지 규명되지 못한 채 방화설도 들리는 가운데 미궁에 빠져있다.

「전기 누전 화재설이며 방화설도 있다.」(마치다 코우이치,まちだ こういち『야마토 옛절 순력』코우단샤, 1992).

금당벽화는 고구려에서 왜나라에 건너 온 승려 담징이 그렸다는 것이 일본의 오래된 여러 문헌들이 입증하고 있다.(홍윤기「법륭사 금당벽화의 빛바랜 진실』『월간 미술』중앙일보사,1999.9월호).

1997년은 담징의 호우류우지 금당벽화가 TV화면을 통해서 일반에 공개되는 등 약 50년 만에 세인의 눈길을 끌었다. 즉 1997년 11월 16일에, NHK-TV에서 제작한 「호우류우지」 프로그램을 일본에서 방영했다.

그 중에 1949년 1월 26일 불탔던 금당 내부와 벽화 12면이 TV

화면으로 공개되었다. 담징의 대표적인 「아미타정토도」 등 대부분의
그림들이 불에 탄 자국들이 역력했고, 간혹 부분적으로 손상을 입지
않은 그림의 작은 부분도 있었다. 그 뿐 아니라 금당 내부의 기둥 등
이 탄 장면도 눈에 띄어, 이 세계적인 금당벽화의 참담한 비극을 여
실히 들어내 보였다.

천만다행으로 금당벽화 화재 당시에 화마를 면한 것은 금당의 천장
쪽 벽면 윗쪽의 「비천도(가로 136cm, 세로 71cm, 두께 15cm)」였
다. 두 명의 아릿다운 천녀가 천의의 긴 옷자락들을 하늘에 아름답게
휘날리면서 날고 있는 훌륭한 그림이다. 이 그림은 1998년 5월에
'나라국립박물관'의 '텐표우 문화재 특별전'에서 일반 공개되었다. 금
당화재 사건 반세기 만에, 담징의 실물 벽화를 직접 대할 수 있는 뜻
깊은 일이었다.

그런데 이 그림을 텐표우(てんぴょう) 시대(서기 729~749년) 당
시의 문화재들의 하나로서 전시한 것은 문제가 있다. 왜냐하면 담징
의 금당벽화들은 제작 연대가 아스카시대(592~645)이기 때문이다.
담징이 고구려에서 왜나라에 건너 온 것은 서기 610년이었다. 그는
그 직후에 금당벽화를 그렸던 것이다.

나라국립박물관에서는 1998년도 「쇼우소우인(しょうそういん,정
창원) 전시회」(10월 24일~11월 9일)에서 한국 고대의 가야금인
'신라금'(오동나무제, 길이 158.2cm, 너비 30cm) 한 대를 다른 고
대 문화재 등과 함께 공개했다. 신라금이 '쇼우소우인 전시회'에서 최
초로 공개된 것은 1980년(10월 26일~11월 12일)이었다.

'쇼우소우인'은 나라시 토우다이지의 고대 문화재 창고이다.

1950년 7월 2일, 쿄우토에서는 또 하나의 귀중한 문화재 킹카쿠
지(きんかくじ) 3층 건물을 방화한 화재 사건이 발생해서 세인을 다

시금 경악시켰다. 무로마치 시대(1336~1573)인 1397년에 제3대 장군이었던 아시카가 요시미쓰(あしかが よしみつ,1358~1408)의 별장으로 지었던 아름다운 전각인 이 별칭 '키타야마도노'가 방화로 불타버린 것이었다.

호우류우지 금당 벽화의 화재 사건에 잇따른 킹가구지 방화 사건은 일본 불교계 뿐 아니라 미술계며 역사학자들을 격분시켰다. 이에 일본 국보 등 문화재를 잘 지키자는 데서 즉시 「문화재보호위원회」가 발족되었고 「문화재보호법」(서기 1950년)이 제정되었다.

킨카쿠지 방화와 노벨상 수상

그후 6년 만에 「킹카쿠지」(きんがくじ)라는 소설이 발표되어 다시 한번 방화 사건은 화제를 모으게 되었다.

미시마 유키오(みしま ゆきお,1925~70)가 쓴 이 소설은 젊은 승려가 킹카쿠지의 아름다움에 도취한 나머지 매혹되어 불을 질렀다고 하는 환상적인 심리와 행동을 묘사하고 있다.

절대자로서의 일제 치하와 같은 천황 중심의 군국주의 부활을 외쳐 댔던 극우 세력인 작가 미시마 유키오는 평소에 여러 가지 돌발적인 사건을 일으키면서 세인의 이목을 끌었었다. 그는 문학 이외에도 이른바 '보디빌딩'이며 검도연습·영화 출연·자위대에 체험 입대 등을 했다. 그는 1970년에 자위대 동부방면 총감부에 뛰어들어가, "자위대는 천황을 위해서 군국주의의 기치를 쳐들고 궐기하라"고 아우성치다가 뜻을 이루지 못한 채 할복자살했다. 그는 절대자로서의 천황이 필요하다는 국수주의의 신봉자였다

일본 현대 문화사에서 두드러진 사항은 1949년(11월 3일)에 물리
학자 유가와 히데키(ゆがわ ひでき,1907~81)의 노벨 물리학상 수
상을 들 수 있다. 그는 '중간자이론'으로 일본 최초의 노벨상을 받은
것이었다.

또한 유가와 히데키에 뒤이어 주목되는 것은 소설가 카와바타 야스
나리(かわばた やすなり,1899~1972)가 1968년에 노벨문학상을
받은 것이었다. 이것은 인도의 시인 타골(R.Tagore,1861~1941)
이 아시아인 최초로 1913년에 노벨문학상을 받은지 55년 만의 일이
었다. 그 후 1994년에는 오오에 켄사브로우(おおえ けんさぶろう
,1935~)가 다시 노벨 문학상을 받은 두 번째 일본인이 되었다.

'타카마쓰즈카'와 '후지노키 고분' 발굴

1972년 3월 26일은 나라(なら,奈良)의 아스카(あすか) 땅에서 세
계를 떠들썩하게 했던 고구려 고분이 발견된 뜻깊은 날이었다. 7색의
아름다운 비단옷을 입은 고구려 귀족 여인들이며 남자들의 고분 벽화
가 발견되었던 것이다. 이른바 타카마쓰츠카(たかまつづか,고송총,高
松塚)라고 일컫는 이 고분은 고구려인 화가 황문본실(きぶみの もと
み) 화사의 그림으로 알려지게 되었다.

고송총 벽화의 고구려 연인들의 의상(주름 치마 등)과 용모며 행동
상은 고구려 쌍영총(평안남도 용강) 벽화(4~5C초)의 고구려 여인들
의 벽화와 유사하다. 또한 사신도(四神圖)가 그려져 있다는 공통점
등 아스카의 고송총은 고구려인의 것임을 잘 보여주고 있다. 그 당시
일본『아사히 신문』(1972.3.27)은 고구려계의 황문화사의 그림임을

대대적으로 보도했다.

1979년의 역사적이며 문화적인 대발견은 야스마로(やすまろ,안만려,安万侶,생년미상~723년)의 묘지를 찾아낸 것이었다. 일본 최초의 역사책인 『고사기(고지키)』를 서기 712년에 처음으로 쓴 것이 백제인 후예인 야스마로이다. 놀랍게도 유골과 함께 동판 묘지가 나라 시의 코노세쵸우에서 발견되어 문화 사학계를 떠들썩하게 했다. 그는 겐메이여왕(げんめいてんのう,707~712 재위) 밑에서 민부경을 지낸 조정의 고관이었다.

1980년대 이후에, 일본의 나라지역은 고대 조선 문화의 중심지라는 여러 가지 중대한 고고학적인 발굴도 잇대어졌다.

우선 주목할 만한 것은 나라 호우류우지 경내에서 1985년에 발굴된 '후지노키 고분'(藤ノ木古墳)이 있다. 이 고분은 조선 고대의 둥근 봉토식의 원분(직경 40m, 높이 8m)이며, 그 내부는 길이 14.5m의 백제의 횡혈식 석실(橫穴式石室)로 되어 있었다.

1988년(10월 27일)에 공개된 붉은 주칠(朱塗り)의 석관의 내부에서는 2체의 인골과 금동제의 신발인 장식용 답(沓,신)이 나오므로써 한일 두나라 고고학계를 경탄시켰다. 왜냐하면 그와 같은 장식용의 금동신은 조선 삼국시대의 것과 똑같은 유형의 것이기 때문이었다. 따라서 피장자가 고대 백제인이라는 설이 지배적이기도 했다.

금동제 신발은 1971년에 발굴된 충남 공주의 무령왕릉에서 나온 금동 신발과 흡사한 형태의 구조로 만들어져 있었다. 즉 금동판 3조각으로 신발의 좌·우와 밑바닥을 이루었다.

더욱 뚜렷한 사실은 5세기 중엽의 입점리 고분(전북 익산군 웅포면)에서 출토된 금동 신발과도 유형이 똑같으며, 또한 일본의 후나야마(船山)고분(ふなやまこふん,쿠마모토현 타마나 시에서 출토된 금동

신발 역시 그 형태가 서로 모두 유사한 것들이다. 특히 후나야마고분의 금동관모(金銅冠帽)는 입점리 고분의 것과 똑같은 형태의 것이기도 하다.

백제궁(쿠다라노미야) 옛터전의 발견

1997년 2월 27일에, 나라현 사쿠라이 시의 키비(吉備) 연못터에서, 아스카(飛鳥)시대에 세웠다던 '백제대사'(百濟大寺,쿠다라노 오오테라) 옛터전이 발견되었다. 이 발견은 『일본서기』에서 서기 639년에 죠메이(舒明)천황(じょめいてんのう,629〜641 재위)의 어명으로 백제강(百濟川,쿠타라노가와,くだらのがわ) 동쪽에 살던 백성들이 백제대사를 지었다는 것을 고고학적으로 입증한 역사적인 발견이었다.

또한 이듬 해인 1998년 3월 12일에는, 「백제강 기슭에다 죠메이 천황의 어명으로 서기 639년에 구중탑(코코노에노토우)을 세웠다.」(『일본서기』)는 역사 기사의 구중탑(九重塔,ここのえのとう) 터전이 똑같은 지역에서 발굴되었다.

죠메이천황이 '백제궁(百濟宮)을 짓고 살았다는 사실은 『일본서기』에 기사가 있으며 지난 1999년 5월에는 드디어 백제궁(くだらのみや) 옛터전도 발견되었다. 실로 뜻깊은 우리 민족사의 발자취이다.

나라현에서는 잇달아서 고대 조선 문화의 역사 고증 자료들이 밝혀졌다. 1998년 3월에는 나라현 아스카(あすか,明日香)의 '키토라 고분'(龜虎古墳,7C말〜8C초경)에서 고구려 하늘의 별자리 그림인 천문도(天文圖)와 사신도(四神圖)도 발견되었다.

「이 천문도는 당시 동아시아 최첨단을 자랑하던 고구려의 선진 천문기술이 일본에 전수된 것을 의미하는 것이다.」(『마이니치 신문』
1998. 5. 31).

이와 같은 키토라고분의 천문도와 사신도는 1972년 3월에 발굴된
역시 똑같은 지역인 약 1km 떨어진 거리의 아스카의 타카마쓰츠카
(8C초경)고분의 고구려 고분 벽화며 천문도와 사신도 등과 일맥상통
하는 고대 조선 고분 문화의 맥락을 뚜렷하게 입증하는 것이다.

오가사와라 요시히코(おがさわら よしひこ) 교수는 이 천문도 등이
고구려에서 건너 온 고대 조선 문화라고 말했다.

「일본 아스카 시대에는 궁안에 고구려 사절의 숙소가 있을 만큼이
나 일본과 고구려 관계가 깊었다. 아스카 시대의 사찰에도 고구려 문
양을 가진 기와가 발굴되는 등 '키토라 고분'의 천문도가 일본과 관계
가 깊었던 고구려에서 전개되었다는 것은 충분히 납득할 수 있다.」
(오가사와라 요시히코『마이니치 신문』1998. 5. 31).

일본 토우카이대학 정보기술센타와 NHK방송은 공동으로 이 키토
라 고분의 천문도의 훼손이 심한 약 6백개의 별과 34종의 별자리,
즉 성좌를 복원하는 등, 컴퓨터 처리를 하고 화상 분석 결과를 5월
30일에 발표하기를, 「천문도 성좌의 관측 지점이 평양 주변과 일치하
는 북위 38~39도 지역」이라고 지적했다.

서울의 덕수궁에 있는 조선시대(1395년)에 제작한 「천상열차분야
지도」(국보 제228호)의 별자리는 실제로 1세기 고구려 때의 것이다.
우리나라는 세계에서 가장 오래된 별자리를 기록한 전천(全天) 천문
도를 보유한 국가이다.(박창범 「천상열차분야지도의 별그림 분석」한
국천문학회 발표,1998.4.10)

1965년 한일 국교 정상화

1965년 12월은 '한일기본조약'이 발효해서, 한일간의 국교 정상화가 이루어지게 되었다. 일제가 1945년에 패전한지 20년만의 두 나라 국교가 정상화되었다. 이 '한일기본조약' 체결에는 한국 측의 김종필 총리와 일본측의 오오히라 마사요시(おおひら まさよし,1910~80) 외상이 양국 대표로서 교섭을 진행했다. 그 당시 한국은 박정희(1917~79) 군사정권이었으며, 일본은 사토우 에이사쿠(さとう えいさく,1901~75) 내각이었다.

한일국교 정상화 과정에는 이보다 5년 전인 1960년 12월부터 한일간의 국교 정상화 사전 작업이 시작되고 있었다. 1960년에 5·16 군사혁명을 일으킨 박정희 국가재건최고회 의장은 12월에 일본을 방문해서, 이케다 하야토(いけだ はやと,1895~1965) 수상과 세계 제2차대전 이후 최초의 한일 수뇌회담을 가졌다.

한일 국교가 수립된 이후의 한일 관계를 간략하게 살펴 보면, 두 나라 관계가 평온해지기는 커녕, 험난한 정치 외교상의 문제가 잇따라 일어났다. 특히 큰 사건은 토우쿄우 시내에서 발생한 '김대중 납치사건'(1973. 8)이었다. 한국의 야당 지도자가 괴청년들에 의해 일본으로부터 한국으로 강제 납치되어 온 일이었다.

일본의 수뇌가 최초로 한국을 공식방문한 것은 1983년 1월, 나카소네 야스히로(なかそね やすひろ)수상이었다. 그는 방한 당시 "새로운 한일관계"를 표명했다.

이어서 1984년 9월에 전두환 대통령이 일본을 공식 방문했다. 한국정부의 대통령으로서의 최초의 일본 방문이었다. 이 때 일본 히로히토천황(ひろひとてんのう,1901~89)은, "불행한 과거는 실로 유감

스럽다"고 말했다. 일제의 과거 36년간의 한국 침략에 대한 공식 사과나 사죄가 없었다.

그로부터 만 2년만인 1986년 9월에 그 당시 후지오 문부상의 망언이 터져나왔다. 그는 "한일합방은 한국에도 책임이 있다"는 것이었다. 일본 각료들의 망언은 그 후에도 간단없이 이어져, 한국 국민 감정의 골을 자꾸 깊게 만들었다.

1992년 1월에 일본의 미야자와 키이치(みやざわ きいち) 수상이 한국을 공식 방문했다. 그는 "종군위안부 문제에 대해서 일본측을 대표해서 사과한다"고 공식 사과를 했다. 그러나 그 후에도 일본 각료들은 "과거 일본정부는 한국인 종군위안부를 징발해 간 일이 없다"는 등의 망언을 서슴치 않았다.

세번째로 1993년 11월에 한국을 공식 방문한 호소카와 모리히토(ほそかわ もりひと) 수상은 "한국에서의 창씨 개명 등 일본의 식민지 지배 정책에 대한 가해자로서, 마음으로부터 반성하며 진사한다"고 말했다. 그러나 그후 또다시 일본 각료들의 망언은 잇따랐다.

일본 정부가 공식 문서로 사죄한 발자취

일본 정부가 식민지 지배에 대해서 최초로 공식 문서를 통해서 한국에 대해 사죄한 것은 1998년 10월 8일이었다. 일본 방문 제2일째였던 이날 김대중 대통령과 오부치 케이조우(おぶち けいぞう) 수상은 '공동선언문'을 발표했다.

이 선언문 제2항에서 오부치 수상은 다음과 같이 사죄했다.

『금세기의 한일 양국 관계를 돌이켜 보고, 일본이 과거 한 때 식민

지 지배로 인하여 한국 국민에게 다대한 손해와 고통을 안겨주었다는 역사적인 사실을 겸허하게 받아들이면서, 이에 대한 통절(痛切)한 반성과 마음으로부터의 사죄(お詫び)를 한다.』(『아사히 신문』1998. 10. 8).

여기서 한 가지 밝혀둘 것은 일본 수상의 '오와비(おわび)'라는 표현은 분명히 '사죄'를 가리킨다.(金澤庄三郎『廣辭林』三省堂, 1934, 金田一春彦外『일본어대사전』강담사, 1992).

10월 7일 김대중 대통령과 만찬을 나누는 자리에서 일본 아키히토 천황(あきひとてんのう)은 일본의 고대 문화가 한국으로부터 일본에 전해졌다는 사실을 일일이 지적하며 다음과 같이 밝혔다.

「경전에 밝은 백제의 왕인 박사가 일본에 건너 와 오우진천황의 태자인 우지노와키이라츠코를 가르쳐 전적(典籍)에 통달하게 되었습니다. 백제의 오경박사며 의박사와 역박사(曆博士) 등도 일본에 왔으며, 또한 불교도 전래되었습니다.」(『朝日新聞』1998. 10. 8.)

이와 같이 백제인들에 의해서 일본의 문화가 이루어지게 된 것을 공식 석상에서 일본 천황이 공언한 것은 이것이 일본 역사상 최초의 일이다. 그러므로 일본 문화의 모든 뿌리가 고대 조선에 의해서 이루어진 사실들이 앞으로 하나도 숨김이 없이 모두 낱낱이 공개되므로써, 한일 역사의 진실이 규명되어야 할 것이다.

미군정이 정지시킨 일제의 3가지 수업 과목

일본 교육제도의 변천 과정을 집약적으로 살펴본다. 제2차 세계대전에서 패배한 1945년 8월 15일 이후, 일본의 교육제도는 큰 변화를 일으키게 되었다. 일본 제국주의의 교육 이념과 제도는 송두리째 제거되고, 기본적으로 민주주의 방식을 채택하기에 이르렀다.

일본을 점령한 미국에 의해서 일제 치하였던 지난 날의 교육 이념은 과거와 달리 새롭게 탈바꿈하게 되었다. 일제의 국수주의며, 군국주의에서 전환시켜, 새로히 평화주의와 민주주의 교육으로 제도 개혁을 단행하게 된 것이다.

연합군 사령부는 일제하의 세가지 수업 과목을 즉각 폐지처분했다. 1945년 12월에 「수신(修身)·지리·일본역사의 수업 정지」와 교과서의 회수 처분을 지령했다. 이미 1945년 10월에는 교과서 중에서 군국주의와 극단적인 국가주의를 조장하는 개소를 삭제시키라고 지령했으며, 문부성에서는 교과서의 그 부분을 먹으로 지우는 조치를 취했다. 이 세 과목은 특히 군국주의 등 잘못된 내용을 많이 담고 있었기 때문이다.(『일본사사전』카토카와판, 1976).

1947년 9월부터 이 세 과목은 「사회과」로 신설이 되었다.

1952년의 일본의 새로운 평화헌법 제9조는 국제 평화주의와 국민 대중에 대한 기회 균등이라고 하는 이상을 제시하게 되었다. 그와 같은 과정에 이르기까지, 특히 교육면에 있어서 그 과정을 요약해 보면 다음과 같다.

즉 1945년에 일본을 점령한 맥아더사령부는 미국 국무성에 대해 미국의 「교육사절단」을 일본에 파견해 달라고 요청했다. 1946년 3월에 「미국교육사절단」이 일본에 왔다. 이들은 일본의 교육 내용을 다각적으로 조사 검토한 뒤에, 전문적인 견해를 도출해서 맥아더사령부에 그 내용을 보고한 뒤 귀국했다.

미국식 6·3·3·4제의 교육 제도 도입

일본의 패전 직후인 1946년 6월에 미군정하의 문부성에는 「교육쇄신위원회」가 발족되었다. 이 위원회는 1947년에 「교육 기본법」과 함께 「학교 교육법」을 제정했다. 이에 따라 일본의 새로운 학제로서 6·3·3·4제가 도입되었다.

이와 같은 새 학제는 미국무성이 파견했던 미국 교육시찰단이 토우쿄우의 맥아더사령부에 보고한 보고서에 제시된 교육 이념에 입각하여 마련한 것이었다.

일본에 근대적인 신교육제도가 시작된 것은 메이지 5년인 서기 1872년의 일이었다. 그 후 75년 만인 1947년에 미군정하에서 「교육 기본법」과 함께 「학교 교육법」이 새로히 제정되어 이른바 6·3·3·4제가 도입된 것이었다.(이노우에 키요시 「제이차대전후의 일본과 세계」1963).

「교육쇄신위원회」는 일제하의 국가주의적이며 전시 체제적인 교육 체계의 단절과 동시에 교육 제도상의 여러 가지 문제점들을 제거시키기 위한 획기적인 교육 개혁을 단행했던 것이다. 이를테면 초등 교육에 있어서 국가주의적인 명칭인 '국민학교'를 '소학교'로 고치면서 6년제로 정했다. '중학교'는 수업 연한을 3년제로 했다. 또한 만 15세까지인 소학교와 중학교 교육 과정 9개년에는 의무 교육을 실시하기로 했다. 중학교는 전국 각지에 단일 편성을 하여 실업학교 등의 특수학교가 없는 보통 교육을 실시하게 되었다.

고등학교는 구제 중학교의 4·5학년과, 실업학교·고등여학교의 4학년 이상의 학생들을 포용하는 3년제로 정했다. 고등학교는 원칙적으로 남녀 공학이며 인문계와 직업계로 나누었다. 또한 고등학교를

졸업한 학생은 4년제의 대학에 진학게 했다. 따라서 종전의 전문학교·고등학교·대학은 모두 단일 편성의 4년 수업 연한의 대학으로 개편되었다. 단 의학과의 경우는 6년 연한으로 이수 과정을 2년 연장시켰다. 그 외에 2년간의 수사(しゅうし,修士) 과정과 3년간의 박사 과정의 대학원 제도도 두게 되었다. 수사는 한국의 석사를 뜻한다.

국립 대학의 확대와 단기 대학 등장

패전 직후 일본의 대학교육에 있어서, 괄목할 만한 것은 「국립 종합대학」을 각 현마다 새로히 설치한 일이다. 1947년 이전의 각 국·공립대학과 전문학교·고등학교를 하나의 국립대학에다 통합시켰다. 이에 따라 일본의 각 현에는 최소한 한 곳의 국립 종합대학이 설립되었다.

여기에 교원 양성 기관을 제도적으로 일원화시켰다. 소·중·고 교사가 되기 위해서는 반드시 4년제 대학에서 교원 양성 과정을 이수해야만 하게 되었다. 중·고교 교사 양성 과정에서 소학교 교사 과정도 부전공으로 이수할 수 있으며, 또한 소학교 교사 양성 과정에서도 중·고교 교사 과정을 부전공으로 이수할 수 있게 했다.

그 뿐 아니라 모든 대학생은 교직 과목을 이수하면 역시 교사 자격증을 수여 받는 등, 교원 양성 과정은 4년제 대학생 누구나가 이수할 수 있도록 학제화시켰다.

또한 전문 교육을 위한 초급 대학인 2년제 단기 대학 제도도 마련했다. 2년제의 단기 대학은 특히 여성의 전문 인력 양성에 역점을 두는 큰 교육 성과를 보게 되었다. 따라서 단기 대학의 경우 여학생의 비율이 단연 많은, 압도적인 특징을 보이고 있다. 상세한 것은 뒤의 「인기높은 여자 단기 대학과 재수생들」 항목에서 살펴본다.

일본의 미국식 교육 제도에 대한 반발

1950년에 한국전쟁이 일어났다. 일본은 1951년 9월 8일엔 샌프란시스코 강화조약이 49개국에 의해 조인된 후, 그 조약이 발효되면서 1952년 4월 28일에 독립을 회복했다. 그러나 샌프란시스코 강화조약 조인 직후에 '미일안전보장조약'이 조인되었다. 이 조약 제5조에 의해서 일본에는 미군 주둔이 인정되었다. 그러나 미군이 일본 주둔권은 가지나, 일본 방위의 의무는 없었다. 그에 따라서 일본 국민의 미국에 대한 불만이 고조되었다.

일본의 독립 당시에 대해 이노우에 키요시(いのうえ きよし) 교수는 다음과 같이 밝히고 있다.

「1952년 4월 28일 샌프란시스코 강화조약이 발효했다. 일본은 만 6년 8개월에 걸친 미군의 장기 점령으로부터 국제법상으로 해방되어 '독립'을 했다고 말한다. 그러나 실제로는 일본 국민의 주권은 아직도 현저하게 제한되고, 참다운 독립은 없었다.」(이노우에 키요시 「제2차 대전후의 일본과 세계」 1963).

이 시기에 일본 교육계에서는 아직 일본인 체질에 적응하지 못하는 미국식 교육 제도에 대한 비판이 일게 되었다. 즉 미군에 의해서 그동안 떠맡겨진 미국식 민주주의 이념과 제도에 대한 반발이 교육 논쟁을 일으켰다. 그렇다고 일본의 교육 이념과 제도가 다시금 과거 일제치하 군국주의 시대로 돌아가는 그와 같은 복귀는 불가능한 것이었다.

더구나 일본은 1950년 6월의 한국전쟁이 일어나자 미군용 군수물
자 생산을 떠맡게 되었고 이 때문에 일본은 하루 아침에 괄목할 만한
경제 성장으로 치닫게 된 것이다. 그러기에 1868년의 '메이지 유신'
이후, 80여년만의 새로운 미국식 교육 이념과 제도는 이 시기에 일본
교육계로서는 새로운 방향을 모색하기에 진통을 겪는 것이었다.

그런 와중에서 시간이 흘러갔다. 일본 문부성은 국가 발전의 원동
력이 교육에 있다는 것, 특히 경제 성장의 모체가 교육이라는 것에
역점을 두는 보고서를 마련하게 되었다. 그 지침은 다음 사항을 크게
강조했다.

「격심한 국제 경쟁의 마당에서는 과학적 창의와 기술적인 숙련 그
리고 근로자의 자질 등이 물질 자본이나 노동력의 양에 못지 않게 경
제 성장에 기여한다. 따라서 인간 능력을 개발하는 데 많은 노력을
기울여야 할 것이다. 그런데 이와 같은 능력의 개발은 교육의 보급에
의존하는 것이다. 그러므로 교육을 가장 강력한 투자라고 생각해야만
한다.」(문부성 『일본의 성장과 교육』 1962).

일본 각급 학교 취학 상황과 '초밥 죄기 교실'

일본 각급 학교의 취학 상황을 살펴보기로 한다. 먼저 유치원에 대
해서 알아본다. 1997년 현재 유치원 취학률은 64% 정도이다.

일본 문부성은 소학교에 들어오기 전의 유치원도 학교 교육의 일환
으로 기초 과정을 인정한다. 1974년 당시 유치원의 취학률은 7% 정
도에 불과했다. 그러나 계속해서 취학률은 증가했는데, 1993년에 이
르자 60%를 넘게 되었다.

1996년 현재 일본 전국의 유치원 수는 14,780곳이다. 이것은 1960년의 7,207 곳의 갑절을 웃도는 엄청난 증가율이다. 유치원생 총인원은 1960년의 74만 2,000명에서, 1996년에 179만 8,000명 이므로, 이 역시 배이상의 큰 증가를 보인다.

유치원 교사수를 보면 1960년의 3만 1,000명에서 1996년에는 10만 4,000명으로 이는 3배의 증원수가 나타나고 있어서 유치원 교육의 질적 내용이 매우 커지고 있다는 수치를 나타내고 있다.(문부성 『학교기본조사보고서』1996).

이와 같은 유치원생의 증가율은 일본 어머니들의 교육열이 얼마나 드높아지게 되었는가를 상징적으로 입증한다.(홍윤기『엄마가 어떻게 논술 지도를 할까?』(눈높이교육)대교출판사, 1997).

또한 여기에는 1970년대부터의 일본 경제의 고도 성장이 학부모의 교육열과 정비례해 오고 있음을 잘 보여 준다고 하겠다.

그런 반면에 소학교 학생수는 1960년의 1,298만 6,000명에서 점차 줄어들어 1996년 현재 1,126만 9,000명이라는 통계를 보여준다 (앞의 보고서). 이것은 교육열의 저하가 아니라, 신생아 탄생의 점차적인 감소 현상을 실증하는 사례이기도 하다. 일본의 소학교에서는 제2차대전 패전 이후에 아동수의 증가가 두 번에 걸쳐서 큰 신장률을 보였었다.

그 최초의 큰 성장은 이른바 '베이비 붐'(baby boom)의 영향 때문이었다. 즉 1950년의 신생아 출산률이 1,120만명이 던 것이, 1958년에는 1,340만명으로 대폭 증가하는 현상을 보였다. 그 결과 소학교마다 이른바 '초밥 죄기 교실'(すし詰め學級) 문제가 대두되었다. 한국에서 말하는 '콩나물 교실'을 뜻한다.

고도 성장과 향상된 고교 진학률

1980년대 후반부터 일본의 신생아 출생수는 줄기 시작했다. 그러나 1980년대 전반에 제2차 '베이비 붐'으로 일시적이나마 아동수가 증가했다. 이를테면 1970년에 949만3,000명이던 아동 수가 다시 증가 추세를 보이는 가운데, 1980년에 1,182만 7,000명으로서 233만 4,000명의 큰 증가를 보였던 것이다.

그러나 1985년에 아동수 1,109만 5,000명을 끝으로 다시 줄기 시작해서 지난 1996년 현재 810만 6,000명으로 엄청나게 줄어드는 격감한 상태가 이어져 오고 있다.

1996년 현재 소학교 교원수는 42만 6,000명이다. 이것은 교사 1인당 약 20명을 담당하고 있다는 것을 말하는 것이다.

1996년 현재 중학교 학교 수는 1만 1천 269개교가 있고 교원 수는 27만 1천명, 학생수는 452만 7,000명이다. 역시 1996년 현재 고등학교 수는 5천 4백 96개교이며, 교원수 27만 9천명, 학생수는 454만 7천명을 헤아리고 있다.

중학교에서 고등학교 진학률은 1996년 현재 약 97%이다. 그러나 한국전쟁이 일어났던 해인 1950년의 경우는 고등학교 진학률이 아직 50%에도 이르지 못하고 있었다. 그와 같은 것은 1945년의 패전 국가 일본의 경제가 1950년까지 얼마나 큰 곤란을 겪고 있었던 것인가를 반증하고 있다.

일본에서 고등학교 진학률이 높아지게 된 것은 1970년대 이후, 이른바 고도 성장 시대부터의 일이다. 따라서 1974년에 고교 진학률이 90%를 넘기 시작했다.

그 반면에 기업체로서는 중학교 졸업자들의 취업률이 크게 낮아지기 시작했다. 일본의 고도 경제 성장에는 각 기업체의 고용 수요가 증대되어야만 했다. 그러나 각 가정의 가계 수입이 증가하는 데 따라서 고교 진학률이 높아지면서 공장에 취업하던 중학교 졸업자들이 고교 진학 쪽으로 기울게 되자 기업은 인력난을 부르기 시작했다.

고도성장에 의한 국민의 소득 수준 향상이 고등학교 진학률을 높였다는 것은 이율배반적인 상황을 초래하는 것이었다. 그 당시 기업체들은 어린 중졸자들을 '킨노 타마고(金の卵)', 즉 '황금알'(きんのたまご)이라고 부르며 공장마다 대환영하면서 기뻐했던 것이다.

평지 풍파 일으킨 '여자대학 망국론'

현재 일본의 인구는 계속 줄어들고 있다. 따라서 각급 학교 학생 수도 과거에 비해 줄어들고 있다는 것이 일본 문부성의 통계 조사로 실증되고 있다. 인구 감소에 의한 대학 진학 인원도 장차 감소 추세가 나타날 것이 예상되고 있다. 그러나 현재로서는 대입 지망자가 아직 증가세를 보이고 있다. 그 이유는 재수생들의 적체가 아직 상당수 있는데다, 대학(단기 대학을 포함)이 증설되고 있기 때문이다.

일본 교육계에서는, 장래 인구의 추계에 따라서 대학생 수의 감소를 예상하고 있다. 즉 일본의 대학 입학 적령 인구인 만 18세는 지난 1992년이 피크(정점)였다. 그러나 앞으로 2010년까지 인구 감소가 예상되는 데 따라서 대학 입학 적령 인구의 감소도 아울러 뒤따를 것으로 보고 있다. 그와 같은 현상이 나타난다면 대학들은 운영난 시대가 예상되기도 한다.

고등학교에서 대학에 진학하는 데는 특히 여학생의 진학률이 두드러지게 높아가고 있다. 1960년의 경우 4년제 대학이 245개교였고 총학생수는 62만 6천명이었다. 그 당시 여대생의 비율은 13.7%였다.

고도 성장기였던 1975년에 가면 420개 대학에 총학생 1백 73만 4천명이며 여대생은 그 중에 21.2%를 차지하는 큰 증가세를 나타낸다. 그러나 지난 1996년 현재는 576개 대학에 259만 7천명의 총학생 중에, 여대생 수는 33.3%를 차지해서, 4년제 대학생 3명 중의 1명은 여대생이라는 것을 보여주고 있다.

여대생이 크게 늘자 「여자대망국론(女子大亡國論)」 따위의 엉뚱한 주장을 펴는 사람이 나타나 논란의 대상이 되기도 했다. 그러나 경제 성장과 함께 여성 교육의 중요성은 더욱 존중받는 사회적 분위기를 이끌어 나가게 되었다.

일본의 구시대 사회의 악습의 하나가 여성 멸시, 남성에 대한 무조건 복종따위 남성의 절대 우위가 메이지 유신 이후 근대화 시대까지 끈질기게 이어져 왔던 것이다.

그런데 1970년대 이후, 미국의 여성 해방운동 중에서, 미국을 중심으로 발전한 것이 「여성학(Women's studies)」이라고 하는 여성에 관한 종합적인 학문이었다.

일본에서의 여성학은 미국의 다양한 영향 아래서 교육과 경제 성장을 이루게 되던 과정에서 자연스럽게 수용될 수 밖에 없었다. 특히 가정에서의 어머니의 교육은 여성의 지위를 향상시키는데 크게 기여한 것이다. 이른바 '교육 엄마'(きょういくママ,教育ママ)라고 하는 여성들의 자녀 교육열은 국제 사회에까지 그 성가를 올리게 된 것이다.

인기높은 여자 단기 대학과 재수생들

　일본의 2년제 단기 대학은 국공립 대학과 사립 대학으로 구분이 되는데, 여대생 수는 단연 압도적이다. 1960년대의 단기 대학 수는 280개교였고, 총학생수 8만 3천명 중의 여학생은 67.5%인 5만 7천명이었다. 그러나 고도 성장기인 1975년에는 513개 대학으로 증가했으며, 총학생수 35만 4천명에, 여학생 비율은 86.2%라는 큰 신장률을 나타냈다. 여기에는 특히 가정 교육의 주체인 여성 교육의 장으로서의 가사(家事) 및 가정 교육 위주의 여학생만을 가르치는 여성 단기 대학이 크게 늘어나게 되었다. 그 뿐 아니라 지난 1996년에는 단기대 학의 총수 598개교로 더욱 증가하는 가운데, 총학생 수 47만 3천명이며, 여학생 비율은 90.7%라는 압도적인 다수를 차지했다.

　일본의 단기 대학에는 재수생 지망자도 해마다 크게 증가하고 있다. 특히 인기있는 단기 대학은 엄청난 경쟁률을 보이는 가운데 3수·4수생들의 지망자도 있을 정도이다.

　일본에서는 재수생을 가리켜 속칭 낭인(ろうにん,浪人)으로 부르고 있다. 2년제인 단기 대학의 인기가 큰 학과는 취업률이 높다는 점에서 재수생 지망자들이 늘어나고 있는 추세이다.

날로 증가하고 있는 각급 학교 여성 교원

　일본 여대생들의 대입률이 높아가고 있는 반면에, 교육계 진출 여성수도 증가 일로에 있다. 여자 교원의 증가는 1945년의 패전 이후 교육계의 특징이라고 하듯이, 여성의 지위 향상의 한 단면을 보여주고 있다.

소학교의 경우를 살펴본다. 1960년에 소학교 교원 총수는 36만 1천명이었는데, 여자 교원의 비율은 45.3%였다. 그러나 1995년에는 소학교 교원 43만 1천명 중에 여성 교원은 61.2%로 더욱 증가했다.

소학교 뿐 아니라, 여자 교원의 증가는 중고교와 대학에서도 증가 일로에 있다. 이를테면 중학교의 경우 1960년에 20만 6천명 중 여성 교원은 21.7%였으나, 1995년에는 27만 1천명 중에 39.2%의 비율로 크게 늘어났다. 고등학교는 1960년 13만 2천명 중에 여자 교원이 17.1%였고, 1995년에는 28만 1천명 중 23.2%로 역시 증가했다.

대학의 경우는 또 어떤가. 1960년 4만 4천 434명 중에서 여성 교원은 6.1%였으나, 1995년에는 13만 7천 466명 중에서 10.7%를 여자 교원이 차지하고 있다. 이 통계는 4년제 대학의 경우이다. 이와 같이 각급 학교의 여성 교원의 증가는 두드러지게 나타나고 있고, 이 것은 여성의 고등 교육의 향상과 맞물려서 비례하고 있음을 잘 보여 준다.

일본 대학생들의 엄청난 교육비 부담

일본 정부 총무청의 조사보고서에 의하면 학부모(보호자)들의 자녀 교육비 부담이 날로 증가하고 있음을 알 수 있다. 이를테면 가계에 있어서 교육비가 차지하는 비율은 1970년의 2.7%에서 1996년에는 4.5%로 늘어나고 있다.

「가계에 있어서 교육비의 증가는 대학 진학률이 높아지는 데 따르

는 상승 요인이 크나, 교육 물가가 크게 오르는 영향도 크다」는 것이
총무청 조사보고서의 내용이다.

1970년과 1996년의 물가 비교를 한다면, 종합지수는 3.1배 상승
했으나, 교육비는 6.7배로서, 일반 물가의 배이상의 상승을 나타내고
있다. 교육비의 경우는 서비스 물가의 3.9배나 웃돌고 있다. 교육비
가 날로 증가하는 요인은 어디에 있을까.

가계 조사에 있어서 교육비를 100으로 해서 비율을 따져 본다면,
유치원의 지출 비율은 1980년까지는 유치원 취학률의 증가로 늘어나
고 있었다. 그러나 그 후 유아의 감소 때문에 지출 비율이 저하되었
다. 초중고교도 역시 1970년부터 계속 떨어졌다. 그러나 대학 교육
비의 비율은 1970년의 18.5%에서, 1996년에는 32.6%로 크게 증
가했다. 이는 남녀 대학생의 진학률이 상승되는 데 영향이 크다.

그 뿐 아니라 대학 진학률의 상승은 이른바, 수험 전쟁이라는 입시
경쟁을 격화시켰고, 그에 대응하는 보습(補習)교육이 1975년경부터
급속하게 증가했기 때문이다. 그 결과 가계 조사의 교육비 중에서 보
습 교육비가 차지하는 비율은 1970년의 10.4%에서 1993년에는
25.0%까지 격증했다.

1994년도의 총무청의 「어린이의 학습비 조사」보고에 의하면 소·
중·고 사립학교의 교육비는 평균해서 공립학교의 약 2배로 나타나고
있다. 대학생의 교육비 부담을 살펴보면, 가계의 총소비 지출에서 차
지하는 비중은 다시 엄청나게 커진다.

1994년의 전국 소비 실태 조사의 「핵가족 세대에 있어서 자녀의 취
학 상황별」 통계에서, 자녀 1인 가정의 대학생의 경우, 총소비 지출에
서 교육비가 차지하는 것은 15.7%이다. 자녀 1인의 소학생의 경우는
총소비 지출의 2.6%이므로 대학생의 경우 엄청난 교육비 지출이 나

타나고 있다.(총무청통계국「헤이세이 4년 전국소비실태조사」).

일본 문부성의 역사 교과서 파동

1982년은 한일 양국 사이에 일본의 역사 교과서가 큰 파란을 일으킨 한 해이기도 했다. 이 사건은 일본 문부성이 역사 교과서에 대한 검정 과정에서 큰 잘못을 저지른 것이 화근이 되었다. 역사 교과서 필자들이 일본의 한반도 침략 행위 등을 바르게 고쳐서 쓰기 위해 정정(訂正)하려 했으나 그것을 일본정부가 저지했다. 그 뿐 아니라 오히려 사사건건 일본의 과오를 노골적으로 숨기며 호도한 것이었다.

1965년 12월에 한일기본조약이 발효해서, 한국과 일본의 국교 정상화가 이루어지게 되었다. 실질적인 한일 관계의 정상화를 위해서는, 일본 교육계의 한국에 대한 올바른 역사 인식을 위한, 과거의 반성 등 교육 방침의 변화가 요망되지 않을 수 없었다. 특히 올바른 역사 교과서의 편찬으로, 과거에 잘못 기술된 역사 교과서의 내용 개편 작업이 시급하게 요망되었었다. 그러나 일본 정부의 문부성은 전혀 이에 상응하는 교과서 개편 작업에 나서지 않았다.

개편 작업은 커녕 머지 않아, 일본 역사 교과서의 개악 작업이 시작되는 것이었다. 이를테면 일제의 한국 '침략'을 한국 '진출'이며, '진입' 등으로 터무니 없게 기술하는 것이었다. 이와 같은 처사에 한국을 비롯한 중국 등, 과거 일본의 침략을 받았던 아시아 각국에서는 일본의 역사 교과서 문제에 대한 논란이 벌어지지 않을 수 없었다.

일본의 침략 역사 은폐시킨 문부성

1982년도에 일본 정부의 문부성이 역시 교과서에 대한 검정을 시행한 데 대한 키미지마 카즈히코(きみじま かずひこ) 교수의 소론을 살펴본다.

「1982년도 교과서 검정을 했던 문부성은 잘못이 없었다고 하는 태도를 계속 유지하는 가운데, 일체 잘못된 내용에 대한 정정(訂正)을 인정하지 않았다.

1982년도에 문부성이 검정한 고등학교 일본사(日本史) 교과서, 6개 출판사의 10종, 고등학교 세계사 교과서 6개 출판사의 11점에 대한 한국·조선 관계의 기술이, 문부성 검정에 의해, 어떻게 바뀌어졌는지, 몇가지 특징으로 분류해서, 전형적인 사례를 살펴 보기로 한다.

우선 첫째는 침략을 한 주체를 명기시키지 않는 검정을 했다. 이를테면 '일청전쟁'의 개전(開戰)에 대해서는 다음과 같았다. 검정을 하기 전에는 교과서에, 〈1894년 7월에, 일본 함대가 청나라 함대를 공격했으며〉라고 되어 있었다. 그러나 검정을 한 뒤에는, 〈일청 두 나라 함대에 의한 해전이 인천 근처의 풍도 연해에서 일어났다〉고 되어 있다. 이래가지고는 일청전쟁이 시작된 당시에 일본군에 의한 청나라에 대한 기습 공격을 전혀 알 수 없게 되고 만다. (중략) 이와 같이 문부성의 검정은 침략의 주체를 명기시키지 않으므로써, 일본의 조선 침략을 은폐시키려 하고 있는 것이다.

침략이라는 용어며 숫자를 삭제시키므로써, 일본의 침략을 애매하게 하는 검정을 했다. (중략) 교과서 검정 전에, 〈일본의 침략에 대해서, 19세기말부터 의병투쟁이 일어났다〉라는 기술이, 검정 후에는, 〈일본의 진입에 대해서〉라고 바뀌어 있다. 확실히 〈침략〉이라는 단어가 사라진 것이다.

또한 3·1 독립운동 당시의 일본의 탄압에 관해, 〈일본의 군대와 경찰의 탄압으로, 조선인 7,000명 이상이 살해되었으며, 수많은 교회를 방화시켰다〉고 하는 기술이, 문부성 검정 후에는, 〈군대·경찰에 의해서 폭동은 엄하게 탄압당했다〉고 간단히 만들었다. 검정 후의 기술에서는, 탄압의 이유를 〈폭동〉으로 몰고 있고, 폭동을 일으킨 조선인에 대한 차별 의식을 조장시키는 기술로 바뀌고 있다.

문부성의 검정 전의 기술에서는, 탄압을 한 주체와 희생자가 몇 명이었는지 명확했으며 또한 제암리교회 사건 등에도 언급할 수 있는 배려가 있었다. 문부성은 1982년 이후, 특히 숫자에는 신경을 써가며, 그 근거를 집요하게 추궁하고 있다.」(「교과서 검정과 일본의 교과서」1993).

1982년의 일본 문부성의 일본의 역사 교과서에 대한 이와 같은 검정 태도는, 일본 청소년 교육을 그릇되게 이끌게 된 일이다. 그러한 일본 정부의 역사 교육의 오도는 반드시 지양되고 시정되어야 할 것으로 일본의 교육가들 조차 크게 우려하며 지적하고 있는 실정이다.

황국 사관의 잔재와 일본 각료의 망언

카토우 아키라(かとう あきら) 교수도 역시 한국에 대한 일본의 역사 교과서의 문제성을 다음과 같이 진술하게 지적하고 있다.

「역사 교과서를 둘러 싼 양국(저자 주: 한국과 일본)의 공동 연구는, 1982년 여름의 일본 역사 교과서 비판을 계기로하여 고조되었으며, 80년대 후반에는 몇 가지의 연구 활동이 구체화되어 왔다. 그러

나 생각하자면 전후사(戰後史·제2차대전 이후의 역사) 속에서, 역사
교육을 고쳐서 바로잡는 일은 '황국사관'으로부터 껍질을 벗는 데서
시작되었고, 과거의 국사 교육으로부터 사회과로서의 역사 교육에 대
한 틀바꿈이 시행되었다. 그 후에 다시금 학습 지도요령이 거듭하여
개정되었다. 그러나, 역사 교육의 목표며 내용에 있어서 동아시아 각
국, 특히 이웃나라이면서 과거에 식민지가 되었던 한국과의 관계에
있어서, 일본측으로서는 자각적으로 충분한 검토를 하는 일이 시행되
어 오지 못했다. 그 때문에 철저하게 행해진 일본 제국주의 비판하에
서 자라난 세대와 일본의 전후 세대 사이에는 한국에 대한 역사 교육
에 있어서 커다란 간격이 벌어지게 된 것도 당연한 일이었다.」(「일한
역사교육 교류속에서」 1993).

　일본의 역사 교육이 계속해서 일본 정부의 부당한 검정 방침에 의
해 잘못되고 있어서 한일관계가 호전될 수 없는 것이었다. 더구나 일
본 정부 각료들의 잇단 망언은 한일 관계를 호전시키기는커녕 악화일
로를 치닫게 했다.「일본의 한국 식민지 지배에도 좋은 부분들이 있었
다」고 하는 따위(1995. 11.에토우 타카요시 えとう たかよし, 총무
청 장관)의 망언은 일본의 일부 초급학교 교사들의 교육관마저 일그
러지게 했다.

　지난 1996년 9월에 일본의 유치원과 초·중·고교 교사들의 연구
단체인 「일본교사회」는 1997년 봄부터 사용되는 중학교 교과서에서,
「일본군 위안부 기술을 삭제해 줄 것」을 요구하는 결의문을 문부성에
다 제출한 바 있다. 일본교사회는 「중학교 단계에서 일본군 위안부
문제를 가르치는 것은 문교부의 의무교육 학교 교과용 도서검정 기준
이 정하고 있는 '건전한 정조(情操) 육성을 배려한다'는 규정을 위반
하는 것」이라는 주장이었다.

지난 2000년 8월에 각 출판사가 문부성이 신청한 「중등 역사」 (2002년도판 문부성 검인정) 교과서들은 드디어 일본군 종군위안부 관계 역사를 대부분의 역사 교과서에서 다루고 있지 않다. 그 뿐 아니라 일본의 조선 침략을 '진출'로, '한일합방'은 '합법적'인 조치로, 또한 일제가 저지른 '태평양전쟁'은 피압박 민족에 대한 '독립의 용기와 꿈'을 키워준 전쟁이었다고 그들의 침략행위를 도리어 미화시키고 있다. 그들은 또한 중국 침략과 '난징대학살' 만행도 역사 교과서에서 빼는 등 노골적으로 역사 조작을 하고 있어 일본 문부성의 작태가 각 국으로부터 크게 비난받게 된 것이다.

일제하부터 잘못 쓴 역사 교과서

일본 역사 교과서야말로, 일본의 제2세 교육에 있어서 매우 중요한 과제라고 하겠다. 그 교육이 올바르게 되지 못한다면, 서로가 이웃나라인 한·중·일 등 관계 뿐 아니라, 국제 사회에 있어서 일본의 역사 교육은 존립의 의미를 끝내 상실당할 것이다. 그러나 일본 역사 교과서의 잘못을 시인하고, 바른 방향으로 교과서 편찬에 힘쓰는 일부 학자들의 노력이 기울여지고 있다는 것도 잘 알아 둘 필요가 있다고 본다.

카토우 아키라(かとう あきら) 교수는 일본인들의 한국관에 큰 문제점들이 있으므로 해서, 결과적으로 잘못된 역사 교육을 시행해 오게 된 점을 다음과 같이 철저하게 비판하고 있다.

「일본인들의 조선관은 단순히 과거의 식민지주의의 잔존이라는 것 뿐 만이 아니다. 그 배경에는 뿌리 깊은 역사 의식, 즉 일본역사책

『고사기』며 『일본서기』에 실려있는, 츄우아이 천황(ちゅうあいてんの
う)의 황후 "진구우(じんぐう,神功)황후가 신라를 정복했다"고 하는,
사실(史實)에 반(反)하는 이야기, 혹은 조선 반도 남부의 임나(みま
な,任那)를 야마토(やまと)의 식민지로 삼고, 그 곳에다 일본부(にほ
んふ,日本府)를 두었다고 하는 식의 일본 중심의 취급 방법, 또한 도
요토미 히데요시(とよとみ ひでよし)의 조선 침략 사실을 정당화하려
는 견해, 그 밖에 사이고우 타카모리(さいごう たかもり)가 주장했다
고 하는 '정한론'(せいかんろん,征韓論)을 당연한 것으로 보는 따위
제2차대전 전(前)의 '국사'교과서를 통해서 배양된 조선에 대한 일방
적인 일본 중심의 정복주의 역사관이라고도 말해야 할 이데올로기가,
제2차대전 후(後)가 되었어도 아직 의식의 밑바닥에 착 달라붙어 있
었기 때문이다. 〈임나일본부〉며 〈광개토왕(호태왕)의 비문(碑文)〉, 〈
칠지도(七支刀)〉 등은 4세기에 있어서 야마토 조정의 조선반도 남부

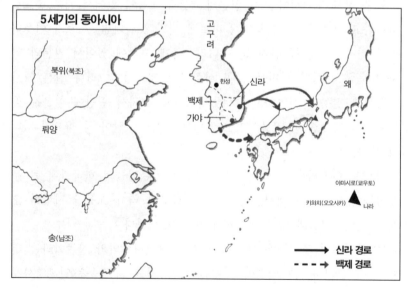

서기 2세기 경부터 고대 신라와 백제가 문화를 가지고 일본으로 건너 간 경로

를 지배한 근거로서 중요한 키이워드가 되어 있었던 것이다.」(카토우 아키라, 앞 연구론).

이와 같은 황당무개한 역사 기록들은 한일 양국 학자들에 의해, 그 사실이 비판 당해 왔으나, 일본의 역사 교과서가 올바른 사실을 거부하면서 거짓된 허위 기사와 일제의 잘못을 숨기고 은폐하는 데만 지금처럼 날뛰고 있는 한 일본 청소년의 역사 교육은 마비된 채 끝내 우민화를 벗어나지 못할 것이다.

더구나 근자에 『국민의 역사』(こくみんのれきし, 산케이 신문, 1999.11)라는 엉뚱한 역사책이 나와서 식자들의 빈축을 사고 있다.

니시오 칸지라는 사람이 쓴 이 역사책에서 그는 「똑같은 일본식민지였던 대만사람들은 일본의 식민지 통치를 고맙다고 감사하고 있는데, 어째서 조선의 식민지 지배에 대해서 조선사람들은 불만을 터뜨리고 있느냐? 일본은 식민지 통치로 조선의 모든 건설과 발전을 시켜주었으니 감사해야한다」는 따위의 망발을 서슴치 않고 있다.

역사는 사실(史實)에 입각해서 사실(事實)대로 써야 한다. 거짓된 기사는 끝내 바르게 밝혀지게 될 것이다.

부 록

1. 일본의 도시명-소속 현

あ

相　生(あいおい)……兵　庫
会津若松(あいづわかまつ)…福　島
青　森(あおもり)……青　森
明　石(あかし)……兵　庫
赤　平(あかびら)……北海道
安　芸(あ　き)……高　知
秋　川(あきがわ)……東　京
昭　島(あきしま)……東　京
秋　田(あきた)……秋　田
阿久根(あくね)……鹿児島
上　尾(あげお)……埼　玉
赤　穂(あこう)……兵　庫
朝　霞(あさか)……埼　玉
　　(あさひ)……千　葉
旭　川(あさひかわ)…北海道
足　利(あしかが)……栃　木
芦　別(あしべつ)……北海道
芦　屋(あしや)……兵　庫
熱　海(あたみ)……静　岡
厚　木(あつぎ)……神奈川
阿　南(あなん)……徳　島
網　走(あばしり)……北海道
我孫子(あびこ)……千　葉
尼　崎(あまがさき)……兵　庫
甘　木(あまぎ)……福　岡
綾　瀬(あやせ)……神奈川
綾　部(あやべ)……京　都
新　(あらい)……新　潟
荒　尾(あらお)……熊　本
有　田(ありだ)……和歌山
安　城(あんじょう)……愛　知
安　中(あんなか)……群　馬

い

飯　田(いいだ)……長　野
飯　塚(いいづか)……福　岡
飯　山(いいやま)……長　野
池　田(いけだ)……大　阪
生　駒(いこま)……奈　良
諫　早(いさはや)……長　崎
石　岡(いしおか)……茨　城
石　垣(いしがき)……沖　縄
石　巻(いしのまき)……宮　城
和　泉(いずみ)……大　阪
出　水(いずみ)……鹿児島
泉大津(いずみおおつ)…大　阪
泉佐野(いずみさの)…大　阪
出　雲(いずも)……島　根
伊　勢(いせ)……三　重
伊勢崎(いせざき)……群
伊勢原(いせはら)……神奈川
伊　丹(いたみ)……兵　庫
市　川(いちかわ)……千　葉
一　関(いちのせき)……岩　手
一　宮(いちのみや)……愛　知
市　原(いちはら)……千　葉

糸魚川(いといがわ)……新　潟
伊　東(いとう)……静　岡
糸　満(いとまん)……沖　縄
伊　那(いな)……長　野
稲　城(いなぎ)……東　京
稲　沢(いなざわ)……愛　知
犬　山(いぬやま)……愛　知
井　原(いばら)……岡　山
茨　木(いばらき)……大　阪
指　宿(いぶすき)……鹿児島
今　市(いまいち)……栃　木
今　治(いまばり)……愛　媛
伊万里(いまり)……佐　賀
伊　予(いよ)……愛　媛
伊予三島(いよみしま)……愛　媛
入　間(いるま)……埼　玉
岩　井(いわい)……茨　城
いわき……福　島
岩　国(いわくに)……山　口
岩　倉(いわくら)……愛　知
磐　田(いわた)……静　岡
岩　槻(いわつき)……埼　玉
岩　沼(いわぬま)……宮　城
岩見沢(いわみざわ)…北海道
因　島(いんのしま)……広　島

う

上　田(うえだ)……長　野
上　野(うえの)……三　重
魚　津(うおづ)……富　山
宇　佐(うさ)……大　分
宇　治(うじ)……京　都
牛　久(うしく)……茨　城
牛　深(うしぶか)……熊　本
臼　杵(うすき)……大　分
歌志内(うたしない)…北海道
宇都宮(うつのみや)…栃　木
宇　土(うど)……熊　本
宇　部(うべ)……山　口
浦　添(うらそえ)……沖　縄
浦　安(うらやす)……千　葉
浦　和(うらわ)……埼　玉
宇和島(うわじま)……愛　媛

え

江　刺(えさし)……岩　手
恵　那(えな)……岐　阜
恵　庭(えにわ)……北海道
海老名(えびな)……神奈川
えびの……宮　崎
江　別(えべつ)……北海道
塩　山(えんざん)……山　梨

お

近江八幡(おうみはちまん)…滋　賀
青　梅(おうめ)……東　京
大　分(おおいた)……大　分
大　垣(おおがき)……岐　阜
大　川(おおかわ)……福　岡

大　口(おおくち)……鹿児島
大　阪(おおさか)……大　阪
大阪狭山(おおさかさやま)…大　阪
大　洲(おおず)……愛　媛
太　田(おおた)……群　馬
大　田(おおだ)……島　根
大　竹(おおたけ)……広　島
大　館(おおだて)……秋　田
大田原(おおたわら)…栃　木
大　津(おおつ)……滋　賀
大　月(おおつき)……山　梨
大　野(おおの)……福　井
大野城(おおのじょう)…福　岡
大　府(おおぶ)……愛　知
大船渡(おおふなと)…岩　手
大　曲(おおまがり)…秋　田
大　町(おおまち)……長　野
大　宮(おおみや)……埼　玉
大牟田(おおむた)……福　岡
大　村(おおむら)……長　崎
男　鹿(おが)……秋　田
岡　崎(おかざき)……愛　知
岡　谷(おかや)……長　野
岡　山(おかやま)……岡　山
沖　縄(おきなわ)……沖　縄
桶　川(おけがわ)……埼　玉
小　郡(おごおり)……福　岡
小　樽(おたる)……北海道
小田原(おだわら)…神奈川
小千谷(おぢや)……新　潟
小　野(おの)……兵　庫
小野田(おのだ)……山　口
尾　道(おのみち)……広　島
尾花沢(おばなざわ)…山　形
小　浜(おばま)……福　井
帯　広(おびひろ)……北海道
小矢部(おやべ)……富　山
小　山(おやま)……栃　木
尾　鷲(おわせ)……三　重
尾張旭(おわりあさひ)…愛　知

か

貝　塚(かいづか)……大　阪
海　南(かいなん)……和歌山
加　賀(かが)……石　川
各務原(かかみがはら)…岐　阜
角　田(かくだ)……宮　城
掛　川(かけがわ)……静　岡
加古川(かこがわ)……兵　庫
鹿児島(かごしま)……鹿児島
加　西(かさい)……兵　庫
笠　岡(かさおか)……岡　山
笠　間(かさま)……茨　城
香　芝(かしば)……奈　良
橿　原(かしはら)……奈　良
鹿　島(かしま)……佐　賀
柏　(かしわ)……千　葉
柏　崎(かしわざき)…新　潟
柏　原(かしわら)……大　阪

半　田(はんだ)……愛　知	碧　南(へきなん)……愛　知	**も**
阪　南(はんなん)……大　阪	別　府(べっぷ)……大　分	真　岡(もおか)……栃　木
飯　能(はんのう)……埼　玉		茂　原(もばら)……千　葉
ひ	**ほ**	盛　岡(もりおか)……岩　手
東大阪(ひがしおおさか)大　阪	北　条(ほうじょう)…愛　媛	守　口(もりぐち)……大　阪
東久留米(ひがしくるめ)東　京	防　府(ほうふ)……山　口	守　山(もりやま)……滋　賀
東　根(ひがしね)……山　形	保　谷(ほうや)……東　京	紋　別(もんべつ)……北海道
東広島(ひがしひろしま)広　島	本　庄(ほんじょう)…埼　玉	**や**
東松山(ひがしまつやま)埼　玉	本　荘(ほんじょう)…秋　田	矢　板(やいた)……栃　木
東村山(ひがしむらやま)東　京	本　渡(ほんど)……熊　本	焼　津(やいづ)……静　岡
東大和(ひがしやまと)東　京	**ま**	八　尾(やお)……大　阪
光　(ひかり)……山　口	舞　鶴(まいづる)……京　都	八　潮(やしお)……埼　玉
彦　根(ひこね)……滋　賀	前　橋(まえばし)……群　馬	安　来(やすぎ)……島　根
久　居(ひさい)……三　重	前　原(まえばる)……福　岡	八　街(やちまた)……千　葉
尾　西(びさい)……愛　知	枕　崎(まくらざき)…鹿児島	八千代(やちよ)……千　葉
備　前(びぜん)……岡　山	益　田(ますだ)……島　根	八　代(やつしろ)……熊　本
日　高(ひだか)……埼　玉	町　田(まちだ)……東　京	柳　井(やない)……山　口
日　田(ひた)……大　分	松　浦(まつうら)……長　崎	柳　川(やながわ)……福　岡
日　立(ひたち)……茨　城	松　江(まつえ)……島　根	山　鹿(やまが)……熊　本
常陸太田(ひたちおおた)茨　城	松　阪(まつさか)……三　重	山　形(やまがた)……山　形
人　吉(ひとよし)……熊　本	松　戸(まつど)……千　葉	山　口(やまぐち)……山　口
日　野(ひの)……東　京	松　任(まつとう)……石　川	山　田(やまだ)……福　岡
美　唄(びばい)……北海道	松　原(まつばら)……大　阪	大　和(やまと)……神奈川
氷　見(ひみ)……富　山	松　本(まつもと)……長　野	大和郡山(やまとこおりやま)奈　良
姫　路(ひめじ)……兵　庫	松　山(まつやま)……愛　媛	大和高田(やまとたかだ)奈　良
日　向(ひゅうが)……宮　崎	丸　亀(まるがめ)……香　川	山　梨(やまなし)……山　梨
枚　方(ひらかた)……大　阪	**み**	八　女(やめ)……福　岡
平　田(ひらた)……島　根	三　浦(みうら)……神奈川	八　幡(やわた)……京　都
平　塚(ひらつか)……神奈川	三　笠(みかさ)……北海道	八幡浜(やわたはま)……愛　媛
平　戸(ひらど)……長　崎	三　木(みき)……兵　庫	**ゆ**
平　良(ひらら)……沖　縄	三　郷(みさと)……埼　玉	結　城(ゆうき)……茨　城
弘　前(ひろさき)……青　森	三　沢(みさわ)……青　森	夕　張(ゆうばり)……北海道
広　島(ひろしま)……広　島	三　島(みしま)……静　岡	行　橋(ゆくはし)……福　岡
ふ	水　沢(みずさわ)……岩　手	湯　沢(ゆざわ)……秋　田
深　川(ふかがわ)……北海道	瑞　浪(みずなみ)……岐　阜	**よ**
深　谷(ふかや)……埼　玉	三　鷹(みたか)……東　京	八日市(ようかいち)……滋　賀
福　井(ふくい)……福　井	水海道(みつかいどう)茨　城	八日市場(ようかいちば)…千　葉
福　江(ふくえ)……長　崎	見　附(みつけ)……新　潟	横須賀(よこすか)……神奈川
福　岡(ふくおか)……福　岡	水　戸(みと)……茨　城	横　手(よこて)……秋　田
福　島(ふくしま)……福　島	水　俣(みなまた)……熊　本	横　浜(よこはま)……神奈川
福知山(ふくちやま)…京　都	南足柄(みなみあしがら)神奈川	四日市(よっかいち)……三　重
福　山(ふくやま)……広　島	美　祢(みね)……山　口	四街道(よつかいどう)…千　葉
袋　井(ふくろい)……静　岡	美　濃(みの)……岐　阜	米　子(よなご)……鳥　取
富　士(ふじ)……静　岡	箕　面(みのお)……大　阪	米　沢(よねざわ)……山　形
藤井寺(ふじいでら)…大　阪	美濃加茂(みのかも)…岐　阜	与　野(よの)……埼　玉
藤　枝(ふじえだ)……静　岡	三　原(みはら)……広　島	**り**
藤　岡(ふじおか)……群　馬	宮　古(みやこ)……岩　手	陸前高田(りくぜんたかた)岩　手
藤　沢(ふじさわ)……神奈川	都　城(みやこのじょう)宮　崎	竜ケ崎(りゅうがさき)茨　城
富士宮(ふじのみや)…静　岡	宮　崎(みやざき)……宮　崎	両　津(りょうつ)……新　潟
富士見(ふじみ)……埼　玉	宮　津(みやづ)……京　都	**る**
富士吉田(ふじよしだ)山　梨	三　次(みよし)……広　島	留　萌(るもい)……北海道
豊　前(ぶぜん)……福　岡	**む**	**わ**
府　中(ふちゅう)……東　京	向　日(むこう)……京　都	和歌山(わかやま)……和歌山
府　中(ふちゅう)……広　島	武蔵野(むさしの)……東　京	和　光(わこう)……埼　玉
福　生(ふっさ)……東　京	武蔵村山(むさしむらやま)東　京	輪　島(わじま)……石　川
富　津(ふっつ)……千　葉	む　つ……青　森	稚　内(わっかない)……北海道
船　橋(ふなばし)……千　葉	宗　像(むなかた)……福　岡	蕨　(わらび)……埼　玉
富良野(ふらの)……北海道	村　上(むらかみ)……新　潟	
古　川(ふるかわ)……宮　城	村　山(むらやま)……山　形	
豊後高田(ぶんごたかだ)大　分	室　戸(むろと)……高　知	
へ	室　蘭(むろらん)……北海道	

2. 일본의 군명-소속 현

ア

愛 甲(あいこう)……	神奈川
英 田(あいだ)……	岡 山
愛 知(あいち)……	愛 知
姶 良(あいら)……	鹿児島
赤 磐(あかいわ)……	岡 山
吾 妻(あがつま)……	群 馬
吾 川(あがわ)……	高 知
阿 寒(あかん)……	北海道
安 芸(あ き)……	広 島
安 芸(あ き)……	高 知
飽 海(あくみ)……	山 形
安 芸(あ げ)……	三 重
赤 穂(あこう)……	兵 庫
厚 狭(あさ)……	山 口
浅 口(あさくち)……	岡 山
朝 倉(あさくら)……	福 岡
朝 来(あさご)……	兵 庫
足柄上(あしがらかみ)……	神奈川
足柄下(あしがらしも)……	神奈川
葦 北(あしきた)……	熊 本
芦 品(あしな)……	広 島
足 寄(あしょろ)……	北海道
足 羽(あすわ)……	福 井
安 蘇(あ そ)……	栃 木
阿 蘇(あ そ)……	熊 本
安 達(あだち)……	福 島
厚 岸(あっけし)……	北海道
厚 田(あつた)……	北海道
渥 美(あつみ)……	愛 知
阿 哲(あてつ)……	岡 山
網 走(あばしり)……	北海道
阿 武(あぶ)……	山 口
虻 田(あぶた)……	北海道
海 部(あま)……	愛 知
天 草(あまくさ)……	熊 本
天 田(あまた)……	京 都
綾 歌(あやうた)……	香 川
阿 山(あやま)……	三 重
有 田(ありだ)……	和歌山
安 房(あ わ)……	千 葉
阿 波(あ わ)……	徳 島
安 八(あんぱち)……	岐 阜

イ

飯 石(いいし)……	島 根
飯 南(いいなん)……	三 重
伊 香(い か)……	滋 賀
壱 岐(い き)……	長 崎
伊 具(い ぐ)……	宮 城
生 駒(いこま)……	奈 良
伊 佐(い さ)……	鹿児島
胆 沢(いさわ)……	岩 手

石 狩(いしかり)……	北海道
石 川(いしかわ)……	福 島
石 川(いしかわ)……	石 川
出 石(いずし)……	兵 庫
夷 隅(いすみ)……	千 葉
出 水(いずみ)……	鹿児島
磯 谷(いそや)……	北海道
板 野(いたの)……	徳 島
一 志(いちし)……	三 重
伊 都(い と)……	和歌山
糸 島(いとしま)……	福 岡
引 佐(いなさ)……	静 岡
稲 敷(いなしき)……	茨 城
員 弁(いなべ)……	三 重
犬 上(いぬかみ)……	滋 賀
庵 原(いはら)……	静 岡
揖 斐(い び)……	岐 阜
揖 宿(いぶすき)……	鹿児島
揖 保(い ぼ)……	兵 庫
今 立(いまだて)……	福 井
射 水(いみず)……	富 山
伊 予(い よ)……	愛 媛
入 間(いるま)……	埼 玉
岩 瀬(いわせ)……	福 島
磐 田(いわた)……	静 岡
岩 手(いわて)……	岩 手
岩 内(いわない)……	北海道
岩 船(いわふね)……	新 潟
岩 美(いわみ)……	鳥 取
印 旛(いんば)……	千 葉

ウ

浮 羽(うきは)……	福 岡
宇 佐(う さ)……	大 分
有 珠(う す)……	北海道
碓 氷(うすい)……	群 馬
宇 陀(う だ)……	奈 良
宇 土(う と)……	熊 本
宇 摩(う ま)……	愛 媛
浦 河(うらかわ)……	北海道
雨 竜(うりゅう)……	北海道

エ

枝 幸(えさし)……	北海道
愛 知(え ち)……	滋 賀
恵 那(え な)……	岐 阜
江 沼(えぬま)……	石 川

オ

邑 楽(おうら)……	群 馬
麻 植(お え)……	徳 島
大 飯(おおい)……	福 井
大 分(おおいた)……	大 分
大 川(おおかわ)……	香 川

大 里(おおさと)……	埼 玉
大 島(おおしま)……	山 口
大 島(おおしま)……	鹿児島
邑 智(おおち)……	島 根
大 津(おおつ)……	山 口
大 沼(おおぬま)……	福 島
大 野(おおの)……	福 井
大 野(おおの)……	岐 阜
大 野(おおの)……	大 分
大 原(おおはら)……	島 根
小 笠(おがさ)……	静 岡
雄 勝(おがち)……	秋 田
隠 岐(お き)……	島 根
小 城(お ぎ)……	佐 賀
小 邑 久(お く)……	岡 山
奥 尻(おくしり)……	北海道
牡 鹿(おしか)……	宮 城
小 田(お だ)……	岡 山
小 越 智(お ち)……	愛 媛
乙 訓(おとくに)……	京 都
遠 敷(おにゅう)……	福 井
遠 賀(おんが)……	福 岡
温 泉(おんせん)……	愛 媛

カ

海 上(かいじょう)…	千 葉
海 草(かいそう)…	和歌山
海 津(かいづ)……	岐 阜
海 部(かいふ)……	徳 島
香 川(かがわ)……	香 川
加 古(か こ)……	兵 庫
鹿児島(かごしま)……	鹿児島
加 佐(か さ)……	京 都
河 西(かさい)……	北海道
鹿 島(かしま)……	茨 城
鹿 島(かしま)……	石 川
糟 屋(かすや)……	福 岡
勝 浦(かつうら)……	徳 島
勝 田(かつた)……	岡 山
刈 田(かつた)……	宮 城
鹿 角(かづの)……	秋 田
河 東(かとう)……	北海道
加 東(かとう)……	兵 庫
香 取(かとり)……	千 葉
可 児(か に)……	岐 阜
鹿 足(かのあし)……	島 根
樺 戸(かばと)……	北海道
嘉 穂(か ほ)……	福 岡
河 北(かほく)……	石 川
加 美(かみ)……	宮 城
香 美(かみ)……	高知安
上 県(かみあがた)……	長 崎
上 磯(かみいそ)……	北海道
上伊那(かみいな)……	長 野

フ

深安(ふかやす)……広島
鳳至(ふげし)………石川
富士(ふじ)………静岡
藤津(ふじつ)………佐賀
双葉(ふたば)………福島
双三(ふたみ)………広島
船井(ふない)………京都
古宇(ふるう)………北海道
古平(ふるびら)……北海道
不破(ふわ)………岐阜

ホ

宝飯(ほい)………愛知
幌泉(ほろいずみ)……北海道

マ

真壁(まかべ)………茨城
増毛(ましけ)………北海道
益田(ました)………岐阜
松前(まつまえ)……北海道
真庭(まにわ)………岡山

ミ

三井(みい)………福岡
三池(みいけ)………福岡
三浦(みうら)………神奈川
三重(みえ)………三重
三方(みかた)………福井
美方(みかた)………兵庫
三島(みしま)………大阪
三潴(みずま)………福岡
御津(みつ)………岡山
三石(みついし)……北海道
御調(みつぎ)………広島
三豊(みとよ)………香川
南会津(みなみあいづ)…福島
南秋田(みなみあきた)…秋田
南安曇(みなみあづみ)…長野
南部(みなみあまべ)…大分
南魚沼(みなみうぉぬま)…新潟
南宇和(みなみうわ)…愛媛

南河内(みなみかわち)…大阪
南蒲原(みなみかんばら)…新潟
南巨摩(みなみこま)…山梨
南埼玉(みなみさいたま)…埼玉
南佐久(みなみさく)…長野
南設楽(みなみしたら)…愛知
南高来(みなみたかき)…長崎
南津軽(みなみつがる)…青森
南都留(みなみつる)…山梨
南那珂(みなみなか)…宮崎
南松浦(みなみまつうら)…長崎
南牟婁(みなみむろ)…三重
美弥(みね)………山口
美濃(みの)………島根
美嚢(みのう)………兵庫
三原(みはら)………兵庫
美馬(みま)………徳島
三養基(みやき)………佐賀
宮城(みやぎ)………宮城
京都(みやこ)………福岡
宮古(みやこ)………沖縄
宮崎(みやざき)……宮崎
名西(みょうざい)…徳島
名東(みょうどう)…徳島
三好(みよし)………徳島

ム

武儀(むぎ)………岐阜
宗像(むなかた)……福岡

メ

目梨(めなし)………北海道

モ

最上(もがみ)………山形
本巣(もとす)………岐阜
本吉(もとよし)……宮城
桃生(ものう)………宮城
紋別(もんべつ)……北海道

ヤ

八重山(やえやま)……沖縄
野洲(やす)………滋賀

八頭(やず)………鳥取
八束(やつか)………島根
八代(やつしろ)……熊本
養父(やぶ)………兵庫
耶麻(やま)………福島
山県(やまがた)……岐阜
山県(やまがた)……広島
山越(やまこし)……北海道
山田(やまだ)………群馬
山門(やまと)………福岡
山辺(やまべ)………奈良
山本(やまもと)……秋田
八女(やめ)………福岡

ユ

結城(ゆうき)………茨城
夕張(ゆうばり)……北海道
勇払(ゆうふつ)……北海道
由利(ゆり)………秋田

ヨ

余市(よいち)………北海道
養老(ようろう)……岐阜
与謝(よさ)………京都
吉城(よしき)………岐阜
吉敷(よしき)………山口
吉田(よしだ)………福井
吉野(よしの)………奈良

リ

利尻(りしり)………北海道

ル

留萌(るもい)………北海道

レ

礼文(れぶん)………北海道

ワ

和賀(わが)………岩手
和気(わけ)………岡山
度会(わたらい)……三重
亘理(わたり)………宮城

3. 일본의 섬 이름 읽기

天草島 あまくさじま
奄美大島 あまみおおしま
淡路島 あわじしま
硫黄島 いおうがしま・いおうじま・いおう
とう
壹岐 いき
石垣島 いしがきじま
西表島 いりおもてじま
浮島 うきしま
江ノ島 えのしま
隱岐 おき
沖繩島 おきなわとう
沖ノ島 おきのしま
奧尻島 おくしりとう
口永良部島 くちのえらぶじま
久米島 くめじま
神津島 こうづしま
五島列島 ごとうれっとう
櫻島 さくらじま
佐渡島 さどがしま
式根島 しきねじま

色丹島 しこたんとう
城ヶ島 じょうがしま
小豆島 しょうどしま
白石島 しらいしじま
大東島 だいとうじま
多景島 たけしま
種子島・多禰島 たねがしま
竹生島 ちくぶしま
千島列島 ちしまれっとう
知夫里島 ちぶりじま
對馬 つしま
德之島 とくのしま
鳥島 とりしま
直島 なおしま
中通島 なかどおりしま
福江島 ふくえじま
平戸島 ひらどしま
宮古島 みやこじま
屋久島 やくしま
屋代島 やしろとう
利尻島 りしりとう

4. 일본의 산 이름 읽기

赤石岳 あかいしだけ	宇津山 うつのやま
赤沢山 あかざわやま	畝傍山 うねびやま
浅間山 あさまやま	恵那山 えなさん
阿蘇山 あそさん	逢坂山 おうさかやま
愛宕山 あたごやま	大内山 おおうちやま
安達太良山 あだたらやま	大峰山 おおみねさん
天城山 あまぎさん	大山 おおやま
荒川岳 あらかわだけ	歸山 かえるやま
飯盛山 いいもりやま	鏡山 かがみやま
伊香山 いかごやま	香具山 かぐやま
板倉山 いたくらやま	笠取山 かさとりやま
伊那佐山 いなさのやま	迦葉山 かしょうざん
稲佐山 いなさやま	春日山 かすがやま
稲葉山 いなばやま	傾山 かたむきやま
稲荷山 いなりやま	月山 がっさん
伊吹山 いぶきやま	神奈備山 かんなびやま
妹背山 いもせやま	岐山 きざん
妹山 いもやま	衣掛山 きぬがけやま
弥高山 いやたかやま	貴船山 きぶねやま
入佐山 いるさのやま	霧島山 きりしまやま
岩木山 いわきさん	切目山 きりめやま
磐城山 いわきやま	金華山 きんかざん
岩國山 いわくにやま	金峰山 きんぽうざん
岩瀬山 いわせやま	金北山 きんぽくさん
岩手山 いわてやま	草香山 くさかのやま
岩間山 いわまやま	雲取山 くもとりやま
宇治山 うじやま	位山 くらいやま

鞍馬山 くらまやま
高野山 こうやさん
高良山 こうらさん
國分山 こくぶやま
琴平山 ことひらやま
駒ケ岳 こまがたけ
衣鹿背山 ころもかせやま
藏王山 ざおうざん
佐保山 さおやま
佐比売山 さひめやま
佐夜中山・小夜中山 さやのなかやま
更科山・更級山 さらしなやま
三瓶山 さんべさん
紫雲山 しうんざん
塩津山 しおつやま
塩見岳 しおみだけ
志雄山 しおやま
志賀山 しかのやま
志賀山・滋賀山 しがのやま
信貴山 しぎさん
賤機山 しずはたやま
七面山 しちめんざん
信夫山 しのぶやま
島広山 しまひろやま
昭和新山 しょうわしんざん
白根山 しらねさん

白峰山 しらみねさん
白山 しらやま
白馬岳 しろうまだけ
城山 しろやま
瑞竜山 ずいりゅうさん
背振山 せふりやま
仙丈ケ岳 せんじょうがたけ
船上山 せんじょうさん
象頭山 ぞうずさん
大雪山 だいせつざん
大山 だいせん
大文字山 だいもんじやま
高尾山 たかおさん
高倉山 たかくらやま
高円山 たかまとやま
高間山・高天山 たかまのやま
立山 たちやま
竜田山・立田山 たつたやま
蓼科山・立科山 たてしなやま
田上山 たなかみやま
手向山 たむけやま
丹沢山 たんざわやま
茶臼山 ちゃうすやま
鳥海山 ちょうかいさん
筑波山 つくばさん
燕岳 つばくろだけ

劍山 つるぎさん

劍岳 つるぎたけ

手稲山 ていねやま

鐵枴山 てっかいさん

天王山 てんのうざん

道灌山 どうかんやま

戸隠山 とがくしやま

礪波山 となみやま

鳥見山 とみのやま

苗場山 なえばさん

成相山 なりあいさん

男体山 なんたいさん

乘鞍岳 のりくらだけ

羽黒山 はぐろさん

函館山 はこだてやま

箱根山 はこねやま

八甲田山 はっこうださん

初瀨山・泊瀨山 はつせやま

比叡山 ひえいざん

英彦山・彦山 ひこさん

聖岳 ひじりだけ

比良山 ひらさん

富士山・不二山 ふじさん

二子山 ふたごやま

二荒山 ふたらさん

船岡山 ふなおかやま

蓬萊山 ほうらいさん

穗高岳 ほたかだけ

纒向山・卷向山 まきむくやま

待兼山 まちかねやま

眞土山・待乳山 まつちやま

三笠山・御蓋山 みかさやま

三上山 みかみやま

御岳 みたけ

御岳山・御嶽山 みたけさん

三原山 みはらやま

耳成山・耳梨山 みみなしやま

三室山・御室山 みむろのやま

妙高山 みょうこうざん

三輪山 みわやま

桃山 ももやま

藥師岳 やくしだけ

燒山 やけやま

八ケ岳 やつがたけ

彌彦山 やひこやま

槍ケ岳 やりがたけ

湯殿山 ゆどのさん

羊蹄山 ようていざん

吉野山 よしのやま

靈山 りょうぜん

若草山・嫩草山 わかくさやま

5. 일본의 강 이름 읽기

赤川　あかがわ
阿賀野川　あがのがわ
旭川　あさひがわ
蘆田川　あしだがわ
網走川　あばしりがわ
阿武隈川　あぶくまがわ
安部川　あべがわ
天の川　あまのがわ
荒川　あらかわ
石狩川　いしかりがわ
稻瀬川　いなせがわ
揖保川　いぼがわ
入間川　いるまがわ
愛知川　えちがわ
江戸川　えどがわ
大井川　おおいがわ
大分川　おおいたがわ
太田川　おおたがわ
大野川　おおのがわ
大淀川　おおよどがわ
小丸川　おまるがわ
雄物川　おものがわ
小矢部川　おやべがわ
遠賀川　おんががわ
加古川　かこがわ
狩野川　かのがわ

川内川　かわうちがわ
菊川　きくがわ
菊池川　きくちがわ
木曾川　きそがわ
北上川　きたかみがわ
木津川　きづがわ
鬼怒川　きぬがわ
紀ノ川　きのがわ
肝屬川　きもつきがわ
久慈川　くじがわ
櫛田川　くしだがわ
釧路川　くしろがわ
九頭龍川　くずりゅうがわ
百濟川　くだらがわ
球磨川　くまがわ
熊野川　くまのがわ
雲出川　くもずがわ
黒部川　くろべがわ
小石川　こいしかわ
江川　ごうのがわ
五ケ瀬川　ごかせがわ
佐保川　さおがわ
相模川　さがみがわ
酒匂川　さかわがわ
佐波川　さばがわ
沙流川　さるがわ

重信川 しげのぶがわ

信濃川 しなのがわ

四万十川 しまんとがわ

庄川 しょうがわ

常願寺川 じょうがんじがわ

庄内川 しょうないがわ

渚滑川 しょこつがわ

白川 しらかわ

尻別川 しりべつがわ

神通川 じんずうがわ

鈴鹿川 すずかがわ

隅田川 すみだがわ

関川 せきがわ

瀬田川 せたがわ

高津川 たかつがわ

高野川 たかのがわ

高梁川 たかはしがわ

多摩川 たまがわ

筑後川 ちくごがわ

千代川 ちよかわ

鶴見川 つるみがわ

天塩川 てしおがわ

手取川 てどりがわ

天神川 てんじんがわ

天竜川 てんりゅうがわ

十勝川 とかちがわ

土器川 どきがわ

常呂川 ところがわ

利別川 としべつがわ

十津川 とつがわ

利根川 とねがわ

豊川 とよかわ

那珂川、那賀川 なかがわ

長良川 ながらがわ

名取川 なとりがわ

鳴瀬川 なるせがわ

仁淀川 によどがわ

番匠川 ばんじょうがわ

斐伊川 ひいかわ

肱川 ひじかわ

日野川 ひのかわ

姫川 ひめかわ

富士川 ふじかわ

松浦川 まつうらがわ

馬淵川 まべちがわ

円山川 まるやまがわ

緑川 みどりかわ

湊川 みなとがわ

鵡川 むかわ

最上川 もがみがわ

物部川 ものべがわ

矢作川 やはぎがわ

矢部川 やべがわ
山國川 やまくにがわ
大和川 やまとがわ
湧別川 ゆうべつがわ
由良川 ゆらがわ
吉井川 よしいがわ

吉野川 よしのがわ
淀川 よどがわ
米代川 よねしろがわ
六角川 ろっかくがわ
渡良瀬川 わたらせがわ

6. 주요 외래어 표기법(지명·인명 등)

* 주요 외래어 표기는 반드시 카다카나(カタカナ)로 쓰고 있다. 여기서는 주요 인명과 지명 등의 표기를 중심으로 일본에서 빈번하게 상용되는 것만을 골라보았다. 어떤 경우에는 2가지 방법의 표기법이 쓰이고 있어서 그런 것은 모두 함께 실었다.

アーケード	イスタンブール(地)
アイスクリーム	イタリア(地)
アイロン	イニング
アインシュタイン(人)	インタビュー、インタヴュー
アカデミー	インド(地)
アクセサリー	インドネシア(地)
アジア(地)	インフレーション
アスファルト	ウイークデー
アトランティックシティー(地)	ウィーン(地)
アナウンサー	ウイスキー、ウィスキー
アパート	ウイット
アフリカ(地)	ウィルソン(人)
アメリカ(地)	ウェールズ(地)
アラビア(地)	ウエスト waist
アルジェリア(地)	ウエディングケーキ、ウェディングケーキ
アルバム	ウエハース
アルファベット	ウェブスター(人)
アルミニウム	ウォルポール(人)
アンケート	ウラニウム
イエーツ、イェーツ(人)	エイト
イェスペルセン(人)	エキス
イエナ(地)	エキストラ
イエローストン(地)	エジソン(人)
イギリス(地)	エジプト(地)
イコール	エチケット

エッフェル(人)

エネルギ-

エプロン

エルサレム、イェルサレム(地)

エレベ-タ-、エレベ-タ

オ-エン(人)

オ-ストラリア(地)

オ-トバイ

オ-バ-コ-ト

オックスフォ-ド(地)

オフィス

オホ-ツク(地)

オリンピック

オルガン

オレンジ

ガ-ゼ

カ-テン

カ-ド

カ-ブ

カクテル

ガス

ガソリン

カタログ

カット

カップ

カバ-

カムチャツカ(地)

カメラ

カラス

カリフォルニア(地)

カルシウム

カルテット

カレンダ-

カロリ-

ガンジ-(人)

カンツォ-ネ

ギタ-

キムチ

キャベツ

キャンデ-

キャンプ

キュリ-(人)

ギリシャ、ギリシア(地)

キリマンジャロ(地)

キルティング

グアテマラ、グァテマラ(地)

クイ-ン

クイズ

クインテット

ク-デタ-

ク-ポン

クエスチョンマ-ク

クオ-タリ-、クォ-タリ-

グラビア

クラブ

グランドキャニオン(地)

クリスマスツリ-

グリニッジ(地)

グル-プ

グレゴリウス(人)

クレジット

クレヨン

ケインズ(人)

ゲ-テ(人)

ケ-プタウン(地)

ケ-ブルカ-

ゲ-ム

ケンタッキ-(地)

ケンブリッジ(地)

コ-ヒ-

コールタール	シャンソン
コスチューム	シャンツュ
コップ	シュークリム
コピー	ジュース juice, deuce
コペルニクス(人)	シューベルト(人)
コミュニケーション	ジュラルミン
コロンブス(人)	ショー
コンクール	ショパン(人)
コンクリート	シラー(人)
コンツェルン	シンフォニー
コンピューター、コンピュータ	シンポジウム
コンマ	スイートピー
サーカス	スイッチ
サービス	スイング
サナトリウム	スウェーデン(地)
サハラ(地)	スーツケース
サファイア	スープ
サマータイム	スカート
サラダボウル	スキー
サラブレッド	スケート
サンドイッチ	スケール
サンパウロ(地)	スコール
シーボルト(人)	スコップ
シェーカー	スター
シェークスピア(人)	スタジアム
シェード	スタジオ
ジェットエンジン	スタンダール(人)
シェフィールド(地)	スチーム
ジェンナー(人)	スチュワーデス
シドニー(地)	ステージ
ジブラルタル(地)	ステッキ
ジャカルタ(地)	ステレオ
シャツ	ステンドグラス
シャッター	ステンレス
シャベル	ストーブ

ストックホルム(地)
ストップウオッチ、ストップウォッチ
スプ-ン
スペイン(地)
スペ-ス
スポ-ツ
ズボン
スリッパ
セ-タ-
セ-ラ〔~服〕
セメント
ゼラチン
ゼリ-
セルバンテス(人)
セロハン
センタ-
セントロ-レンス(地)
ソウル(地)
ソ-セ-ジ
ソファ-
ソルジェニ-ツィン(人)
ダ-ウィン(人)
タ-ナ-(人)
ダイジェスト
タイヤ
ダイヤモンド
ダイヤル
タオル
タキシ-ド
タクシ-
タヒチ(地)
ダンス
チ-ズ
チ-ム
チェ-ホフ(人)

チェ-ン
チェス
チェック
チケット
チップ
チフス
チャイコフスキ-(人)
チュ-バ、テュ-バ
チュ-ブ
チュ-リップ
チュニジア、テュニジア(地)
チョコレ-ト
チロル(地)
ツア- tour
ツ-ピ-ス
ツ-ル-ズ、トゥ-ル-ズ(地)
ツェッペリン(人)
ツンドラ
ティ-
ディ-ゼルエンジン
ディズニ-(人)
ティチア-ノ、ティツィア-ノ(人)
ディドロ(人)
テ-プ
テ-ブル
デカルト(人)
テキサス(地)
テキスト
デザイン
テスト
テニス
テネシ-(地)
デパ-ト
デュ-イ(人)
デュ-ラ-(人)

デュエット
デュッセルドルフ(地)
テレビジョン
テント
テンポ
ドア
ド-ナツ
ドストエフスキ-(人)
ドニゼッティ(人)
ドビュッシ-(人)
トマト
ドライブ
ドライヤ-
トラック
ドラマ
トランク
トルストイ(人)
ドレス
ドレフュス(人)
トロフィ-
トンネル
ナイヤガラ(地)
ナイワ
ナイル(地)
ナトリウム
ナポリ(地)
ニ-チェ(人)
ニュ-ス
ニュ-トン(人)
ニュ-ヨ-ク(地)
ネ-ブル
ネオンサイン
ネクタイ
ノ-ベル(人)
ノルウェ-(地)

ノルマンディ-(地)
パ-ティ-
バイオリン、ヴァイオリン
ハイキング
ハイドン(人)
ハイヤ-
バケツ
バス
パスカル(人)
バタ-
ハチャトリヤン、ハチャトゥリヤン(人)
バッハ(人)
バッファロ-(地)
バドミントン
バトン
バニラ
ハノイ(地)
パラグアイ、パラグァイ(地)
パラフィン
パリ(地)
バルブ
バレエ〔舞踊〕
バレ-ボ-ル
ハンドル
ピアノ
ビ-ナス、ヴィ-ナス
ビ-ル
ビクトリア、ヴィクトリア(地)
ビスケット
ビスマルク(人)
ビゼ-(人)
ビタミン
ビニ-ル
ビバルディ、ヴィヴァルディ(人)
ビュイヤ-ル、ヴュイヤ-ル(人)

ヒューズ
ビルディング
ヒンズ-教、ヒンドウ-教
ピンセット
ファーブル(人)
ファイル
ファッション
ファラデ-(人)
ファン
フィ-ト
フィクション
フィラデルフィア(地)
フィリピン(地)
フィリム
フィレンツェ(地)
フィンランド(地)
プ-ル
フェアバンクス(地)
フェアプレ-
ブエノスアイレス(地)
フェルト
フェンシング
フォ-ク
フォ-クダンス
フォ-ド(人)
フォム
フォスタ-(人)
プディング
フュ-ジョン
フュン島(地)
ブラ-ムス(人)
ブラシ
プラスチック
プラットホ-ム
プラネタリウム

ブラマンク、ヴラマンク(人)
フランクリン(人)
ブレ-キ
フロイト(人)
プログラム
プロデュ-サ-
ヘアピン
ペイント
ベ-カリ-
ヘ-ゲル(人)
ベ-コン
ペ-ジ
ベ-ル、ヴェ-ル
ベストセラ-
ペダル
ベナヤ〔~板〕
ベランダ
ペリ-(人)
ヘリウム
ヘリコプタ-
ベルサイユ、ヴェルサイユ(地)
ペルシャ、ペルシア(地)
ヘルシンキ(地)
ヘルメット
ベルリン(地)
ペンギン
ヘンデル(人)
ホイットマン(人)
ボウリング〔球技〕
ホ-ス
ボ-トレ-ス
ポ-ランド(地)
ボリング　boring
ボクシンク
ポケット

ポスター
ボストン(地)
ボタン
ボディー
ホテル
ホノルル(地)
ボランティア
ボルガ、ヴォルガ(地)
ボルテール、ヴォルテール(人)
ポルトガル(地)
ホルマリン
マージャン
マイクロホン
マカオ(地)
マッターホーン(地)
マドリード(地)
マニラ(地)
マフラー
マラソン
マンション
マンスフィールド(人)
マンチェスター(地)
マンモス
ミイラ
ミキサー
ミケランジェロ(人)
ミシシッピ(地)
ミシン
ミッドウェー(地)
ミネアポリス(地)
ミュンヘン(地)
ミルウォーキー(地)
ミルクセーキ
メーカー
メーキャップ

メーデー
メガホン
メッセージ
メロディー
メロン
メンデル(人)
メンデルスゾーン(人)
メンバー
モーター
モーツァルト(人)
モスクワ(地)
モデル
モリエール(人)
モルヒネ
モンテーニュ(人)
モントリオール(地)
ヤスパース(人)
ユーラシア(地)
ユニホーム
ユングフラウ(地)
ヨーロッパ(地)
ヨット
ライバル
ライプチヒ(地)
ラジウム
ラジオ
ラファエロ(人)
ランニング
ランプ
リオデジャネイロ(地)
リズム
リノリウム
リボン
リュックサック
リレー

リンカーン(人)

ルーベンス(人)

ルーマニア(地)

ルクス lux

ルソー(人)

レイアウト

レール

レギュラー

レコード

レスリング

レニングラード(地)

レビュー、レヴュー

レフェリー

レベル

レモンスカッシュ

レンズ

レンブラント(人)

ローマ(地)

ロケット

ロシア(地)

ロダン(人)

ロッテルダム(地)

ロマンス

ロマンチック

ロンドン(地)

ワイマール(地)

ワイヤ

ワシントン(地)

ワックス

ワット(人)

7. 일본인의 성씨 1,000가문표(성씨 읽기용)

순위	성씨	읽는법	순위	성씨	읽는법	순위	성씨	읽는법
1	鈴木	すずき	37	小島	こじま	72	安藤	あんどう
2	佐藤	さとう			おじま	73	西村	にしむら
3	田中	たなか	38	島田	しまだ	74	関	せき
4	山本	やまもと	39	遠藤	えんどう	75	菊池	きくち
5	渡辺	わたなべ	40	田村	たむら			きくいけ
6	高橋	たかはし	41	高木	たかぎ	76	森田	もりた
7	小林	こばやし	42	中野	なかの	77	上田	うえだ
8	中村	なかむら	43	小山	こやま			かみた
9	伊藤	いとう			おやま	78	野村	のむら
10	齋藤	さいとう	44	野田	のだ	79	田辺	たなべ
11	加藤	かとう	45	福田	ふくだ	80	石田	いしだ
12	山田	やまだ	46	大塚	おおつか	81	中山	なかやま
13	吉田	よしだ	47	岡本	おかもと	82	松田	まつだ
14	佐佐木	ささき	48	辻	つじ	83	丸山	まるやま
15	井上	いのうえ	49	横山	よこやま	84	広瀬	ひろせ
		いうえ	50	後藤	ごとう	85	山下	やました
16	木村	きむら	51	前田	まえだ	86	久保	くぼ
17	松本	まつもと	52	藤井	ふじい	87	松村	まつむら
18	清水	しみず	53	原	はら	88	新井	あらい
19	林	はやし	54	三浦	みうら	89	川上	かわかみ
20	山口	やまぐち	55	石井	いしい	90	大島	おおしま
21	長谷川	はせがわ	56	小野	おの	91	野口	のぐち
22	小川	おがわ	57	片山	かたやま	92	福島	ふくしま
23	中島	なかじま	58	吉村	よしむら	93	黑田	くろだ
		なかしま	59	上野	うえの	94	増田	ますだ
24	山崎	やまざき			かみの	95	今井	いまい
		やまさき	60	宮本	みやもと	96	櫻井	さくらい
25	橋本	はしもと	61	横田	よこた	97	石原	いしはら
26	森	もり	62	西川	にしかわ	98	服部	はっとり
27	池田	いけだ			さいかわ	99	藤原	ふじわら
28	石川	いしかわ	63	武田	たけだ	100	市川	いちかわ
29	内田	うちだ	64	中川	なかがわ	101	秋山	あきやま
30	岡田	おかだ	65	北村	きたむら	102	平野	ひらの
31	青木	あおき	66	大野	おおの	103	藤田	ふじた
32	金子	かねこ	67	竹内	たけうち	104	酒井	さかい
33	近藤	こんどう	68	原田	はらだ	105	村田	むらた
34	阿部	あべ	69	松岡	まつおか	106	坂本	さかもと
35	和田	わだ	70	矢野	やの	107	星野	ほしの
36	太田	おおた	71	村上	むらかみ	108	菊地	きくち

순위	성씨	읽는법	순위	성씨	읽는법	순위	성씨	읽는법
109	高野	たかの / こうの	146	河野	こうの / かわの	180	堀	ほり
110	岩崎	いわさき	147	宮澤	みやざわ	181	荒木	あらき
111	土屋	つちや	148	平井	ひらい	182	谷口	たにぐち
112	飯田	いいだ	149	岡村	おかむら	183	杉浦	すぎうら
113	宮崎	みやざき	150	關口	せきぐち	184	町田	まちだ
114	高田	たかだ	151	小田	おだ / しょうだ	185	水谷	みずたに / みずや
115	淺野	あさの	152	岡	おか	186	坂井	さかい
116	安田	やすだ	153	永井	ながい	187	片岡	かたおか
117	小池	こいけ	154	樋口	ひぐち	188	北川	きたがわ
118	柴田	しばた	155	小沢	おざわ / こざわ	189	大原	おおはら
119	吉川	よしかわ / きつかわ	156	村山	むらやま	190	中西	なかにし
120	宮田	みやた	157	吉沢	よしざわ	191	牧野	まきの
121	小松	こまつ	158	上原	うえはら / かみはら	192	宮下	みやした
122	內藤	ないとう	159	馬場	ばば / うまば	193	內山	うちやま
123	山中	やまなか	160	飯塚	いいづか	194	大西	おおにし
124	大沢	おおさわ	161	武藤	むとう / たけふじ	195	村井	むらい
125	水野	みずの	162	高山	たかやま / こうやま	196	本多	ほんだ
126	松井	まつい	163	飯島	いいじま	197	福井	ふくい
127	山内	やまうち / やまのうち	164	中田	なかだ	198	川口	かわぐち
128	杉山	すぎやま	165	杉田	すぎた	199	小原	おばら / こはら
129	小泉	こいずみ	166	川村	かわむら	200	中澤	なかざわ
130	木下	きのした	167	根本	ねもと	201	佐野	さの
131	栗原	くりはら	168	大久保	おおくぼ	202	藤本	ふじもと
132	澤田	さわだ	169	渡部	わたべ / わたなべ	203	西田	にしだ
133	三宅	みやけ	170	松浦	まつうら	204	榎本	えのもと
134	田島	たじま	171	平田	ひらた	205	川崎	かわさき
135	荒井	あらい	172	大石	おおいし	206	富田	とみた
136	田口	たぐち	173	今村	いまむら	207	東	あずま / ひがし
137	大橋	おおはし	174	大竹	おおたけ	208	川島	かわしま
138	早川	はやかわ	175	吉岡	よしおか	209	吉野	よしの
139	豊田	とよだ	176	青山	あおやま	210	五十嵐	いがらし
140	久保田	くぼた	177	石塚	いしづか	211	關根	せきね
141	古川	ふるかわ / こがわ	178	長島	ながしま	212	伊東	いとう
142	本田	ほんだ / もとだ	179	松原	まつばら	213	大谷	おおたに / おおや
143	杉本	すぎもと				214	浜田	はまだ
144	岩田	いわた				215	森本	もりもと
145	松下	まつした				216	奥田	おくだ
						217	小西	こにし

순위	성씨	읽는법
218	萩原	はぎはら はぎわら
219	須藤	すどう
220	中井	なかい
221	尾崎	おざき
222	八木	やぎ
223	石橋	いしばし
224	永田	ながた
225	大森	おおもり
226	松尾	まつお
227	小倉	おぐら こくら
228	岩本	いわもと
229	望月	もちづき
230	千葉	ちば
231	天野	あまの
232	神田	かみた かんだ
233	大山	おおやま
234	西山	にしやま
235	奥村	おくむら
236	多田	ただ おおた
237	佐久間	さくま
238	谷	たに
239	篠原	しのはら
240	南	みなみ
241	白井	しらい
242	河合	かわい
243	藤野	ふじの とうの
244	足立	あだち
245	金沢	かなざわ
246	岡崎	おかざき
247	寺田	てらだ
248	桑原	くわばら くわはら
249	岩井	いわい
250	菅原	すがわら かんばら
251	津田	つだ
252	植田	うえだ

順位	성씨	읽는법
253	堀内	ほりうち ほりのうち
254	三木	みき
255	宇田川	うだがわ
256	白石	しらいし
257	宮川	みやがわ
258	金井	かない
259	??谷	しぶや しぶたに
260	稲垣	いながき
261	平山	ひらやま
262	工藤	くどう
263	若林	わかばやし
264	本間	ほんま
265	荒川	あらかわ
266	大川	おおかわ
267	西野	にしの
268	淺井	あさい
269	竹田	たけだ
270	中尾	なかお
271	菅野	かんの すがの すげの
272	泉	いずみ
273	岡部	おかべ
274	鎌田	かまだ
275	中谷	なかや なかたに
276	瀧沢	たきざわ
277	坂田	さかた
278	戸田	とだ
279	前川	まえかわ
280	塚本	つかもと
281	三好	みよし
282	矢島	やじま
283	森川	もりかわ
284	金田	かねだ きんだ
285	落合	おちあい
286	米田	よねだ まいだ こめた

順位	성씨	읽는법
287	岸本	きしもと
288	稲葉	いなば
289	廣田	ひろた
290	井口	いぐち
291	松崎	まつざき まつさき
292	岡野	おかの
293	上村	うえむら かみむら
294	西尾	にしお
295	山岸	やまぎし
296	河村	かわむら
297	梅田	うめだ
298	本橋	もとはし
299	秋元	あきもと
300	柳澤	やなぎさわ
301	坂口	さかぐち
302	熊谷	くまがい くまたに くまや
303	松島	まつしま
304	大木	おおき
305	北野	きたの
306	志村	しむら
307	松永	まつなが
308	土井	どい つちい
309	島村	しまむら
310	堀江	ほりえ
311	川端	かわばた
312	青柳	あおやぎ
313	児玉	こだま
314	岸	きし
315	須田	すだ
316	川田	かわだ
317	細川	ほそかわ
318	野崎	のざき
319	平林	ひらばやし たいらばやし
320	辻本	つじもと
321	西	にし
322	安井	やすい

순위	성씨	읽는법
323	神谷	かみや / かみたに
324	竹中	たけなか
325	黑川	くろかわ
326	江口	えぐち
327	角田	かくた / かどた / すみた / つのだ
328	松山	まつやま
329	安達	あだち
330	笠原	かさはら
331	奥野	おくの
332	西岡	にしおか
333	藤澤	ふじさわ
334	森下	もりした
335	吉原	よしはら / よしわら
336	根岸	ねぎし
337	栗田	くりた
338	武井	たけい
339	三輪	みわ
340	塚田	つかだ
341	西澤	にしざわ / さいざわ
342	吉本	よしもと
343	並木	なみき
344	大村	おおむら
345	成田	なりた
346	小宮	こみや
347	富永	とみなが
348	龜井	かめい
349	堤	つつみ
350	山川	やまかわ
351	篠崎	しのざき
352	野澤	のざわ
353	荻野	おぎの
354	堀田	ほった / ほりた
355	奥山	おくやま
356	佐伯	さえき / さへき

순위	성씨	읽는법
357	茂木	もぎ / もてき / しげき
358	淺田	あさだ
359	土田	つちだ / どた / はにた
360	森山	もりやま
361	大井	おおい
362	山村	やまむら
363	島崎	しまざき
364	柳	やなぎ
365	辰巳	たつみ
366	岸田	きしだ
367	長沢	ながさわ
368	竹村	たけむら
369	深沢	ふかざわ
370	新田	にった / しんでん / あらた
371	福本	ふくもと
372	三田	みた / さんた
373	古谷	ふるや / ふるたに / こたに
374	阪本	さかもと
375	相沢	あいざわ
376	山根	やまね
377	星	ほし
378	高瀬	たかせ
379	小笠原	おがさわら
380	豊島	とよしま / としま / てしま
381	窪田	くぼた
382	田代	たしろ
383	安部	あべ / あんべ
384	下村	しもむら / したむら
385	北島	きたじま

순위	성씨	읽는법
386	岩瀬	いわせ
387	富沢	とみさわ
388	大倉	おおくら
389	宮内	みやうち / くない
390	高井	たかい
391	池上	いけがみ / いけうえ
392	谷川	たにがわ / たにかわ
393	手塚	てづか
394	秋田	あきた
395	春日	かすが / はるひ
396	乾	いぬい
397	松澤	まつざわ
398	臼井	うすい
399	黒澤	くろさわ
400	河原	かわはら
401	細谷	ほそや / ほそたに
402	湯淺	ゆあさ
403	倉田	くらた
404	篠田	しのだ
405	小谷	こたに / こや / おたに
406	須賀	すが
407	堀口	ほりぐち
408	三上	みかみ
409	橘	たちばな
410	保坂	ほさか
411	西原	にしはら / さいはら
412	宇野	うの
413	中原	なかはら
414	大場	おおば
415	向井	むかい
416	山岡	やまおか
417	浜野	はまの
418	西本	にしもと
419	大熊	おおくま

순위	성씨	읽는법
420	三島	みしま
421	吉井	よしい
422	榊原	さかきばら
423	高松	たかまつ
424	染谷	そめや / そめたに
425	平沢	ひらさわ
426	福岡	ふくおか
427	寺島	てらしま
428	藤岡	ふじおか
429	中里	なかざと
430	古田	ふるた / こた
431	石山	いしやま
432	金山	かなやま
433	古屋	ふるや / こや
434	藤村	ふじむら
435	梅沢	うめざわ
436	小出	こいで
437	大内	おおうち
438	北原	きたはら
439	宮島	みやじま
440	北沢	きたざわ
441	柳田	やなぎだ
442	小坂	こさか / おさか
443	下田	しもだ
444	小杉	こすぎ
445	白川	しらかわ
446	竹本	たけもと
447	野中	のなか
448	富岡	とみおか
449	相原	あいはら
450	柏木	かしわぎ
451	平岡	ひらおか
452	福原	ふくはら
453	米山	よねやま / こめやま
454	庄司	しょうじ
455	入江	いりえ
456	高岡	たかおか

순위	성씨	읽는법
457	杉原	すぎはら
458	市村	いちむら
459	筒井	つつい
460	長田	ながた / おさだ / ちょうだ
461	松野	まつの
462	川本	かわもと
463	木田	きだ
464	山野	やまの
465	塩田	しおだ
466	金谷	かねたに / かねや
467	玉井	たまい
468	淺見	あさみ
469	加納	かのう
470	稲田	いなだ
471	三谷	みたに / さんや
472	植村	うえむら
473	細田	ほそだ / ささだ / さいだ
474	笠井	かさい
475	三原	みはら
476	片桐	かたぎり
477	森岡	もりおか
478	明石	あかし
479	長野	ながの / ちょうの
480	横井	よこい
481	大崎	おおさき
482	木内	きうち
483	日野	ひの
484	雨宮	あめみや / あまみや
485	出口	でぐち / いづぐち
486	永野	ながの
487	德永	とくなが
488	畠山	はたけやま
489	小野寺	おのでら

순위	성씨	읽는법
490	河内	かわうち / こうち
491	和泉	いずみ
492	三橋	みはし
493	難波	なんば
494	内海	うちうみ / うつみ
495	倉持	くらもち
496	大田	おおた / だいた
497	皆川	みながわ
498	鹿島	かしま / しかじま
499	喜多	きた
500	長尾	ながお
501	高島	たかしま
502	村松	むらまつ
503	石黑	いしぐろ
504	藤森	ふじもり
505	関谷	せきや / せきたに
506	高村	たかむら
507	沼田	ぬまた
508	田原	たはら / たわら
509	遠山	とおやま
510	野本	のもと
511	朝倉	あさくら
512	亀田	かめだ
513	石渡	いしわたり
514	堀川	ほりかわ
515	植木	うえき
516	大平	おおだいら / おおひら
517	平松	ひらまつ
518	江川	えがわ
519	目黒	めぐろ
520	荻原	おぎはら / おぎわら
521	藤川	ふじかわ
522	米沢	よねざわ / こめざわ

순위	성씨대	읽는법	순위	성씨	읽는법	순위	성씨	읽는법
523	恩田	おんだ	563	相川	あいかわ	596	竹下	たけした
524	市原	いちはら	564	越智	おち	597	勝田	かつた
525	谷本	たにもと	565	川瀬	かわせ			しょうた
526	長岡	ながおか	566	岡島	おかじま	598	植松	うえまつ
527	小森	こもり	567	立花	たちばな	599	田畑	たばた
528	奈良	なら	568	粕谷	かすや	600	島津	しまづ
529	畑	はた	569	瀬川	せがわ	601	木原	きはら
530	丹羽	にわ	570	高柳	たかやなぎ	602	高梨	たかなし
531	鳥居	とりい	571	広川	ひろかわ	603	玉置	たまき
532	柴崎	しばざき	572	徳田	とくだ			たまおき
533	浜口	はまぐち	573	堀井	ほりい	604	平尾	ひらお
534	井出	いで	574	二宮	にのみや	605	中根	なかね
535	梶原	かじわら			にみや	606	日高	ひだか
536	石崎	いしざき	575	羽田	はねだ	607	西島	にしじま
537	今西	いまにし			はだ	608	平川	ひらかわ
538	武内	たけうち	576	毛利	もうり	609	松川	まつかわ
539	及川	おいかわ	577	布施	ふせ	610	福山	ふくやま
540	河田	かわだ	578	菅谷	すがや	611	相馬	そうま
541	大槻	おおつき			すがたに	612	宮城	みやぎ
542	神山	かみやま	579	海老原	えびはら	613	秋葉	あきば
		こうやま	580	志賀	しが	614	椎名	しいな
543	北田	きただ	581	眞田	さなだ	615	三澤	みさわ
544	古澤	ふるさわ			まだ	616	永島	ながしま
		こざわ	582	風間	かざま			えいしま
545	堀越	ほりこし	583	依田	よだ	617	板倉	いたくら
546	大和田	おおわだ			よりた	618	西口	にしぐち
547	島	しま	584	徳山	とくやま	619	柏原	かしはら
548	諏訪	すわ	585	亀山	かめやま			かしわばら
549	長井	ながい	586	佐竹	さたけ	620	大津	おおつ
550	福永	ふくなが	587	小寺	こでら	621	坪井	つぼい
551	坂東	ばんどう			おでら	622	井田	いだ
552	森井	もりい	588	鶴岡	つるおか	623	杉村	すぎむら
553	細井	ほそい	589	三村	みむら	624	梅原	うめはら
554	川原	かわはら	590	富山	とやま	625	神保	じんぼ
555	矢部	やべ			とみやま			しんぼ
556	飯野	いいの	591	水上	みずかみ	626	大瀧	おおたき
557	澤井	さわい			みなかみ	627	品川	しながわ
558	川合	かわい	592	宇佐美	うさみ	628	菅沼	すがぬま
559	中本	なかもと	593	玉川	たまがわ			すげぬま
560	赤松	あかまつ	594	溝口	みぞぐち	629	高崎	たかさき
561	若松	わかまつ	595	山上	やまがみ	630	大江	おおえ
562	宮原	みやはら			やまうえ	631	瀬戸	せと

순위	성씨	읽는법	순위	성씨	읽는법	순위	성씨	읽는법
632	鶴田	つるた	659	小久保	こくぼ	692	矢崎	やざき
633	曾根	そね	660	村岡	むらおか	693	加瀬	かせ
634	宮坂	みやさか	661	赤坂	あかさか	694	岩下	いわした
635	瀧本	たきもと	662	宮地	みやち	695	柳川	やながわ
636	園田	そのだ	663	織田	おだ	696	柿沼	かきぬま
637	半田	はんだ			おりた	697	増井	ますい
		なからだ	664	小高	おだか	698	浦野	うらの
638	??	たつみ			こだか	699	北山	きたやま
639	小菅	こすげ	665	田端	たばた	700	立石	たていし
		こすが	666	住吉	すみよし	701	大林	おおばやし
640	矢沢	やざわ	667	古賀	こが	702	木本	きもと
641	秦	はた	668	田淵	たぶち	703	江原	えはら
		しん	669	野島	のじま	704	高見	たかみ
642	淺川	あさかわ	670	瀧口	たきぐち	705	寺西	てらにし
643	大和	やまと	671	平塚	ひらつか	706	畑中	はたなか
		だいわ	672	今野	こんの	707	大沼	おおぬま
644	川井	かわい			いまの	708	土居	どい
645	阪口	さかぐち	673	牧	まき			つちい
646	小柳	こやなぎ	674	有馬	ありま	709	浜	はま
		おやなぎ	675	水島	みずしま	710	中林	なかばやし
647	新谷	しんたに	676	川西	かわにし	711	藤木	ふじき
		しんや			かさい			ふじのき
		にいたに	677	岩佐	いわさ	712	長崎	ながさき
		にいや	678	南部	なんぶ	713	西脇	にしわき
		あらたに	679	小幡	おばた	714	高津	たかつ
		あらや			こはた			こうづ
648	村瀬	むらせ	680	草野	くさの	715	浜本	はまもと
649	寺本	てらもと	681	小堀	こぼり	716	水口	みずくち
650	小暮	こぐれ	682	那須	なす			みなくち
		おぐれ	683	下山	しもやま	717	藤崎	ふじさき
651	正木	まさき			したやま			とうさき
652	守屋	もりや	684	高原	たかはら	718	芦田	あしだ
653	板橋	いたばし	685	長谷	ながたに	719	三森	みもり
654	金森	かなもり			ながや			みつもり
		きんもり			はせ	720	有賀	ありが
655	今泉	いまいずみ	686	矢口	やぐち	721	菅	すが
656	小野田	おのだ	687	磯部	いそべ			すげ
657	香川	かがわ	688	沖	おき			かん
658	塩谷	しおのや	689	松木	まつき	722	大友	おおとも
		しおや	690	小室	こむろ	723	神崎	かみさき
		しおたに			おむろ			かんざき
		えんや	691	細野	ほその			こうさき

순위	성씨	읽는법	순위	성씨	읽는법	순위	성씨	읽는법
724	会田	あいだ / かいだ	759	笹川	ささがわ	794	内野	うちの
725	赤羽	あかばね	760	塩野	しおの	795	小俣	おまた / こまた
726	川辺	かわべ	761	田崎	たざき	796	磯野	いその
727	伊澤	いざわ	762	進藤	しんどう	797	尾形	おがた
728	立川	たちかわ	763	寺井	てらい	798	清田	きよた / せいた
729	矢田	やだ	764	篠	しの / ささ			
730	石坂	いしざか				799	大貫	おおぬき
731	海老澤	えびさわ	765	橋爪	はしづめ	800	甲斐	かい
732	狩野	かりの / かのう	766	寺尾	てらお	801	神戸	かんべ / かみと / こうべ / じんべ
			767	眞鍋	まなべ			
733	金本	かなもと	768	西谷	にしたに / にしや			
734	北条	ほうじょう / きたじょう	769	寺澤	てらさわ	802	板垣	いたがき
			770	野上	のがみ	803	栗林	くりばやし
735	河本	かわもと	771	花岡	はなおか	804	奥	おく
736	横川	よこかわ	772	安川	やすかわ	805	久米	くめ
737	成瀬	なるせ	773	麻生	あそう / あさぶ	806	長瀬	ながせ
738	芳賀	はが				807	寺内	てらうち
739	瀧川	たきがわ	774	吉永	よしなが	808	白鳥	しらとり
740	深井	ふかい	775	宮野	みやの	809	駒井	こまい
741	吉崎	よしざき	776	直井	なおい	810	長谷部	はせべ
742	北	きた	777	手島	てじま	811	仲田	なかだ
743	柳原	やなぎはら / やなはら	778	大坪	おおつぼ	812	塩澤	しおざわ
			779	桑田	くわた	813	鶴見	つるみ
744	緒方	おがた	780	大矢	おおや	814	杉野	すぎの
745	有田	ありた	781	國分	こくぶん / くにわけ	815	田上	たがみ / たうえ
746	横尾	よこお						
747	井澤	いざわ	782	東野	とうの / ひがしの	816	宍戸	ししど
748	桂	かつら				817	田川	たがわ
749	岩城	いわき / いわしろ	783	前島	まえじま	818	野原	のはら
			784	阿久津	あくつ	819	高尾	たかお
750	香取	かとり	785	森谷	もりや / もりたに	820	瀧	たき
751	島野	しまの				821	栗本	くりもと
752	梶	かじ	786	生田	いくた	822	中道	なかみち
753	澤	さわ	787	黒崎	くろさき	823	外山	そとやま / とやま
754	五味	ごみ	788	平	たいら / ひら			
755	佐川	さがわ				824	柴山	しばやま
756	木島	きじま	789	伊勢	いせ	825	宮脇	みやわき
757	三枝	さいぐさ / さえぐさ / みえだ	790	川野	かわの	826	八田	はった / やだ
			791	池内	いけうち			
			792	石丸	いしまる	827	花田	はなだ
758	塚原	つかはら	793	川畑	かわはた			

순위	성씨	읽는법
828	結城	ゆうき
829	林田	はやしだ
830	增山	ますやま
831	深田	ふかだ
832	峰岸	みねぎし
833	矢作	やはぎ / やさく
834	深見	ふかみ
835	保田	やすだ / ほだ
836	淺沼	あさぬま
837	小宮山	こみやま
838	河井	かわい
839	秋本	あきもと
840	木谷	きたに / きや
841	高澤	たかさわ
842	上杉	うえすぎ / かみすぎ
843	小峰	こみね / おみね
844	辻村	つじむら
845	石本	いしもと
846	深谷	ふかや / ふかたに
847	岩村	いわむら
848	唐澤	からさわ
849	岩淵	いわぶち
850	戸塚	とつか
851	井原	いはら
852	松谷	まつたに / まつや
853	岩間	いわま
854	黒岩	くろいわ
855	石垣	いしがき
856	福澤	ふくざわ
857	持田	もちだ
858	飯村	いいむら
859	川名	かわな

순위	성씨	읽는법
860	靑野	あおの
861	須山	すやま
862	大高	おおたか
863	寺岡	てらおか
864	下川	しもかわ / したかわ
865	楠本	くすもと
866	海野	うみの / うんの / かいの
867	倉本	くらもと
868	曾我	そが
869	黒木	くろき
870	大關	おおぜき
871	坂下	さかした
872	芦澤	あしざわ
873	玉木	たまき
874	南雲	なぐも
875	佃	つくだ
876	中岡	なかおか
877	常盤	ときわ
878	浜崎	はまざき
879	永山	ながやま
880	森口	もりぐち
881	藤倉	ふじくら
882	田澤	たざわ
883	眞野	まの
884	國井	くにい
885	石野	いしの
886	藤卷	ふじまき
887	日下部	くさかべ
888	塚越	つかごし / つかこし
889	小畑	おばた / こはた
890	影山	かげやま
891	幸田	こうだ / さきた / ゆきた
892	神原	かんばら / しんばら

순위	성씨	읽는법
893	谷村	たにむら / やむら
894	阪田	さかた
895	土肥	どひ
896	辻井	つじい
897	金城	かねしろ / きんじょう
898	中	なか
899	鳥海	とりうみ
900	西井	にしい
901	鵜飼	うかい
902	野間	のま
903	相田	あいだ / そうだ
904	西浦	にしうら
905	芹澤	せりざわ
906	坂野	さかの / ばんの
907	大岩	おおいわ
908	小熊	おぐま / こぐま
909	谷田部	やたべ
910	森島	もりしま
911	水田	みずた / すいた
912	湯川	ゆかわ
913	浜中	はまなか
914	湊	みなと
915	津村	つむら
916	福地	ふくち
917	石澤	いしざわ
918	井川	いかわ
919	原口	はらぐち
920	宇田	うだ
921	赤井	あかい
922	百瀬	ももせ
923	田所	たどころ
924	若山	わかやま
925	岡山	おかやま
926	磯崎	いそざき
927	廣島	ひろしま

순위	성씨	읽는법
928	角谷	かくたに かどたに すみたに すみや つのたに つのや
929	稲村	いねむら いなむら
930	古山	ふるやま こやま
931	須永	すなが
932	本山	もとやま
933	土橋	つちはし どばし
934	上島	かみしま うえじま
935	中塚	なかつか
936	石村	いしむら
937	江崎	えざき
938	人見	ひとみ
939	北岡	きたおか
940	生駒	いこま
941	日下	くさか ひした
942	伊達	だて
943	井村	いむら
944	都築	つづき
945	名取	なとり
946	花井	はない
947	尾上	おうえ おのえ おがみ
948	船橋	ふなばし
949	今田	こんだ いまだ
950	牧田	まきた
951	白木	しらき しろき
952	松葉	まつば
953	野尻	のじり

순위	성씨	읽는법
954	向山	こうやま むこうやま
955	磯貝	いそがい
956	村越	むらこし
957	森脇	もりわき
958	今川	いまがわ
959	山城	やましろ やまき
960	梅村	うめむら
961	杉崎	すぎざき
962	高谷	たかたに たかや
963	大庭	おおば おおにわ
964	飛田	とびた ひだ
965	池谷	いけたに いけや
966	近江	おうみ
967	脇田	わきた
968	梶山	かじやま
969	岡安	おかやす
970	木戸	きど
971	梅津	うめづ
972	志田	しだ
973	熊倉	くまくら
974	谷田	たにだ やた
975	新保	しんぼ
976	大河原	おおがわら
977	赤澤	あかざわ
978	棚橋	たなはし
979	合田	ごうだ あいた
980	羽鳥	はとり
981	山縣	やまがた
982	安西	あんざい やすにし
983	波多野	はたの
984	湯本	ゆもと
985	妹尾	せお せのお

순위	성씨	읽는법
986	大越	おおごし
987	藤間	ふじま とうま
988	的場	まとば
989	北口	きたぐち
990	伴	ばん とも
991	小田切	おたぎり
992	梅本	うめもと
993	竹澤	たけざわ
994	小關	おぜき こぜき
995	森永	もりなが
996	寺崎	てらさき
997	丸井	まるい
998	宇都宮	うつのみや
999	富樫	とがし とみがし
1000	熊澤	くまざわ
1001	谷山	たにやま
1002	浦田	うらた
1003	鳥羽	とば
1004	住田	すみた
1005	赤木	あかぎ
1006	平賀	ひらが
1007	高畑	たかはた
1008	塩崎	しおざき
1009	廣澤	ひろさわ
1010	竹原	たけはら
1011	山形	やまがた
1012	三井	みつい みい
1013	篠塚	しのづか
1014	上山	かみやま うえやま
1015	楠	くすのき
1016	河西	かさい かわにし
1017	北浦	きたうら
1018	島本	しまもと
1019	児島	こじま

8. 역대 일본 천황 연대표

#	천황	재위	연호	#	천황	재위	연호
1	神武	前660~前585		64	円融	969~ 984	安和2-永観2
2	綏靖	前581~前549		65	花山	984~ 986	永観2-寛和2
3	安寧	前549~前511		66	一条	986~1011	寛和2-寛弘8
4	懿徳	前510~前477		67	三条	1011~ 16	寛弘8-長和5
5	孝昭	前475~前393		68	後一条	1016~ 36	長和5-長元9
6	孝安	前392~前291		69	後朱雀	1036~ 45	長元9-寛徳2
7	孝霊	前290~前215		70	後冷泉	1045~ 68	寛徳2-治暦4
8	孝元	前214~前158		71	後三条	1068~ 72	治暦4-延久4
9	開化	前158~前 98		72	白河	1072~ 86	延久4-応徳3
10	崇神	前 97~前 30		73	堀河	1086~1107	応徳3-嘉承2
11	垂仁	前 29~後 70		74	鳥羽	1107~ 23	嘉承2-保安4
12	景行	71~ 130		75	崇徳	1123~ 41	保安4-永治1
13	成務	131~ 190		76	近衛	1141~ 55	永治1-久寿2
14	仲哀	192~ 200		77	後白河	1155~ 58	久寿2-保元3
15	応神	270~ 310		78	二条	1158~ 65	保元3-永万1
16	仁徳	313~ 399		79	六条	1165~ 68	永万1-仁安3
17	履中	400~ 405		80	高倉	1168~ 80	仁安3-治承4
18	反正	406~ 410		81	安徳	1180~ 85	治承4-文治1
19	允恭	412~ 453		82	後鳥羽	1183~ 98	寿永2-建久9
20	安康	453~ 456		83	土御門	1198~1210	建久9-承元4
21	雄略	456~ 479		84	順徳	1210~ 21	承元4-承久3
22	清寧	480~ 484		85	仲恭	1221~ 21	承久3-承久3
23	顕宗	485~ 487		86	後堀河	1221~ 32	承久3-貞永1
24	仁賢	488~ 498		87	四条	1232~ 42	貞永1-仁治3
25	武烈	498~ 506		88	後嵯峨	1242~ 46	仁治3-寛元4
26	継体	507~ 531		89	後深草	1246~ 59	寛元4-正元1
27	安閑	531~ 535		90	亀山	1259~ 74	正元1-文永11
28	宣化	535~ 539		91	後宇多	1274~ 87	文永11-弘安10
29	欽明	539~ 571		92	伏見	1287~ 98	弘安10-永仁6
30	敏達	572~ 585		93	後伏見	1298~1301	永仁6-正安3
31	用明	585~ 587		94	後二条	1301~ 08	正安3-延慶1
32	崇峻	587~ 592		95	花園	1308~ 18	延慶1-文保2
33	推古	592~ 628		96	後醍醐	1318~ 39	文保2-延元4
34	舒明	629~ 641		97	後村上	1339~ 68	延元4-正平23
35	皇極	642~ 645		98	長慶	1368~ 83	正平23-弘和3
36	孝徳	645~ 654	大化1-白雉5	99	後亀山	1383~ 92	弘和3-元中9
37	斉明	655~ 661			光厳	1331~ 33	元徳3-正慶2
38	天智	661~ 671			光明	1336~ 48	建武3-貞和4
39	弘文	671~ 672			崇光	1348~ 51	貞和4-観応2
40	天武	673~ 686	朱鳥1		後光厳	1352~ 71	文和1-応安4
41	持統	686~ 697			後円融	1371~ 82	応安4-永徳2
42	文武	697~ 707	慶雲4	100	後小松	1382~1412	永徳2-応永19
43	元明	707~ 715	慶雲4-霊亀1	101	称光	1412~ 28	応永19-正長1
44	元正	715~ 724	霊亀1-神亀1	102	後花園	1428~ 64	正長1-寛正5
45	聖武	724~ 749	神亀1- 天平勝宝1	103	後土御門	1464~1500	寛正5-明応9
46	孝謙	749~ 758	天平勝宝1- 天平宝字2	104	後柏原	1500~ 26	明応9-大永6
47	淳仁	758~ 764	天平宝字2- 天平宝字8	105	後奈良	1526~ 57	大永6-弘治3
48	称徳	764~ 770	天平宝字8- 宝亀1	106	正親町	1557~ 86	弘治3-天正14
49	光仁	770~ 781	宝亀1-天応1	107	後陽成	1586~1611	天正14-慶長16
50	桓武	781~ 806	天応1-大同1	108	後水尾	1611~ 29	慶長16-寛永6
51	平城	806~ 809	大同1-大同4	109	明正	1629~ 43	寛永6-寛永20
52	嵯峨	809~ 823	大同4-弘仁14	110	後光明	1643~ 54	寛永20-承応3
53	淳和	823~ 833	弘仁14-天長10	111	後西	1654~ 63	承応3-寛文3
54	仁明	833~ 850	天長10-嘉祥3	112	霊元	1663~ 87	寛文3-貞享4
55	文徳	850~ 858	嘉祥3-天安2	113	東山	1687~1709	貞享4-宝永6
56	清和	858~ 876	天安2-貞観18	114	中御門	1709~ 35	宝永6-享保20
57	陽成	876~ 884	貞観18-元慶8	115	桜町	1735~ 47	享保20-延享4
58	光孝	884~ 887	元慶8-仁和3	116	桃園	1747~ 62	延享4-宝暦12
59	宇多	887~ 897	仁和3-寛平9	117	後桜町	1762~ 70	宝暦12-明和7
60	醍醐	897~ 930	寛平9-延長8	118	後桃園	1770~ 79	明和7-安永8
61	朱雀	930~ 946	延長8-天慶9	119	光格	1779~1817	安永8-文化14
62	村上	946~ 967	天慶9-康保4	120	仁孝	1817~ 46	文化14-弘化3
63	冷泉	967~ 969	康保4-安和2	121	孝明	1846~ 66	弘化3-慶応2
				122	明治	1867~1912	慶応3-明治45
				123	大正	1912~ 26	大正1-大正15
				124	昭和	1926~ 89	昭和1-昭和64
				125	今上	1989	平成1

9. 일본의 연호 읽기 · 연대표

年号	読み	西暦年代	時代
	〔あ〕		
安永	あんえい	1772~81	江戸
安元	あんげん	1175~77	平安
安政	あんせい	1854~60	江戸
安貞	あんてい	1227~29	鎌倉
安和	あんな	968~70	平安
	〔え〕		
永延	えいえん	987~89	平安
永観	えいかん	983~85	平安
永久	えいきゅう	1113~18	平安
永享	えいきょう	1429~41	室町
永治	えいじ	1141~42	平安
永正	えいしょう	1504~21	室町
永承	えいしょう	1046~53	平安
永祚	えいそ	989~90	平安
永長	えいちょう	1096~97	平安
永徳	えいとく	1381~84	北朝
永仁	えいにん	1293~99	鎌倉
永保	えいほ	1081~84	平安
永万	えいまん	1165~66	平安
永暦	えいりゃく	1160~61	平安
永禄	えいろく	1558~70	室町
永和	えいわ	1375~79	北朝
延喜	えんぎ	901~23	平安
延久	えんきゅう	1069~74	平安
延享	えんきょう	1744~48	江戸
延慶	えんきょう	1308~11	鎌倉
延元	えんげん	1336~40	南朝
延長	えんちょう	923~31	平安
延徳	えんとく	1489~92	室町
延応	えんのう	1239~40	鎌倉
延文	えんぶん	1356~61	北朝
延宝	えんぽう	1673~81	江戸
延暦	えんりゃく	782~806	平安
	〔お〕		
応安	おうあん	1368~75	北朝
応永	おうえい	1394~1428	室町
応長	おうちょう	1311~12	鎌倉
応徳	おうとく	1084~87	平安
応仁	おうにん	1467~69	室町
応保	おうほ	1161~63	平安
応和	おうわ	961~64	平安
	〔か〕		
嘉永	かえい	1848~54	江戸
嘉応	かおう	1169~71	平安
嘉吉	かきつ	1441~44	室町
嘉慶	かきょう	1387~89	北朝
嘉元	かげん	1303~06	鎌倉
嘉祥	かしょう	848~51	平安
嘉承	かじょう	1106~08	平安
嘉禎	かてい	1235~38	鎌倉
嘉保	かほう	1094~96	平安
嘉暦	かりゃく	1326~29	鎌倉
嘉禄	かろく	1225~27	鎌倉
寛永	かんえい	1624~44	江戸
寛延	かんえん	1748~51	江戸
寛喜	かんぎ	1229~32	鎌倉
元慶	がんぎょう	877~85	平安
寛元	かんげん	1243~47	鎌倉
寛弘	かんこう	1004~12	平安
寛治	かんじ	1087~94	平安
寛正	かんしょう	1460~66	室町
寛政	かんせい	1789~1801	江戸
寛徳	かんとく	1044~46	平安
寛和	かんな	985~87	平安
寛仁	かんにん	1017~21	平安
観応	かんのう	1350~52	北朝
寛平	かんぴょう	889~98	平安
寛文	かんぶん	1661~73	江戸
寛保	かんぽう	1741~44	江戸
	〔き〕		
久安	きゅうあん	1145~51	平安
久寿	きゅうじゅ	1154~56	平安
享徳	きょうとく	1452~55	室町
享保	きょうほう	1716~36	江戸
享禄	きょうろく	1528~32	室町
享和	きょうわ	1801~04	江戸
	〔け〕		
慶安	けいあん	1648~52	江戸
慶雲	けいうん	704~08	奈良
慶応	けいおう	1865~68	江戸
慶長	けいちょう	1596~1615	江戸
建永	けんえい	1206~07	鎌倉
元永	げんえい	1118~20	平安
元応	げんおう	1319~21	鎌倉
元亀	げんき	1570~73	室町
建久	けんきゅう	1190~99	鎌倉
元久	げんきゅう	1204~06	鎌倉
乾元	けんげん	1302~03	鎌倉
元亨	げんこう	1321~24	鎌倉
元弘	げんこう	1331~34	南朝
元治	げんじ	1864~65	江戸
元中	げんちゅう	1384~92	南朝
建長	けんちょう	1249~56	鎌倉
元徳	げんとく	1370~72	南朝
		1329~31	鎌倉
元徳	げんとく	1331~32	北朝
元和	げんな	1615~24	江戸
建仁	けんにん	1201~04	鎌倉
元仁	げんにん	1224~25	鎌倉
元文	げんぶん	1736~41	江戸
建保	けんぽ	1213~19	鎌倉
建武	けんむ	1334~36	南朝
		1334~38	北朝
建暦	けんりゃく	1211~13	鎌倉
元暦	げんりゃく	1184~85	平安
元禄	げんろく	1688~1704	江戸
	〔こ〕		
弘安	こうあん	1278~88	鎌倉
康安	こうあん	1361~62	北朝
康永	こうえい	1342~45	北朝
康応	こうおう	1389~90	北朝
弘化	こうか	1844~48	江戸
康元	こうげん	1256~57	鎌倉
興国	こうこく	1340~46	南朝
弘治	こうじ	1555~58	室町
康治	こうじ	1142~44	平安
康正	こうしょう	1455~57	室町
弘長	こうちょう	1261~64	鎌倉
弘仁	こうにん	810~24	平安
康平	こうへい	1058~65	平安
康保	こうほう	964~68	平安
康暦	こうりゃく	1379~81	北朝
弘和	こうわ	1381~84	南朝
康和	こうわ	1099~1104	平安
	〔さ〕		
斉衡	さいこう	854~57	平安
	〔し〕		
治安	じあん	1021~24	平安
治承	じしょう	1177~81	平安
至徳	しとく	1384~87	北朝
寿永	じゅえい	1182~85	平安
朱鳥	しゅちょう	686	飛鳥

年号		読み	年代	時代	年号		読み	年代	時代
正安	安	しょうあん	1299~1302	鎌倉	天平	平	てんびょう	729~49	奈良
承安	安	じょうあん	1171~75	平安	天平感宝		てんびょうかんぽう	749	奈良
貞永	永	じょうえい	1232~33	鎌倉	天平勝宝		てんびょうしょうほう	749~57	奈良
正応	応	しょうおう	1288~93	鎌倉	天平神護		てんびょうじんご	765~67	奈良
承応	応	じょうおう	1652~55	江戸	天平宝字		てんびょうほうじ	757~65	奈良
貞応	応	じょうおう	1222~24	鎌倉	天福	福	てんぷく	1233~34	鎌倉
正嘉	嘉	しょうか	1257~59	鎌倉	天文	文	てんぶん	1532~55	室町
貞観	観	じょうがん	859~77	平安	天保	保	てんぽう	1830~44	江戸
承久	久	じょうきゅう	1219~22	鎌倉	天明	明	てんめい	1781~89	江戸
正慶	慶	しょうきょう	1332~34	北朝	天養	養	てんよう	1144~45	平安
貞享	享	じょうきょう	1684~88	江戸	天暦	暦	てんりゃく	947~57	平安
正元	元	しょうげん	1259~60	鎌倉	天禄	禄	てんろく	970~73	平安
承元	元	じょうげん	1207~11	鎌倉			**〔と〕**		
貞元	元	じょうげん	976~78	平安	徳治	治	とくじ	1306~08	鎌倉
正治	治	しょうじ	1199~1201	鎌倉			**〔に〕**		
貞治	治	じょうじ	1362~68	北朝	仁安	安	にんあん	1166~69	平安
昌泰	泰	しょうたい	898~901	平安	仁治	治	にんじ	1240~43	鎌倉
正中	中	しょうちゅう	1324~26	鎌倉	仁寿	寿	にんじゅ	851~54	平安
正長	長	しょうちょう	1428~29	室町	仁和	和	にんな	885~89	平安
正徳	徳	しょうとく	1711~16	江戸	仁平	平	にんびょう	1151~54	平安
承徳	徳	じょうとく	1097~99	平安			**〔は〕**		
正平	平	しょうへい	1346~70	南朝	白雉	雉	はくち	650~54	飛鳥
承平	平	じょうへい	931~38	平安			**〔ふ〕**		
正保	保	しょうほ	1644~48	江戸	文安	安	ぶんあん	1444~49	室町
承保	保	じょうほ	1074~77	平安	文永	永	ぶんえい	1264~75	鎌倉
正暦	暦	しょうりゃく	990~95	平安	文応	応	ぶんおう	1260~61	鎌倉
承暦	暦	じょうりゃく	1077~81	平安	文化	化	ぶんか	1804~18	江戸
正和	和	しょうわ	1312~17	鎌倉	文亀	亀	ぶんき	1501~04	室町
昭和	和	しょうわ	1926~	昭和	文久	久	ぶんきゅう	1861~64	江戸
承和	和	じょうわ	834~48	平安	文治	治	ぶんじ	1185~90	鎌倉
貞和	和	じょうわ	1345~50	北朝	文正	正	ぶんしょう	1466~67	室町
治暦	暦	じりゃく	1065~69	平安	文政	政	ぶんせい	1818~30	江戸
神亀	亀	じんき	724~29	奈良	文中	中	ぶんちゅう	1372~75	南朝
神護景雲		じんごけいうん	767~70	奈良	文和	和	ぶんな	1352~56	北朝
		〔た〕			文保	保	ぶんぽ	1317~19	鎌倉
大永	永	たいえい	1521~28	室町	文明	明	ぶんめい	1469~87	室町
大化	化	たいか	645~50	飛鳥	文暦	暦	ぶんりゃく	1234~35	鎌倉
大正	正	たいしょう	1912~26	大正	文禄	禄	ぶんろく	1592~96	桃山
大治	治	だいじ	1126~31	平安			**〔へ〕**		
大同	同	だいどう	806~10	平安	平治	治	へいじ	1159~60	平安
大宝	宝	たいほう	701~04	飛鳥			**〔ほ〕**		
		〔ち〕			保安	安	ほうあん	1120~24	平安
長寛	寛	ちょうかん	1163~65	平安	宝永	永	ほうえい	1704~11	江戸
長久	久	ちょうきゅう	1040~44	平安	保延	延	ほうえん	1135~41	平安
長享	享	ちょうきょう	1487~89	室町	宝亀	亀	ほうき	770~80	奈良
長元	元	ちょうげん	1028~37	平安	保元	元	ほうげん	1156~59	平安
長治	治	ちょうじ	1104~06	平安	宝治	治	ほうじ	1247~49	鎌倉
長承	承	ちょうしょう	1132~35	平安	宝徳	徳	ほうとく	1449~52	室町
長徳	徳	ちょうとく	995~99	平安	宝暦	暦	ほうれき	1751~64	江戸
長保	保	ちょうほ	999~1004	平安			**〔ま〕**		
長暦	暦	ちょうりゃく	1037~40	平安	万延	延	まんえん	1860~61	江戸
長禄	禄	ちょうろく	1457~60	室町	万治	治	まんじ	1658~61	江戸
長和	和	ちょうわ	1012~17	平安	万寿	寿	まんじゅ	1024~28	平安
		〔て〕					**〔め〕**		
天安	安	てんあん	857~59	平安	明応	応	めいおう	1492~1501	室町
天永	永	てんえい	1110~13	平安	明治	治	めいじ	1868~1912	明治
天延	延	てんえん	973~76	平安	明暦	暦	めいれき	1655~58	江戸
天喜	喜	てんぎ	1053~58	平安	明和	和	めいわ	1764~72	江戸
天慶	慶	てんぎょう	938~47	平安			**〔よ〕**		
天元	元	てんげん	978~83	平安	養老	老	ようろう	717~24	奈良
天治	治	てんじ	1124~26	平安	養和	和	ようわ	1181~82	平安
天授	授	てんじゅ	1375~81	南朝			**〔り〕**		
天正	正	てんしょう	1573~92	安土桃山	暦応	応	りゃくおう	1338~42	北朝
天承	承	てんしょう	1131~32	平安	暦仁	仁	りゃくにん	1238~39	鎌倉
天長	長	てんちょう	824~34	平安			**〔れ〕**		
天徳	徳	てんとく	957~61	平安	霊亀	亀	れいき	715~17	奈良
天和	和	てんな	1681~84	江戸			**〔わ〕**		
天仁	仁	てんにん	1108~10	平安	和銅	銅	わどう	708~15	奈良
天応	応	てんのう	781~82	奈良					

10. 일본의 옛날 지명 지도

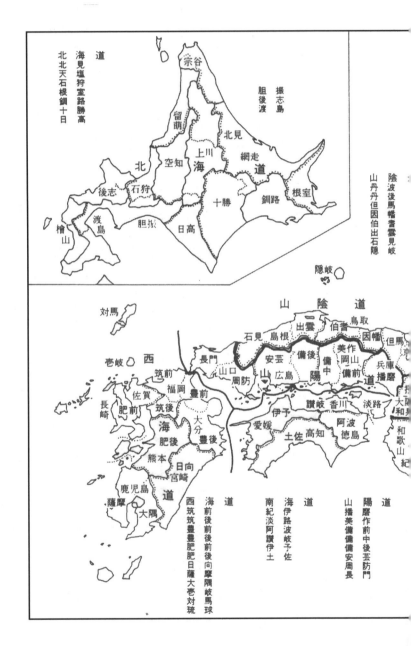

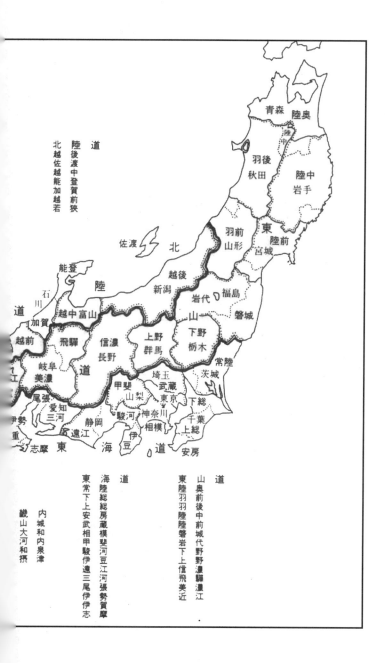

찾아보기(일어편)

찾아보기 (한글편)

□ 저자 약력
한국외국어대학교 영어과 졸업
일본 센슈우대학 대학원 문학박사
일본 센슈우대학 인문과학연구소 연구원
단국대학교 대학원 초빙교수
한국외국어대학교 외국어연수원평가원 교수
한일역사문학연구회 회장

□ 근년의 최근 주요 연구 논문
「75조 시가에 대한 고찰」한국외국어대 대학원 일본근대문학회 (1996·3)
「한일시가의 75조론」단국대학교 일어일문학회 (1997·5)
「일본 천황가 연구」①~⑦연재『月刊朝鮮』1998·1~7월호, 朝鮮日報社
「한일 동족설 신연구」연재『新東亞』(1999.10~12월호. 東亞日報社
「일본 와카(和歌)를 창시한 왕인 박사와 한신가(韓神歌)」『現代文學』1997·2월호
「神樂歌の韓神と園神」檀國日本研究學會(2000.10)

□ 저자의 근년 간행 주요 저서
〈일본문화백과〉서문당 (2000)
〈일본천황은 한국인이다〉효성출판사 (2000)
〈일본문화사〉서문당 (1999)
〈한국인이 만든 일본 국보〉문학세계사 (1996)
〈행기 큰스님(行基大僧正, 일본)〉자유문학사(1997)

일본 문화 백과　　　　　　　　　　15,000원

초판 발행 / 2000년 10월 30일
초판 3쇄 / 2010년 2월 20일
지은이 / 홍 윤 기
펴낸이 / 최 석 로
펴낸곳 / 서 문 당

주소 / 경기도 파주시 교하읍 문발리 514-3
파주출판문화산업단지
전화 / 031-955-8255~6 팩스 / 031-955-8254
등록일자 / 1973. 10. 10
등록번호 / 제13-16

ISBN 89-7243-165-6 　* 잘못된 책은 바꾸어 드립니다

서문문고 목록

001~303

◆ 번호 1의 단위는 국학
◆ 번호 홀수는 명저
◆ 번호 짝수는 문학

001 한국회화소사 / 이동주
002 황야의 늑대 / 헤세
003 고독한 산책자의 몽상 / 루소
004 멋진 신세계 / 헉슬리
005 20세기의 의미 / 보울딩
006 가난한 사람들 / 도스토예프스키
007 실존철학이란 무엇인가 / 볼노브
008 주홍글씨 / 호돈
009 영문학사 / 에반스
010 쯔바이크 단편집 / 쯔바이크
011 한국 사상사 / 박종홍
012 플로베르 단편집 / 플로베르
013 엘리어트 문학론 / 엘리어트
014 모옴 단편집 / 서머셋 모옴
015 몽테뉴수상록 / 몽테뉴
016 헤밍웨이 단편집 / E. 헤밍웨이
017 나의 세계관 / 아인스타인
018 춘희 / 뒤마피스
019 불교의 진리 / 버트
020 뷔뷔 드 몽빠르나스 / 루이 필립
021 한국의 신화 / 이어령
022 몰리에르 희곡집 / 몰리에르
023 새로운 사회 / 카아
024 체호프 단편집 / 체호프
025 서구의 정신 / 시그프리드
026 대학 시절 / 슈토름
027 태초에 행동이 있었다 / 모로아
028 젊은 미망인 / 쉬니츨러
029 미국 문학사 / 스필러
030 타이스 / 아나톨프랑스
031 한국의 민담 / 임동권
032 모파상 단편집 / 모파상
033 은자의 황혼 / 페스탈로치
034 토마스만 단편집 / 토마스만
035 독서술 / 에밀파게

036 보물섬 / 스티븐슨
037 일본제국 흥망사 / 라이샤위
038 카프카 단편집 / 카프카
039 이십세기 철학 / 화이트
040 지성과 사랑 / 헤세
041 한국 장신구사 / 황호근
042 영혼의 푸른 상혼 / 사강
043 러셀과의 대화 / 러셀
044 사랑의 풍토 / 모로아
045 문학의 이해 / 이상섭
046 스탕달 단편집 / 스탕달
047 그리스. 로마신화 / 벌핀치
048 육체의 악마 / 라디게
049 베이컨 수상록 / 베이컨
050 마농레스코 / 아베프레보
051 한국 속담집 / 한국민속학회
052 정의의 사람들 / A. 까뮈
053 프랭클린 자서전 / 프랭클린
054 투르게네프 단편집
     / 투르게네프
055 삼국지 (1) / 김광주 역
056 삼국지 (2) / 김광주 역
057 삼국지 (3) / 김광주 역
058 삼국지 (4) / 김광주 역
059 삼국지 (5) / 김광주 역
060 삼국지 (6) / 김광주 역
061 한국 세시풍속 / 임동권
062 노천명 시집 / 노천명
063 인간의 이모저모/라 브뤼에르
064 소월 시집 / 김정식
065 서유기 (1) / 우현민 역
066 서유기 (2) / 우현민 역
067 서유기 (3) / 우현민 역
068 서유기 (4) / 우현민 역
069 서유기 (5) / 우현민 역
070 서유기 (6) / 우현민 역
071 한국 고대사회와 그 문화 /이병도
072 피서지에서 생긴일 /슬론 윌슨
073 마하트마 간디전 / 로망롤랑
074 투명인간 / 웰즈
075 수호지 (1) / 김광주 역